J'AI LE REGRET DE VOUS DIRE OUI

DES MÊMES AUTEURS

Michel Legrand

Cinq jours en juin (avec Pierre Uytterhoeven et Benjamin Legrand), Éditions Sylvie Messinger, 1989

Michel's Bird (avec George Mendoza), Bobbs-Merrill, 1978

Stéphane Lerouge

Conversations avec Antoine Duhamel, Textuel, 2007

L'Alphabet des musiques de films, Gallimard-Jeunesse, 2000

Michel Legrand
avec Stéphane Lerouge

J'AI LE REGRET DE VOUS DIRE OUI

Boîte à livres
GTS / Hitachi

Fayard

Couverture : Ô Majuscule
Illustration : Rue des Archives/Everett

ISBN : 978-2-213-70977-2

Dépôt légal : septembre 2018

Préface, par Damien Chazelle

C'était vers mes dix-sept ou dix-huit ans. Une période charnière entre la fin du lycée et le début de l'université. Le cinéma de la nouvelle vague est alors entré dans ma vie. De façon boulimique, j'ai découvert d'affilée *Ascenseur pour l'échafaud*, *À bout de souffle*, *Une femme est une femme*, *Cléo de 5 à 7*, *Les Quatre Cents Coups*, *Bande à part*... Qu'il s'agisse de films signés Godard ou Varda, un nom revenait sans cesse, celui de Michel Legrand. Parfois pour la musique instrumentale, parfois pour les chansons, souvent pour les deux. Sa science du contrepoint était ahurissante. La musique ne redoublait jamais l'image, elle cherchait plutôt à créer des émotions paradoxales, contradictoires, à révéler une autre vérité. Puis sont arrivés *Les Parapluies de Cherbourg*. Ce n'était pas en salle mais chez moi, dans le New Jersey. Les conditions techniques n'étaient pas idéales : une antique cassette VHS, un minuscule écran de télévision. Et pourtant, ce fut un éblouissement. Je dirais même une révélation. La partition a produit sur moi un effet hypnotique. Je n'avais jamais vu un film chanté d'un bout à l'autre, où l'expression vocale semblait si naturelle. C'était une totale réinvention du genre. Au générique de fin, une heure et demie plus tard, mon existence avait basculé. Dès lors, je suis devenu obsédé par Jacques Demy. Et encore plus par Michel Legrand. Il me fallait tout savoir de lui, tout apprendre, tout écouter. Je le voyais naïvement comme un compositeur de la nouvelle vague... sans savoir à quel point ce n'était qu'une étape de son itinéraire. Un an plus tard, à l'université Harvard, mon colocataire Justin Hurwitz, apprenti compositeur, m'a avoué n'avoir jamais vu *Les Parapluies de Cherbourg*. Je lui ai organisé une séance de rattrapage, il est instantanément devenu accro. C'était comme une contagion, la formation d'un fan-club de deux personnes, les Adorateurs de Michel Legrand. Avec le recul, je dois aujourd'hui l'admettre : inconsciemment, les racines de *La La Land* remontent à ce jour-là.

La musique a toujours été présente dans mon parcours. À Princeton, j'étais batteur dans l'orchestre du lycée. C'était une passion et non une ambition professionnelle, contrairement au cinéma. À l'époque de mon coup de foudre pour *Les Parapluies*, je jouais beaucoup de jazz. Et précisément, la façon dont Michel Legrand intégrait la pulsation du jazz dans sa partition me fascinait. Jusqu'alors, je n'avais jamais entendu un compositeur qui ait ce sens du swing dans un contexte totalement français, sur des textes en français. Étant moi-même français par mon père et américain par ma mère, ce mélange me troublait. Ce sont d'ailleurs mon père et mon oncle qui m'ont éveillé et initié à l'idiome du jazz. Notamment aux musiciens afro-américains ayant transité par Paris, comme Dexter Gordon, Bud Powell ou Miles Davis. Ces échanges franco-américains me captivaient et, logiquement, Michel Legrand m'apparaissait comme une extension supplémentaire à ce dialogue. Car, pour moi, Legrand, c'est précisément l'incarnation d'une sensibilité transatlantique. Sa part française, c'est la mélancolie, le romantisme, le lyrisme. Un langage délicat et sophistiqué, d'une grande profondeur émotionnelle, sans jamais être mélodramatique. L'autre versant de lui-même, c'est une culture viscéralement américaine, un balancement rythmique imparable, celui d'un adolescent ayant reçu de plein fouet le bebop après guerre. Michel Legrand, c'est un fils naturel de Rameau et Debussy… mais né à Harlem ! Son âme est blanc et noir, il est aussi baroque, impressionniste que blues. Ce métissage-là, précisément, me touche jusqu'à l'intime.

Que dire sur son inspiration mélodique, ses splendeurs harmoniques, sa façon de faire sonner l'orchestre ? Il existe un « son Legrand » immédiatement identifiable, comme il existe un « son Morricone » ou un « son John Williams ». Au cinéma, le compositeur est au service d'un projet qui n'est pas le sien. Malgré tout, à travers l'univers d'un autre créateur, le metteur en scène, Michel Legrand s'invente un espace de liberté. Il trouve toujours sa voie pour imposer sa voix. Comme un auteur qui se révèle au contact d'un autre auteur. Après la nouvelle vague, j'ai découvert comment sa musique avait conquis le territoire américain dans *The Thomas Crown Affair* ou *Summer of '42*. La variété des films et des styles était vertigineuse et, pourtant, chaque fois, c'était bel et bien lui. Parallèlement, je collectionnais les réenregistrements et relectures de ses œuvres. C'était enivrant d'écouter des artistes jazz, bebop ou post-bop digérer son écriture. L'émotion ressentie à la première écoute de la *Chanson de Maxence* m'est revenue, intacte, le jour où j'ai entendu Bill Evans dériver en apesanteur sur *You must believe in spring*.

Peu à peu, mon temps d'apprentissage s'est transformé en temps professionnel. Avec un film de fin d'études, *Guy and Madeline on a park bench*, puis avec *Whiplash* et *La La Land*, tous mis en musique par Justin Hurwitz, mon ancien colocataire de Harvard. Le projet *La La Land* est le plus directement relié à Michel Legrand. Le film s'achève sur une note douce-amère, héritage direct des *Parapluies*. En caricaturant, les comédies musicales MGM, c'est d'abord la joie. Alors que Legrand-Demy, ce sont des sentiments mélangés, l'exaltation de l'amour autant que la mélancolie de l'amour. C'est-à-dire la vie. J'aime l'idée de chassés-croisés entre des personnages qui se frôlent, qui ne se croisent pas au bon moment, au bon endroit, comme dans *Les Demoiselles de Rochefort*. Avec Justin, c'est exactement l'équilibre que nous avons cherché, un juste dosage entre l'euphorie et la douleur. Il y a une projection de *La La Land* que je n'oublierai jamais. C'était à Paris, en décembre 2016. Michel Legrand était dans la salle. J'étais inquiet, impressionné, rongé par le trac. Je vivais depuis quinze ans avec sa musique sans jamais l'avoir rencontré. Allait-il correspondre à l'image que j'avais de lui ? Quelle serait sa réaction face à mon film ? Mes appréhensions se sont évanouies dès que la lumière s'est rallumée. J'ai réussi à articuler : « J'ai écrit et tourné *La La Land* pour vous, en hommage. » Il a souri, s'est montré chaleureux, bienveillant, m'a détaillé son enthousiasme. Je lui ai présenté Justin, aussi intimidé que moi. Jusqu'à aujourd'hui, ça reste le moment le plus intense de mon jeune parcours de cinéaste. Je renvoyais à mon héros musical un film né de lui-même. C'était surréel qu'il le visionne en ma présence, qu'on puisse ensuite en parler ensemble, librement. Et qu'il m'avoue être touché par la filiation. Demy et lui avaient ouvert une brèche en 1963 et, cinquante-trois ans plus tard, Justin et moi nous y engouffrions à notre tour. Cette rencontre magique s'est prolongée début 2017, par une visite chez Agnès Varda et ses enfants, rue Daguerre, où j'ai pu plonger dans les archives Demy, les photos de plateau, toucher la Palme d'or... C'était bouleversant de découvrir les trésors de cette maison chargée de souvenirs, où Demy avait écrit ses scénarios, Michel ses musiques. À la même période, *La La Land* sortait sur les écrans et, d'une certaine façon, la boucle était bouclée. Ces instants resteront à jamais gravés en moi. Ils me renvoient au jour fondateur où j'ai placé la VHS des *Parapluies de Cherbourg* dans le magnétoscope familial. De Vigo à Chaplin, de Renoir à Fellini, il y a beaucoup de cinéastes qui ont pesé sur ma vocation. Mais il y a aussi un compositeur. Il s'appelle Michel Legrand.

D. C.

Avant-propos, par Stéphane Lerouge

« Comme certains dieux hindous, Michel est un être multiforme. On a l'impression qu'aucune discipline musicale ne lui résiste. Le jour où l'on fera le point sur son apport à la musique, on découvrira un créateur que la France a peut-être sous-estimé. » Le petit homme à cheveux blancs et accent du Sud fusille un quatrième café et ajoute : « Comme moi, Michel galope dans une fuite en avant perpétuelle, la tête bouillonnante de projets. Si un artiste ne vit pas ainsi, il gâche le temps qui lui est donné. Michel ne s'arrête donc jamais : il est d'une grande nervosité, il pianote à tout instant sur un coin de table ou un accoudoir. De sa naissance à sa mort, il portera toujours en lui cette pulsion de musique, cette créativité sans cesse en ébullition, prête à jaillir. » Février 2000. Dans une brasserie de la Défense, le peintre Raymond Moretti vient de brosser en quelques mots le portrait intime de Michel Legrand. Ils sont amis depuis quarante ans. Moretti a dessiné la sublime pochette ouvrante de *Communications '72*, album feu d'artifice scellant la rencontre entre le grand Legrand et Stan Getz, sax ténor de légende. Moretti fait partie des témoins réunis pour le livret d'un coffret trois CD, consacré à Legrand et ses interprètes. Trois jours plus tard, c'est au tour de Jean-Loup Dabadie. Avec Legrand, il a signé quelques chansons sensibles pour Yves Montand ou Serge Reggiani. « En fin de journée, à l'île de Ré, je vois parfois dans le ciel de grands oiseaux passant très haut d'une plage à une autre, d'un paysage à l'autre, me dit-il, dans un sourire. Ils me font penser à Michel : comme eux, c'est un oiseau qui change en permanence de ciel, d'horizon.

C'est un homme toujours entre deux avions, un homme qui aime relever les défis, un alchimiste du lyrisme, un navigateur aérien. » Enfin, Agnès Varda parachève le tableau de souvenirs liés à la nouvelle vague. En tant que cinéaste, elle a impliqué Michel Legrand dans son film *Cléo de 5 à 7* ; en tant qu'épouse de Jacques Demy, elle a assisté en temps réel à la naissance des *Parapluies de Cherbourg*. « Michel a toujours gardé ce désir de s'amuser, de jouer, insiste-t-elle. Jouer de la musique, chanter en public, jouer aux cartes, faire du ski, jouer au tennis, jouer avec ses propres thèmes, les "variationner". Il veut tout essayer, jouer du jazz et du classique, mettre en scène un film, et même jouer à faire l'acteur dans *Cléo*. À mon sens, Michel est un grand compositeur d'*entertainment*, comme disent les Américains, doublé d'une capacité étonnante pour écrire des thèmes romantiques populaires. En plaisantant, Jacques et moi disions souvent : "Comme le deuil sied à Électre, le succès sied à Legrand." »

Leurs mots s'additionnent, se complètent, se contredisent, parfois, dans leur façon de dépeindre Michel Legrand. Tous s'accordent sur un point : ses qualités et défauts sont ceux de l'enfance, aussi bien dans l'enthousiasme que dans l'impatience. En séance d'enregistrement, il peut parfaitement foudroyer un musicien d'une colère jupitérienne et, la minute d'après, le faire applaudir pour la beauté d'un solo. Porté par soixante-cinq ans d'un parcours exceptionnel, Michel Legrand est l'un des compositeurs français les plus célèbres à l'échelle planétaire. De l'extérieur, il possède l'aura d'un monstre sacré. De l'intérieur, c'est un personnage affamé d'humour, parfaitement conscient de ce qu'il a réussi (souvent) et raté (parfois). C'est aussi l'homme de toutes les situations musicales (compositeur, arrangeur, pianiste, chef d'orchestre, chanteur), en équilibre entre musique de concert, de scène, de ballet, cinéma, jazz, variété, ce qui contribue peut-être à brouiller son image. Il est parfois difficile d'appartenir à une seule famille quand on voudrait toutes les revendiquer… Mais c'est sûrement ce qui fait la richesse de Michel Legrand, son originalité sur l'échiquier de la musique d'aujourd'hui. Branchez-le sur Bill Evans, il vous parlera de Darry Cowl. Évoquez *Oum le dauphin* (celui du chocolat blanc Galak), il vous répondra sur Jean-Luc Godard ou Stravinski. Aucun sujet ne lui résiste, il sera aussi intarissable sur Antoine Blondin, Ivry Gitlis, Louis Aragon, Clint Eastwood, Natalie Dessay. Tel est Michel Legrand : octogénaire aux sourires et caprices d'enfant, pulvérisateur de frontières, créateur fantasque en dehors de tout système ou *establishment*, auteur d'une œuvre captivante dont les contours restent encore à cerner.

L'idée de ce livre est née des nombreux entretiens que nous avons réalisés ensemble, à l'occasion de ses anthologies discographiques. Jusqu'alors réfractaire aux travellings arrière, Michel s'est finalement laissé convaincre, à condition de respecter certains principes : éviter une narration chronologique, linéaire, exhaustive. Cet ouvrage, nous l'avons conçu comme une promenade libre et sentimentale dans sa mémoire, sur un fil entre passé et présent. Une façon comme une autre d'ausculter l'« avenir de ses souvenirs », selon le mot de l'ami Dabadie. Souvent, un événement récent, sinon contemporain, fonctionne comme le déclencheur d'une évocation. C'est aujourd'hui qui réveille hier. Par exemple, en mars 2011, un déjeuner avec le compositeur André Popp s'est imposé de lui-même comme la porte d'entrée du chapitre consacré aux années Philips. Pendant plusieurs mois, Michel s'est livré avec franchise, sans passer ses souvenirs au pistolet à miel, sans non plus casser gratuitement des vitrines. Il n'a rien éludé, y compris les sujets sensibles : les abandons du père, la relation passionnelle avec Jacques Demy, les tourments de la dépression californienne, l'électrochoc des attentats de novembre 2015, le rapport aux ayatollahs de la musique contemporaine. Nos longues séances de confession ont été entrecoupées de repas, sorties en mer, écoutes de disques, parties de ping-pong acharnées (vingt et un à dix-sept au dernier match : il me doit toujours une revanche).

Dans une deuxième étape, la relecture de ses propos a souvent réactivé des images enfouies. C'était comme un deuxième tiroir qui s'ouvrait. Ainsi le présent ouvrage s'est-il affiné, couche par couche, strate par strate. « J'ai l'impression de me dépouiller de mes souvenirs, m'a avoué un jour Michel. Comme des feuilles qui se détachent d'un arbre... » Nous avons évoqué les saisons de sa vie pendant que filaient celles d'une année entière. Miles Davis a monopolisé le printemps, Joseph Losey a fleuri avec l'été, l'arrivée des premiers flocons a précédé celle de Nougaro. À un moment donné, il a fallu arrêter le compteur, faire des choix, décider de ne pas forcément tout traiter. Un soir de juillet, je me souviens de lui avoir proposé une citation en épigraphe. Elle me semblait correspondre avec justesse aux aléas de sa vie. On la devait à Raymond Aron. D'emblée, ça en jetait. Si ma mémoire est bonne, c'était : « Ce sont les hommes qui font l'histoire, mais ils ne savent pas l'histoire qu'ils font. » Michel a acquiescé : « C'est vrai : avec le recul, on a l'impression que tout est prédestiné, écrit d'avance. En fait, pas du tout : sur le moment, j'ai été aspiré dans un ouragan qui m'a dépassé. » Néanmoins, il a pudiquement refusé cet aphorisme aronien. Peur d'apparaître trop grandiloquent, trop littéraire, de s'approprier des références supérieures à sa condition.

En cours d'écriture, un séisme personnel majeur a bouleversé la vie de Legrand. Un amour foudroyant, refusé en 1964, s'est terminé par un mariage en 2014, après cinq décennies d'hibernation. L'âme sœur de Michel s'appelle Macha Méril. C'est une magnifique comédienne et auteur. Le souffle romanesque qui enveloppe leur odyssée sentimentale les métamorphose en personnages de Balzac. Ou de Demy. Comme si Guy et Geneviève des *Parapluies de Cherbourg* se retrouvaient un demi-siècle plus tard pour mieux unir leurs destins... Cette histoire-là, Michel Legrand devait impérativement nous la raconter, avec son propre éclairage, sa propre sensibilité. Au bout du compte, ce livre permet à Michel de brosser le portrait de trois femmes essentielles : Macha, donc, sa nouvelle épouse ; Barbra Streisand, son interprète américaine d'élection ; Nadia Boulanger, sa mère de musique. Il est également question de fraternités fraîchement étrennées, avec notamment le cinéaste Xavier Beauvois, au sortir de *Des hommes et des dieux*. Grâce à lui, Legrand renoue avec un géant de l'écran croisé en 1956, Charlie Chaplin. D'autres grandes figures surgissent, au fil des pages. Soyez prévenus, vous tenez entre les mains le premier livre jamais publié à convoquer à la fois Sarah Vaughan, Pierre Richard, Orson Welles, Didier van Cauwelaert, Jean-Luc Godard, Damien Chazelle, Stan Getz, Marcel Carné. Je n'oserai pas ajouter Michael Jackson, tant les lignes qui le concernent risquent de vous défenestrer. Enfin, un après-midi de printemps, Michel a avancé une idée singulière : « Et si je parlais des partitions que l'on m'a refusées, de mes ratages et fiascos ? » De la part d'un musicien triplement oscarisé, la proposition était renversante d'honnêteté. Le chapitre qui en résulte (« Rendez-vous manqués ») analyse au scalpel la complexité de la relation entre deux artistes d'expression différente, le compositeur et son metteur en scène.

Ce type d'initiative traduit le caractère imprévisible de Michel Legrand, souvent en contrepoint de sa réputation. On l'imagine soucieux de construire sa propre légende ? Il vous cueille en imposant l'inventaire de ses échecs cinématographiques. Les envolées lyriques de sa musique vous donnent l'impression d'un être évanescent, éthéré, imbibé de romantisme ? C'est au contraire un personnage à l'œil rieur et affûté, toujours en avance d'un bon mot, d'un calembour, d'une réplique sarcastique. Il ne faut pas confondre, dit-on, l'homme qui a écrit l'œuvre avec l'homme imaginaire auquel l'œuvre fait penser. Enfin, il y a le titre du livre. À l'embrayage du projet, j'ai interrogé Michel : « Alors, ce bouquin ? On s'y colle ? » Il m'a quasiment répondu : « J'ai le regret de vous dire oui. » C'est l'intitulé d'une chanson dont vous allez découvrir la genèse insolite. Sa réplique était inattendue, mais préférable à : « J'ai le plaisir de vous dire non. »

Ces contradictions grammaticales révèlent le goût immodéré de Michel pour le paradoxe. Nous nous en sommes servis pour baptiser le présent ouvrage. Ce « regret de vous dire oui », il faut le prendre comme une invitation à voyager dans les multiples vies de sa vie. Beaucoup risquent de vous surprendre. Quand Michel Legrand déclare être tenu à l'impossible, il n'a pas tort. Les péripéties de son existence l'attestent. André Malraux n'aurait pas dit mieux, ajoutant au passage un paradoxe supplémentaire : « Ce n'est ni vrai, ni faux : c'est vécu. »

S. L.

1

Une enfance au pays du temps immobile

Avril 2010. Il fait un soleil de printemps sur Los Angeles. J'ai loué une belle villa blanche sur Wetherly Drive, dans la partie sud de Beverly Hills. Tous les jours, l'enregistrement d'un nouvel album de jazz m'accapare. Ma grande sœur Christiane, mon aînée d'un an et demi, est du voyage. Elle n'a pas séjourné depuis longtemps aux États-Unis et en profite pour revoir de lointains cousins, dans la branche arménienne de notre famille. Le soir, le récit de ses visites déclenche l'évocation d'une époque enfuie, nous amène à confronter nos impressions d'enfance. Sur une situation donnée, Christiane réveille des détails que j'ai effacés et *vice versa*. Chacun stimule la mémoire de l'autre, dans un ping-pong de souvenirs. On sourit, on s'engueule fraternellement, on nostalgise. Nous sommes seuls dans une grande maison californienne, à ressusciter des événements qui se sont passés quatre-vingts ans plus tôt, de l'autre côté de l'Atlantique. Ça paraît très loin, sur l'échelle du temps et de la géographie... Et pourtant, j'ai envie de raconter ce passé au présent.

Si mon enfance avait une couleur, ce serait le gris. Si on devait la définir par un sentiment, ce serait la solitude. Je ne l'ai pas spécialement aimée, sa première partie du moins. C'est à Ménilmontant que je nais, le 24 février 1932. Mariés en 1928, mes parents ont déjà donné naissance à une petite Christiane, en août 1930. Ma mère Marcelle est à moitié arménienne, par son père, Sarkis Der Mikaëlian, arrivé à pied en France, après les premiers massacres perpétrés par les autorités turques, en 1894. Il épouse à Paris ma grand-mère, Henriette Ruzé, qui lui donnera quatre enfants : Marcelle, donc, et mes trois oncles, Georges, Jacques et Pierre. Mon père, Raymond Legrand, possède quelques bases techniques d'écriture, qui lui permettent de signer des arrangements pour l'orchestre de Ray Ventura. Prétendument instrumentiste, il joue un peu de tout, donc de rien. C'est surtout un beau parleur et un égoïste de charme. La maladie dont il souffre est incurable, elle s'appelle l'« abandonnite ». Très vite, il va nous quitter pour d'autres aventures, dans tous les sens du mot. J'ai alors quatre ans. On se retrouve à cinq dans une maison de Sannois, puis à Bécon-les-Bruyères, en banlieue ouest, dans un appartement familial loué par mes grands-parents. Sarkis représente vraiment la culture orientale, il joue de l'oud et du saz, nous parle d'Oum Kalsoum, nous raconte ses souvenirs du génocide qui me terrorisent. Je n'aurai pas le temps de mieux le connaître : il décède en 1942, au cœur de l'Occupation.

Sans doute à cause du départ de Raymond, Marcelle devient une femme-homme. Voix grave, toujours en action, décidant pour tout le monde : un vrai petit général, à l'image d'Annie Girardot qui l'interprétera dans mon film *Cinq jours en juin*. Curieusement, elle refuse d'entendre Christiane et moi lui dire « maman ». C'est le mot interdit dans notre vocabulaire d'enfant. Nous l'appellerons « sa mère », sans jamais comprendre l'origine du terme. Marcelle nous aime mais le montre peu, physiquement parlant. Chez elle, il n'y a pas de démonstration d'amour maternel : pas d'effusions, pas de câlins, pas d'embrassades. Un simple « Bonjour sa mère » au réveil suffit. Je grandis dans cet environnement exclusivement féminin, entouré par trois générations de femmes : Henriette, dite « mémé », Marcelle et Christiane. Pas de père, plus de grand-père. Mon horizon se limite à ces trois femmes et, pour moi, c'est la norme. Financièrement, nous ne sommes ni riches ni pauvres. À partir de 1935, Marcelle travaille dans la société d'édition musicale de Ray Ventura, Paris Monde. Pour des raisons que j'ignore, elle ne m'offrira jamais le jouet ultime auquel je rêve, un vélo neuf, à mes yeux symbole de liberté. Aujourd'hui encore, ça reste l'une des douleurs de mon enfance. À défaut, je me confectionne des voitures miniatures avec des boîtes d'allumettes, des avions avec des boîtes à fromages, seul dans mon coin. La lecture de romans d'aventures comme *Ivanhoé* me permet aussi de m'extraire de la vie familiale, de développer un imaginaire. Je suis un petit garçon réservé, voire peureux. Dans les établissements scolaires où je passe, je crains toujours le coup de poing dans la gueule si l'on n'obéit pas au plus costaud. La violence du monde de l'enfance, la cruauté des cours d'école, la soumission à la loi du plus fort m'effraient. D'un autre côté, l'univers des adultes se réduit à des ordres : « Tais-toi ! Va te coucher ! Mange ta soupe ! » Ce quotidien-là ne me procure aucun plaisir.

Heureusement, il y a la musique. Notre premier contact a lieu par l'intermédiaire d'un antique piano droit, un Pleyel définitivement désaccordé, planqué dans un recoin du salon. Un vestige de l'époque où Raymond habitait avec nous. Vers trois, quatre ans, mon seul moyen d'évasion est la radio. Les chansons que j'y entends, j'essaie de les rejouer, maladroitement. D'abord à un doigt, puis à une main, et enfin à deux ; d'abord la mélodie, puis les harmonies. Est-ce en décomposant que je suis devenu compositeur ? En tout cas, je découvre inconsciemment la structure de ces chansons. Avec mes pieds, j'imite la batterie et la contrebasse, en tapant sur un lampadaire. Pour un petit garçon sans aucune notion musicale, c'est un formidable exercice, totalement instinctif. Au bout de dix minutes, quand je suis venu à bout de *Vous oubliez votre cheval*, je m'attaque à *Prenez garde à la baleine*. Il faut dire que, au milieu des années trente, un groupe de jeunes auteurs-compositeurs bouscule la chanson française de tradition, en lui injectant de nouveaux rythmes, ceux du swing. Parmi eux, Mireille, Trenet et Paul Misraki, compositeur de *Tiens, tiens, tiens* et *Qu'est-ce qu'on attend ?* pour l'orchestre de Ray Ventura. Les lignes bougent, un vent frais souffle sur la variété et j'y suis sensible, sans pouvoir l'analyser, bien sûr. Très vite, ce vieux Pleyel devient mon seul compagnon. Parfois, j'ai même l'impression de dialoguer avec lui. Quand elle rentre le soir, Marcelle demande à sa mère : « Alors, Michel a bien travaillé ? — Tu ne peux pas savoir, il n'a pas quitté son piano de l'après-midi ! » La réponse de ma grand-mère, incapable de différencier une roucoulade de Jean Sablon d'une symphonie de Beethoven, la rassure. En fait, Marcelle assimile à du travail ce qui, pour moi, est un jeu excitant et sans fin. Et surtout un moyen de me créer un univers propre. Voilà l'apport magique de la musique à mon enfance : m'enfuir loin, très loin, tout en restant enfermé entre quatre murs. On penserait presque à l'aphorisme de Jean-Claude Brialy, concluant *Le Roi de cœur* de Philippe de Broca : « Les plus beaux voyages se font par la fenêtre. »

Une autre situation musicale me laisse une trace durable : un après-midi, ma grand-mère m'emmène au cinéma, à Argenteuil. J'ai oublié le titre du film. Tino Rossi y joue le rôle d'un compositeur. Il y a encore peu de temps, j'étais convaincu qu'il s'agissait de *La Belle Meunière*, le biopic sur Franz Schubert, mais c'est chronologiquement impossible : Pagnol a tourné ce film en 1948. Or, nous sommes vers 1937. Sur l'écran, Tino se promène dans les blés, en plein été, lève la tête au ciel d'où lui tombe une musique sublime. Cut ! On le retrouve chez lui, couchant avec une plume d'oie trois notes sur un parchemin. Cut ! Un soir de première, il dirige un orchestre et obtient un triomphe. Dans ma petite tête, la leçon s'imprime : « Il suffit de bien tendre les oreilles, de noter trois trucs sur un bout de papier, de s'agiter devant des musiciens et le tour est joué ! » C'est moins un déclic qu'une révélation : ce jour-là, je décide de faire ce métier. Plus tard, j'apprendrai à mes dépens que l'écriture répond à des paramètres plus complexes, que la musique demeure un ensemble perpétuel d'équations à résoudre. Parfois, on a une idée en tête, on l'imagine, on l'entend déjà. On se jette alors sur du papier frais, en pensant que ça va être facile et évident. Erreur ! Des armées d'obstacles vous font brusquement face : le fond, la forme, le détail. Composer, c'est additionner une infinité de petits éléments, mais tous décisifs. La nuit dernière, j'ai terminé une orchestration pour mon oratorio avec Natalie Dessay, *Between yesterday and tomorrow*, et je peux vous confirmer un truisme : en musique, si vous voulez être un minimum original, chaque mesure est un problème.

2

La Guerre à huit ans

Ces derniers temps, je viens et reviens sans cesse vers *La Guerre à neuf ans*, troublant récit autobiographique de Pascal Jardin. Rares sont les auteurs qui ont su restituer avec autant de justesse leur vérité d'enfant sur l'Occupation. Je n'ai jamais rencontré Jardin et pourtant, en le lisant, j'ai l'impression de partager ses souvenirs. Certains détails, celui des tablettes fortifiantes Nestrovit distribuées par la Croix-Rouge aux petits écoliers, me donnent l'impression que nos jeunesses se mélangent. Car moi aussi, à huit ans, la guerre fit irruption dans ma vie.

Ces quatre années, je vais les traverser sans en mesurer la pleine dimension. Pour moi, la guerre, c'est l'aventure au quotidien, l'univers du western qui contamine la vraie vie. Ce regard naïf est celui de mes huit ans. L'Occupation, je la perçois comme une lutte, un combat, avec une répartition des rôles très codifiée, d'un côté les bons, de l'autre les méchants, c'est-à-dire les nazis. Une sorte de jeu grandeur nature dont l'interrogation permanente demeure : « Va-t-on mourir ou va-t-on survivre ? » Plus tard, dans mon appréhension des événements, le débarquement des forces alliées ressemblera à l'arrivée de la cavalerie. Il me faudra attendre l'après-guerre pour mieux comprendre la complexité de l'époque, la gravité de ses enjeux. Une image ressurgit : je suis assis sur les genoux de ma mère, dans le métro. À côté de nous, deux types s'observent en chiens de faïence. L'un est légionnaire volontaire contre le bolchevisme, l'autre n'est qu'un civil aux lunettes cerclées d'or. Ils se toisent, la tension monte, dans un duel silencieux. Le premier finit par briser le silence : « Tu veux ma photo ? — Fumier, tu es français et tu me fais honte ! Si tu es un homme, descends à la prochaine station que je te casse la gueule ! Je sais ce qui m'arrivera après mais peu importe... » Ils sortent, commencent à se tabasser sur le quai. Par la fenêtre, j'assiste juste au début de leur rixe, très violente. La sonnerie retentit, les portent se referment, le métro repart. Je regarde leurs silhouettes s'éloigner, dans un travelling arrière. C'est une situation très cinématographique. Je ne saurai jamais ce qu'il est advenu de ces deux hommes.

Printemps 1940. C'est l'exode. Marcelle décide de fuir Paris, convaincue que sa famille sera davantage en sécurité en province. Entassés dans sa Matford, nous partons vers l'ouest mais finalement l'armée allemande nous dépasse. Le souvenir de ce trajet est toujours vissé en moi, un souvenir d'abord sonore, celui du sinistre sifflement des stukas lorsqu'ils s'apprêtent à mitrailler. Alors les véhicules s'immobilisent et tout le monde se réfugie sur les bas-côtés de la route. Des talus, j'ai en tête une vision subjective, en contre-plongée : une vieille dame qui marche difficilement peine à nous rejoindre. J'ai peur pour elle. Brusquement, une balle la frappe, elle se fige une seconde et s'écroule. Pour moi, la mort n'est plus une abstraction. Elle est là, sous mes yeux d'enfant de huit ans. Notre petit équipage s'arrête à Mayenne, chef-lieu d'arrondissement du département du même nom. Marcelle y trouve une grande maison, la Grande Vigne, encadrée par deux petites annexes. L'une d'elles est à louer pour des clopinettes : il n'y a ni électricité, ni chauffage, ni eau courante. C'est là que nous passerons par intermittence certaines périodes de la guerre, notamment les grandes vacances. Sans oublier plusieurs mois de l'hiver 1943-1944, un hiver très dur, aux relents de Zola. Nous chauffons nos lits avec des pierres passées au feu, nous nous éclairons à la lampe à pétrole. Je dois fréquenter l'école catholique, dont le directeur est également organiste à la basilique Notre-Dame. Il s'est mis d'accord avec ma mère : dès que l'emploi du temps le permet, il se met au piano pour m'accompagner pendant mes exercices de solfège. Mais il a du mal à suivre et je suis souvent obligé de ralentir pour l'attendre. Car je déchiffre ma partie, mais aussi la sienne. La situation en est presque émouvante. Je mesure ma petite supériorité d'enfant sur un homme qui représente l'autorité et le savoir.

Avec Pascal Jardin, nous partageons un point commun : nos pères respectifs ont œuvré dans la Collaboration. Si le sien a officié comme directeur de cabinet de Pierre Laval, Raymond, en revanche, n'a pas été collaborateur par idéologie mais par intérêt. Habile opportuniste, il a simplement profité de la situation pour occuper le terrain, professionnellement parlant. Car, dès 1940, anticipant le pire, Ray Ventura s'exile en Amérique du Sud avec une partie de ses Collégiens, dont Paul Misraki. Il laisse une place vacante, celle d'un orchestre de variété, de « musique légère », comme on dit à l'époque. Raymond s'engouffre dans la brèche en créant une formation à son nom, avec laquelle il squatte l'antenne de Radio-Paris et sillonne la France, de gala en concert officiel. On lui commande même une « grande » œuvre, symphonique et jazz, qu'il crée à Chaillot, à grand renfort de promotion. Nous ne serons pas invités à la première. Bien que toujours officiellement marié à Marcelle, il va avoir un fils, Patrick, avec la chanteuse et danseuse de l'orchestre, Irène de Trébert. Il l'accompagne à l'écran dans un film de Richard Pottier, *Mademoiselle swing*, morne *ersatz* des comédies musicales hollywoodiennes dont le public est privé. Mon père incarne la superficialité d'une époque, sa gaieté et son insouciance, au moment même où des hommes meurent pour des idées ou pour leur religion. Il gagne royalement sa vie mais nous laisse crever la dalle. Il est une vedette de l'Occupation mais je ne le vois jamais. Ou presque jamais.

Quand le torchon brûle avec Irène ou d'autres filles, il vient se réfugier chez Marcelle, qui accepte la situation sans broncher. Il lui sort le grand jeu : « C'est toi que j'aime ! » Elle l'accueille à bras ouverts, amoureuse et magnanime, mais en vain : trois jours plus tard, il s'est déjà envolé. Vers 1942, il lui fait miroiter une nouvelle vie commune. Ma mère est heureuse, convaincue d'avoir définitivement récupéré son mari. Pour sa famille reconstituée, Raymond loue un vaste appartement bourgeois, rue Raynouard, dans le seizième arrondissement. Mais l'aventure tourne court : au bout de quelques semaines, il disparaît à nouveau, pour de nouvelles conquêtes. Retour à la case départ, retour aux deux pièces de Bécon. Curieusement, Marcelle gardera toujours une indulgence coupable pour les frasques de Raymond. Même blessée et humiliée, elle nous soutiendra, à moi et Christiane : « Vous savez, les enfants, votre père est un homme merveilleux ! » Comme si elle avait été séduite pour toujours. Il était l'homme de sa vie, en dépit de ses mensonges à répétition. Elle craquera une fois, une seule fois. J'ai dix ans, ma sœur est déjà couchée. Ma mère s'assoit sur mon lit et retient ses larmes : « Mon chéri, je n'en peux plus ! » C'est la première et dernière fois où je vois Marcelle tomber le masque. Je ne me souviens plus des mots que j'ai utilisés pour la réconforter. Ce soir-là, j'aurais bien aimé l'appeler maman.

Mon père me fera vivre l'un des pires moments de mon enfance, vers 1942. Est-il brusquement saisi de culpabilité ? d'une affection paternelle à retardement ? Aux abonnés absents depuis des mois, il décide de nous inviter à déjeuner, Christiane et moi. Il nous emmène en vélo-taxi dans un restaurant de la place Saint-Augustin, le Cercle aryen. L'endroit respire l'opulence, le marché noir et la collaboration. On nous fait goûter foie gras et caviar, ce qui contraste avec nos sempiternels rutabagas et soupes au potiron. Autour de nous, des Français à embonpoint et cigare, des officiers vert-de-gris à croix gammée, dont certains viennent saluer Raymond. Je l'entends s'enthousiasmer : « Demain, la Russie appartiendra à l'armée allemande ! » J'ai beau avoir dix ans, je ressens un terrible malaise, une envie d'être ailleurs, une gêne indicible. À l'issue du déjeuner, Raymond m'offre un magnifique voilier, presque aussi haut que moi. Comme s'il voulait à tout prix acheter ma complicité, se dédouaner de ses absences. C'est la première fois que l'on me colle dans les bras un jouet aussi somptueux. Mais dans le train de banlieue pour Bécon, le mât se casse. Je ne jouerai jamais avec ce voilier. Et tant mieux, après tout : c'était le cadeau de la honte.

Le soir, avec Marcelle, nous tentons souvent d'écouter Radio-Londres. Je me souviens d'un speaker révélant que, dans les camps, les nazis gazent les déportés juifs. Sur le moment, on n'y croit pas, ça ressemble à de la propagande. Nul être humain ne peut alors imaginer l'horreur de la solution finale. J'en prendrai conscience à treize ans, à la découverte de Buchenwald par les soldats américains. À cet âge-là, on est déjà un morceau d'homme. Mais cet électrochoc contribuera à me faire grandir d'un seul coup. À la Libération, mes parents connaîtront des sorts inverses à leur comportement respectif pendant les années sombres. En 1942, Marcelle a loué un petit appartement gris et sans lumière, au premier étage, avenue de La Motte-Picquet. Nous y séjournons quelques mois, pas plus. Or une famille juive a été spoliée de cet appartement, ce que Marcelle ignorait. Mais, en 1944, une bonne âme la dénonce. Elle est arrêtée et emprisonnée à Fresnes. Christiane et moi lui apportons des oranges, au sens propre. Après son acquittement, ma mère devra prendre sur elle : « Tu sais, Michel, il faut tirer une expérience de cette épreuve. Elle doit me rendre plus forte. » Mon père, en revanche, va passer à travers les mailles du filet. Quand il comprend que l'Allemagne a définitivement perdu la guerre, des amis le parachutent dans un réseau de résistants, près de Nevers. Il s'y intègre parfaitement, relatant avec aisance des exploits imaginaires. Un peu à la façon d'Albert Dehousse, le fameux Héros très discret du roman de Jean-François Deniau, dont l'accroche résume bien la philosophie de Raymond : « Les plus belles vies sont celles que l'on invente. » Mais son passé le rattrape et il est convoqué devant le comité d'épuration. Il s'en sort avec une peine dérisoire, une simple interdiction de travail de six mois. Sympathisant avec l'occupant et résistant de la dernière heure, il échappe aux barreaux, contrairement à Marcelle, pourtant innocente. Voilà qui résume la confusion de l'immédiat après-guerre, ses règlements de comptes arbitraires et expéditifs, ses aberrations. L'Occupation est terminée mais je suis toujours autant désemparé par l'absurdité du monde adulte. Une image reste gravée en moi, celle de ma mère au parloir de Fresnes : elle me révoltera à vie contre l'injustice.

3

14, rue de Madrid

Février 2009. La salle Pleyel, à Paris, m'accueille pour deux concerts, l'un avec orchestre symphonique, l'autre avec big band. Le deuxième soir, je sais qu'elle est là, assise quelque part dans l'immensité de ce paquebot de trois mille places. Elle est venue avec son mari, Henri Dutilleux, l'un des plus grands symphonistes des XXe et XXIe siècles. Elle, c'est Geneviève Joy, professeur de piano adoré de mon enfance. Mlle Geneviève, comme je l'ai toujours appelée, a été un maillon décisif dans la chaîne qui m'a mené aux portes du Conservatoire.

Étant donné ma relation précoce à la musique, Marcelle décide d'engager un professeur de piano. J'ai alors cinq ans. Le professeur en question s'appelle Mlle Piteaut. C'est la caricature de la vieille fille revêche, avec écharpe et chapeau cloche. On dirait Jeanne Fusier-Gir dans un film de Sacha Guitry. Elle m'assène des coups de règle sur les doigts à la moindre fausse note ou mauvaise position. Sentant que j'ai besoin d'un enseignement plus qualifié, elle m'oriente vers une seconde demoiselle qui, elle, m'envoie vers Geneviève Joy. D'emblée, je vais adorer Mlle Geneviève. Elle a vingt et un ans, c'est une jeune femme sportive, à l'esprit affûté et dynamique. Et qui parle vite, qualité que j'ai toujours appréciée : ça traduit une vélocité, une agilité d'esprit. Dans ses cours, il n'y a pas une seule seconde d'hésitation.

Avec et grâce à elle, les progrès sont fulgurants : je fais beaucoup de solfège dans toutes les clés, j'apprends à déchiffrer des partitions assez techniques. Il vient alors à ma mère une idée extravagante. Nous sommes en 1941, Marcelle galère pour nourrir sa famille : « Mon chéri, on va aller voir un musicien de ma connaissance : il va te monter un numéro de pianiste virtuose, qui nous garantira un gros succès. Tu feras une immense tournée, on te présentera partout comme un petit prodige. » Évidemment, ce projet me séduit, je m'imagine déjà voyager à travers le monde comme un nouveau Mozart, vivre une existence de vacances perpétuelles. Le lendemain, on arrive devant le musicien en question, Raoul Gola, pianiste respecté, à la fois classique et jazz. Je lui joue deux ou trois morceaux. Mais quand Marcelle lui expose ses plans, il disjoncte : « Je t'interdis de transformer ton fils en singe savant ! Tu dois immédiatement le faire entrer au Conservatoire. Il lui faut approfondir ses connaissances, faire des études, progresser. Si tu ne m'obéis pas, tu es une criminelle ! » Et il nous met dehors, avec perte et fracas. L'espace d'un rendez-vous, Gola s'est substitué à l'autorité paternelle absente. Des années plus tard, quand Raoul participera à mes enregistrements de musiques de films, nous rirons ensemble de cet épisode volcanique mais déterminant.

Car son coup de sang fait réfléchir Marcelle. Elle en parle à Mlle Geneviève, qui m'amène à la grande pianiste et pédagogue Lucette Descaves, dont elle est la première répétitrice. Mme Descaves, c'est le professeur-vedette. Filleule de Saint-Saëns, elle formera plusieurs générations de pianistes émérites, dont Brigitte Engerer, Bruno Rigutto et Jacques Taddei. Tous les jeudis, elle reçoit des élèves dans son grand appartement de la place Saint-Georges, pour des auditions-concerts. C'est une sorte de salon ouvert, très XIXe siècle, où les enfants sages viennent accompagnés de leurs parents et exécutent un morceau à tour de rôle. On se croirait chez Proust ou Balzac. Telle une impératrice, Lucette règne sur ce petit monde. Souvent, elle n'hésite pas à flatter le bourgeois. Face aux parents d'une fillette qui joue comme une patate, elle s'enflamme : « C'est charmant ! Quelle finesse dans le phrasé ! » Elle me demande parfois de me coller au clavier pour montrer l'exemple, indiquer les bonnes nuances, ce qui me met dans la position envieuse du chouchou. Le rituel, c'est aussi la quête, comme à la messe. Lucette me charge de collecter l'argent auprès des parents : « C'est pour offrir un cadeau à Mme Descaves ! » Laquelle me murmure : « Il a donné, le gros chauve à droite ? » À dix ans, j'observe ce cirque avec amusement. Pour moi, c'est déjà la comédie humaine. Par rapport à mes origines, je perçois un décalage social : mon univers n'est pas celui des banquiers, médecins ou notaires dont la progéniture hante le salon de Lucette. Celle-ci me fait très vite une proposition : « Je viens d'être nommée au Conservatoire comme professeur de solfège. Tu vas me suivre dans cette classe. » Je suis évidemment ravi mais, au préalable, il faut passer un concours d'admission, en l'occurrence une dictée musicale. Devant deux cents petits postulants, un pianiste joue d'abord le morceau de l'épreuve sans interruption, puis le reprend par deux mesures, puis par quatre mesures. À son exposition, j'ai déjà tout relevé. Je quitte ma place et rends ma copie, à la stupéfaction des cent quatre-vingt-dix-neuf candidats. Car, à vrai dire, j'ignorais tout du fonctionnement du concours. Me voilà admis au Conservatoire de Paris, rue de Madrid, alors baptisé Conservatoire de musique et de déclamation. À l'époque, être chez Descaves, c'est déjà une référence en soi. Nous sommes en 1943, j'ai onze ans. Je n'oublierai jamais mon premier jour de cours. En entrant dans le bâtiment, j'entends s'échapper des fenêtres un violon qui s'accorde, des arpèges de piano et, au loin, la réverbération d'un cor. Un choc auditif. J'ai le sentiment de pénétrer dans un sanctuaire, dans une ville musicale. Au fond de moi-même, je me dis : « Voilà enfin un monde qui est le mien, des gens qui parlent la même langue. » Pour la première fois, j'ai le sentiment de sortir de ma solitude, de mon enfermement. C'est vraiment cet oxygène-là que je devais respirer. Ce jour-là, ma vie prend un autre sens.

Ma première année au Conservatoire s'achève par un premier prix de solfège. Dès lors, Lucette Descaves va me ligoter à elle, littéralement. On la nomme à la classe de piano préparatoire, je la suis ; puis de piano supérieur, je la suis encore. Mais, au bout de quelques années, je vais la quitter, à regret : aux examens de fin d'année, le trac me fait perdre mes moyens. Et puis, au fond de moi-même, la carrière de pianiste concertiste ne m'attire pas. D'autant que, dans l'intervalle, je suis entré en classes d'écriture grâce à Lucette, mon ambassadrice auprès d'Henri Challan, responsable de l'harmonie préparatoire. Quand Challan passe à l'harmonie supérieure, je le suis. Même principe qu'avec Mme Descaves. Challan compense un zozotement spectaculaire par un don unique : celui de faire aimer ce qui est beau. Il sait nous éveiller aux subtilités de l'harmonie, c'est-à-dire de l'écriture verticale, à laquelle il a voué sa vie entière. Les enchaînements harmoniques qui règnent sur ma musique sont directement hérités de son enseignement. Dans son cours, je sympathise avec quatre autres élèves qui resteront, à vie, mes copains du Conservatoire : Jean-Michel Defaye, Roger Boutry, les deux Alain, Bernaud et Weber. Nous prendrons tous des voies divergentes mais resterons soudés par nos années partagées, rue de Madrid. Il y a aussi les cours de fugue-contrepoint avec Noël Gallon et de composition avec Tony Aubin, véritable puits de science. Parfois, j'essaie de le piéger en lui jouant un opuscule obscur d'Albéric Magnard. En vain : il l'identifie sur-le-champ. Son disque dur possède une mémoire illimitée. Curieusement, la connaissance que tous ces professeurs me transmettent, j'ai parfois l'impression de l'avoir déjà en moi. Comme si leur mission consistait à la révéler, au sens photographique du terme.

De Mlle Piteaut à Nadia Boulanger, il y a finalement un long engrenage, dont Geneviève Joy est un rouage essentiel.

Quand je la rejoins à l'issue du concert de Pleyel en 2009, elle tutoie les quatre-vingt-dix ans mais semble échapper au temps. Je retrouve dans son visage la jeune femme rencontrée quand j'avais huit ans. Elle parle toujours avec la rapidité et l'efficacité d'une cheftaine. Henri Dutilleux me glisse, dans un sourire : « J'aimerais savoir faire sonner les cuivres comme vous. » De sa part, un tel compliment m'embarrasse presque… Nous nous embrassons, je les regarde remonter l'allée latérale, vers la sortie. Je ne reverrai plus Geneviève : elle s'en ira quelques mois plus tard, un jour d'automne. Jusqu'au bout, elle m'a appelé « Michel », je l'ai appelée « mademoiselle Geneviève ». Elle me tutoyait, je la vouvoyais. Notre rapport était ainsi fixé, pour toujours.

4

Mademoiselle

Juin 2012. Hier, je suis passé devant son immeuble. La façade et le hall d'entrée n'ont pas bougé. Seule différence, la petite place qui fait l'angle entre les rues de Vintimille et Ballu porte désormais le nom de sa sœur. Il m'arrive d'avoir l'impression qu'elle m'attend là-haut, au troisième étage, comme autrefois. À notre première rencontre, je n'ai pas mesuré l'importance qu'elle aurait dans ma vie. Je suis au Conservatoire depuis déjà quatre ans quand mon professeur d'harmonie, Henri Challan, me prend à part : « Legrand, je pense que vous devriez travailler avec Nadia Boulanger. Je vais vous présenter à elle. » De retour des États-Unis, Nadia Boulanger vient de prendre la classe d'accompagnement de piano, classe décisive, car dirigée par elle. À l'époque, c'est une personnalité très respectée, la figure de proue du Conservatoire, où ses avis font autorité. Je la connais uniquement de réputation, à travers les compositeurs qu'elle a formés : Aaron Copland, Jacques Ibert, Jean Françaix. Elle a connu Gabriel Fauré, Claude Debussy, Maurice Ravel, est amie intime de Stravinski, qui la surnomme « Celle qui entend tout ». Aujourd'hui encore, je visualise le trajet qui m'a mené à elle. Rue de Madrid, Challan et moi montons un escalier, traversons un long couloir, pour arriver dans une grande salle vide. Elle nous attend. Je suis forcément intimidé. Elle me regarde dans les yeux, me tutoie d'emblée et me demande de lui jouer un morceau, d'en déchiffrer un deuxième, d'en transposer un troisième. C'est sûrement approximatif, je me souviens d'avoir légèrement cafouillé. N'empêche, elle m'écoute avec indulgence : « Mon petit, tu commences lundi ! » Voilà comment j'entre chez Mlle Boulanger, en milieu d'année, fait rarissime. Je voue à Henri Challan une reconnaissance éternelle : s'il m'avait aiguillé vers la classe de composition d'Olivier Messiaen, mon existence aurait pris une voie radicalement différente. Or il a pensé à Nadia car il savait que c'était l'enseignement qui me correspondrait. Elle préparait formidablement les aspirants compositeurs qui voulaient s'exprimer davantage avec le cœur qu'avec l'intellect, ceux qui s'attachaient au lyrisme, à la mélodie, à l'harmonie. Le monde moderne ne lui était pas étranger, bien sûr, mais, pour elle, le langage devait demeurer tonal, c'est-à-dire celui de l'émotion.

Traditionnellement, Nadia est vêtue de noir, avec des robes droites, très longues, de petites lunettes rondes, un chignon. Elle est sévère mais avec humanité, pas avec sécheresse. Le matin, on ne peut pas arriver à 9 h 5 : c'est 8 h 55 ou rien. Elle vient à pied de chez elle et pénètre dans la salle de cours à 9 heures tapantes. Sa dialectique est forte, précise, bouleversante. Elle s'applique toujours à trouver le meilleur mot possible pour exprimer une idée. Nous l'écoutons religieusement, en intervenant exclusivement à sa demande. Quand ce que je joue au piano lui déplaît, elle place son bras sous les miens, les soulève brusquement, de façon à décoller mes mains du clavier. Je déteste la violence de ce geste. Un jour, j'ose lui demander : « Mademoiselle, dans la postérité, croyez-vous qu'il y ait de la place pour Ravel et Debussy ? — Non, mon petit. C'est Debussy le plus important des deux. — Mais Ravel me touche davantage. — Tu as tort. L'un doit disparaître. Et c'est Debussy qui restera ! » Cette réflexion me marquera à vie… Ses cours ont lieu trois matinées par semaine, lundi, mercredi et vendredi. Ils réunissent ses étudiants français et étrangers, plus des auditeurs libres, de 9 à 13 heures. Quatre heures pendant lesquelles l'attention doit être sans cesse soutenue. Il ne faut jamais baisser la garde. Si je me gratte le cou, elle me fusille instantanément : « Michel, tu n'es plus avec nous ! » Après quatre heures d'une telle intensité, je suis vidé, littéralement épuisé. Mais parfois, elle me prie de la raccompagner à pied jusque chez elle. Avec mon cartable, je trotte à ses côtés, jusqu'à la rue Ballu. Je l'entends me dire : « Tu marches avec tes jambes. Apprends à marcher avec ta tête ! » Chaque instant avec Nadia est ainsi. Elle n'est pas autoritaire : elle incarne l'autorité. Souvent, après l'avoir quittée, je m'endors dans le train retour pour Bécon-les-Bruyères. Il m'arrive d'atteindre le terminus, en une banlieue lointaine, où je me fais réveiller en sursaut par un contrôleur compatissant.

À l'obtention de mon premier prix d'harmonie, Jean Gallon, frère de Noël, demandera devant moi à Henri Challan : « Dites-moi, ce jeune Legrand lit-il un peu ? — Je pense que oui. — Alors, ce sera un musicien. » Sur le moment, sa réflexion me paraît étrange, absconse, insolite. Plus tard, j'en comprendrai le sens grâce à Mlle Boulanger. On ne peut pas devenir un compositeur digne de ce nom si l'on n'est pas sensible aux autres arts. Et ça, Nadia le sait mieux que quiconque. Il lui arrive de m'apporter des livres : « Tu dois lire Paul Valéry ! » Grâce à elle, je m'immerge dans *La Jeune Parque*, qui me paraît bien hermétique, mais dont je mesure la portée poétique. L'étendue de ses connaissances est tellement vaste qu'elle peut nous parler de tout, même de disciplines qui ne sont pas *a priori* les siennes. Sauf le cinéma, qu'elle a évacué de son champ d'intérêt : « Ça va trop vite, je ne comprends rien. » Sa classe, ce sont des leçons de vie, d'ouverture d'esprit, d'initiation à l'expression artistique, au sens large. Stravinski lui envoie des partitions originales, qu'il a copiées de sa main, à son intention, le *Concerto en mi* par exemple. Elle en fait ensuite des duplicatas pour qu'on le joue à trois pianos, ce qui est une façon de comprendre l'œuvre de l'intérieur. Je me souviens de mon émotion le jour où, chez elle, elle me montre un fac-similé du manuscrit de *Cosi fan tutte* : « Dis-toi que Mozart a mis dix-sept jours à écrire cet opéra, orchestrations comprises ! » Sa lecture me procure un choc : plus on avance dans l'ouvrage, moins c'est lisible. Sur les trente dernières pages, je me demande carrément comment le copiste a pu lire les notes. On apprend aussi à improviser des devoirs d'harmonie à quatre voix, basses ou chants donnés, sans faire de quintes et d'octaves successives. On découvre comment déchiffrer au piano, transposer, parfois à la quarte augmentée. Autre exercice périlleux : réduire à vue un conducteur d'orchestre au clavier, à la lecture. C'est un exercice très acrobatique : il faut immédiatement avoir une vision de synthèse de la partition, en cerner le centre de gravité. À vrai dire, dans cette classe, le piano n'est pas une finalité mais un outil pour former à la composition, à l'orchestration et à la direction.

Par sa naissance (père français et mère soviétique), Nadia Boulanger bénéficie d'une double culture qui la porte naturellement vers les écoles françaises et russes, celles du début du XXe siècle. Son admiration pour Prokofiev n'a d'égale que son indifférence à la Seconde École de Vienne. Pour elle, la vraie modernité, c'est Stravinski, pas le triumvirat Berg-Webern-Schoenberg. Elle abandonne volontiers le dodécaphonisme à Olivier Messiaen même si, devant nous, elle n'évoquera jamais leur antagonisme esthétique. Elle s'abrite plutôt derrière l'aphorisme de Picasso : « Il y a plusieurs races de créateurs, ceux qui cherchent et ceux qui trouvent. Et ce ne sont jamais les mêmes. » Bien sûr, le jazz est un sujet de tension entre nous. Même Gershwin ne l'intéresse pas. Elle trouve son langage très limité, très abécédaire, comparé, mettons, à un quatuor de Ravel. Le matin, quand j'arrive en avance dans sa classe, je joue du jazz au piano, ce qui a le don de la crisper : « Te voilà encore avec cette musique à trois accords ! Cesse de perdre ton temps ! » Parfois, elle m'invite chez elle à son rituel dîner du dimanche soir. J'ai quinze, seize ans, je me retrouve en bout de table à écouter Cocteau et Malraux débattre avec Nadia. Souvent, au moment du café, elle lance : « Chers amis, j'ai invité l'un de mes élèves, qui va vous jouer quelque chose... » Comme en grandissant mon caractère frondeur commence à s'affirmer, je me lance dans un morceau de Duke Ellington. Elle me fait ses yeux mitraillette mais, devant ses convives, n'ose pas ouvrir le feu.

Après deux années dans sa classe, Mlle Boulanger décide de me prendre en main. Je la raccompagne à son domicile et elle se tourne brusquement vers moi : « Mon petit, tu ne travailles pas assez ! — Mais, mademoiselle, je suis à la fugue-contrepoint chez Noël Gallon, à la composition chez Tony Aubin, je termine l'harmonie supérieure, plus la classe de piano... — Je ne te pose pas une question, je te dis simplement que tu ne travailles pas assez. Donc, à la rentrée, tu arriveras au Conservatoire à 8 heures du matin, trois fois par semaine. Tu auras droit à une heure, pour toi seul. » Je passe donc de quatre à cinq heures de cours : autant dire qu'à 13 heures je suis sur les rotules. Cela me permet toutefois de mieux comprendre les mystères, les meurtrissures de cette femme adulée qui, finalement, vit dans une relative solitude. Elle ne s'est jamais mariée, n'a jamais eu d'enfants. Et elle voudrait que son exemple soit une référence, une sorte d'absolu : « Comment et pourquoi les grands musiciens ont-ils pu se reproduire ? C'est un crime ! Quand on consacre son existence à la musique, on n'a pas le temps d'avoir une famille, des amours. Ni de partager avec les autres des émotions qui vous détournent du travail. » Un jour où je lui avoue être amoureux, elle me remet en place, cinglante : « Pars une semaine à Venise, tu reviendras guéri ! » Telle est Nadia : pour elle, l'amour est une maladie. Pendant cette fameuse heure supplémentaire, elle me fait faire des exercices bien sûr, me parle d'esthétique, de sa vie aussi. J'ai quinze ans, elle me traite comme un élève à part, pour lequel elle ressent une tendresse particulière. Nadia m'avoue avoir vécu une prise de conscience à treize ans : « À cet âge-là, mon entourage me faisait beaucoup de compliments sur mes premiers ouvrages. Mais je me suis aperçue que je n'avais pas assez de talent, je ne voulais pas devenir la compositrice d'une œuvre inutile. Alors, j'ai pris la décision de servir la musique différemment, de me consacrer aux autres compositeurs. » En revanche, elle avait poussé à l'écriture sa sœur cadette Lili, dont la disparition prématurée à vingt-quatre ans restera l'une de ses grandes blessures. Adolescente, Nadia avait une telle soif de connaissances que le temps lui manquait. Pour y remédier, elle avait décidé de sacrifier une nuit de sommeil par semaine, afin de travailler plus. À dix-neuf ans, elle est passée à deux nuits par semaine. De ces veillées nocturnes, de travail et d'acharnement, elle avait gardé de terribles migraines. Chez elle, pas de radio, pas de télévision : tout est orienté vers la concentration, la réflexion, l'érudition. À un moment donné, pour venir au Conservatoire, elle s'est acheté une petite Peugeot 202, mais l'a très vite revendue : « Tu comprends, j'étais devenue l'esclave de ce véhicule. Ce n'est pas moi qui possédais la voiture mais la voiture qui me possédait. » Pour Nadia, ce régime intransigeant, rigoriste, terriblement austère doit être la norme. Et elle veut me l'imposer alors que, comme tout adolescent, j'ai besoin de bouger, de faire du sport, de me défouler. Il me reste uniquement les tournois de ping-pong du dimanche au Banville, près de la place Pereire, avec mes copains Jean-Michel Defaye, Roger Boutry et Alain Bernaud. Et, à la belle saison, le club de tennis de Bécon, auquel ma mère a fini par m'inscrire, sur ma demande insistante. Ce sont mes seules fenêtres de liberté, mes échappatoires à la tyrannie bienveillante de Mlle Boulanger. Au printemps 1948, il y a un week-end que je passe entièrement sur le court de tennis, au lieu de travailler un exercice imposé par Nadia. Le lundi matin, elle m'appelle au piano. Au bout de cinq mesures, elle me soulève les bras et m'assène sèchement : « Je n'ai pas assez de respect à ton égard pour te mettre à la porte. » Ce n'est pas une douche écossaise mais une rafale. Je me rebiffe, du tac au tac : « Mademoiselle, je me passerai de votre respect ! » Cette réponse instantanée, l'ai-je vraiment formulée ou l'ai-je rêvée ? Je n'en suis plus vraiment certain… Toujours est-il que je quitte la salle, violemment. Pendant une heure, j'erre dans les couloirs du Conservatoire. Puis je réintègre la classe, penaud et silencieux, en rasant les murs. L'incident s'est clos de lui-même. Nadia et moi n'y ferons jamais allusion. À vrai dire, j'ai vénéré cette femme d'exception autant que, parfois, je l'ai haïe. Quand elle me faisait reprendre inlassablement un même exercice, j'avais envie de l'étrangler tout en étant, paradoxalement, pétri d'admiration.

Le temps passe. Après deux ans de cours supplémentaires, Nadia va tenter d'accentuer son emprise : « Mon petit, tu ne travailles pas assez. Tu vas venir habiter chez moi ! » Là, je suis pris de panique. En l'espace de quelques secondes, je me dis : « Si j'accepte, ma vie est terminée. Fini les copains, le ping-pong, le tennis. Adieu aux rares bouffées d'oxygène. Elle va définitivement faire de moi son objet. » Spontanément, je décline sa proposition : « Non merci, mademoiselle. C'est impossible. Je refuse. » Nadia accuse le coup, froidement : « Dans ce cas, tu vas m'écrire tous les jours une lettre qui contiendra les éléments suivants : seize mesures de ta composition, plus une évocation d'un moment musical que tu viens de découvrir. Tu y ajouteras une idée philosophique. Si jamais tu manques une seule fois à ce devoir, je ne t'adresse plus la parole. » J'ai tellement peur de la perdre que je vais évidemment m'astreindre à respecter cette nouvelle contrainte. D'autant qu'il m'est impossible de quitter sa classe, pour une raison très simple : aux examens de celle-ci, Nadia préside le jury et décide arbitrairement des récompenses. Afin de conserver les étudiants auxquels elle tient, elle s'arrange pour ne jamais leur donner de premier prix. Qu'elle attribue en revanche à des médiocres dont elle préfère se débarrasser. Au Conservatoire, nous connaissons tous ce fonctionnement façon illusion d'optique. Je suis probablement son élève préféré et, donc, à chaque fin d'année, je dois me contenter d'un accessit. Au bout d'un moment, je comprends que c'est sans fin. Si je ne casse pas le fil, je vais rester enchaîné à vie à la classe de Mlle Boulanger. Le déclic se produit en 1951, juste avant mes vingt ans. Comme je travaille également chez Tony Aubin en composition, je veux me présenter au prix de Rome. Nadia le prend très mal : « Il n'en est pas question ! — Mais, mademoiselle, c'est l'aboutissement logique de mes études ! — Je te l'interdis ! Et je vais t'expliquer pourquoi. *Primo*, on te fait écrire un oratorio pour orchestre… qui est joué au piano. *Secundo*, le jury est constitué de membres de l'Institut : des peintres, des architectes, des sculpteurs qui n'entendent rien à la musique. Il reste deux compositeurs cacochymes, définitivement sourds. Comment veux-tu que ce beau monde émette un jugement qui ait un gramme de légitimité ? En revanche, je t'encourage à t'armer de crécelles et boules puantes pour semer la pagaille à l'annonce des résultats du prix ! » Le plus insolite, c'est que Cocteau partage son avis : « Tous les mauvais chemins mènent à Rome mais le prix de Rome, par contre, mène je ne sais où… » N'osant pas transgresser les interdits de Nadia, je renonce au concours le cœur triste, car tous mes camarades se présentent à Rome, de Boutry à Defaye. Imperceptiblement, ça me démotive : je n'ai plus envie de continuer à étudier. Je lui annonce alors que je vais quitter sa classe pour entrer dans la vie active. Contre toute attente, elle réagit avec calme : « Très bien, mon petit. Mais ne nous perdons pas de vue… » De temps à autre, elle continue à m'inviter à ses dîners du dimanche soir, où je fais d'ailleurs la connaissance d'un jeune Israélien, violoniste éblouissant, un certain Ivry Gitlis. Puis, l'âge venant, la vue de Nadia se détériore progressivement. Elle porte des lunettes à triple foyer et vit dans un monde de ténèbres. Elle me demande parfois de passer chez elle le samedi matin, à l'heure de ses rendez-vous. Sur sa suggestion, je lui murmure à l'oreille le nom de la personne qui arrive. Et elle feint de la reconnaître : « Ah, mon cher Doda Conrad… » C'est comique et déchirant à la fois. Nous nous éloignons progressivement, surtout à partir du moment où je me marie, où mon fils Hervé naît. J'ai une famille, des obligations, beaucoup de travail et moins de temps à lui consacrer. Ce qui ne veut pas dire que je ne pense plus à elle.

Des années plus tard, nous nous retrouvons de manière inattendue à l'Élysée, à l'occasion d'une réception d'artistes donnée par le général de Gaulle. *Les Parapluies de Cherbourg* viennent de conquérir les écrans, mais, bien sûr, elle n'a ni vu le film ni écouté sa partition : « Je sais que tu travailles dans le disque, dans le cinéma, mais je n'ai rien entendu. L'essentiel est que tu sois heureux... » À la même époque, Gene (Kelly) est invité par Grace (Kelly) à chorégraphier à l'Opéra de Monaco un ballet pour deux danseurs, sur un sujet passionnant : l'histoire de la danse moderne. Et Gene me demande d'en écrire la musique, pour un combo de sept musiciens, que je dirigerai du piano. Le soir de la première, on m'apprend la présence de Nadia Boulanger : elle est alors maître de chapelle à la principauté. Le ballet contient des danses légères, dont un clin d'œil à La Nouvelle-Orléans, et je me demande : « Mais que va-t-elle penser de moi ? » Lors du dîner protocolaire qui suit le spectacle, elle me fait passer un petit mot, que j'ai précieusement conservé : « Je t'ai écouté ce soir avec beaucoup de plaisir. Je ne regrette rien. Peut-être me suis-je simplement trompée sur ta vocation. Sans doute est-ce cette direction que tu devais prendre... » Ces quelques lignes me bouleversent. Elle a su voir par-delà les notes, car cette musique de ballet ne reflétait pas précisément son enseignement... En 1979, ses obsèques sont imposantes, réunissant beaucoup d'artistes, de grands hommes, de politiques, d'anciens élèves et bien sûr son assistante de toujours, Annette Dieudonné. Je m'assois au fond de l'église, dans la foule des anonymes. Soudainement, un homme vient me chercher et me place au premier rang, parmi les intimes de Nadia. Je n'ai jamais su qui il était, d'où il sortait, comment il m'avait aperçu. Comme si Mademoiselle avait secrètement mandaté un messager pour me rapprocher d'elle, une dernière fois.

Plus de soixante ans après ma sortie du Conservatoire, je vis toujours au quotidien avec les cinq années passées auprès de Nadia Boulanger. De sa bouche et sa pensée, j'ai appris et découvert tellement de notions fondamentales. À commencer par l'extrême rigueur et discipline. Nadia inculquait vraiment le sens de l'effort. Dès que j'ai commencé à composer pour le cinéma, tout m'a semblé facile. Je pouvais passer trois nuits d'affilée à écrire, sans aucune difficulté. Elle m'a aussi transmis une idée lumineuse, évidente : plus un créateur est soumis à des contraintes, plus il est libre. Enfin, c'est de Nadia que j'ai appris l'importance de l'adrénaline. Il est déterminant d'avoir une date butoir pour remettre sa copie. Dans la musique de films, c'est en écrivant contre la montre que j'ai signé mes partitions les plus abouties. Nadia Boulanger m'en a peut-être voulu, car, en 1951, j'ai décliné son invitation à composer une musique de ballet dont le sujet, lié à l'Antiquité, me chloroformait d'avance. J'avais la tête ailleurs, d'autres engagements, la vie professionnelle m'accaparait déjà... Elle a insisté par écrit, j'ai refusé. En 2010, quand j'ai entamé l'écriture de *Liliom*, mon premier ballet à grande échelle, j'ai eu l'impression de respecter sa volonté, d'abolir le temps. Sa demande avait simplement infusé pendant cinquante ans. Le soir de la première à Hambourg, en décembre 2011, j'aurais aimé l'avoir à mes côtés, j'aurais été fier qu'elle soit fière de moi. Car Nadia n'a pas été uniquement une pédagogue de génie, elle a été ma mère de musique.

5

Un printemps 44

Février 2009. Concert en petite formation, rétrospective, journée entière de débat : la Cinémathèque française me rend hommage. J'y retrouve son président, Costa-Gavras, rencontré quand il était assistant de Jacques Demy sur *La Baie des anges*, Jean-Paul Rappeneau, Nadine Trintignant. Bertrand Tavernier me présente sa petite fille Olivia, huit ans, qui connaît *Les Demoiselles de Rochefort* plan par plan : elle a vu le film trente fois. Le jour où elle a appris que Françoise Dorléac n'était plus de ce monde, elle a fondu en larmes. Quand je lui demande si elle est également fan de *Peau d'Âne*, elle fait la moue : « J'aime moins : c'est un film pour enfants. » Le samedi 21, on projette *Cinq jours en juin*, ma première incursion dans la mise en scène. Serge Toubiana, directeur général, m'informe que la copie est annoncée en état trois, c'est-à-dire avec quelques rayures et collures. Il n'y a pas de meilleur matériel. Cette précision technique me fait mesurer les vingt ans qui nous séparent déjà de la sortie du film. Je le présente donc avec Serge, devant un parterre chaleureux. C'est la première fois que je vais le revoir en salle, avec du public. L'expérience me trouble plus que prévu. Car *Cinq jours en juin* me renvoie à deux paliers de mon passé : d'abord à l'époque à laquelle le film a été tourné, en 1988. Puis à celle qu'il évoque, une poignée de jours, dans la foulée du débarquement en Normandie. La fin de la guerre approchait. C'était un printemps 44.

Voilà déjà plusieurs mois que je suis élève au Conservatoire. Au Noël 1943, via une voisine, Marcelle a réussi à récupérer un vieux vélo d'enfant cabossé, déglingué, qui me permet néanmoins de faire quotidiennement le trajet Paris-Bécon. Mon examen de fin d'année a lieu le 6 juin 1944. J'y obtiens la première médaille. J'enfourche aussi sec mon destrier, en pédalant à toute vitesse, fou de bonheur. Au passage, je me casse la gueule et m'arrache les mains. À moitié en sang, j'escalade quatre à quatre les marches de l'escalier, déboule devant ma mère dont l'expression du visage me surprend. De toute évidence, l'heure est grave. Et là, Marcelle m'annonce que les forces alliées ont débarqué le matin même en Normandie. Nous sommes à la fois ravis, un peu sonnés, et surtout préoccupés par Christiane et mémé Henriette, restées à la Grande Vigne, à Mayenne. Aussitôt, Marcelle veut les rejoindre mais il n'y a plus un seul train ni aucun autocar en circulation. Toutes les communications en direction des côtes ont été coupées. Nous attendons quelques jours, dévorés par l'inquiétude. Marcelle évoque notre situation auprès d'une amie, Yvette, femme du compositeur Henri Bourtayre. Elle veut récupérer d'urgence son fils Jean-Pierre, deux ans et demi, hébergé chez une vieille tante à Cossé-le-Vivien, près de Laval. D'un commun accord, Marcelle et Yvette décident que nous allons tous les trois faire le trajet vers l'ouest, à bicyclette. Étant donné le caractère des événements, il y a dans cette décision une part d'inconscience, de risque surtout. Nous quittons Paris le 12 juin au petit matin, place de la Concorde. La grande aventure commence.

Du haut de mes douze ans, ce trajet m'apparaît comme une véritable odyssée. Pour éviter le danger, nous empruntons des routes de campagne. Les filles pédalent plus lentement que moi. Quand je prends trop d'avance, je reviens en arrière, comme un chien de garde. Nous dormons à la belle étoile, dans les foins, franchissons de justesse un contrôle de patrouille allemande. À Laigle, nous allons devoir nous réfugier dans une cave pour échapper au bombardement d'une gare de triage. Quand nous arrivons à Mayenne, le 17 juin, la ville est encore occupée par les Allemands. Les avions de la Royal Air Force ont bombardé certains quartiers de la ville, notamment pour détruire un pont. Beaucoup d'habitants se sont réfugiés dans la campagne alentour. Exténués, nous retrouvons Christiane et Henriette à la Grande Vigne, envahie de Mayennais qui campent là, dormant à même le plancher. Le trajet nous aura pris cinq jours. Quelques semaines plus tard, des coups de feu résonnent dans le lointain. Et semblent se rapprocher. Avec les réfugiés et le voisinage, nous nous cachons aussitôt dans la cave. Les mères masquent la bouche des enfants. Par le soupirail, on voit des soldats allemands passer en courant dans la cour, fébriles. L'un d'eux, en hurlant, essaie de forcer la porte du bâtiment principal. Tout le monde retient sa respiration... Le calme revient. Soudainement, pris d'un coup de folie, je m'échappe de la cave. Marcelle pousse un cri. Il se passe dehors des choses décisives et j'ai envie d'y assister. Il y a derrière la maison un chemin qui mène au carrefour vers Fougères et Ernée. En haut d'une côte, les Allemands ont caché un canon. C'est précisément sur cette route que je vois arriver les premières automitrailleuses américaines. Sur l'une d'entre elles, un soldat yankee me sourit. Je lui crie ma joie. Il est sur le point de me parler quand, l'espace d'un éclair, il perd sa tête. Le sang gicle comme un geyser, le corps décapité s'écroule au moment où résonne la déflagration du canon allemand, décalée de deux secondes. C'est une vision d'horreur que curieusement je n'appréhende pas tragiquement. Pour moi, c'est davantage une curiosité, une sorte de jeu de la vie et de la mort, accepté comme une chose naturelle. En vérité, la guerre nous a habitués au pire ; l'a banalisé je dirais même.

Au bout de plusieurs heures, les blindés alliés arrivent en masse. Cela signifie que les Allemands perdent du terrain. Nous sommes en août 1944. Des soldats américains s'arrêtent à la Grande Vigne. Nous les accueillons avec de l'eau-de-vie. Ils installent un camp à proximité. Les bois qui jouxtent la Grande Vigne abritent une poche de résistance allemande. Au lieu d'investir la forêt, les Américains l'encerclent de canons et la bombardent, jusqu'au moment où il n'y a plus de soldats allemands, ni de forêt d'ailleurs. En six semaines, ce terrain de jeu que j'ai tant apprécié est transformé en clairière crevassée. Très vite, un groupe de quatre, cinq soldats de l'US Army sympathisent avec nous, trois Noirs en particulier : Moto, Alexander et Gene. Ils me demandent de leur interpréter des morceaux classiques étudiés au Conservatoire, notamment *Tristesse* de Chopin. Puis, Moto s'y colle à son tour, me joue du blues, en m'expliquant ses trois accords de base et sa structure, ses fameuses douze mesures d'exposition. Moi, le seul jazz que je connais, c'est le New Orleans et le swing. En quelques minutes, de nouvelles contrées s'ouvrent à moi. J'observe les mains de Moto sur *Saint Louis blues* et, ensuite, je singe ce qu'il m'a montré. Difficile pour un petit Français de douze ans, blanc, de comprendre les années de souffrance, de douleur, de combat aussi, que recouvre historiquement le blues. À défaut, je m'applique à essayer… Tout en jouant, je ferme les yeux et je me retrouve quelque part du côté du Mississippi. De jour en jour, le lien se resserre avec mes nouveaux amis. Grâce aux fermes voisines, je leur apporte du lait frais, des oeufs, du beurre. En retour, ils m'offrent un casque, une gamelle et un fusil déchargé. Ils m'invitent à manger avec eux à la cantine, me font découvrir le *peanut butter*, m'apprennent à jouer au black jack. Et, surtout, me filent en douce des cartouches de cigarettes, dont ils ont à profusion. C'est à leur contact que je vais commencer à fumer. Ils me donnent l'impression d'avoir franchi les portes de l'âge adulte, de jouer dans la cour des grands, de m'être métamorphosé en soldat américain. C'est une sorte d'antichambre entre la fin de la guerre et le retour à la réalité, une parenthèse enchantée qui va se refermer avec l'été. Car, dans l'intervalle, Paris a été libéré. Marcelle loue un camion pour rapporter nos affaires à Bécon.

Fin septembre, je retrouve la classe de Lucette Descaves rue de Madrid.

Pendant des années, le souvenir du trajet Paris-Mayenne à bicyclette va nous hanter. Nous en reparlons souvent avec Marcelle. C'étaient cinq jours de temps suspendu où, malgré la proximité du danger, il soufflait déjà un vent de liberté. Dès l'après-guerre, elle me propose de refaire le même itinéraire, cette fois en voiture. Pour retrouver les paysages, les impressions, les gens aussi, qui ont émaillé ce périple. Je suis évidemment partant. Certains vont à Saint-Jacques-de-Compostelle, Marcelle et moi rêvons modestement de pousser jusqu'à Mayenne. Mais dès qu'il s'agit de trouver une date, différents engagements nous obligent à remettre le projet à plus tard. Les années filent... L'idée ressurgit, de temps à autre, sans que nous la concrétisions. Ce voyage sur les traces de notre passé, nous ne le ferons jamais. Marcelle s'en va un soir de 1978, vaincue par un cancer. Pour Christiane et moi, c'est comme si nous perdions à la fois mère et père. Sa disparition nous dévaste. Pendant des mois, je repense beaucoup à « sa mère ». Des souvenirs d'enfance oubliés me remontent tous les jours à la surface de la mémoire. Une nuit d'insomnie, je suis pris d'un terrible remords, au point de me dire : « J'ai fait une promesse à Marcelle, je dois la tenir. Ce pèlerinage, nous allons l'effectuer. Et je vais le lui dédier. » Dans mon esprit, il doit prendre la forme d'un long-métrage, qui relatera notre épopée cycliste, le temps de quelques jours qui ont inversé le cours de l'histoire. À cinquante-six ans, je décide de passer derrière la caméra, pour la première fois de ma vie. Non par vanité, simplement pour respecter un engagement.

La première version du scénario, je l'écris seul. La seconde, avec mon demi-frère Benjamin Legrand, dit Big Ben, auteur inventif et astucieux. Il n'était pas né en 1944 et apporte à mon histoire un recul salutaire. À un moment donné, l'idée me vient d'interroger Yvette Bourtayre. Elle se souvient peut-être de détails que ma mémoire a effacés et qui pourraient enrichir le récit. Grâce à son fils Jean-Pierre, compositeur de variété à succès, je retrouve sa trace. Elle a quatre-vingt-quatre ans et vit à Biarritz. Avec Jean-Pierre, nous descendons lui rendre visite. Je sors un petit magnétophone pour l'enregistrer mais me heurte à un mur. Ses souvenirs se sont dissous. Dans ma subjectivité, c'était un moment décisif ; dans la sienne, une escapade champêtre lointaine et embrumée. Je rentre à Paris déçu, conscient d'être désormais la dernière personne à pouvoir raconter cette histoire. Depuis que j'ai mis en musique *Les Uns et les autres* (avec Francis Lai) puis *Partir, revenir*, Claude Lelouch et moi avons gardé des relations amicales. D'un naturel enthousiaste, il s'enflamme pour le projet et me propose de le produire avec sa société, Les Films 13. Mieux, il m'adjoint les services de son scénariste de toujours, Pierre Uytterhoeven. Telles de bonnes fées bienveillantes, Benjamin et Pierre se penchent successivement sur le berceau de *Cinq jours en juin* pour aider le script à trouver sa forme définitive. Il ne s'agit pas de faire un simple copier-coller de la réalité mais plutôt de la transposer, de l'interpréter. Tous les trois, nous tricotons autant une évocation autobiographique qu'une œuvre de fiction. Par exemple, Mayenne devient Saint-Lo : il est plus excitant de voir nos personnages se rapprocher des lieux mêmes du débarquement. Quant à mon personnage, il n'a plus douze, mais quinze ans, ce qui lui permet de vivre avec Yvette sa première histoire amour. Qui sera aussi son premier chagrin d'amour. Ingrédient romanesque qui transforme notre récit en voyage initiatique. La plume d'Uytterhoeven nous offre la plus troublante réplique du dialogue, quand le jeune Michel déclare à Yvette : « Tu m'as dit "Je t'aime" et la guerre s'est arrêtée. » Bref, tout se met en place dans des conditions idéales. Le tournage est planifié pour juillet 1988 : je tiens à retrouver exactement la lumière et les couleurs de mon printemps 44. Mais, fin janvier, l'échafaudage s'écroule. Lelouch m'appelle et sort les avirons pour m'annoncer qu'il renonce au projet. Ses arguments peinent à me convaincre. J'aime Claude pour mille raisons, mais, ce jour-là, je suis fou de rage contre lui.

Pour tout cinéaste, le producteur qui se dérobe représente une épreuve somme toute banale. Personnellement, je le vis comme un bizutage. Le premier tour de manivelle doit avoir lieu dans cinq mois. Il me reste juste quelques semaines pour sauver la peau de mon film.

Difficile d'oublier le parcours en montagnes russes qui va suivre, avec ses moments d'exaltation, de déception, de doute aussi. Quand il apprend ma situation, mon ami peintre Raymond Moretti me fait dîner avec un copain à lui, Louis Bériot, alors directeur des programmes d'Antenne 2. Lequel se montre intéressé mais prudent. Il transmet le scénario à sa responsable du cinéma, Édith Vicaire, qui me reçoit avec infiniment de bienveillance : « Votre script m'a sincèrement touchée. La seule solution, c'est que vous vous preniez en main : produisez vous-même ! » Son idée germe dans ma tête. Je n'ai pas les moyens de produire mais je peux essayer de les trouver. En l'espace d'un mois, j'enquille frénétiquement les concerts afin de réunir 350 000 francs, somme nécessaire à l'obtention d'une carte de producteur. En quelques semaines, un équilibre précaire se met en place, grâce à Antenne 2, Canal Plus, deux Soficas, plus mon propre investissement. Le financier Christian Charret prend part à l'aventure, en y impliquant Cyril de Rouvre, industriel dans le sucre. Nous serons donc trois à coproduire ces *Cinq jours*. Mon apport est géré par ma seconde épouse, Isabelle, magnifique cavalière, qui se révèle une productrice sensible et attentive. Simultanément, je travaille au casting. À mon sens, ma mère peut exclusivement être incarnée par Annie Girardot, que j'ai si souvent mise en musique, des *Feux de la Chandeleur* à *La Vieille fille*. En prenant de l'âge, Annie finit par lui ressembler de manière troublante, physiquement et vocalement. Coup de chance, elle accepte. Pour Yvette, c'est moins évident. Le premier visage qui me vient à l'esprit, c'est celui de Miou Miou. Mais lors d'une croisière, je fais incidemment la connaissance de Sabine Azéma, dont le charisme me séduit immédiatement. J'organise un dîner entre Annie et Sabine et, d'emblée, je comprends qu'elles vont formidablement fonctionner ensemble, chimiquement parlant. Cela dit, la tension restera intacte jusqu'à la dernière minute : Azéma signe son contrat uniquement la veille du premier jour du tournage. Pour m'incarner à quinze ans, la directrice de casting, Anita Benoist, convoque plusieurs jeunes comédiens. Thomas Langmann déboule dans mon bureau. Personnalité intéressante, mais il est trop âgé pour le rôle et surtout trop sûr de lui : il ne possède pas la fragilité du personnage. Finalement, ce sera Mathieu Rozé. Même s'il triche sur son âge et son niveau de piano, il me paraît capable de jouer le mélange des contraires, la timidité et le courage, l'audace et la pudeur. Et puis, profondément déterminé à devenir comédien, le pari le motive. Enfin, Bernard Toublanc-Michel accepte le délicat statut de conseiller technique. Homme doux et diplomate, au savoir-faire qui saura anesthésier mes inquiétudes. C'est un ami d'enfance nantais de Jacques Demy, dont il a été l'assistant sur *Lola*, avant de passer à la mise en scène, au cinéma et à la télévision. Demy lui-même se montre assez ambigu sur mon aventure. Au fond de lui-même, ça doit sans doute l'agacer de me voir investir son territoire, avec l'un de ses plus vieux complices en sherpa. Un soir où je lui parle des repérages, Jacques me chambre, goguenard : « Je suppose que tu vas me demander d'écrire la musique de ton film ? »

Un tournage, dit-on, c'est une traversée de l'inconnu. *A fortiori* lorsqu'il s'agit d'une première réalisation. Comme prévu, le mien démarre en juillet. Jusqu'alors, la fréquentation des plateaux m'a plutôt ennuyé, même chez Demy ou Losey. L'installation de la lumière prend des plombes, les heures s'étirent, on peine à mettre en boîte une minute utile en trois heures… Là, c'est le contraire. J'observe avec passion le chef opérateur Jean-Yves Le Mener régler ses savants éclairages. Le premier jour, l'équipe technique doit tendre l'oreille pour entendre mon « Moteur ! », lancé avec timidité. Parfois, les musiciens d'orchestre font volontairement des fausses notes, histoire de tester le chef, de le jauger. Mais sur *Cinq jours en juin*, tout le monde se montre attentif et coopératif avec le novice que je suis. Chaque jour, je me sens plus à l'aise que le précédent. Un mouvement de grue m'évoque une envolée de cordes, le rythme et le tempo avec lesquels les trois comédiens disent leur dialogue me fait penser à un enregistrement en studio. Comme je dirigerais un soliste de haut vol, je demande par exemple à Sabine d'accélérer la deuxième partie de telle phrase, de respecter un *forte* sur tel mot, de terminer telle réplique sur une cadence suspensive… Pendant deux mois et demi, je vais remettre en scène mon propre passé, m'apercevant que la mémoire fonctionne de manière très cinématographique : elle découpe volontiers les souvenirs à la manière du cinéma. Au bout d'un moment, je ne peux plus distinguer les événements de la vie et ceux du film. Réalité et fiction finissent par se confondre. De même, pendant des mois, quand je repenserai à ma mère, c'est d'abord le visage d'Annie Girardot qui s'imprimera mentalement. Grand moment d'émotion également le jour où je tourne la première séquence, celle de l'examen au Conservatoire. La fameuse salle Fauré a été spécialement rouverte pour moi. Dans le jury, ma sœur Christiane et ma chère Lucette Descaves, quatre-vingt-deux ans, s'imposent en figurantes de luxe. Retrouver Lucette rue de Madrid me donne l'impression d'avoir figé le temps… Enfin, les séquences de bicyclette me font soudainement penser à Jean-Paul Rappeneau et à sa *Vie de château*, son premier et brillantissime long-métrage, dont j'ai écrit la musique en 1965. Modestement, j'essaie de me rapprocher d'un principe que Jean-Paul a porté à sa quintessence : des trajectoires individuelles prises dans un grand mouvement qui les dépasse, celui de l'Histoire. Curieusement, *La Vie de château* et *Cinq jours en juin* se rejoignent sur le syndrome « bicyclettes, Normandie, routes de campagne, débarquement ». Est-ce un hasard ? Rappeneau et moi sommes nés à quelques semaines d'intervalle. Courons-nous inconsciemment après ces images d'enfance qui vous poursuivent toute une vie ?

Comme compositeur, j'entretiens généralement d'excellentes relations avec les monteurs de cinéma. Comme (jeune) metteur en scène, c'est moins le cas. Assez vite, le climat se tend avec celui de mon film, Jean Ravel, une autorité, célèbre pour sa longue collaboration avec Pierre Granier-Deferre. Il me montre un premier bout à bout où il a pris l'initiative de casser la chronologie du récit. Le film démarre par la fin. Je l'engueule : « Arrête, Jean, tu veux faire un film qui n'est pas le mien. La forme ne doit pas être celle d'un Godard ! » Il voulait sans doute créer un effet de surprise par le montage alors que, dès le départ, j'assume l'esthétique frontalement classique de la mise en scène, en adéquation avec le sujet. Au bout d'un moment arrive la question de la musique. Après avoir dialogué à la table de montage avec Agnès Varda, Chris Marker, Sydney Pollack, Clint Eastwood ou Orson Welles, me voilà cette fois face à moi-même. Je rejoins le club très fermé des cinéastes-compositeurs, inauguré par sir Charles Chaplin. Référence écrasante. Pour le coup, il ne faut pas donner le sentiment que le cinéaste sert la soupe au compositeur. Quitte à surprendre, je décide qu'il n'y aura pas d'intervention musicale. « Tu as raison, me glisse Moretti, la musique est déjà dans l'image. » Seules exceptions, une courte séquence accompagnée d'un thème pour piano seul, plutôt classique et sans excès de lyrisme, et un blues au générique fin. Ce qui est aussi une façon de raconter l'itinéraire de mon personnage, son glissement de Chopin vers la note bleue. À l'automne 1988, mes fidèles amis américains Alan et Marilyn Bergman sont de passage à Paris. Aux États-Unis, ce sont des stars. Ils ont écrit les paroles de standards absolus, le plus souvent pour le cinéma. Nous travaillons ensemble depuis *L'Affaire Thomas Crown*. Je profite de les avoir sous la main pour leur montrer une version du montage. C'est encore un *work in progress*, auquel ils réagissent avec enthousiasme. Ils pensent même que le blues final doit être chanté et se mettent spontanément à en écrire le texte, baptisé *Love makes the changes*. Il y est question des aléas du cœur et des saisons : « *One day, she loves you / One day, she leaves you /*

Summer's gone, winter's here / Love makes the changes. » En l'interprétant moi-même au piano, je m'exclame : « Mais c'est pour Ray Charles ! Et si on essayait de l'avoir ? » L'idée paraît folle, incongrue, hors d'atteinte. Ray n'a jamais créé une chanson originale pour un film français, *a fortiori* à budget modeste. J'appelle Joe Adams, son agent, sans grand espoir : « Crois-tu qu'il serait possible de faire un enregistrement avec Ray, dans un délai d'un mois ? » Il me répond du tac au tac : « Il est actuellement en tournée en Afrique du Sud. Mais, dans trois semaines, il doit passer à Paris une demi-journée pour rentrer à Los Angeles. Si un créneau de trois heures te convient... » La coïncidence relève du miracle. Est-ce un signe de la Providence ? Le jour convenu, à l'heure dite, Ray arrive au studio Guillaume Tell. On s'embrasse, on se remémore quelques souvenirs et, surtout, on embraye très vite, car chaque minute compte. On met d'abord en boîte le play-back, Ray et moi sur deux Steinway, accompagnés par un combo de haut vol : André Ceccarelli à la batterie, Marc-Michel Le Bévillon à la basse et mon camarade belge Toots Thielemans, le plus grand harmoniciste au monde. Ray joue face à moi et, derrière ses épaisses lunettes noires, j'ai le sentiment de sentir son regard. Puis on enregistre sa voix. À travers la vitre, j'observe ce mythe vivant qui donne une intensité hallucinante aux paroles des Bergman qu'il suit simultanément en braille. D'emblée, il interprète *Love makes the changes* comme s'il l'avait à son répertoire depuis toujours, comme si c'était *Georgia on my mind.* Il change légèrement des notes, dévie imperceptiblement de la mélodie, pousse des cris d'enthousiasme et tape dans ses mains sur le chorus de Toots. Et lâche son ultime « *Love makes the changes, my friend* » en parlant, avant d'éclater de rire, complice. Pas besoin d'aller au-delà de deux prises : la seconde est la bonne. Il fallait faire vite, ce qui a joué en notre faveur. L'urgence a forcé Ray à sortir immédiatement ses tripes. Après trois heures, il nous quitte pour prendre son avion. C'est mon premier film comme metteur en scène et Ray Charles vient de me faire un cadeau inespéré.

Cinq jours en juin fleurit sur les écrans français en février 1989. Un film de printemps en plein hiver. Critique plutôt positive, box-office mitigé, dû au désintérêt d'un distributeur assoupi. Pourtant, les présentations en France puis aux États-Unis donnent lieu à des débats passionnés. Beaucoup de spectateurs reconnaissent dans mon histoire des fragments de la leur. J'insiste sur le plaisir d'explorer des contrées vierges, de partir à l'abordage de nouvelles disciplines. Je rappelle le fameux mot de Jacques Brel, le jour où il a décidé de décrocher : « Un jour, je me suis réveillé avec un gramme et demi d'habileté. » *Cinq jours en juin* m'a procuré un plaisir inouï, oublié, celui de débuter à nouveau. Bien sûr, je suis conscient des limites du film, mais j'espère que sa sincérité compense ses maladresses. Le compliment le plus sensible viendra d'un célèbre critique, François Chalais, qui voit ces cinq jours comme mon Rosebud personnel : « À chacun sa façon d'avoir au fond de soi un morceau de la luge de *Citizen Kane.* » En février 2009, quand les lumières de la grande salle de la Cinémathèque française se rallument, le public m'applaudit longuement. Je me lève, le salue et parviens à contenir mon émotion. Je repense à ma mère. En définitive, Marcelle et moi aurons effectué ce pèlerinage exactement comme nous l'avions envisagé : ensemble.

6

Étés d'enfance

Juillet 2011. Claude Desmarest, ami intime d'Henri Dutilleux, nous accueille en concert dans le festival d'été qu'il dirige à Hardelot, dans le Pas-de-Calais. Nous, c'est la délicieuse soprano Natalie Dessay, plus ma compagne harpiste Catherine Michel. Je réalise la proximité de Berck-Plage, station balnéaire magique de ma jeunesse, où je n'ai pas remis les pieds depuis 1951. Mes souvenirs sont là, à portée de main... J'ai envie de tenter le voyage. Claude met gentiment une voiture à notre disposition. Les paysages du Nord défilent sur la nationale. Je roule vers Berck, je cours vers mon enfance.

De naissance, j'ai un trou dans la poitrine, le sternum enfoncé. Quand j'ai trois ans, ma mère consulte plusieurs spécialistes. L'un d'entre eux prononce en ma présence cette sentence terrible, dont je garde un douloureux souvenir : « Ma pauvre dame, votre enfant ne vivra pas longtemps ! » Mais Marcelle apprend qu'il existe à Berck des centres spécialisés dans le traitement des os, à l'air glacé du Nord. Pour allonger mon espérance de vie, elle décide de nous y faire passer une partie de l'été. Les quatre membres de la famille logent dans un petit deux pièces, en sous-sol. Avec Christiane, nous passons des matinées sportives au club de gym de la plage, tenu par un nommé Jim Agard. Au programme : agrès, corde, ballon le matin, croquet l'après-midi. Après deux heures d'exercice, nous avons tellement chaud que la seule solution est de plonger dans la mer. Je me souviens des cabines en bois sur roulettes que nous devons louer, pour nous changer et ranger les affaires de plage. Ce sont des vacances de joie, dans une ambiance rétro façon *Vacances de monsieur Hulot*. Curieusement, mes souvenirs mettent beaucoup de soleil alors que la réalité météorologique était sûrement plus maussade. Mais peu importe : à Berck, même la pluie nous semble belle. Emmanuel Berl a joliment écrit : « La mémoire est une fermentation perpétuelle où les souvenirs se transforment autant qu'ils se conservent. »

Nous passons à Berck cinq étés étincelants, de 1935 à 1939. Mais le cours de l'Histoire va contrarier nos habitudes de vacances. Dès 1940, le bord de mer est interdit au public et, au printemps 1942, les Allemands commencent à construire le mur de l'Atlantique. La plage de Berck se métamorphose en champ de mines, barbelés et chevaux de frise. Souvent, pendant l'Occupation, je me demande : « Quand retournerons-nous à Berck ? » Inconsciemment, je voulais retrouver cette insouciance, celle de l'avant-guerre, de la petite enfance. À la Libération, je crois que ça va enfin être possible. Mais les saisons passent : 1945, 1946, 1947… La plage reste inaccessible : son déminage n'en finit pas de finir. Elle rouvre entièrement en 1950. Dans l'intervalle, j'ai grandi, je viens de passer mon permis de conduire. Mon père m'a fait acheter une voiture allemande en bois, une DKW, sorte d'ancêtre de l'Audi, avec un tableau de bord façon avion. C'est avec ce char d'assaut, adepte de la panne à répétition, que je fais mon retour à Berck, accompagné par Christiane et son premier mari. Nous avons quitté cette plage enfants, nous la retrouvons adultes. L'emplacement du club de gym est identique. Jim Agard a simplement été remplacé par son fils, Jimmy. C'est émouvant, mais ce n'est déjà plus exactement la plage de ma mémoire. Est-ce moi ou le lieu qui a changé ? Trente ans plus tard, les images d'*Un été 42* de Robert Mulligan feront résonner intérieurement des échos de Berck. Une nostalgie diffuse des étés d'enfance, des bords de mer, des premières amours.

Les séjours à Berck après guerre vont durer deux ans, jusqu'en 1951. En juillet 2011, je ne reconnaîtrai pas ce terrain de jeu de ma jeunesse. La plage est noire de monde, le front de mer gangrené de baraques à frites, infesté de touristes belges en bermuda. Ce n'est plus une plage à échelle humaine mais une plage industrielle. J'ai vite rebroussé chemin, pour me réfugier dans mes souvenirs. Aujourd'hui, quand on me parle de Berck, c'est l'image de la plage de 1935, et elle seule, qui s'imprime spontanément. J'ai déjà oublié l'autre.

7

Un père et passe

Début 1952. Je bordure les vingt ans, le temps du Conservatoire va bientôt se terminer, après neuf années intensives dont cinq auprès de Nadia. Professionnellement, je nage en pleine irrésolution. Écrire des œuvres symphoniques ? Pourquoi pas, mais il faut des commandes. Pour le cinéma ? Il faut connaître des metteurs en scène et producteurs. Pianiste concertiste ? Où est l'intérêt d'interpréter des œuvres que l'on aime plus ou moins, déjà jouées cent fois par d'autres ? Finalement, mon choix est de ne pas choisir. Je décide de laisser décider le destin. Pendant pratiquement une année, je me contente d'attendre, ou presque. C'est comme un sas, un passage entre les études et le monde du travail. Il m'arrive simplement d'accepter des petits boulots. Par exemple, dans les cinémas de banlieue, chaque film est précédé d'un court-métrage, de bandes-annonces, d'actualités et d'une attraction. Souvent, il s'agit de chanteurs de charme couperosés, de gloires arthritiques d'hier, voire d'avant-hier. Mais qui ont besoin d'un accompagnateur. J'ai alors dix-neuf ans. Mon copain et voisin de Bécon Pierre Mamin me prête son vélo afin que je puisse cumuler deux, voire trois cinémas le même soir. C'est une frénétique course contre la montre, une bataille avec la chaîne qui ne cesse de dérailler. J'arrive en sueur, sans avoir répété. On me file des petits formats jaunis, raturés, qui ont vécu trois guerres, on m'assoit à un piano désaccordé qui a connu Fréhel. Le plus souvent, je dois transposer parce que la tonalité de la partition n'est jamais celle du chanteur. Mais grâce à l'acquis de chez Nadia Boulanger, je peux jouer en long, en large, en travers, en quinconce, sans aucun problème. Ce qui nourrit ma réputation de déchiffreur fou. On me donne cinq francs par accompagnement. Autrement dit, quand je pédale vite, je gagne quinze francs par soirée, c'est-à-dire le prix de cinq soupes dans ma gargote préférée. Rien de mirobolant mais, en même temps, c'est la première fois que l'on me paie pour jouer du piano.

Après guerre, la musique va contaminer ma famille de manière inattendue. Par suite de sa condamnation, Raymond ne peut plus reprendre son orchestre, trop lié aux heures sombres de l'Occupation. Mais depuis des années, il harangue sans cesse ses trois beaux-frères : « Abandonnez vos ambitions minables ! Travaillez dans le spectacle ! » Il va avoir gain de cause : Pierre devient copiste, Georges découvreur d'artistes. Quant à l'oncle Jacques, de retour d'Allemagne où il était prisonnier, il monte en 1945 un orchestre de variété pour prendre la succession de Raymond qui, lui-même, avait pris celle de Ray Ventura. Apprenti dentiste devenu saxophoniste, Jacques Der Mikaëlian rabote son nom pour se métamorphoser en Jacques Hélian et son orchestre, réunissant des musiciens de jazz de grande qualité, français et bientôt américains. Son indicatif est *Fleur de Paris*, véritable hymne de la Libération, composé par son ami Henri Bourtayre. Logiquement, c'est pour mon oncle que j'écris mes premiers arrangements. Il a notamment débauché à Duke Ellington un trompettiste noir américain surdoué, spécialiste du suraigu : Ernie Royal. Et il a besoin de morceaux qui le mettent en valeur. Je me creuse la tête, en essayant d'être le plus moderne et le plus brillant possible, sûrement influencé par l'écriture de Stan Kenton, notamment sur le standard *Poinciana*. De son côté, ma mère me met en contact avec un duo de paroliers, dont elle partage les bureaux : Bertal et Maubon. Derrière ce double nom qui sonne comme

Roux et Combaluzier ou Jacob et Delafon se cachent deux petits bonshommes à lorgnon, étriqués, soucieux de leurs prérogatives. On dirait les auteurs de *L'Auberge des Adrets* dans *Les Enfants du paradis* : « Vous avez piétiné notre œuvre, marché dans notre prose ! — Ça porte bonheur ! » leur assène Pierre Brasseur. Le titre de gloire de Bertal et Maubon ? Avoir signé les paroles de *Je cherche après Titine*, de l'immortel *Sous les palétuviers* mais aussi des vaudevilles comme *Un permissionnaire en folie* ou *Le Caporal furibard.* Ils ont commencé leur carrière à la toute fin du XIXe siècle, sous Félix Faure, ce qui ne me rassure pas. Je leur propose une mélodie assez simplette sur laquelle ils écrivent : « Il y a des fiiil-les, si gentiiil-les… » J'ai oublié la suite mais aucune rime en *ille* n'a dû être épargnée : jonquille, broutille, escadrille… C'est primaire et crétin mais Jacques me dit : « Écris-moi une orchestration de ta chanson, je vais la reprendre avec mon orchestre. » *Il y a des filles* est donc ma première œuvre déposée à la Sacem et jouée en public. Je n'en suis pas spécialement fier. À la réflexion, je pense avoir fait mieux depuis.

Un jour de 1947, mon père fantôme va réapparaître dans ma vie. Il vient m'attendre à la sortie du Conservatoire. Je suis surpris, on s'embrasse, il m'emmène dans un café. L'enfant que j'étais ne l'intéressait pas. Mais il a appris que je progresse en composition et orchestration, que Nadia Boulanger m'a pris sous sa coupe. Cette tentative de repêchage camoufle mal un calcul à semelles de plomb. Je lui en veux pour le vide affectif qu'il a laissé après son départ, pour les camouflets qu'il a infligés à Marcelle, dont il est d'ailleurs divorcé depuis 1946. Bien sûr, j'ai envie de lui dire ma rancune mais une voix intérieure me tempère : « Dans quelle mesure cet homme est-il ton père ? » En partant du principe que la réponse est négative, tous les problèmes s'évanouissent. En faisant le deuil du père qu'il n'est pas, je deviens ami avec Raymond. C'est comme une nouvelle connaissance. Dès lors, nos rapports seront agréables, sporadiques et sans profondeur. Je l'ai cerné, je connais ses défauts par cœur : menteur congénital, irresponsable et roublard, incapable d'exprimer un amour véritable. En acceptant ses limites, je finis par le trouver attachant. Il a tellement envie d'exister, d'être au centre de la conversation qu'il invente sans cesse des histoires ridicules et invraisemblables, toujours à son avantage. Parfois, il me dit : « Viens avec moi, on dîne avec Fernandel et Marcel Pagnol », des grands noms qui me font rêver. Devant eux, il se lance dans un récit aux confins de la quatrième dimension : « Avant guerre, je jouais dans un orchestre de saloon à Veracruz. En plein concert, des contrebandiers nous ont attaqués. J'ai dû dégainer. Ma tête a été mise à prix. » Tout le monde se regarde, mi-embarrassé, mi-hilare. Pagnol est sûrement conscient de ses affabulations mais, malgré tout, il l'apprécie pour sa drôlerie et sa légèreté. Je dirais même son charme.

Même si l'image de Raymond a été écornée à la Libération, le métier ne s'est pas totalement détaché de lui. Il a été engagé comme directeur artistique chez Decca, maison de disques belge créée par Eugène-Willy Pelgrims, pittoresque homme d'affaires à bretelles, cigare et fort accent wallon. Mon père me fera écrire deux orchestrations pour Piaf, alors artiste Decca, et diriger les séances à Bruxelles. C'est aussi grâce à lui que je vais connaître mes premiers contacts avec le cinéma. En 1949, il est arrangeur musical d'un mélodrame de Jean Stelli, *Envois de fleurs*, où Tino Rossi incarne Paul Delmet, l'immortel et incontournable compositeur de *La Petite Église*. Raymond m'obtient une figuration. Quand il me voit débarquer au studio de Boulogne-Billancourt, le maquilleur pique une crise de nerfs : j'ai dix-sept ans et je dois interpréter un pianiste quinquagénaire. Pour sauver les apparences, il me colle une barbe postiche (déroulée au mètre) qui me paralyse la mâchoire. Impossible de prononcer un seul mot, ce qui est sans conséquence : je n'ai pas une ligne de dialogue. Mais je découvre comment fonctionne le cinéma de l'intérieur, l'importance de la lumière, du cadre, des mouvements de caméra. En un mot, je m'intègre à la vie d'un film et ça me passionne. Très vite, mon père m'implique dans les musiques de films qu'on lui commande, soit pour orchestrer, soit pour carrément composer à sa place. Il travaille notamment pour André Cayatte (*Justice est faite*, *Nous sommes tous des assassins*), Marcel Pagnol (*Topaze*, *Manon des Sources*) et pour un protégé de Fernandel, un jeune Marseillais d'origine arménienne, Henri Verneuil (*Le Boulanger de Valorgue*, *Carnaval*, *L'Ennemi public numéro un*). Avec Raymond, c'est toujours l'urgence, la précipitation, le coup de fil impromptu à 2 heures du matin : « Allo Michel ? C'est un désastre : j'enregistre une partition à 9 heures et il me reste encore douze numéros à écrire. Ramène-toi ! » J'enfile un survêtement par-dessus mon pyjama et je déboule chez lui, rue du Ranelagh. Une image me revient de ces marathons nocturnes. Il est 7 heures du matin. La séance a lieu deux heures plus tard, avec orchestre symphonique. Brusquement, mon père lève la tête de son papier à musique, hérissé d'épouvante : « Merde, on n'a pas de générique ! » Par facilité, on décide d'emprunter à Rossini les premières mesures de l'ouverture du *Barbier de Séville*. Raymond me propose : « Pour aller plus vite, tu écris la page de gauche, moi la page de droite ! Sur quel accord tu finis ? » Moi, au hasard : « *Fa* mineur ! » Seconde page : « *Sol* dièse ! » Troisième : « *La* bécarre ! » Derrière nous, sur la table du salon, une armée de copistes crache de l'encre. En trois quarts d'heure, dans une sorte de ping-pong échevelé, on torche un générique de trois minutes, entièrement écrit par tranches. C'est bâclé mais ça fonctionne. Le producteur a l'air satisfait, ce qui est le plus important. Pour moi qui sors du Conservatoire, c'est une manière concrète de passer de la théorie à la pratique. Ainsi, je peux faire des tests, expérimenter des combinaisons harmoniques, des agencements de timbres, des formules rythmiques. C'est un laboratoire, totalement sans risque : mon nom n'est pas crédité. Certes, à l'exception de *Manon des Sources*, ce ne sont pas des films impérissables. Ils m'inoculent toutefois le bacille de la composition pour l'image. J'y découvre les vertus de l'immédiateté, le plaisir d'entendre sonner sa musique avant même que l'encre soit sèche.

L'autre grand souvenir lié à Raymond, c'est *Le Chanteur inconnu* d'André Cayatte, avec toujours Tino Rossi, décidément omniprésent dans cette période de ma vie. Le tournage a déjà commencé à Nice, au studio de la Victorine, quand mon père m'appelle en catastrophe : « Je suis censé y être demain avec les cinq chansons du film. Mais me voilà bloqué à Paris, par un enregistrement pour Decca. Vas-y à ma place, excuse mon absence, temporise. J'arriverai après-demain avec les chansons écrites. Sauve-moi la peau, Michel ! » Bonne pâte, je lui obéis et descends à Nice dans la nuit. Cayatte et son scénariste, Henri Diamant-Berger, bougonnent en écoutant mes explications. Ils n'ont pas d'autre solution que d'attendre. Le jour d'après, je passe récupérer Raymond au train du matin. L'audition a lieu à 10 heures. À 9 h 30, il m'avoue, sur un ton badin : « Ah, j'ai oublié de te dire : je n'ai rien écrit. » Il voit que je m'étrangle et cherche à me rassurer par un grand : « Ne t'inquiète pas ! », phrase qui depuis produit sur moi l'effet contraire. Et il m'annonce son plan : « Je vais leur raconter l'intention de la chanson, sa signification dans l'histoire et hop, tu joues ! — Je joue quoi ? — Un truc dans l'esprit de ce que j'aurai raconté. » Moi, inquiet : « Mais s'ils me demandent de rejouer la mélodie, j'en serai incapable ! — Pas de panique, je ferai diversion... » Une demi-heure plus tard, devant l'état-major de la production, Raymond se lance dans un grand numéro de voltigeur : « Mon cher Tino, au moment où tu aperçois la fille, la chanson doit faire comprendre que tu as un lien avec elle, un lien qui vient du passé. Il faut de la nostalgie et de l'émotion, tu comprends ? » Et là, après avoir hypnotisé son monde, il déplie son bras droit vers moi : « À toi ! » J'improvise une vague mélodie, sans grande assurance, sur laquelle Raymond surenchérit : « Tu vois, Tino, quand ça part dans l'aigu, il faut un gros plan sur ton visage pour faire comprendre au spectateur que les souvenirs se bousculent dans ta tête ! » Vous me croirez ou non, mais, en une heure, mon père réussira à leur fourguer cinq chansons qui n'existaient pas. Si Raymond possédait un don, c'était celui du service avant-vente.

Après guerre, il se remarie avec Paulette, avec laquelle il a deux garçons, Benjamin, dont je suis resté proche, et Olivier. Paulette est une femme charmante, attentionnée, qui l'encourage à s'occuper de Christiane et moi. Après plusieurs années, il désertera sa nouvelle famille, me laissant prendre en charge les études de mes demi-frères. Selon la formule consacrée : l'histoire ne se répète pas, elle bégaye. En 1956, Raymond et moi écrivons les orchestrations de la comédie musicale de Marguerite Monnot, *Irma la douce*. Qui contient l'une des plus belles chansons au monde, *Avec les anges*. Ce sera l'une de nos toutes dernières collaborations. Après, je prendrai mon envol et le verrai uniquement de loin en loin. À sa mort, à l'automne 1974, je refuse sa succession. D'abord parce qu'il est criblé de dettes, par suite notamment du naufrage de son spectacle *Jeanne-vérité*, écrit pour sa troisième épouse, Colette Renard. Et puis, pour des raisons morales. Comment accepter l'héritage d'un homme qui a d'abord été un simple copain ? Le temps a passé. Aujourd'hui, une partie de moi ressent de la tendresse pour cet être inconséquent, personnalité folklorique du vieux métier. Quand ses abandons me reviennent en mémoire, il me suffit de penser à son fameux « À toi ! » devant Tino Rossi et je retrouve le sourire.

8

Tournées estivales

L'autre soir, le câble m'a permis de revoir *Assassins et voleurs*, avant-dernier film de Sacha Guitry. Il est difficile d'imaginer que ce joyau pétillant de cynisme, de jeunesse et d'amoralité a été tourné en 1956 par un homme cloué dans un fauteuil roulant, aux portes du tombeau. Au milieu du film, dans la séquence du tribunal, un témoin est appelé à la barre, pour sauver Michel Serrault de la guillotine. C'est un hurluberlu hirsute qui, de manière extravagante, bafouille un récit incompréhensible sans aucun rapport avec le procès en cours. Ce diable qui sort de sa boîte, c'est Darry Cowl. La séquence est sublime, et fonctionne presque comme un film dans le film. Curieusement, ce sont à la fois les tout débuts de Darry au cinéma et les adieux de Guitry. Ça me touche d'autant que, quatre ans plus tôt, je faisais la connaissance de Darry. Il n'était même pas apprenti comédien : il n'était pas comédien du tout. C'est sous mes yeux que Darry Cowl acteur va naître. Et que son personnage va se forger.

1952. Dans le sillage des sœurs Étienne, Christiane vient de monter un duo vocal féminin avec Colette Mille, première femme de Jacques Hélian. Elles s'appellent les Philippines. Je leur arrange plusieurs jolis duos, en tierce ou en sixte. Elles obtiennent un engagement pour une tournée d'été organisée par Jacques Canetti, le Festival du disque. Deux mois et demi à travers toute la France, pendant la saison estivale.

Chaque soir, une ville différente. Comme je dois accompagner les Philippines, je rencontre Canetti, alors grand manitou des disques Philips. Il me propose d'être au piano dans d'autres numéros de la tournée, en partage avec le deuxième accompagnateur, Darry Cowl. Nous devrons simplement nous répartir nos artistes. Il y aura notamment Jacqueline François, Armand Mestral et, en vedette, un fantaisiste en plein essor, Robert Lamoureux. Que je connais déjà : il a été découvert par mon oncle Georges, ses sketches sont édités par ma mère. J'accepte la proposition de Canetti, sans deviner les conséquences qu'elle aura sur mon parcours.

D'emblée, avec Darry Cowl, nous nous découvrons des atomes très crochus. Il est drôle, déconneur, son sens de l'absurde prend souvent une tournure dadaïste. Sans parler de son goût pour le jeu, ou plutôt les jeux : virtuose au billard, à la pétanque, au tapis vert. Une idée germe dans l'esprit de Canetti, conscient de nos affinités : « Vous êtes deux pianistes épatants, vous vous entendez bien : montez-moi un numéro à deux pianos. » Quelques jours avant le 1er juillet, date de l'ouverture des hostilités, nous phosphorons une journée entière dans un studio de la salle Pleyel, pour mettre au point le numéro en question. Nous l'imaginons très sophistiqué, dans un esprit de récital classique, entre Ravel et Debussy. Le premier soir à Rouen, la salle nous accueille de manière glaciaire, dès les premières mesures. On s'en moque, on va jusqu'au bout : bide noir. Je rassure Darry : « À Rouen, c'est bien connu, ce sont des abrutis objectifs. Tu verras demain ! » Le lendemain, à Deauville, même déconfiture. Nous n'avions pas intégré un facteur déterminant : les vacanciers qui veulent se bidonner avec Robert Lamoureux, les accros à *La Chasse au canard* n'en ont rien à secouer de deux zigotos qui se croient sur la scène de Carnegie Hall. Au bout de trois jours, Lamoureux nous invite à dîner, inquiet de notre accoutumance à l'échec : « Écoutez les enfants, ce que vous jouez est excessivement beau mais ça emmerde tout le monde ! » On le renvoie dans ses cordes : « Mais ton canard sur l'armoire, ça nous emmerde aussi ! Nous sommes des musiciens classiques, nous ne jouons pas dans la même cour que toi ! — Attendez, vous avez envie de prendre encore soixante-douze tôles ? — Pas spécialement... — Alors, mon idée est celle-ci : comme vous avez deux gueules marrantes, je vais vous écrire un numéro comique ! » En désespoir de cause, nous acceptons. Le lendemain, Robert passe la journée à nous imaginer des situations burlesques : le couvercle du piano me tombe sur les doigts, Darry se prend un pied dans la chaise, une touche du piano se décolle. Il me l'apporte : « Tiens, voilà un *mi* bémol ! » Cet humour clownesque nous paraît franchement anachronique mais, en même temps, nous n'avons rien à perdre. Le premier soir, l'accueil est honorable. Mais, en comparaison de la veille, c'est un triomphe absolu. Pendant dix jours, on s'amuse à peu près ; passé ce cap, ça devient une épreuve. Alors, nous commençons à changer les répliques, à sortir du canevas, pour tuer la routine, sinon l'ennui. Pour surprendre le partenaire, aussi. Ça devient un match d'improvisation. Plus notre plaisir va *crescendo*, plus le public se marre *decrescendo*. Peu à peu, on revient au bide initial... En vérité, nous crevons d'envie d'en finir avec cette mascarade, mais notre contrat nous en empêche. Le numéro à deux pianos y figure comme une obligation. Il me vient alors l'idée d'un plan machiavélique, que je soumets à Darry : « Désormais, l'un de nous passera dans l'après-midi au théâtre où nous jouons le soir. Testera les deux pianos et prétendra que l'un d'eux est injouable. Si besoin, il le bousille. Ainsi, nous serons dans l'incapacité de faire notre numéro et donc juridiquement inattaquables ! » Notre combine va fonctionner au-delà de toute espérance. Même lorsqu'il s'agit de Steinway flambant neufs, Darry ou moi osons assener au directeur des lieux : « Désolé, mais je ne joue pas sur une casserole pareille ! » Le régisseur de Canetti, un dénommé Brun, ne comprend pas pourquoi tant de pianos défectueux parsèment notre tournée mais, pour autant, il ne met pas au jour le subterfuge. Finalement, tout le monde s'habituera à la disparition de notre numéro... Moi, ce que je n'oublierai pas, c'est la vision en temps réel de mon ami Darry devenant acteur, jouant de son bafouillement, trouvant son emploi d'ahuri poétique. L'avenir lui appartient.

En deuxième partie, le rideau s'ouvre sur Armand Mestral, basse chantante, qui descend vocalement à la cave sur la version française d'*Old man river*, le standard de la comédie musicale *Show boat*. C'est moi qui l'accompagne et, à vrai dire, j'y prends moins de plaisir qu'avec Jacqueline François, musicienne innée, qui a le sens du swing. Mestral, lui, est à la peine : sur chaque chanson, après mon introduction, il attaque irrémédiablement dans une mauvaise tonalité. Au bout de trois semaines, je craque face à Darry : « C'est fini, j'arrête Mestral. Tu n'as qu'à l'accompagner ! Si tu refuses, il chantera *a cappella*... » Darry me répond, malicieux : « Écoute, on va se le jouer au 421, à l'entracte ! » Avec lui, tout est prétexte à s'amuser, parier, plaisanter. J'accepte, mais à condition que Mestral soit témoin de la partie. Et je trouve une manière perfide de lui présenter la situation : « Tu sais, Armand, ton numéro est sensationnel. Mais c'est toujours moi qui t'accompagne. Darry voudrait aussi en profiter. Ça serait moins monotone ! » Il sourit, surpris : « Vous croyez, les gars ? — Bien sûr ! On va même laisser le sort décider si c'est Darry ou moi qui t'accompagne aujourd'hui. Il faut que tu sois là ! » Dès lors, quotidiennement, le cher Armand va assister en plante verte à notre duel au 421. Un détail, un seul, le laissera tous les soirs perplexe : pourquoi est-ce systématiquement le perdant qui s'y colle ?

Cette tournée 1952, c'est mon entrée dans la vie active. C'est aussi l'été de mes vingt ans. Les voyages quotidiens en voiture soudent la camaraderie. Je deviens très proche d'une séduisante jeune femme qui présente le spectacle, Janine, future mère de ma première fille, Dominique. À la manière du proviseur du lycée, Jacques Canetti se déplace de temps à autre, mais, devant lui, Darry et moi nous tenons à carreau. Je crois qu'il n'a jamais eu conscience de nos potacheries. Et, surtout, il me prend en affection. D'origine bulgare, Canetti est un personnage étonnant : un petit homme d'une vaste culture, entreprenant et créatif, polyglotte, toujours l'esprit à l'affût, à la pointe de la nouveauté. Depuis 1948, il est l'éminence grise de l'antenne française de Philips, maison de disques hollandaise, dont il construit l'écurie de talents. Il se sert également du théâtre des Trois Baudets comme d'un tremplin pour tester, roder et développer ses artistes, fantaisistes ou auteurs-compositeurs-interprètes. À l'issue de ces deux mois et demi de tournée estivale, il me propose de travailler pour Philips. Je mesure ma chance : Canetti est alors l'homme le plus influent du disque. Notre collaboration ne sera pas ponctuelle, elle va durer dix ans. Pour paraphraser Beethoven évoquant sa fameuse *Cinquième* : « C'est le destin qui frappe à la porte. »

9

6, rue Jenner

Juillet 2012. Il y a deux jours, je suis passé en taxi rue Jenner, pour la première fois depuis des lustres. Étrange impression, presque schizophrène : j'y associe des souvenirs aussi agréables que déplaisants. C'est au numéro 25 bis que Jean-Pierre Melville abritait ses studios. Nous aurons une collaboration fugace, complexe, qui tournera à l'orage. Je l'évoquerai plus tard. C'est au 6, presque à l'angle avec le boulevard de la Gare, que se trouvait le siège de Philips. Mes rendez-vous réguliers avec Canetti y seront toujours un jaillissement de projets, d'idées, d'enthousiasmes. Il s'agit bien de la même rue, mais, selon ses numéros, pairs ou impairs, mes souvenirs n'ont pas la même couleur.

Quand Canetti m'invite à écrire des arrangements et diriger les séances pour ses artistes Philips, j'ai l'impression de plonger tout habillé dans la piscine. Ma mission est simple. Souvent, dans la chanson, les compositeurs écrivent juste deux lignes, la ligne mélodique et la ligne harmonique, qu'il faut ensuite gonfler pour une formation donnée. C'est là où intervient l'arrangeur, dont le travail relève de la haute couture : il est là pour confectionner un costume sur mesure au chanteur destinataire. Ma chance, c'est d'avoir en face de moi la plus incroyable génération de la chanson française, réunie dans une même compagnie de disques. Car le talent de Canetti, c'est de savoir déceler celui des autres. Il sera le découvreur de Georges Brassens, Félix Leclerc, Serge Gainsbourg, Raymond Devos, Isabelle Aubret, Guy Béart… Il me confie d'abord les arrangements de plusieurs chansons destinées à Juliette Gréco, dont certaines écrites par un jeune Belge, fraîchement signé chez Philips : Jacques Brel. Canetti juge le résultat concluant et, très vite, me met entre les mains ses autres talents maison : Catherine Sauvage, Zizi Jeanmaire, Mouloudji, Dario Moreno, Magali Noël, Philippe Clay, sans oublier Jacqueline François, ma camarade de la tournée d'été 52… La créatrice de *Mademoiselle de Paris* me soutient à deux cents pour cent : plus l'orchestre est foisonnant derrière elle, plus elle se régale. J'entre dans la variété comme un enfant dans une pâtisserie. Ma technique est telle que, en une heure, je peux venir à bout d'un arrangement. Comme l'interprète me sert de paravent, je prends des risques, j'essaie toujours de trouver des idées originales de contrepoints, de rythmes, de couleurs. Mes arrangements, ce sont des concertos d'orchestre dans lesquels le chanteur tente de s'immiscer. Je pense notamment à une chanson de Léo Ferré interprétée par Catherine Sauvage, *L'Homme* : je l'arrange en écran large, comme si c'était un western avec John Wayne. Canetti aime l'iconoclaste, l'inattendu, l'insolite et me pousse dans cette direction. Pour me payer, il met au point un barème très précis, gradué en fonction du nombre de musiciens. Plus la formation orchestrale est copieuse, plus le cachet forfaitaire est élevé. Il aura pour moi des égards étonnants : du jour au lendemain, Philips prend en charge le loyer de la petite maison que j'occupe à Saint-Vrain, dans l'Essonne. Ou, plus tard, règle entièrement les frais de mon mariage, avec bateau-mouche et multitude d'orchestres. En même temps, je ne suis pas à l'abri d'un coup de fil du genre : « Dites-moi Michel, je viens de jeter un coup d'œil à la nomenclature pour la séance de Patachou, jeudi prochain. Pourquoi deux clarinettes ? Vous êtes adroit, essayez de réécrire pour une seule. Ça nous économiserait un poste ! » Voilà où se niche la singularité de Canetti : capable de perdre une demi-heure au téléphone pour sucrer un instrumentiste et, le lendemain, d'avoir des accès de générosité pharaoniques. On ne saurait mieux définir le mot paradoxe. Robert Lamoureux trouvera une formule un peu acide mais drolatique : « Canetti, c'est l'homme qui avance à pas comptés. »

À la même époque, en 1953, on me convoque pour une audition. Un célèbre chanteur cherche un pianiste accompagnateur pour la scène. Grâce au téléphone arabe, on lui a donné mon nom. Cette fois, Canetti n'y est pour rien même s'il s'agit d'une nouvelle recrue Philips : Henri Salvador. Une grande vedette, grâce notamment à *Maladie d'amour*, son premier succès en solo depuis qu'il a quitté l'orchestre de Ray Ventura. On se rencontre, je fais un essai sur trois ou quatre chansons, il m'engage. Pendant deux ans, je vais l'accompagner dans ses galas, comme on dit à l'époque. Du piano, je dirige le combo, souvent des orchestres de casino, fournis par l'organisateur local. Salvador tourne à travers la France, sans forcer sur les cadences : son goût pour le *farniente* n'est pas une légende. Sa face publique, celle du fantaisiste, du crooner, est à des années-lumière de l'homme qu'il est dans la vie. Henri avance masqué. Son fameux rire en cascade dissimule des abîmes de complexité. Il fonctionne en binôme avec son épouse égyptienne, Jacqueline, femme de tête qui roule les *r* comme un torrent. Les Salvador, c'est un peu l'hydre à deux têtes. Lui est toujours bonhomme et jovial, multipliant les compliments : « Magnifique, Michel, ça swinguait formidablement ! » Mais quelques heures plus tard, retour de manivelle via Jacqueline : « Henrrri est furrrieux, il trrrouve vos nouveaux arrrangements trrrop envahissants ! » En 1955, pour un concert à Pleyel, je le dépanne, en empruntant dans l'urgence son orchestre à mon oncle Jacques Hélian. L'écriture des arrangements me prend deux nuits. Le jour J, Salvador triomphe et me congratule chaleureusement. Mais je connais son mode d'emploi et redoute des lendemains qui déchantent. Ça ne rate pas. Jacqueline m'appelle au saut du lit : « Henrrri n'est pas content de vous : hierrr soirrr, l'orrrchestre a été en dessous de tout… » Pour moi, ça sera le coup de grâce. Je renonce à Salvador, ou plutôt aux Salvador. Notre collaboration météorite me donne à réfléchir sur un point fascinant : le décalage entre l'image d'un chanteur, l'univers qu'il développe et sa réelle personnalité. Chez Brel, Ferré, Brassens ou Francis Lemarque, il y a une totale imbrication entre l'artiste et l'homme. Impossible de dissocier l'un de l'autre. Ce qui n'est pas le cas chez Salvador, encore moins chez Charles Trenet, par exemple. En 1954, ce dernier me demande d'arranger deux nouvelles chansons pour un disque, *Coin de rue* et *Paule, sur mes épaules* : « Mon cher Legrand, j'aime vos orchestrations, c'est étincelant, ça s'envole dans tous les sens ! » On se rencontre, on parle de l'esprit voulu, il exige une formation de cent musiciens. Le jour de l'enregistrement, il arrive deux heures en retard et se met autoritairement à désosser l'orchestre. Il commence par virer les cuivres, puis les bois, la moitié des cordes, dévastant ce que j'avais imaginé sur papier. On finit presque en trio ! Et, en plus, il se montre sec et cassant, traitant musiciens et ingénieur du son comme ses inféodés. En quittant le studio Pathé-Marconi, il se radoucit brusquement : « Épatant, cher Michel. Nous allons continuer à travailler ensemble ! » Accablé par cette séance de cauchemar, je me lâche : « J'ai une immense admiration pour vous, monsieur Trenet. Mais votre façon d'agir est inacceptable. » Et j'ajoute, avec un certain affront : « S'il vous plaît, évitez de m'appeler désormais ! » C'est l'un de mes traits de caractère : je suis incapable de camoufler mes sentiments. Dans le métier, Trenet est alors un géant, moi un microbe, mais ce rapport hiérarchique m'importe peu. Du haut de mes vingt-deux ans, je rembarre le Fou chantant. Ma déception a été à la hauteur de mon attente : je ne pouvais pas imaginer le délicat poète de *Que reste-t-il de nos amours ?* capable de cette brutalité-là. Et pourtant, *a priori*, j'étais fier, très fier de travailler avec lui. Je lui ai même avoué avoir joué à une main *Vous oubliez votre cheval* sur le piano de mes quatre ans. Mais le grand Charles n'a pas semblé touché. On dit souvent que l'on ne gagne pas à rencontrer les personnalités que l'on admire. Ce n'est pas toujours vrai. Parfois seulement.

Ma grande chance, dans ces années cinquante, est de correspondre pile à deux révolutions majeures : d'abord, le passage au microsillon haute fidélité, puis, quelques années plus tard, à la stéréo. Ces mutations technologiques, je vais à la fois en profiter et en devenir un acteur. Elles vont bouleverser l'industrie du disque. Et les habitudes de consommation. Il faut se replacer dans le contexte de l'époque : du soixante-dix-huit tours au trente-trois tours, on bascule de trois à vingt minutes par face. C'est plus qu'un changement de format, c'est un véritable séisme. En 1954, Canetti m'appelle, tout excité. Plusieurs mois plus tôt, il a passé un accord avec Jim Conkling et Goddard Lieberson de la firme américaine Columbia Records : Philips sort désormais en France les enregistrements Columbia et *vice versa*. Et Jacques a une proposition à me faire : « Je viens de recevoir un câble de Columbia. Ils cherchent quelqu'un pour arranger et diriger un trente-trois tours instrumental consacré à Paris. Avec en morceau d'ouverture *I Love Paris* de Cole Porter, qui donnera son titre à l'album. Voulez-vous être l'homme de la situation ? » Il ne me faut pas longtemps pour prendre ma décision : jusqu'alors, j'ai uniquement écrit des arrangements pour chanteurs. Et là, on me permet d'arranger un album complet, instrumental, publié sous mon nom. Je ne serai plus derrière, mais devant. J'accepte, évidemment. Canetti apporte une nuance, d'ordre financier : « Vous ne toucherez pas de *royalties* sur les ventes, simplement un cachet forfaitaire de deux cents dollars... » À vrai dire, je m'en moque. Ce disque, je le perçois d'abord comme un tremplin potentiel. Je vais soigner sa conception, en essayant d'y injecter une audace, de pulvériser la routine des disques d'ambiance traditionnels. Par exemple, mon idée est d'enchaîner toutes les plages par une série d'habiles transitions. Chaque face est pensée comme un long morceau, une vaste continuité de vingt minutes, où l'on glisse en douceur des *Feuilles mortes* à

Sous les ponts de Paris, de *Paris, je t'aime* à *Moulin-Rouge*. Je tente aussi de trouver une couleur propre à chaque titre, de jouer et déjouer les clichés liés à l'accordéon, j'invite Francis Lemarque à venir siffler sur une relecture tzigane de son célèbre *À Paris*, je commence sur un carillon seul, en clin d'œil à celui de Notre-Dame... En deux mots, j'assume la commande, mais en faisant un sérieux pas de côté.

Quelques images me reviennent des séances, à l'Apollo, rue de Clichy. À la fin de la session, le plancher du studio se rétracte, un autre plancher s'y substitue, avec des rangées de sièges. En trois minutes, le studio d'enregistrement se transforme en salle de music-hall ! Dès qu'ils reçoivent les bandes d'*I Love Paris*, les responsables de Columbia à New York vont s'enticher de l'album, qu'ils sortent à grand renfort de promotion. Sur la pochette, ils utilisent une photo pittoresque d'un corpulent maraîcher des Halles, à moustache, lunettes rondes et béret. C'est une image très carte postale de la France qui doit parler à l'Amérique profonde. Ça ne rate pas : *I Love Paris* s'avère un succès colossal, une vraie déferlante, jusqu'au fin fond de l'Arkansas ou de l'Arizona. Je ne connaîtrai jamais les chiffres exacts, mais ils se calculent en millions. Début 1956, à son retour des États-Unis où il a suivi la tournée d'Édith Piaf, mon ami parolier Jean Dréjac me montre des photos qu'il a prises dans les magasins de disques : on y voit d'immenses présentoirs en carton bouilli d'*I Love Paris*, avec ma silhouette en pied et grandeur nature ! Je suis surpris par l'ampleur du phénomène, d'autant que je n'ai moi-même jamais mis les pieds sur le territoire américain... Dès lors, la Columbia va exiger de Canetti qu'il remette le couvert. Au rythme d'un microsillon par an, je vais entamer un tour du monde virtuel, avec des trente-trois tours thématiques consacrés à l'Espagne (*Castles in Spain*), à l'Italie (*Holiday in Rome*), au Brésil (*Legrand in Rio*) et même aux valses de Vienne (*Vienna Holiday*), où je barbouille *Le Beau Danube bleu* de klaxons burlesques à la Spike Jones. Voilà donc la place d'*I Love Paris* dans mon itinéraire : un point de départ, une manière aussi de sortir de l'ombre, sous le label « *Michel Legrand and his orchestra* ». J'ai vingt-deux ans, c'est mon premier album d'artiste à mon nom. Ce sera aussi le dernier à atteindre de telles ventes.

Le succès de *I Love Paris* va longtemps me poursuivre. En 1961, Columbia me demande d'en réenregistrer le programme à l'identique… en son stéréophonique. Ce sera *The New I Love Paris*. Car, dans l'intervalle, l'arrivée de la stéréo a bouleversé le métier, la façon même de penser l'enregistrement d'un disque. Jusqu'alors, on met en boîte un orchestre de soixante-dix musiciens avec un seul et unique micro. À l'arrivée de la stéréo deux pistes, le spectre sonore s'élargit. Les possibilités techniques avec. Je réfléchis à la question, avant d'appeler Canetti : « Jacques, j'ai une idée ! Laissez-moi enregistrer les chanteurs dans un premier temps, en version piano-voix. En me basant sur leur interprétation, j'écris mes arrangements. Ensuite, je fais une séance de grand orchestre qui pourra servir, par exemple, à quatre artistes différents ! » Il faut à peine trois secondes à Canetti pour comprendre l'avantage de cette méthode : « Vous avez raison, Michel ! Ce sera un gain de temps et d'argent… Une façon aussi de rationaliser nos séances d'orchestre… Foncez ! » Trois semaines plus tard, il me rappelle : « Dites-moi, j'ai pensé à une chose : puisque nous avons désormais deux pistes, pourquoi n'enregistrez-vous pas les chanteurs d'abord, l'orchestre ensuite, avant de mixer le tout ? » Je ne saurai jamais si, sincèrement, il a oublié notre conversation. J'ai joué son jeu, en tout cas : « Vous venez d'avoir une grande idée, mon cher Jacques ! » Ce fonctionnement va permettre à bien des artistes de se sentir plus à l'aise, de s'affranchir du trac de l'enregistrement en son direct : ils peuvent désormais se planter, recommencer, affiner leur interprétation, chercher des nuances… sans faire poireauter un collectif de soixante musiciens.

Si Canetti me fait énormément travailler, il ne m'impose pas pour autant de contrat d'exclusivité. Ce qui me permet de collaborer ponctuellement avec d'autres sociétés de disques, à commencer par le concurrent direct de Philips, Eddie Barclay. Ancien pianiste de bar, Eddie vient de monter sa propre compagnie, avec l'aide de son épouse, Nicole. Dès 1953, il me fait enregistrer plusieurs soixante-dix-huit tours de danse, sur le modèle d'un orchestre américain à succès, celui de Billy May, dont les saxos font des vagues montantes à chaque attaque. Autant Canetti joue de son statut de patron et garde volontairement ses distances, autant Barclay copine avec ses artistes, mélangeant les affaires avec les vacances, de préférence sur la Côte d'Azur. Avec Eddie, on décide de se faire des soirées d'écriture, de composer des chansons à quatre mains. Après un dîner gastronomique, on se retrouve autour d'un piano, pour confronter nos idées. Notre première séance va prendre une tournure inattendue. Eddie me joue un thème : c'est un baion, rythme à la mode venu des îles. Moi, je lui propose une ballade mélancolique, entêtante, qui module sans cesse. Alors que chacun doit signer seul sa propre chanson, Eddie me sourit, magnanime : « Je vais te faire un cadeau. Ton thème est trop compliqué, trop tordu. C'est un bide annoncé. Le mien est simple et commercial : il peut devenir le succès de la saison. Mais je vais t'en faire profiter. Si tu es d'accord, nous allons cosigner les deux chansons. » Il fait intervenir deux paroliers. Bernard Michel transforme le baion en *La Danse du baiser*, avec des effets de bisous en mesure. Et surtout, le fameux soir en question, Eddie (avec *ie*) me présente un deuxième Eddy (avec *y*), nommé Marnay. Auteur émérite, c'est lui qui associe à ma ballade des paroles qui marqueront les mémoires : « Et tous les lilas, tous les lilas de mai / N'en finiront, n'en finiront jamais / De faire la fête au cœur des gens qui s'aiment. » Voilà comment naît *La Valse des lilas*, aussitôt enregistrée sur Philips par Renée Lebas, Catherine Sauvage et la fidèle Jacqueline François, qui en fera l'un des piliers de son répertoire. Mais la trajectoire de cette chanson ne va pas s'arrêter là. À l'époque, Barclay vient de créer l'octet vocal les Blue Stars mené par une Américaine exilée à Paris, Blossom

Dearie, délicieuse pianiste et chanteuse au timbre de petite fille. Lors d'un voyage aux États-Unis, Blossom joue incidemment *La Valse* à l'un de ses amis, Johnny Mercer, l'un des plus célèbres *lyricists* nord-américains, auteur de *Come rain or come shine* et de *One for my baby*. Coup de foudre. Mercer décide d'en écrire l'adaptation anglaise. Par la magie de sa plume, les lilas d'Eddy Marnay se métamorphosent en *Once upon a summertime*, jeu de mots d'une foudroyante poésie. Blossom va elle-même interpréter cette version, bientôt suivie par Tony Bennett, Sarah Vaughan ou Astrud Gilberto. Je n'en compte plus les interprètes, sauf les soirs où je n'arrive pas à m'endormir. Un standard se forge autant par ses qualités propres que par la chance et les enchaînements de circonstances. Il y a dans ce phénomène une dimension étrange, imprévisible, qui échappe totalement au créateur. Cinquante ans après son premier bal, *La Valse* conserve à mes yeux toute sa charge émotionnelle : j'étais un jeune arrangeur stakhanoviste, elle fait de moi un prometteur compositeur de chansons. Malgré les années, son charme ne s'est pas dissipé. Aujourd'hui encore, quand j'en attaque les premières mesures en concert, le public frémit et applaudit spontanément, de Rio à Saint-Pétersbourg. Lorsque je repense à cette soirée fatidique avec les deux Eddy/ie, j'en arrive au constat suivant : notre *Valse des lilas* n'a pas uniquement eu du succès, elle a eu un destin.

10

Paris-New York

Mars 2011. On sonne à l'interphone. Je reconnais aussitôt sa voix. L'ascenseur monte. J'ouvre la porte de l'appartement pour guetter son arrivée. Notre dernière rencontre remonte-t-elle à dix ou quinze ans ? Je ne sais plus. Il s'appelle André Popp. C'est l'un de mes plus vieux complices des années Philips. Quand il apparaît devant moi, j'ai l'impression que le temps s'est arrêté. André n'a pas changé : il tire toujours la tronche. C'est ce qui fait tout son sel. Son dictionnaire ne comprend pas le verbe « sourire ». Repéré par Canetti, il signera des chansons à succès comme *Les Lavandières du Portugal* ou *Love is blue*, écrira pour les enfants la formidable série des *Piccolo, saxo et compagnie*. Dans l'écriture, c'est un fantaisiste, aux trouvailles poilantes. Dans la vie, il s'est fabriqué un personnage imperturbable à la Droopy, qui fait mon bonheur. Son dernier fou rire remonte à 1975. À l'époque, la Sacem vient d'autoriser les arrangeurs à figurer sur les dépôts des œuvres. Cette part d'arrangeur met André dans tous ses états. Pour le calmer, je tente un jeu de mots (très) approximatif : « Tu ne vas pas te rendre malade pour la part d'un rongeur ! » Il se fige brusquement et explose de rire, dans une crise ininterrompue de dix minutes, entre larmes et spasmes. Sur l'échelle de Popp, c'est un tremblement de terre d'une amplitude jamais enregistrée. Il a presque fallu le ceinturer... Entre nous, il y a des liens indéfectibles qui viennent d'une jeunesse partagée. André me rappelle que j'ai dirigé l'orchestre pour sa première chanson chez Philips, *Grand-papa laboureur*, interprétée par Catherine Sauvage. C'est lui qui prendra ma suite, comme arrangeur, auprès de Juliette Gréco ou Henri Salvador. Nous passons un déjeuner délicieux, à évoquer ces heures de studio vécues ensemble, à la même époque, avec les mêmes artistes. Sur le palier, à l'heure de se séparer, André conclut sur un ton lugubre : « Voilà longtemps que je ne m'étais pas autant amusé. »

Ces retrouvailles fonctionnent comme la confirmation d'une évidence, à cinquante-cinq ans d'intervalle. Canetti a su créer un nationalisme Philips, un esprit de famille, une fierté de faire partie de la grande maison. Il existe un reportage tourné en seize millimètres où l'on nous voit, Popp, moi et une flopée d'artistes, visitant l'usine Philips de Louviers, à l'époque la plus performante d'Europe. Avec un grand déjeuner sur place, auquel la presse est évidemment conviée. Ça, ce sont typiquement les idées de communication Canetti, son envie de prouver que Philips est la compagnie de disques à la pointe de la modernité. Il y a aussi chez lui le souci de développer ses signatures sur la durée. En 1957, avec l'ami Popp, nous nous répartissons les arrangements du second vingt-cinq centimètres de Jacques Brel, artiste Philips depuis 1954, mais qui peine à rencontrer le succès. Canetti me précise : « Ses disques se vendent mal. Donc, s'il vous plaît, évitez les gros orchestres ! — Mais dans ce cas, Jacques, pourquoi continuez-vous à le produire ? » Sa réponse fuse : « Parce qu'un jour, il sera une grande vedette. Son écriture, sa façon d'articuler ses textes correspondront à l'attente du public. Vous verrez ! » C'est cela aussi le talent de Canetti : la vision à long terme. L'avenir lui donnera raison. Brel s'impose vraiment à partir de 1959, avec notamment *La Valse à mille temps* et *Ne me quitte pas*, sur des arrangements de François Rauber. Car, évidemment, Popp et moi n'avons pas le monopole de toute la production Philips. Au fil des années, Canetti doit se constituer une écurie d'arrangeurs, au rang desquels figurent

Alain Goraguer et Claude Bolling, tous deux issus du jazz. Boris Vian sera notre dénominateur commun. J'y reviendrai.

Fin 1955, coup de tonnerre dans la Sierra Madre : le grand Maurice Chevalier rejoint Philips. Canetti exulte. C'est une signature exceptionnelle. Il me demande de devenir son directeur musical, de lui écrire de nouveaux arrangements et de l'accompagner sur scène. Le calcul de Canetti est simple : « Chevalier est un brontosaure. Essayons de rafraîchir son canotier par les orchestrations tonitruantes du jeune Legrand. » Pour moi, l'interprète de *Ah, si vous connaissiez ma poule* incarne la vieille star de l'ancien monde. Il a débuté sur scène en 1907, avant même la naissance de mes parents. Dans la proposition de Canetti, je vois aussi comme un passage de relais. Depuis plusieurs années, Chevalier est sous contrat avec Decca, où il travaille avec mon père. En passant de Decca à Philips, il bascule de Legrand senior à Legrand junior. Mais il y a un point que Canetti ignore : quand Chevalier a signé avec M. Pelgrims de Decca, ce dernier lui a offert un somptueux meuble hi-fi en bois verni, avec platine soixante-dix-huit tours, poste de radio et enceintes intégrées. Le comble du luxe et de la technologie. En 1956, Canetti m'avoue : « Maurice a accepté son contrat Philips, à condition que je lui rachète son meuble hi-fi. » Cher Maurice ! Il revend à sa nouvelle maison de disques le cadeau de la précédente. Ce détail me met en joie et me donne un avant-goût de sa pingrerie, légendaire dans le métier. À cet égard, notre premier rendez-vous est un chef-d'œuvre. Chevalier demande à Canetti que je passe le voir un matin à la Louque, sa somptueuse propriété de Marnes-la-Coquette. Je sonne à 11 heures précises, un domestique m'ouvre et me fait monter à l'étage. M. Chevalier est dans sa chambre, allongé sur son lit, plongé dans son courrier. Je suis sur le point d'entrer quand il crie : « Stop ! N'avancez plus ! » Je me fige, interloqué. « Dites-moi, avant de faire votre connaissance, je dois vous poser une question ! » Intérieurement, je me dis : « Voilà la marque d'un grand homme ! Il va m'interroger sur le sens de la vie, des êtres et des choses. C'est comme une épreuve de philosophie... » Et Chevalier enchaîne : « Si j'avais besoin d'argent, accepteriez-vous de m'en prêter ? » Je bredouille, maladroitement : « Je n'en ai pas beaucoup mais, si nécessaire, je peux vous dépanner ! » Ma générosité spontanée a dû convaincre le milliardaire de la Louque. Sur cette seule réponse, il m'a d'emblée adopté. Mais il serait injuste de définir d'abord Chevalier par sa radinerie, même si ce trait de caractère frappait chez un homme à l'image si affable, souriante et décontractée. Je me souviens d'une fin de dîner chez lui, avec Fernandel et Marcel Achard. Sa jeune compagne lui demande : « Dis-moi, Maurice, je peux servir les fromages ? » Réponse instantanée : « Inutile, ma chérie : il y en a déjà eu dans les pâtes ! » Cette saillie fera le tour de Paris, Frédéric Dard s'en servira même comme titre d'un San-Antonio. Néanmoins, ce défaut rend Chevalier plus attachant, plus humain aussi. Il y a dans ses petitesses une part de jeu, un reste d'enfance. Elle nous laisse entrevoir le môme de Ménilmontant, d'origine modeste, qui a dû se battre pour devenir une vedette mondiale. Je n'ai jamais rencontré une autre personne ayant ce rapport pathologique à l'argent, sinon un compositeur roumain, à l'avarice triste. Celle du grand Maurice, au contraire, était foisonnante et créative. Généreuse, paradoxalement.

À vrai dire, l'accueil que Chevalier me réserve n'en finit pas de m'étonner. En termes de génération et de culture, il y a pourtant entre nous un fossé, je dirais même un Grand Canyon. Mais, orchestralement, il a besoin de piqûres de jouvence. Je suis là pour les administrer. Car, avec les années, son répertoire s'est fossilisé. Ses grands succès remontent aux années trente : *Ma pomme*, *Dans la vie faut pas s'en faire*, *Valentine*... Les lifter m'amuse. Ce n'est pas forcément la musique dont je rêve mais l'exercice est stimulant. Sur *Dans la vie*, par exemple, j'écris une introduction rythmiquement assez complexe, très bop, qui chahute ses repères : il a parfois du mal à savoir où démarrer, à s'installer dans l'arrangement, mais, malgré tout, ça lui plaît beaucoup. Avec Chevalier, je vais vivre ma première expérience scénique à grande échelle, en septembre 1956. Canetti s'est associé à Mme Breteau, directrice de l'Alhambra, temple du music-hall, rue de Malte. Chevalier y fait sa rentrée, à grand renfort de promotion. Pour l'occasion, il offre son nom à la salle, rebaptisée Alhambra-Maurice Chevalier. Ce détail permet de mesurer à quel point Chevalier appartient déjà au patrimoine national. Pour l'ouverture du spectacle, Boris Vian met au point une idée iconoclaste. Le rideau s'ouvre, l'orchestre apparaît projeté sur un écran, moi avec ; l'écran se lève et nous dévoile en chair et en os. Comme un passage magique du cinéma à la scène, du rêve à la réalité. Nous sommes comme des personnages de fiction qui se matérialisent par enchantement. C'est l'effet *Rose pourpre du Caire* avant l'heure. Tous les soirs, Chevalier triomphe. C'est un technicien hors pair du music-hall, à l'habileté diabolique. En l'observant, j'apprends comment il faut parler aux spectateurs, à quels intervalles, quel ton utiliser pour créer une connivence. Il fait partie de ces *showmen* à l'ancienne, pour lesquels le spectacle importe plus que tout. Pendant trois semaines, il surmonte avec héroïsme une pleurésie pour s'abandonner à la ferveur de la salle, au péril de sa santé. Quand, de la scène, je jette un coup d'œil vers les coulisses, j'aperçois son docteur attitré, Michel Fouquet, une seringue à portée de main, prêt à intervenir en cas de pépin. Je sympathise avec ce petit homme râblé, énergique, débordant d'humour. C'est un médecin humaniste, proche des artistes, de Chevalier à Jean Cocteau. Onze ans plus tard, il me sauvera la vie.

Par la force des choses, Chevalier possède un public à cheveux blancs, au goût plutôt conservateur, un public qui a vieilli avec lui. Et qui rejette violemment les morceaux pour big band de ma composition, que je dirige en première partie : *Delirium tremens*, *Debout les morts*, *Trombone à tout faire*... Du jazz dont la modernité échappe aux deux mille huit cents fans qui attendent impatiemment *Prosper yop la boum*. Leur réaction me donne l'impression d'être précipité dans la fosse aux lions : « Arrêtez ! C'est trop fort ! On veut Maurice ! » Le lendemain de la générale, Max Favalelli m'assassine dans *France-Soir* : « Michel Legrand et son orchestre confondent la musique avec les fonderies du Creusot. » Plusieurs copains, dont Eddie Barclay, m'encouragent à ne pas m'entêter : « Tu es masochiste ? Laisse tomber tes morceaux. Quel est l'intérêt de se faire huer jour après jour ? » Mais je reste inflexible : « Cette musique, c'est moi en ce moment. Renoncer à la jouer serait une abdication. » Canetti, lui, se range de mon côté : « Pour vous Michel, c'est une épreuve, j'en suis conscient. Mais ne changez rien : un jour, le public viendra à vous. » C'est pour des encouragements de cet ordre que Canetti a été grand. Il n'a jamais poussé ses artistes à la facilité, il a toujours combattu le nivellement par le bas. À l'avenir, face à des situations similaires, le souvenir de son « Ne changez rien » aiguillera souvent mes décisions. Il faut apprendre à rester soi-même envers et contre tout. Je jouerai donc *Trombone à tout faire* et compagnie jusqu'au bout, c'est-à-dire jusqu'à la fin décembre. En janvier 1957, le succès des représentations est interrompu par la guerre de Suez. Pénurie d'essence généralisée. Les véhicules se raréfient dans les rues de Paris. À contrecœur, Maurice Chevalier doit rester à Marnes-la-Coquette. Quelques mois plus tard, Magali Noël créera la chanson *Alhambra rock*, sur une musique d'Alain Goraguer : « J't'ai rencontré à l'Alhambra / Michel Legrand jouait ce soir-là / La salle entière tremblait de joie. » Le clin d'œil n'a rien de surprenant : le texte est signé Boris Vian.

Six mois avant l'Alhambra, une autre grande aventure soude le lien entre Chevalier et moi. Nous sommes au printemps 1956. La chaîne américaine NBC propose à Maurice une émission spéciale, intitulée *The Maurice Chevalier Show*. L'événement est double : c'est la première tentative mondiale de télévision en couleurs ; c'est aussi le retour symbolique de Chevalier aux États-Unis, où il a été interdit de séjour pendant plusieurs années, par suite de son soutien à l'appel de Stockholm, pétition contre l'armement nucléaire. On ne plaisante pas avec le maccarthysme. Très gentiment, Maurice m'invite à participer au programme. Non pas pour l'accompagner, mais pour diriger trois ou quatre morceaux d'*I Love Paris*. La veille du départ, je fais une mauvaise chute lors d'une partie de badminton dans le jardin de ma maison de Saint-Vrain. À la clinique du sport, le verdict n'est guère rassurant : « On ne peut rien faire : votre cheville est cassée. » En claudiquant, je rejoins péniblement Canetti à l'aéroport, les bagages plombés par le matériel d'orchestre. Le temps du vol, il refait régulièrement mon pansement. Même dans mes rêves les plus fous, je n'aurais jamais imaginé avoir le patron de Philips en infirmière de luxe. Tant bien que mal, j'arrive à New York. Mon état physique occulte la joie de découvrir cette mégapole qui, pour moi, relève du fantasme. Une catastrophe n'arrivant jamais seule, Canetti apprend que l'orchestre de la NBC ne correspond pas à la nomenclature de mes partitions. C'est un simple big band, complété par un quatuor de cors. Rien à voir avec la formation originale de quatre-vingts musiciens. Il n'y a que deux solutions possibles : soit annuler, soit réorchestrer. Nous choisissons la seconde. L'espace d'une nuit, je réduis à la cuisson mes arrangements, veillé par Canetti qui me sert du café toutes les demi-heures. Chaque minute compte, car les copistes doivent passer à 5 heures du matin. À 10 heures, dévasté par une nuit de travail, par le décalage horaire, par la douleur à ma cheville, j'attaque la première répétition au studio NBC, dans un état comateux. Brusquement, la qualité des cuivres me fait l'effet d'une décharge électrique haute tension : ça sonne d'emblée américain, c'est-à-dire naturellement swing. À l'issue de la première lecture, l'orchestre applaudit. Pour un peu, les larmes me viennent aux yeux. J'ai vingt-quatre ans et c'est mon premier voyage en Amérique du Nord.

Nous logeons tous les trois dans un palace new-yorkais mythique, le Waldorf Astoria, sur la Troisième Avenue. À une nuance près : on m'a donné une chambre de Lilliputien au dernier étage où il est nécessaire d'ouvrir la fenêtre pour enfiler sa chemise. Chevalier, lui, occupe une suite de cinq pièces modestement baptisée « Suite Maurice Chevalier ». Ce qui m'apparaît comme le summum du chic : descendre au Waldorf dans une suite qui porte son propre nom. La réalité est plus prosaïque. Par suite d'un accord commercial avec la direction, Maurice offre son nom à la suite mais à condition de pouvoir y loger quand il le souhaite, entièrement aux frais de l'hôtel. Pendant notre séjour, comme il est assez seul, il m'appelle tous les jours : « Mon petit Michel, venez donc manger avec moi ! » Avec lui, les repas s'éternisent et, de façon assez comique, il a parfois tendance à radoter. Son *leitmotiv*, c'est : « Notre force, c'est que nous représentons l'entente de deux générations de bonne volonté ! » Cette phrase-clé, j'ai dû l'entendre trois fois par déjeuner, à l'entrée, au plat, au dessert. Au bout de cinq jours, Chevalier m'annonce, très déterminé : « Mon petit, j'ai beaucoup réfléchi, je vais quitter le Waldorf pour le Plaza... » Moi, déconcerté : « Pourquoi, monsieur Maurice ? Votre suite est sublime ! » Il m'avoue, presque indigné : « Certes, mais au Plaza, on ne me fait pas payer les boissons ! » Ce jour-là, j'ai pris une leçon de vie.

Il me faudra une poignée de jours pour tomber amoureux de New York. Ma prestation sur NBC m'a rapporté sept mille dollars, un véritable trésor de guerre que je conserve précieusement en liquide dans ma poche. J'ai l'impression d'être le roi de Manhattan, je frime au volant d'une décapotable de location dans les grandes avenues de cette ville disproportionnée qui, à travers le cinéma et le jazz, a nourri mon imaginaire. Pour fêter les ventes pléthoriques d'*I Love Paris*, Goddard Lieberson, vice-président de Columbia Records, organise une party dans le vaste patio d'un grand hôtel. Beaucoup d'invités me dévisagent avec étonnement, voire suspicion : ils pensaient naïvement que Michel Legrand était le vieux maraîcher à béret de la pochette... et non un blanc-bec de vingt-quatre ans. Parlant un anglais très approximatif, je navigue à vue, le plus souvent en plein brouillard. On m'entoure, on me félicite, je baragouine en retour des « *Thank you* » mécaniques, je hoche la tête pour donner l'impression de comprendre. Une attachée de presse me fait l'apologie d'un talentueux arrangeur, dans une logorrhée dont je capte juste « *many albums* ». Je félicite l'intéressé d'avoir vendu tant de disques. Ce qui n'est pas exactement le cas : Manny Albam est simplement son nom. Je sympathise aussi avec le crooner Frankie Laine, sous contrat Columbia depuis peu, qui caracole en haut des charts avec *Jezebel* et *The Ballad of High Noon*, chanson du *Train sifflera trois fois*. Au cours de la soirée, Lieberson me présente son président, Jim Conkling, ainsi que son dynamique binôme de directeurs artistiques, George Avakian et Nat Shapiro. Avec ce dernier, c'est le début instantané d'une grande amitié. L'immensité de sa culture me fascine. C'est une encyclopédie vivante de la musique populaire américaine, notamment jazz et variété. Il vient de coécrire un bouquin qui va devenir une référence, *Hear me talkin'to ya*, pour lequel il a longuement interviewé Louis Armstrong, Billie Holiday ou Fats Waller sur leur esthétique du jazz. Dès le lendemain, Nat me sert de guide dans le labyrinthe new-yorkais, il m'entraîne au Birdland, club de jazz déjà fameux, ainsi baptisé en référence à Charlie « Bird » Parker. Nous y écoutons religieusement Dizzy Gillespie et Miles Davis, que je n'ose pas aborder. Autre révélation, le *cheese-cake* de Lindy's qui, depuis, produit sur moi l'effet de la fameuse madeleine de Proust. Après une semaine sur place, je ne veux plus entendre parler de la France. Canetti, qui est en train de préparer ses bagages, grogne : « Bon, je vous donne cinq jours de plus. Mais mardi prochain, vous rentrez à Paris. J'irai vous attendre à Orly ! » J'essaie de le convaincre, en vain : « Mais Jacques, ma vie est ici : c'est le pays de la musique ! » Obéissant, je me résigne à prendre mon vol retour. Avec un petit vague à l'âme mais surtout la conviction que je vais revenir très vite. Nous sommes début juin 1956. Je ne viens pas seulement de découvrir New York, je viens de poser un premier pas sur la Terre promise.

De ce périple, Canetti rapporte un quarante-cinq tours qui déclenche l'hystérie chez les teenagers yankees. C'est autant un phénomène de société qu'un phénomène musical. Le groupe s'appelle Bill Haley and his Comets et son tube, *Rock around the clock*, passe *ad nauseam* à la télévision, à la radio, dans les juke-boxes. C'est la première pierre aux fondations du rock'n roll, avant même la déferlante Presley. Toujours soucieux de ne pas avoir un train de retard, Canetti me demande d'élaborer quatre titres rock à l'intention d'Henri Salvador, afin d'imposer ce nouveau rythme en France. Comme parolier, Boris Vian se joint à l'entreprise. Franchement, je trouve le rock très simpliste, d'une vertigineuse pauvreté harmonique et rythmique. En composer est un jeu d'enfant, *a fortiori* quand on a passé des heures infinies à décortiquer *L'Oiseau de feu*. En un après-midi chez moi, autour du piano, nous expédions nos chansons, totalement à la blague. Pour Boris, il est hors de question de prendre le rock au sérieux. Ses titres parlent d'eux-mêmes : *Va t'faire cuire un œuf man*, *Dis-moi que tu m'aimes rock*, *Rock and roll mops*... Je torche les arrangements en trois heures puis rendez-vous au studio Apollo, où Salvador met le tout en boîte en une séance. Qui a l'idée du camouflage ? Je crois bien qu'elle surgit collégialement, avec Canetti. Puisqu'il s'agit d'un gag de potaches, l'anonymat nous convient parfaitement. Salvador prend l'identité d'Henry Cording, Boris celle de Vernon Sinclair, avatar de Vernon Sullivan, auteur officiel de *J'irai cracher sur vos tombes*. Quant à moi, je deviens Mike Bike, inversion de Big Mike, pseudonyme utilisé à mes débuts. Au verso, le texte de pochette délirant de Boris porte la signature de Jack K. Netty. Durant l'été 1956, le disque rencontre un certain succès dans les discothèques et les campings, ce qui me réjouit et me désespère à la fois. À l'automne, Canetti en fera un second tirage avec nos véritables noms. C'est le quarante-cinq tours fondateur du rock en France, mais je n'en tire aucune fierté. Sinon celle d'avoir d'emblée traité la chose au second degré. Cela dit, le pire n'est jamais décevant : quelques années plus tard, les rythmes yé-yé vont encore plus loin dans le simiesque et l'abrutissement. Ils me désespèrent, autant qu'une autre vogue, celle des grands orchestres de variété aux cordes mielleuses, toutes à l'unisson. En réaction, une idée loufoque me vient à l'esprit. L'Allemand Gerard Hoffnung a écrit un *Concerto de piano pour en finir avec tous les concertos de piano.* Je me dis : « Je vais enregistrer un *Disque de cordes pour en finir avec tous les disques de cordes.* » Tant qu'à tourner en ridicule ces orchestres façon guimauve, autant utiliser les rythmes de danse à la mode, twist ou hully gully, pour les détraquer de l'intérieur. À l'enregistrement, mon ingénieur du son, Pierre Fatosme, pige la démarche : sur les cordes, il sucre les basses, monte les aigus au maximum. Le frottement des archets sonne comme du vitriol. Publié avec une très belle pochette dessinée au feutre par Raymond Moretti, *Archi-cordes* est accueilli comme un disque pour surprises-parties. Philips y a sa part de responsabilité, ses publicités tonitruent : « Dansez avec Michel Legrand ! » Résultat, les twisteurs se contorsionnent comme des brutes sur le titre d'ouverture, *Di-gue-ding-ding*, sans percevoir la perversion du projet. Un comble ! L'album marche gentiment, sans plus, mais trouvera un second souffle inattendu trente ans plus tard. En 1995, un petit label intègre *Di-gue-ding-ding* au programme d'une compilation branchée. Dès lors, ça devient un titre phénomène. Les gens de publicité se l'approprient sans fin pour des campagnes radio et télé. Je tombe de ma chaise le jour où Steven Spielberg m'appelle pour me demander l'autorisation de l'utiliser sur le film-annonce d'*Attrape-moi si tu peux.* D'une certaine manière, le système récupère un album gentiment azimuté, un pur exercice de style dans la provocation. Dans mon esprit, les destins d'*Archi-cordes* et d'*Henry Cording and his original rock and roll boys* se rejoignent. Aujourd'hui, on fige le temps, on canonise ces enregistrements, ce qui me paraît incongru, sinon comique. Soyons honnêtes : lorsque nous les avons conçus, il s'agissait de canulars et rien d'autre.

De là-haut, l'ami Boris doit bien se marrer des historiens de la chanson qui dissèquent *Va t'faire cuire un œuf man* comme une œuvre de Flaubert ou Mallarmé. Lorsque nous faisons connaissance, vers 1953-1954, sa personnalité incandescente me frappe : c'est un garçon sérieux qui ne se prend pas au sérieux, un être d'une grande intensité, à l'esprit brillant, instinctif, tourné vers la dérision. Il vit comme un électron libre, à la fois romancier, parolier, chanteur, trompettiste, traducteur, critique et directeur artistique chez Philips, où Canetti l'a chargé du jazz. Avant de le retrouver rue Jenner, je le rencontre d'abord chez Eddie Barclay. Car, pendant cinq ans, nous allons former un groupe de quatre mousquetaires inséparables : Vian, Barclay et moi, plus Philippe Weil, qui prendra le poste de Boris chez Philips en 1958. Nous sommes tous liés par un goût pour le jazz, le jeu, la vie. Aucun de nous ne prend une décision importante sans en parler aux trois autres. C'est une règle tacite. Eddie est le doyen de la bande, le plus fortuné aussi, celui qui règle l'addition dans les restaurants. Notre insouciance est aussi celle de la jeunesse mais elle va prendre du plomb dans l'aile, le jour de juin 1959 où nous apprenons la mort subite de Boris, foudroyé par une crise cardiaque dans un cinéma où on lui projetait la copie zéro du film adapté de *J'irai cracher sur vos tombes*. Vian avait trente-neuf ans. Malade du cœur, il vivait en sursis. Rétrospectivement, j'ai l'impression qu'il s'est dépêché de vivre à cent à l'heure, de brûler son existence, comme s'il avait le pressentiment que le temps lui était compté. Vie trop courte, vie trop pleine. La disparition de Nadia Boulanger ou celle de Maurice Chevalier m'ont attristé mais elles étaient, disons, dans l'ordre des choses. Celle de Boris m'apparaît comme une injustice majeure. J'ai vingt-sept ans, elle me fait prendre conscience de la fragilité de la vie. Elle me vole surtout un fragment de jeunesse. Le jour même où Boris traverse le miroir, un jeune cinéaste vient de commencer à Nantes le tournage de son premier long-métrage. Il s'appelle Jacques Demy. Un frère vient de s'en aller, un autre est en train d'éclore. Mais je ne le connais pas encore. Existe-t-il une entité supérieure qui tire les fils invisibles de nos destins ?

Au bout de cinq années, j'ai le sentiment intime de devenir un rentier de l'arrangement, de m'assoupir sur un savoir-faire. L'ennui commence à pointer et le résultat s'en ressent. Ça ne m'amuse plus vraiment de mettre ma technique au service de projets qui ne sont pas les miens. Quand j'arrange *C'est magnifique* pour Dario Moreno, une voix intérieure m'interroge : « Est-ce vraiment pour cela que tu as été formé ? Si la réponse est oui, pourquoi avoir autant appris, et parfois souffert, avec Nadia Boulanger ? » Conscient de m'avoir transformé en automate, Canetti me permet d'enregistrer au Théâtre des Champs-Élysées un album Gershwin, où je m'applique à phraser très jazz les parties de piano soliste de la *Rhapsodie in blue*. Et, surtout, il passe un accord avec la RTF pour m'offrir une émission radio mensuelle intitulée *Jeux d'orchestre*, pour laquelle j'écris des œuvres originales à caractère symphonique, dont un *Épisode pour flûte* destiné au flûtiste virtuose Roger Bourdin, *Sur un archet persan* ou encore *Idylle pour basson et flûte*. Cette émission, c'est un cadeau somptuaire, une fantaisie délirante, histoire de me ramener vers ma culture classique. Mais rien n'y fait... Un ressort en moi s'est cassé. Je constate un phénomène qui se répétera à différentes étapes de ma vie : quand on s'active trop longtemps dans la même discipline, on finit par chuter. Il faut en avoir conscience et s'arrêter à temps. Pour moi, le moment charnière, c'est 1958. C'est-à-dire l'année où j'enregistre mon premier album de jazz solo, *Legrand jazz* ; l'année aussi où je me marie avec ma première femme, Christine ; l'année enfin où je compose la musique du film de François Reichenbach *L'Amérique insolite*, dont la partition va chatouiller la curiosité des cinéastes de la génération montante. La nouvelle vague part à l'assaut du cinéma français. Il m'est nécessaire, sinon vital, de prendre un nouvel élan professionnel, un nouvel aiguillage, en l'occurrence celui de la musique pour l'image. Du jour au lendemain, ou presque, j'annonce à Canetti que je renonce aux arrangements à la chaîne pour Philips. C'est un risque, pleinement assumé. Il regrette ma décision mais la comprend. Car il est le premier à savoir, il l'écrira d'ailleurs, que l'expérience peut engendrer l'immobilisme, qu'elle se transforme trop facilement en matelas de sécurité. Une période se termine, une autre commence.

Quatre ans plus tard, en plein été 1962, Canetti claque violemment la porte de Philips, à la suite d'un désaccord fondamental avec la politique de la compagnie, de plus en plus soucieuse de « faire du tube », au détriment d'un travail de développement sur la durée. Le nouveau P-DG Louis Hazan vient d'arracher à Vogue le jeune Johnny Hallyday, dès lors priorité commerciale absolue. « Hallyday m'a tuer », aurait pu écrire Canetti... On change d'ère, on passe à celle du marketing. Le contraste est brutal entre la personnalité de Canetti et celle de la nouvelle équipe dirigeante. Sentant le vent tourner, Brel s'est déjà carapaté chez Barclay, six mois plus tôt. Moi-même, je quitterai Philips au bout de sept ans. Dans les mois qui suivent son départ, Canetti monte une nouvelle maison de disques, la sienne. Mais aucun de ses anciens artistes ne pourra l'y rejoindre : son contrat de rupture comporte une clause de non-concurrence. Canetti sera toujours Canetti, avec les mêmes ambitions, les mêmes rêves, mais désormais privé des moyens d'une multinationale. À la fin de sa vie, j'irai lui rendre visite dans sa retraite pyrénéenne, un village de bergers nommé Eus. Nous aurons une belle et longue conversation, la dernière. Il y avait chez lui une blessure, celle d'être passé subitement de quatorze ans de pouvoir à la tête de Philips à une situation d'indépendant, obligé de repartir de zéro, de construire un nouveau catalogue. Il m'a avoué avoir parfois souffert du caractère oublieux des artistes. Certains se sont montrés ingrats, précisément parce qu'il les avait connus avant. Au crépuscule de sa vie, Brel lui a déclaré : « Je vous dois beaucoup, mais personne ne le saura jamais. » Pour ma part, je conserve la première partie de la proposition mais j'inverse la seconde : je dois beaucoup à Jacques Canetti et je tiendrai toujours à le faire savoir.

11

Dizzy, Miles et les autres

Novembre 2010. Remise des djangos d'or sur la scène du théâtre Marigny. En raccourci, ce sont les césars du jazz. Cette année, la soirée est placée sous le thème des relations entre jazz et cinéma. Il y a de belles séquences, mais, globalement, la cérémonie s'éternise. J'arrive de New York, je suis vanné, j'attends impatiemment que l'on m'appelle sur scène. Sur un ton de veillée funèbre, un invité délaye en dix minutes une anecdote sur l'étui de Chet Baker, anecdote techniquement racontable en une minute trente. Je frôle l'implosion et pense au célèbre aphorisme : « *Parsifal* est le genre d'opéra qui démarre à 20 heures. Au bout de trois heures, vous regardez votre montre : il est 20 h 20. » Autour de minuit, fatalement, le maître de cérémonie m'invite à le rejoindre. Je me pince pour y croire. Hallucination ou réalité ? Je prends possession du piano. À mes côtés, un jeune trompettiste doté d'une personnalité originale, Nicolas Folmer. Il vient d'enregistrer un album autour de mes compositions. Nous nous lançons dans une relecture de la *Chanson de Maxence* des *Demoiselles de Rochefort*. Subitement, tout s'évapore : la tension, la fatigue, l'impatience. Le jazz est une thérapie miraculeuse. Nos échanges ressemblent à une frénétique partie de ping-pong, où chacun essaie de surprendre l'autre. C'est ce que j'aime tant dans l'improvisation. Avec elle, les doigts et l'esprit conservent souplesse et jeunesse. Le souffle aussi, dans le cas de Nicolas. Quand je l'écoute jouer, j'entends l'héritage de tous les trompettistes qui ont façonné sa vocation. L'un d'eux a également façonné la mienne. Je dirais même qu'il a bouleversé mon rapport à la musique. C'était le 28 février 1948. J'avais seize ans depuis quatre jours.

Ce jour-là, un copain tromboniste m'appelle à Bécon. Il s'appelle Claude Laurent. On s'est connus à l'automne 1944. Habillé en soldat, il jouait dans un big band militaire dirigé par un certain Tony Proteau. « Tu sais, me dit Claude, j'ai un billet pour Pleyel, ce soir. C'est un grand orchestre de jazz américain. Impossible pour moi d'y aller... Si tu veux, je te file ma place ! » Je suis libre, j'accepte, sans rien savoir du programme. Je n'ai même jamais entendu parler du leader de l'orchestre, un trompettiste nommé Dizzy Gillespie. Les musiciens de jazz les plus modernes que je connais alors, c'est Duke Ellington et Stan Kenton. Ce 28 février, je ne vais pas assister à un concert, je vais prendre les chutes du Niagara de plein fouet. Dès la première minute, je suis sonné, secoué, soufflé. C'est la première fois que j'entends du bebop en concert et me voilà entraîné dans un torrent de volupté. Je ne comprends plus où est le début, le milieu, la fin. Mes repères sont ébranlés. Dizzy incendie Pleyel, avec son aigu unique, sa vélocité dévastatrice, sur des arrangements renversants du pianiste de l'orchestre, John Lewis. Derrière eux, il y a le percussionniste de légende Chano Pozo, père du latin jazz, qui sera assassiné à New York quelques mois plus tard. Pendant deux heures, ils enquillent des compositions originales, pas forcément des standards. J'accroche en particulier à *Oop-pap-a-da* et *Two bass hit*. Le concert terminé, la salle se vide, grisée. Une deuxième représentation a lieu à 21 heures. Je reste vissé à mon fauteuil. On ne me demande rien. Le deuxième set m'emmène encore plus loin, plus haut. C'est le même répertoire, les mêmes musiciens et pourtant le concert est différent. Je prends conscience que, dans le jazz, la spontanéité d'un chorus transforme chaque seconde en instant unique et éphémère. Et dont il ne subsiste que le souvenir chez les spectateurs présents ce soir-là. Bernadette a vu la Sainte Vierge à Lourdes, moi j'ai vu Dizzy à Pleyel. La révélation est quasiment du même ordre : mystique. Car c'est objectivement le plus époustouflant concert de jazz de l'après-guerre à Paris. Des années plus tard, Bertrand Tavernier m'apprendra que Claude Sautet a également vécu la soirée comme un électrochoc. Il était là, parmi la foule, mais je ne le connaissais pas. Dans ma vie, le 28 février 1948 marque une césure, une frontière intime. Quand je me retrouve sur le trottoir de la rue du Faubourg-Saint-Honoré, peu avant minuit, je suis un autre homme.

À vrai dire, le jazz élargit mon horizon ou plutôt mes horizons. C'est une autre voix, un autre air, une alternative à l'enseignement du Conservatoire. La musique que Nadia Boulanger nous apprend est angélique, le jazz, lui, est diabolique. Nadia n'y voit qu'une « musique à trois accords » et, pour un peu, ferait sienne la fameuse formule : « Le jazz, c'est quand cinq musiciens jouent ensemble un morceau différent. » Néanmoins, qu'elle le veuille ou non, ça demeure une révolution majeure dans l'évolution du langage, au même titre que Stravinski ou Bartók. Le jazz, je l'aime avec ma raison, mon cerveau, ma technique. Mais je l'aime aussi physiquement. C'est un ressenti, une musique qui vous possède. Car, comme tous les jeunes de ma génération, j'apprends à danser le bop, en respectant un système de pas très précis, par six, huit ou dix. Dans les caves de Saint-Germain-des-Prés, on fait sauter les filles en l'air, on les fait passer entre nos jambes, avec des mouvements proches de l'acrobatie. Mais au-delà de la danse, il y a l'écriture. « Le bop, concède le pianiste Bud Powell, c'est un nom bien léger pour une musique si exigeante. » Je commence à l'analyser, à décortiquer son fonctionnement rythmique et harmonique. Ce qui, de manière plus globale, me fait envisager la composition d'un œil différent. Bach, Mozart ou Ravel, c'est ma langue maternelle ; le jazz, c'est ma première langue vivante. Symphoniste ou boper, quelle voie emprunter ? Comment choisir ? Ou plutôt : pourquoi choisir ? Existerait-il une façon de combiner, d'amalgamer toutes ces cultures ? Cette question existentielle, que je me pose dès seize ans, va sous-tendre ma vie de compositeur.

Très vite, dans le sillage de Gillespie, je découvre l'homme qui a défini les contours du bop, Charlie Parker. Bird, c'est l'invention sublime, les volutes ininterrompues à trois cents à l'heure. Un effet spécial à lui tout seul. L'écoute intensive de ses soixante-dix-huit tours me donne l'impression d'entrer dans son intimité, de le connaître, de l'avoir vu en concert. Hélas, je l'ai raté à Paris en 1949 et il s'est envolé pour toujours quand je voyage pour la première fois aux États-Unis. D'où vient alors ce sentiment que nous nous sommes croisés ? Je l'ignore. On veut tellement croire en certains mirages qu'ils finissent par prendre les apparences de la réalité... Mon apprentissage passe aussi par les nouveaux enregistrements de Stan Kenton, dont les arrangements signés Pete Rugolo et la personnalité de la première trompette, Maynard Ferguson, me défenestrent. Ferguson possède des aigus comme personne n'en a jamais entendu. Il joue les mêmes notes que les autres, simplement une octave plus haut. Peu à peu, dans la limite de mes moyens financiers, j'assiste à des concerts. Dont Oscar Peterson ou Ella Fitzgerald, lors des déclinaisons parisiennes de *Jazz at the Philharmonic*, organisées par Norman Granz, créateur du mythique label Verve. Et puis, il y aura Miles Davis. Dès la fin des années quarante, je le remarque dans le quintet de Charlie Parker, où il a remplacé Gillespie. Quand il vient à Paris en 1957, je m'arrange avec le videur du Club Saint-Germain qui me laisse entrer à l'œil trois soirs d'affilée. Miles me repère, on finit par échanger quelques mots à la pause. Il sait simplement que je suis le petit jeune qui a arrangé et dirigé *I Love Paris*. Notre rapide discussion porte surtout sur l'époux de mon amie Blossom Dearie, le saxophoniste belge Bobby Jaspar. Blossom m'a demandé de le recommander à Miles, qui l'auditionnera et l'engagera dans son quintet. Malgré mon court séjour newyorkais, il m'est impossible de comprendre alors la ségrégation ordinaire que subissent les Noirs américains dans leur propre pays. En France, au contraire, on les traite avec dignité, ferveur et admiration. Ils sont adorés de la jeunesse et bénéficient d'une aura exceptionnelle, celle des libérateurs.

Avec Miles, c'est vraiment en 1958 que notre relation prend une autre tournure. Pour me remercier des ventes faramineuses d'*I love Paris*, Philips et Columbia décident de me faire un beau cadeau, un très beau cadeau, c'est-à-dire financer l'enregistrement de mes rêves. Pas besoin d'écrire au père Noël, celui-ci se présente à moi de lui-même. Il a le double visage de Goddard Lieberson et Jacques Canetti. Il me faut peu de temps pour arrêter un choix : un album de jazz haut de gamme, réunissant le gratin de la nouvelle génération américaine. L'écueil serait de profiter de cette carte blanche pour basculer dans la superproduction, faire exploser les compteurs, mélanger big band et orchestre philharmonique. Puisque l'on m'accorde des moyens illimités, j'adopte précisément la démarche contraire : mettre la richesse sur un nombre délimité de grands solistes. Pour charpenter l'album, l'apport de Boris Vian s'avère décisif. Il m'aide dans le choix des morceaux, notamment dans le dosage entre standards (*Round midnight*, *Nuages*, *A night in Tunisia*) et compositions plus secrètes, notamment l'éblouissant *Django* de John Lewis. Parallèlement, de l'autre côté de l'Atlantique, l'ami Shapiro s'active sur le casting et, au fur et à mesure, me confirme les participations d'Herbie Mann à la flûte, Phil Woods au sax alto, Ben Webster, sax ténor légendaire au timbre incroyablement velouté, que je rehausse par quatre trombones. Mon rêve reste évidemment d'impliquer Miles dans l'aventure. Il a signé un an plus tôt avec Columbia, ce qui est *a priori* un avantage. Toutefois, il a ses propres albums à enregistrer et, pour lui, participer à mon projet relève de l'option, pas de l'obligation. Il finit par se décider et donne son accord de principe pour une séance. Je bondis de joie. « Mais attention, nuance Nat Shapiro au téléphone, tu devras d'abord passer le voir pour lui expliquer techniquement ce que tu attends de lui. Et lui montrer tes partitions. » Miles est une star aux exigences de star. Impossible de ne pas accepter ses conditions. Pour ne pas le déboussoler, je décide de conserver sa section rythmique : Kenny Dennis à la batterie, Paul Chambers à la basse, plus un pianiste de vingt-huit ans que Miles vient d'engager, un nommé Bill Evans. Avec le sublime John Coltrane au sax ténor et Davis lui-même, ils forment un quintet d'exception que j'enrichis notamment d'une flûte, d'une harpe, d'un vibraphone, en ciselant sur mesure quatre arrangements sur lesquels la virtuosité de Miles va faire des miracles.

L'enregistrement du disque, finalement baptisé *Legrand jazz*, est planifié au studio Columbia de New York fin juin 1958. Je pars pour les États-Unis un mois et demi en avance, mi-mai, car je dois au préalable respecter un engagement, celui d'un album avec Frankie Laine. Difficile d'oublier ce périple, où je découvre pour la première fois la côte ouest, accompagné par Christine, devenue ma femme deux mois plus tôt. C'est bien plus qu'un voyage professionnel, c'est une tournée des grands-ducs, doublée d'un voyage de noces. Nous prenons le paquebot Le Havre-New York, puis un train New York-Chicago et enfin une liaison Chicago-Los Angeles. Frankie Laine nous accueille dans sa somptueuse villa de Beverly Hills, comme des membres de sa famille. Columbia a réservé le studio RCA Victor, l'un des plus vastes de Californie. L'impression que j'ai ressentie lors du show Chevalier sur NBC est confirmée, c'est-à-dire l'immédiate compréhension de mes intentions par les musiciens américains, notamment les cuivres et la rythmique. Dès mon « Un, deux, trois, quatre », ça dépasse ce qui est écrit. Ça n'est pas uniquement lu, c'est interprété, ça sonne d'emblée juste, naturel, pimenté, avec la pulsion du jazz dans le sang. Il faut dire que l'orchestre réunit notamment les frères trompettistes Pete et Conte Candoli, Ray Brown à la basse, Alvin Stoller à la batterie, André Previn au piano. Intitulé *Reunion in rhythm*, cet album me révèle les vertiges d'un nouvel opium, celui d'enregistrer avec des hautes figures de la West Coast.

Aussitôt le disque Frankie Laine mixé, retour à New York. Cette fois, les fastes du Waldorf cèdent la place au Gorham, petit hôtel obscur de la Cinquante-cinquième Rue. Reclus dans ma chambre, j'y entreprends l'intégralité des arrangements de *Legrand jazz*. Une semaine avant la séance fatidique du 25 juin, rendez-vous chez Miles, mes partitions sous le bras. Une impression oubliée, l'appréhension des examens de fin d'année au Conservatoire, m'étreint légèrement. J'ai des papillons dans l'estomac. Miles est là devant moi, à la fois chaleureux et réservé, bienveillant mais soucieux de se tenir à distance. Notre rapport change : je ne suis plus le jeune fan qui venait l'écouter au Club Saint-Germain, je suis l'arrangeur et chef d'orchestre d'un album produit par Columbia, auquel il est censé prendre part. Il ricane gentiment de mon accent français à couper au couteau, me fait volontairement prononcer *The Jitteburg waltz* pour se moquer de moi. Je lui détaille les musiciens ajoutés à son quintet, pour lui donner une saveur différente, inédite. Il acquiesce en hochant la tête mais tique sur le flûtiste : « *Herbie Mann? But he is not black!* » Troublant ou trop blanc ? Il finit par l'accepter, sans euphorie : ce sera la seule fois qu'ils joueront ensemble. Mais, pour autant, rien n'est gagné. Au royaume du jazz, Miles est alors le prince de New York, où il fait simplement et naturellement autorité. Plusieurs personnes me mettent en garde : « L'affaire est bien engagée, mais tu es uniquement à la moitié du parcours. Certes, il a jeté un œil sur tes partitions, mais il voudra entendre comment elles sonnent. Tu vas voir : il arrivera un peu en retard à la séance, restera debout près de la porte et écoutera. S'il aime ta musique, il va s'asseoir, ouvrir son étui et commencer à jouer. Si ça ne lui plaît pas, il quittera le studio sans un mot… et tu n'auras plus jamais de ses nouvelles. » Cette prédiction ne me rassure pas. Ce n'est pas du trac mais plutôt de l'inquiétude. Le jour J, Miles reste effectivement près de la porte, impassible, à m'observer faire répéter les musiciens. Je le regarde de loin, sans pouvoir deviner ce qu'il ressent. Après cinq minutes, il prend place et sort sa trompette. Nous mettons en boîte *Django*. À la fin de la première prise, il m'adresse un large sourire : « Tu es content de moi ? J'ai joué comme tu voulais ? — Mais enfin Miles, ce n'est pas à moi de te donner des indications ! — Si, ce sont tes arrangements, tes idées, tes intentions. » Cet échange me bouleverse. D'abord, cela signifie qu'il m'a adopté. Et, d'autre part, cela traduit un état d'esprit propre aux musiciens américains, une sorte de bienveillance, une générosité, un sentiment confraternel. À partir de là, notre séance de quatre heures se révèle rapide, fluide, sans accroc. *Smooth*, comme on dit là-bas. *Idem* pour les deux autres, les 27 et 30 juin. Sur le moment, évidemment, je ne mesure pas que *Legrand jazz* va devenir un enregistrement historique, adjectif qui me hérisse le poil. Ou du moins qu'il va marquer un jalon, d'abord par sa distribution : ces musiciens-là n'ont jamais été réunis dans un même disque. Et ne le seront plus jamais. La presse louera également les qualités d'écriture. Pourtant, le parti pris esthétique est finalement assez simple. Je ne me suis pas tordu la tête à élaborer des arrangements alambiqués, complexes, hors de l'ordinaire. Si l'harmonisation est claire et moderne, c'est pour mieux servir d'écrin à des chorus de fortes têtes. Chaque morceau est signé d'un compositeur différent, construit sur une formation à géométrie variable, porté par des solistes renouvelés, ce qui casse tout effet de monotonie. Je mixe l'album après la troisième séance, avant de rentrer à Paris, les bandes dans mes bagages. Insatisfait par le mixage de *A night in Tunisia*, je le reprends au studio Philips, en montant plusieurs prises. *Legrand jazz* sort en France à l'automne. Canetti organise une écoute intégrale du trente-trois tours pour la presse et les journalistes spécialisés. Applaudissements à l'issue du onzième et dernier titre, *Rosetta*. Un critique me prend à part : « Continue Michel. C'est ta voie. Mais sache que tu n'auras pas tout le temps de costume neuf. » Le message est clair : le jazz est une formidable source de jouissance mais ne nourrit pas son homme. Néanmoins, *Legrand jazz* ne cessera jamais d'être exploité, repressé, republié dans tous les formats possibles à travers le monde. Aujourd'hui encore, à Rio ou Tokyo, il est disponible dans les bacs des disquaires. Je dois infiniment à cet album : il m'a offert une crédibilité, une légitimité comme homme de jazz. Pour moi, c'est bien plus qu'un simple disque. C'est un acte de naissance. Et un témoignage de fidélité à l'adolescent de seize ans qui, un soir de février 1948, a vu Gillespie à Pleyel.

Il y a dans *Legrand jazz* des musiciens qui deviendront des habitués de mes séances d'enregistrement. Certains même des frères, comme Phil Woods, que je retrouverai quinze ans plus tard. D'autres au contraire dont je ne croiserai plus jamais le chemin, comme John Coltrane. Et puis il y a Bill Evans. Après coup, je regrette de ne pas lui avoir davantage parlé lors de la séance avec Miles. Il avait l'allure d'un étudiant américain, avec ses cheveux courts, sa cravate, ses bésicles d'intellectuel. Très vite, je suis son itinéraire, je me nourris de ses albums sur Verve comme *Trio 64* ou *Conversations with myself*. Régulièrement, il demande à Nat Shapiro de lui envoyer mes dernières compositions, comme *I will say goodbye* ou *Orson's theme*. Je suis ahuri en découvrant sa reprise en trio du *Noelle's theme*, que j'ai écrit pour un mélo de Charles Jarrott, *De l'autre côté de minuit*. Il en fait une interprétation miraculeuse de dépouillement et d'élégance, au point que je me dise : « Mais ce morceau est sublime quand c'est lui qui le joue ! » Un jour de 1980, son agent, Helen Keane, m'appelle : « Bill voudrait que vous lui écriviez une pièce concertante pour piano et orchestre. » L'idée m'enthousiasme, je lui promets d'y réfléchir. Un mois plus tard, court séjour à New York. Le jour de mon arrivée, l'hebdomadaire *The New Yorker* m'apprend que Bill se produit au club *Fat Tuesday's*, accompagné par Marc Johnson à la basse et Joe LaBarbera à la batterie. Je m'engouffre dans un taxi jaune et déboule au début du deuxième set. Une heure de bonheur absolu. Le jeune homme de 1958 se cache désormais derrière une barbe hirsute et de grosses lunettes qui lui mangent le visage. Nous nous donnons l'accolade avec émotion et décidons de dîner ensemble au premier étage. La discussion nous amène forcément à notre projet commun. Il me fixe soudainement : « Tu as vu mes mains ? S'il te plaît, n'écris pas trop difficile ! » Effectivement, il a les doigts boursouflés par la cortisone. « Je peine, tu sais, ajoute-t-il. Il faut que la partition soit simple si tu veux que j'en vienne à bout. » Nous nous quittons vers une heure du matin, sur le trottoir de la Troisième Avenue. Le lendemain, on m'apprend que Bill est tombé malade dans la nuit, qu'on l'a hospitalisé d'urgence au Mount Sinai Hospital. Son cœur cessera de battre cinq jours plus tard. Sans le savoir, j'ai assisté aux derniers jaillissements de Bill Evans, à sa dernière heure, à ses dernières minutes au clavier. Quelques mois après, Warner publie son ultime album, à titre posthume. Il y reprend *You must believe in spring*, titre américain d'une chanson des *Demoiselles de Rochefort*. C'est la quintessence de l'art d'Evans, la combinaison d'une extrême intensité avec une totale économie d'expression, un chaînon manquant entre l'impressionnisme et le swing. C'est beau comme une épure, on voit presque flotter les fantômes de Debussy et Satie, musiciens que Bill vénérait. Je pose le trente-trois tours sur ma platine. J'écoute et je pleure. Notre concerto de piano restera à jamais un rêve, une chimère, mais, à défaut, Bill me tend la main à travers les nuages.

La trajectoire de Miles, elle aussi, me passionne. À l'époque de *Legrand jazz*, il entame sa collaboration avec le grand Gil Evans, l'arrangeur qui saura le mieux le comprendre, le cerner, le servir. Les quatre albums qui les réunissent sont des chefs-d'œuvre objectifs : *Miles ahead*, *Porgy and Bess*, *Sketches of Spain*, *Quiet nights*. Une semaine après l'enregistrement de *Legrand jazz*, début juillet 1958, Miles m'invite au Newport Jazz Festival, entre New York et Boston, festival où il doit se produire en sextet. Notre dîner de retrouvailles est interrompu par l'arrivée de George Wein, créateur de l'événement, qui lui rappelle poliment : « N'oublie pas que la journée de demain est consacrée à Duke Ellington. Tu dois jouer ses compositions ! » Réplique instantanée de Miles : « Jamais de la vie ! Je déteste sa musique. » Wein se rembrunit : « Désolé, Miles, mais cette obligation figure à ton contrat, tu dois t'y plier ! » Miles lui lance un regard de défi, lourd de menaces... Le lendemain, dans le grand espace en plein air du festival, je vois Miles monter dans un kiosque avec ses musiciens. Comment va-t-il s'en sortir ? Il s'adosse au piano, avec indolence et placidité. Ses musiciens attaquent un standard d'Ellington mais lui ne bouge pas. À aucun moment il ne porte à ses lèvres l'embouchure de sa trompette, qu'il tient à la main. Le sextet de Miles Davis moins un, c'est un quintet avec un spectateur supplémentaire, simplement posé sur scène, en plante verte. Les fans de Miles comprennent-ils l'intention secrète de cette rébellion silencieuse ? Du public, je filme le concert avec la petite caméra seize millimètres que je viens d'acquérir. Sa non-performance achevée, Miles m'assène à froid : « Ta caméra n'est pas sonore mais ça n'est pas un handicap, vu que je n'ai rien joué ! » Dans l'autre sens, comment aurait réagi Ellington si on lui avait demandé d'interpréter du Miles Davis ?

Après Newport, les années passent sans que le lien à Miles se distende. Lors de voyages aux États-Unis, il m'arrive de passer l'écouter en club, notamment au Shelly's Manne-Hole, à Los Angeles. J'entre en plein concert, au milieu d'un morceau démarré un quart d'heure plus tôt. Miles me voit, me fait signe, descend de la scène et me rejoint en coulisses. Ses musiciens continuent de jouer. Nous parlons ensemble pendant une demi-heure. Lorsqu'il remonte sur scène, c'est toujours le même morceau. Tel est Miles : totalement libre. Capable de quitter le public en plein spectacle, de lui tourner le dos, d'étirer une jam-session pendant quarante-cinq minutes. À l'époque, il est accompagné par deux batteurs, formule rythmiquement très agressive, et qui traduit sa bifurcation vers un jazz mutant, flirtant avec le rock, le funk et plus tard le hip-hop. Ce n'est pas forcément le Miles que je préfère mais je comprends toutefois son besoin vital de ne pas s'encroûter, de ne pas photocopier à vie ce qui a fait son succès.

Un soir de février 1990, coup de fil d'un cinéaste australien, Rolf de Heer, en préproduction d'un long-métrage baptisé *Dingo* : « Miles va y incarner un trompettiste de fiction, Billy Cross. Je lui ai demandé d'écrire lui-même la musique originale. Il accepte à condition de la composer avec vous. Êtes-vous d'accord ? » Comment ne pas l'être ? C'est l'occasion providentielle de retourner en studio avec Miles, trente-deux ans après *Legrand jazz*. Le lendemain, l'intéressé m'appelle à son tour. Avant même qu'il ouvre la bouche, je reconnais déjà cette voix inimitable, au timbre rauque, caverneux, buriné par l'alcool et la came : « *Hey, the Frog, bring your fucking ass to Los Angeles!* » Je chamboule mon emploi du temps et prends le premier vol pour la Californie. Pour de Heer, le compte à rebours a déjà commencé : il a besoin de musique pour commencer son tournage, trois semaines plus tard. Miles m'accueille chaleureusement dans sa magnifique villa de Malibu, avec plage privée, écurie et collection de sept Ferrari. Entre lui et moi, il y a un vrai bonheur à se retrouver : on boit des grands crus, on parle de musique, de nos vies, on se baigne dans le Pacifique. Ça dure, un jour, deux jours. Le troisième, je lui rappelle la raison initiale de ma visite. Son visage s'assombrit : « Ils m'emmerdent avec leur film. Oublie tout ça ! » Le quatrième jour, je lui apporte le planning fourni par la production : « Miles, nous sommes samedi et nous devons être en studio mercredi. Sans musique, Rolf ne pourra pas tourner ! » De guerre lasse, il obtempère, sort sa trompette, se met à beugler deux ou trois phrases, sans ardeur ni enthousiasme. Brusquement, il s'interrompt : « Je ne le sens pas, ce truc. Laisse tomber : j'appelle Rolf pour l'informer que je ne fais plus le film. » À cet instant, il me revient le souvenir de sa méthode de travail avec le bassiste Marcus Miller, notamment sur l'album *Tutu* en 1986. Miller lui a prémâché le travail en enregistrant l'orchestre dans un premier temps. Puis Miles est venu en studio et a collé ses chorus aux emplacements déterminés. *A priori*, je rejette ce type d'approche. Devant le résultat final, on perçoit l'absence de cohésion, d'interférences entre Miles et ses partenaires virtuels. Il a joué *sur* eux, pas *avec* eux. Mais devant son comportement buté et aquoiboniste, il n'y a guère d'autre issue pour sauver *Dingo* : « Écoute Miles, j'ai une suggestion à te faire : je commence à écrire aujourd'hui, j'enregistre les musiciens mercredi et tu viens jeudi jouer sur les play-back. Ça te convient ? — Michel, me répond-il en éclatant de rire, tu es un génie ! » En réalité, c'est exactement ce qu'il attendait de moi. A-t-il volontairement surjoué la démotivation pour m'amener à lui faire cette proposition ? Je ne suis pas loin de le penser. Dès lors, me voilà embarqué dans une course contre la montre. En trois jours, dans ma chambre d'hôtel, j'écris l'intégralité de *Dingo*, en me fondant sur le scénario. Mon idée est de trouver la bonne médiane, entre d'un côté le Miles contemporain et, de l'autre, le Miles lyrique des années Gil Evans, que j'ai tant envie de ressusciter. Notamment dans *Dingo lament*, longue plainte déchirante sur les images d'un avion qui atterrit en plein bush australien. Il faut aussi un thème énergique, assez fusion, quand le combo de Miles-Billy Cross se met à jouer au pied de l'avion. À partir de là, tout se précipite. Comme à l'époque de *Legrand jazz*, j'engage directement son quintet, pour lui préserver ses repères. L'histoire étant construite sur la confrontation entre un trompettiste légendaire et son disciple, je convoque Chuck Findley, au jeu très différent de Miles, capable d'imiter avec son instrument les aboiements de chien sauvage, le fameux dingo du titre. Le jeudi matin, jour de sa séance, Miles m'appelle : « Tu veux quelle couleur ? » Sans savoir ce dont il parle, je réponds : « Vert ! » Il arrive au studio avec sa Ferrari verte. Dès qu'il pénètre dans la cabine, Miles n'est plus le même homme. Cinq jours plus tôt, il était découragé et paresseux comme un lézard ; là, je retrouve la flamme du Miles Davis de 1958. Il met son casque et se révèle délicieux, impliqué, perfectionniste.

Il accepte de faire autant de prises que nécessaire, avec ou sans sourdine, m'écoute attentivement quand je le reprends : « Non, Miles, là je voudrais que ça pleure ! » En fait, il attendait un rendez-vous en comité réduit : lui, moi, l'ingénieur du son. L'intimité de ce studio, aux lumières tamisées, lui donne une impulsion, une inventivité qui me touchent infiniment. À l'arrivée, *Dingo* n'est peut-être pas un grand film mais peu importe. C'était juste le parfait alibi aux retrouvailles entre deux frères.

Notre relation connaît un épilogue singulier, en juillet 1991. Miles reçoit à Paris la Légion d'honneur. J'intercède en faveur du metteur en scène François Reichenbach, qui rêve de l'interviewer. Miles refuse, m'explique détester parler de lui-même. J'insiste, il finit par céder. François apporte caméra et éclairage au ministère de la Culture et, après la cérémonie, l'interroge pendant une demi-heure dans un salon. La curiosité et la culture de Reichenbach dégivrent Miles, qui s'ouvre à lui avec sincérité. En vain : quand François commence à visionner la bande-vidéo, celle-ci se révèle vierge. Comme si cet entretien ne devait jamais avoir eu lieu, comme s'il ne devait en subsister aucune trace. Je refuse d'y voir une coïncidence : le hasard est trop violent. Deux mois plus tard, la mort de Miles foudroie tous les amoureux de jazz de la planète. Seule consolation, la sortie de *Dingo* en janvier de l'année suivante. Quand j'en reçois la bande originale, je repense à *Legrand jazz*. La symétrie entre les deux disques s'avère troublante : *Legrand jazz* est mon premier album de jazz, *Dingo* le dernier de Miles. Ouverture, fermeture. S'il y avait un seul enregistrement de Miles Davis que je doive conserver, quel serait-il ? Je l'ignore. Ou plutôt si, je le sais parfaitement. Dans *Quiet nights*, Gil Evans a écrit un arrangement démoniaque de *La Valse des lilas / Once upon a summertime* avec une modulation impromptue, où Miles file soudainement très haut dans l'aigu. On dirait un cri humain, abrupt et déchirant. Ce n'est pas de la musique, c'est de la prestidigitation. De toutes les relectures jazz de mes compositions, mes deux préférées demeurent *Once upon* par Miles Davis et *You must believe in spring* par l'autre Evans, Bill. Ne prenez pas cet aveu pour de l'auto-satisfaction : je n'ai pas pris part à ces enregistrements. C'est ma musique, transcendée par deux génies directement reliés à Dieu.

12

Nouvelles vagues, anciennes vagues

1er janvier 2008. Comme chaque premier jour de l'année, j'appelle Chris Marker pour lui présenter mes vœux. C'est un protocole immuable depuis bientôt cinquante ans. Nous nous promettons de nous voir très vite. Quelques jours plus tard, j'arpente les recoins d'un quartier sombre, au fin fond du dix-neuvième arrondissement. Je me paume à moitié. Sans plan, difficile de dénicher la rue microscopique dans laquelle crèche Chris. Accéder à lui se mérite. Doubles interphones, à un faux nom. Avec un grand sourire, il m'ouvre la porte de son deux pièces en rez-de-chaussée. Son appartement fait mon bonheur : un capharnaüm indescriptible d'écrans allumés, de télévision ou d'ordinateur, de lecteurs vidéo tous formats, d'antiques cassettes VHS. Pour accéder aux toilettes, il faut enjamber trois chats, plusieurs bobines seize millimètres et tourner à droite au carrefour entre deux pyramides de livres. En cinquante-cinq ans de cinéma, il doit exister à peine dix photos de Chris et autant d'interviews. Il est un metteur en scène majeur de la modernité mais il tient à s'effacer derrière ses films. En dehors du cinéma, s'il pratique un art, c'est celui du retrait. Un vrai bloc de mystère. Terré dans son antre, il s'est fabriqué un personnage insaisissable à la Howard Hughes, protégé du monde extérieur par son répondeur. Chris s'est dématérialisé, sauf pour ses amis.

Nous nous sommes rencontrés en juillet 1957, dans des circonstances insolites. André Tomaso avait réuni la délégation française pour le Festival mondial de la jeunesse et des étudiants, en URSS. Départ du Havre, à bord du paquebot *Baltika*, à destination de Leningrad. Stupeur à l'embarquement : je dois partager ma cabine avec un grand type au cheveu ras, également invité par le festival. Il se nomme Chris Marker. D'emblée, sa personnalité m'agace : pas très chaleureux, assez phraseur, il parle les dents serrées, en jonglant avec un jargon complètement abscons. Je me plains à Tomaso : « Change-moi de cabine ! Tu m'as collé un véritable éteignoir ! » Il me pousse à briser la glace : « Parle davantage avec lui ! C'est un cinéaste singulier qui va construire une œuvre. Vous devriez pouvoir vous entendre… » Il a peut-être raison. Je suis son conseil, en essayant d'engager un dialogue, en vain. Marker se tient à distance, la tête droite et haute. Quelques mois plus tard, le documentariste François Reichenbach me demande d'écrire la musique de son long-métrage *L'Amérique insolite*. Il a rapporté des États-Unis six heures de rushes d'une force étonnante qu'il ne parvient pas à structurer. Le matériel de base est là mais impossible de lui trouver une ossature, malgré l'intervention de monteurs chevronnés comme Henri Colpi ou Frédéric Rossif. Après plusieurs mois d'incertitude, François contacte un monteur providentiel, également cinéaste et photographe. Et là qui vois-je ressurgir ? Mon compagnon de cabine, ce qui me fait craindre un nouveau cauchemar. À tort. Car, dans le travail, Chris se révèle un autre homme. Il me dit, tout de suite : « Pour que ce soit simple, il faut qu'on se tutoie ! » L'abandon du vouvoiement et le compagnonnage sur un même projet dégivrent notre relation. Et, contre toute attente, soudent une amorce d'amitié. Je découvre un esprit curieux, agile, ouvert sur le monde. Et surtout, un miracle se produit. Chris apporte un nouveau regard, un recul que nous avions perdu à force de patauger dans les rushes. Très vite, j'écris et enregistre des thèmes sur lesquels il monte certaines séquences. Volontairement, la partition s'appuie sur des langages et formations à géométrie variable : de la musique symphonique, une pièce pour chœur, du jazz, une plainte pour trompette sur nappes de cordes… C'est très éclaté : une sorte de mosaïque musicale, à l'image du film, de sa vision sociale et culturelle en kaléidoscope. Pour le finale, par l'orchestration et le contrepoint, je construis une longue chaîne qui réunit les principaux thèmes du film. En vérité, l'expérience a sur moi l'effet d'une révélation. Grâce à Reichenbach, je prends conscience que, en écrivant pour le cinéma, je peux faire la synthèse entre mes différentes cultures. Car la musique de film réunit tous les langages de la musique. Il n'y a pas à choisir entre baroque et bebop, ça peut être l'un puis l'autre, voire l'un et l'autre. À sa sortie, *L'Amérique insolite* fait forte impression. La critique salue la capacité de Reichenbach à capter le réel, une certaine vérité, celle de mœurs venues d'une autre planète : des concours de hula hoop, des rassemblements de jumeaux, humains et chiens… Mon travail est également remarqué : comme la voix off de Chris Marker est très minimaliste, la musique se substitue au commentaire traditionnel. C'était en juin 1960, en pleine effervescence du cinéma français.

Pour être précis, mon baptême cinématographique n'a pas lieu avec *L'Amérique insolite.* Un mélodrame d'Henri Verneuil en 1954, *Les Amants du Tage,* est officiellement mon premier long-métrage. Les interventions musicales relèvent tellement du confetti millimétrique que j'ai surnommé le film *Les Amants du minutage.* Il y a aussi eu un grand succès comique des années cinquante, *Le Triporteur,* film que je dois à l'amitié de Darry Cowl. Dans le plus parfait anonymat, j'ai également servi d'orchestrateur aux vénérables Georges van Parys et Georges Auric… et à Marc Lanjean sur le fameux polar d'Henri Decoin *Razzia sur la chnouf,* mais cette fois en étant crédité au générique. Ce qui me vaut la sollicitation de Pierre Chenal pour une autre série noire de l'époque, *Rafles sur la ville,* qui fait aujourd'hui les délices de l'ami Tavernier. *Rafles,* c'est une partition brillante mais sous influence, celle d'Alex North ou de la musique de *Sur les quais*. Ces expériences de jeunesse ont le charme de galops d'essai. Mais pour moi, le vrai départ demeure objectivement *L'Amérique insolite*, ma première aventure à grande échelle. Et surtout mon passeport pour la nouvelle vague. Après avoir vu le film de Reichenbach, beaucoup de metteurs en scène du nouveau monde vont me proposer de travailler avec eux.

Ça commence avec Jacques Demy, l'une des plus belles rencontres humaines et professionnelles de mon existence. J'y reviendrai plus tard. Par Demy, je fais la connaissance de sa femme, Agnès Varda, cinéaste depuis 1954 avec *La Pointe courte*. En 1962, Agnès me demande d'écrire la musique de *Cléo de 5 à 7*, une heure et demie en temps réel dans la vie d'une jeune femme qui attend les résultats d'analyses médicales. Cléo étant chanteuse, il faut lui construire un répertoire. En amont du tournage, Agnès me confie les paroles des chansons : pour chaque texte, comme avec Jacques, je lui propose dix thèmes différents. Puis, par élimination, on finit par cerner le meilleur. La méthode l'amuse tellement qu'elle garde dans le film trois lectures musicales d'un même texte... *Cléo* contient une chanson tragique (*Sans toi*), une ludique (*La Joueuse*), une ironique (*La Menteuse*). Comme autant de pièces de théâtre miniatures. Ça m'amuse de voir Agnès se projeter à l'écran dans Corinne Marchand : une petite brune dans une géante blonde. Je dis à Agnès : « Pourquoi as-tu choisi une comédienne qui traverse la place de la Concorde en trois pas ? » Quant au personnage de Bob, le musicien de Cléo, il devait être à l'origine interprété par un comédien professionnel. Finalement, Agnès me propose de l'incarner : le compositeur dans un rôle de non-composition. Ça me fait marrer, même si mon impatience naturelle supporte assez mal les temps d'attente d'un tournage. Je préfère être actif à l'enregistrement de la musique que passif sur un plateau, à poireauter pendant l'installation de la lumière... Au-delà de cette apparition clin d'œil, j'aime le paradoxe de *Cléo de 5 à 7*, film si léger et si grave, à mon sens le plus abouti d'Agnès.

La même année que *Cléo*, Marker me propose ce qui reste l'une de mes expériences cinématographiques les plus radicales. Dans la foulée de son chef-d'œuvre, *La Jetée*, il vient de tourner avec Pierre Lhomme *Le Joli Mai*, un film-essai engagé. Il a besoin de musique et me fait une proposition inattendue : « Nous allons passer deux jours enfermés au studio de la Comédie des Champs-Élysées, avec uniquement des instruments à clavier : piano, clavecin, orgue Hammond, piano électrique... Car je veux que tu sois l'unique instrumentiste de la musique. Mais tu ne verras aucune image. Viens au studio sans avoir écrit une seule note. » Très énigmatique, il ne me donne pas plus d'information. S'il s'était agi d'un autre cinéaste, j'aurais sans doute refusé. Voire pensé à un éventuel internement. Mais il est impossible de décliner une invitation si intrigante. Le jour de l'enregistrement, Chris clarifie son intention : « Je vais te lancer des phrases singulières, parfois ésotériques. À toi de réagir librement, sur la durée qui te convient, d'une à trois minutes. » Et le voilà parti : « On entend des pas, une ombre s'approche, la porte claque. » À son signal, j'improvise, en totale liberté, en essayant de trouver un équivalent à l'esprit de la phrase. Parfois, ce qu'il me dit contient une indication de rythme et de tempo. Je ne réagis pas de la même façon sur : « Elle était assise seule, dans le silence, sans bouger » que sur : « La dernière partie de sa course lui semblait infinie. » C'est une forme de création totalement spontanée, instinctive. Face à moi, Chris écoute, très concentré. Dans un deuxième temps, je peaufine le résultat, ajoutant si nécessaire un deuxième clavier en re-recording. Quinze jours plus tard, coup de fil de Chris : « Le mixage est terminé. J'ai placé tes musiques là où je les envisageais. Tu ne me croiras peut-être pas : la durée de chaque morceau était exactement celle de la séquence destinataire. Il n'a pas été nécessaire de modifier le montage. Merci Michel ! » Je suis ravi pour l'ami Marker, mais, un peu lâchement, je refuse d'assister à une projection du film mixé. Un sentiment de peur, tellement la méthode a été étrange.

Ma crainte, c'est de ne pas être à la hauteur du propos, de me dire : « Si j'avais disposé de l'image, j'aurais fait mieux. Ou autre chose. » Cinquante-cinq ans ont passé. De ma filmographie, *Le Joli Mai* demeure le seul long-métrage que je n'ai jamais vu. Ou plutôt que je n'ai jamais osé voir.

La chaîne Reichenbach-Marker-Demy-Varda ne serait pas complète sans Jean-Luc Godard. J'adore l'homme, j'admire son audace, sa manière de faire œuvre de révolution. Il casse les règles pour en inventer de nouvelles. Quand il passe à la maison pour un nouveau film, il ne m'en raconte jamais l'histoire, ni le sujet. Il m'en parle indirectement, par des références philosophiques, des sources d'inspiration, de réflexion. La genèse du projet, sa maturation en disent plus que l'évocation frontale du projet lui-même. Je me souviens de lui avoir rendu visite sur un plateau, *Une femme est une femme* je crois. Ce jour-là, Godard a tout interrompu : « Désolé les enfants. On arrête, je n'ai plus d'idées. À demain ! » Ce type de comportement est rarissime au cinéma ou dans la musique. Je ne me suis jamais permis de renvoyer quatre-vingts musiciens en pleine séance : « Je voudrais réécrire les vingt dernières mesures, revenez dans deux jours ! » Dès qu'il veut prendre du recul, mieux réfléchir à sa mise en scène, Godard stoppe le tournage et congédie l'équipe. C'est une leçon, vraiment. Aucun cinéaste mieux que lui ne tutoie la liberté. Et puis, en dehors de ses qualités intellectuelles, c'est un mec à la fois réservé et drôle, taciturne et déconneur, adepte comme moi des jeux de mots, des calembours. Plus ils sont improbables, plus on se gondole. Il peut se barricader derrière un mur de laconisme et, la minute d'après, marcher sur les mains pour vous faire marrer.

Paradoxalement, le rêve de Demy, celui d'un cinéma en chansons et en couleurs, je vais d'abord le caresser avec Godard dans *Une femme est une femme*. Mais curieusement, le film deviendra une comédie musicale *a posteriori*. Devant le premier montage, je lui souffle : « Sans le savoir, tu as tourné un musical. Si tu es d'accord, je vais glisser de la musique partout, y compris sur, sous et entre les dialogues. Et sur les déambulations des personnages. Tu verras, quand Anna [Karina] marche dans la rue, on croira qu'elle danse ; quand elle parle, on croira qu'elle chante ! » C'est un boulot insensé, je m'accroche à chaque millimètre de pellicule, au centième de seconde près. Le mixage terminé, par un hasard extraordinaire, Gene Kelly m'appelle : « Je suis de passage à Paris. On se voit ? » Avec Jean-Luc, nous lui organisons une projection d'*Une femme* dont il sort ahuri : « Comment pouvez-vous tourner une comédie musicale avec une seule chanson et sans chorégraphie ? » Je lui explique notre méthode de travail, comment elle nous a permis d'aboutir non pas à un musical conforme aux canons hollywoodiens... mais à un musical moderne, d'une conception radicalement nouvelle. Un musical unique, un prototype miraculeux. Gene sourit poliment mais son regard ne ment pas : il nous prend pour des fous ! Quelques mois plus tard, Godard débarque chez moi : « Tiens, j'ai un script ! » Et il sort de la poche arrière de son pantalon une boulette de papier à petits carreaux : « Mon film s'appelle *Vivre sa vie*. J'aimerais assez un thème et onze variations. » Je les écris, les enregistre, mais, au mixage, il ne garde que les huit premières mesures de la première variation... répétées sur tout le film ! Je ne sais plus qui a dit : « On ne travaille pas avec Godard, on travaille pour Godard. » Il offre son film à mon regard, je lui offre ma musique en retour, il se l'approprie. C'est-à-dire qu'il joue avec elle, la manipule, la coupe, la colle tête-bêche, en rallonge les silences. C'est une forme de récréation et de recréation, toujours intelligente et inventive. Nous avons été soudés par une sorte d'émulation réciproque dans la liberté, le temps de trois longs-métrages et plusieurs films à sketches. Avoir Godard comme metteur en scène, c'est accepter qu'il recompose, au sens premier, ce que vous avez écrit.

Mon contrat de mariage avec la nouvelle vague ne comporte pas de clause d'exclusivité. Car, à la même époque, mon ami Francis Lemarque me demande de cosigner avec lui les musiques de films qu'on lui propose. J'aime infiniment Francis, dont j'ai fait la connaissance en 1953. En 1960, il a composé le joli thème sifflé des *Vieux de la vieille*, un Gilles Grangier adapté de René Fallet, avec le trio Gabin-Fresnay-Noël-Noël. Aussi sec, Grangier le redemande pour ses Gabin suivants. Et voilà comment, grâce et avec Francis, je me retrouve enrôlé sur *Le cave se rebiffe*, *Le Gentleman d'Epsom*, *Maigret voit rouge*. Sans compter un Carné tardif, *Terrain vague*. Pour moi, collaborer avec le cinéaste des *Enfants du paradis*, c'est l'équivalent d'une Légion d'honneur... Avec Lemarque, nous fonctionnons de la manière suivante : il écrit le plus gros du matériel thématique, je l'harmonise, je l'orchestre, je dirige les séances. C'est vraiment un mariage entre son sens mélodique et mon sens orchestral, un travail à quatre mains. Et encore, travail est un bien grand mot. Ce sont surtout des moments de plaisir. Car on joue beaucoup ensemble, surtout aux cartes. Faire une belote, par exemple, c'est apprendre à connaître l'autre, c'est une magnifique manière de coudre l'amitié. À travers la technique de jeu du partenaire, on cerne mieux son caractère. Ça peut paraître insolite mais c'est ainsi que nous avons écrit les partitions de nos trois Gabin. Mais, à l'époque, quand j'annonce aux copains des *Cahiers du Cinéma* que je travaille sur *Le cave se rebiffe*, je me fais insulter : « Arrête tes conneries ! Tu déchois, espèce de traître ! » Bien sûr, le paradoxe est cinglant. Je travaille simultanément avec la nouvelle vague et avec son antithèse. Mais c'est précisément l'abîme esthétique entre *Le Gentleman d'Epsom* et *Vivre sa vie* qui m'excite. Ça m'amuse d'enregistrer le lundi du jazz bebop pour Godard, le mercredi des valses des faubourgs pour Grangier. C'est le propre d'un compositeur pour l'image : s'adapter à tous les langages cinématographiques, être l'homme de toutes les cultures. D'un film à l'autre, comme un comédien, je change de personnage et de costume.

Ma contribution la plus secrète à la nouvelle vague remonte à 1959. À l'époque, un ami très proche, l'auteur-compositeur-interprète Jean Constantin, est sollicité par François Truffaut pour écrire la bande originale de son premier long-métrage, *Les Quatre Cents Coups*. Truffaut adore l'humour hurluberlu et poétique des chansons de Jean, comme *Mon manège à moi*, *Mon truc en plumes*, *Fleur de papillon*... Jean est à la fois ravi et effrayé par le challenge. Dans la panique, il me demande un coup de main. Je déboule chez lui. L'espace d'une soirée, sur la toile cirée de la salle à manger, je lui orchestre plusieurs numéros, dont le générique début. Sans avoir vu une seule image, bien sûr. Son thème est très beau, une valse fragile, qui révèle la tendresse enfouie du jeune Antoine Doinel. Jean me remercie chaleureusement de mon intervention. Truffaut n'en saura jamais rien. Curieusement, malgré le retentissement du film, Constantin ne confirmera pas l'essai... Et Truffaut, dès son opus suivant, *Tirez sur le pianiste*, étrennera sa collaboration avec Georges Delerue. Voilà un confrère que je vais adorer, sans avoir vraiment l'occasion de mieux le connaître, ce que je regrette après coup. Même si je trouve son écriture parfois trop prudente, Delerue est un miracle de gentillesse et d'humanité. On se parle au téléphone, on se rancarde sur nos metteurs en scène, on se dépanne mutuellement sur le planning des studios : « Si ton enregistrement est urgent, je te laisse la salle Wagram jeudi matin ! » C'est aussi ce que je retiens de ce territoire bien délimité de ma vie : un sentiment de fraternité. Nous avons tous l'impression de partir de zéro, de travailler sans aucun sens du commerce, ni de la logistique. C'est vraiment l'art pour l'art, l'imagination au pouvoir. De Godard à Varda, de Demy à Reichenbach, nous formons une famille, un collectif de création. Nous avons le même âge, nous rêvons tous dans la même direction. Les gens d'argent sont logiquement plus âgés que nous. C'est, par exemple, le producteur Georges de Beauregard. Il a produit *À bout de souffle*. Godard lui présente Demy qui lui présente Varda puis Toublanc-Michel, leur assistant commun. La chaîne de la solidarité. Et moi, compositeur, je suis le trait d'union entre ces différents cinéastes. J'écris pour Godard, lequel fait l'acteur comme moi dans *Cléo de 5 à 7* d'Agnès Varda, épouse de Jacques Demy, tous les deux amis de Marker. J'aime les entrelacs, les correspondances artistiques ou affectives, entre les films de cette époque. Mais au bout d'un moment, au reflux de la vague, la lassitude commence à me gagner. Même schéma que durant ma première vie, celle d'arrangeur. Il va falloir me réinventer. Dès 1964, j'annonce à Jean-Luc Godard : « Tu sais, je vais peut-être quitter la France pour m'installer aux États-Unis. » Sa réaction ne tarde pas. Au générique de *Bande à part*, il fait écrire : « Et pour la dernière fois (?) à l'écran, la musique de Michel Legrand. » C'est pour des coups de folie de ce genre que j'aime Godard. Il y a quelques années, j'ai lu une éclairante interview où il déclare : « Le cinéma est un moyen d'expression dont l'expression a disparu. Il est resté le moyen. » Où es-tu passé, Jean-Luc ? Ton génie nous manque singulièrement. Un signe de toi serait bien plus qu'une vague nouvelle.

13

La moitié de Demy

Juin 2016. Haut lieu de la cinéphilie, le festival de La Rochelle programme la version restaurée de *Cléo de 5 à 7*. À l'issue de la projection, Agnès Varda et moi avons accepté d'effectuer un numéro de duettistes : après chaque texte de chanson lu par Agnès, j'interpréterai au piano la musique correspondante. Dès le second titre, *La Belle Putain*, tout s'emmêle : elle se met subitement à chanter quand je joue. C'est un peu *Le Massacre de Fort-Apache*, j'essaie de rattraper sa pulsation erratique, ses tonalités mouvantes, en yo-yo. Mais l'émotion est tangible, surtout sur les paroles déchirantes de *Sans toi*. En conclusion de son récital, Agnès ose une confession décoiffante : « Dès mes quatre ans, en 1932, j'ai voulu devenir chanteuse. Il m'aura fallu attendre aujourd'hui, et mes quatre-vingt-huit ans, pour réaliser ce rêve ! » *Standing ovation* de la salle. Ce soir à La Rochelle, *A star is born. Une étoile est née*. À quand l'Olympia et le Carnegie Hall ? J'aime Agnès même si nos rapports sont parfois complexes. Elle a son caractère, j'ai le mien. Mais dès que l'on se retrouve face à face, nos divergences, petites ou grandes, s'évaporent au profit d'une vieille complicité. Ensemble, nous sommes comme les derniers Mohicans de notre propre jeunesse. Il faut préciser qu'Agnès est une femme dont l'opiniâtreté n'a d'égale que la vivacité d'esprit. Je lui décoche une flèche, elle me renvoie la balle avec drôlerie, puis me taquine à son tour. Voilà tout le paradoxe de notre relation, entre vacherie et tendresse.

Dans ma tête, les souvenirs de Jacques Demy et d'Agnès se mélangent. La première fois que j'ai rencontré Demy, Agnès était là. Et plutôt deux fois qu'une. C'était à l'automne 1960.

À l'origine, Jacques et moi ne devions pas travailler ensemble. C'est le hasard, thème fétiche de son cinéma, qui nous a réunis. Car Jacques avait engagé Quincy Jones pour mettre en musique son premier long-métrage, *Lola*. Quincy est même venu à Nantes sur le tournage, mais différentes circonstances l'ont obligé à rentrer d'urgence aux États-Unis. Or, dans une séquence, Anouk Aimée devait interpréter une chanson, sur des paroles d'Agnès. Comme la musique n'existait pas, Anouk a récité le texte comme un poème, avec un disque des Platters en fond pour essayer de respecter un vague tempo. Par suite de l'évaporation de Quincy, Demy se met en chasse d'un nouveau compositeur. Il m'appelle, se présente, me raconte ses déconvenues, me dit son admiration pour la partition de *L'Amérique insolite*. Sa gentillesse me touche mais je suis confronté à un problème d'emploi du temps : il me reste uniquement trois semaines pour achever la musique de *Terrain vague*, le film de Marcel Carné. *A priori*, ça me paraît impossible de me libérer immédiatement. Il insiste, propose que l'on dîne ensemble. J'accepte. Nous nous retrouvons dans un restaurant italien, du côté de La Tour-Maubourg. Jacques vient accompagné de son épouse Agnès Varda, petite femme coiffée à la Jeanne d'Arc. D'emblée, je trouve la personnalité de Demy attachante, curieuse combinaison de douceur et d'entêtement. Malheureusement, la production de *Terrain vague* ne peut pas décaler ses dates de mixage. Je suis obligé de m'y tenir, mon contrat est signé. J'expose la situation à Jacques, avec sincérité : « Vous savez, ce n'est que partie remise. Nous travaillerons ensemble sur votre prochain film. » La déception se lit sur son visage. Coup sur coup, il voit deux compositeurs lui filer entre les doigts. Mais, l'espace d'un éclair, Agnès part en vrille : « Mais comment osez-vous refuser un Demy pour un Carné ? À votre âge, c'est une honte ! Carné, c'est le passé du cinéma ! » fulmine-t-elle, modérément confraternelle. Sans rien dire, Demy regarde sa moitié monter au créneau. Cette situation me donne une indication sur le fonctionnement du couple. En certaines circonstances, leur équilibre s'inverse. Agnès en devient davantage l'élément masculin. Quoi qu'il en soit, son invective tonitruante me bouscule, me fait douter. Et si elle avait raison ? Après tout, je peux tenter de mener de front l'écriture des deux films, en sacrifiant plusieurs nuits de sommeil. En sortant du restaurant, Jacques me donne rendez-vous pour une projection de travail de *Lola*. Sur le moment, la douche écossaise d'Agnès m'a été très désagréable. Mais sans elle, Demy et moi serions sans doute passés l'un à côté de l'autre. Ma réaction naturelle n'est pas de remercier les gens qui me hurlent après, mais, dans le cas précis de ce dîner, je ferai une exception pour ma chère Agnès.

Quelques jours plus tard, nous visionnons *Lola*, entièrement tourné en muet pour des raisons de budget. Jacques est assis à côté de moi et me récite les dialogues, en jouant à tour de rôle les différents personnages. Je trouve la méthode intrigante, je me dis : « Voilà des gens bizarres qui font un jour l'image, le lendemain le son. » Le film est poétique, en apesanteur, avec une belle lumière surexposée en CinemaScope noir et blanc. Il aurait voulu le tourner avec de la couleur et des ballets, mais les contraintes économiques ont fait que… Jacques me précise : « Sur la séquence du manège, j'aimerais utiliser le *Clavier bien tempéré* de Bach ; sur la fin du film, la *Septième* de Beethoven. » Pour un peu je le remercierais : cette information me fait gagner une nuit de sommeil. On se met alors à travailler ensemble. Le plus dur est évidemment la chanson, qui relève de l'impossible. Je la compose à la Moritone, table de montage trente-cinq millimètres, en collant aux mouvements des lèvres d'Anouk Aimée. À l'enregistrement, Jacqueline Danno double Anouk. Nous y passons une journée entière… juste pour une minute trente de musique. Ce type de pari ne fera jamais peur à des énergies enthousiastes comme les nôtres. *Lola* nous permet de prendre la mesure de notre appétit de collaboration. C'est un tour de chauffe, un apéritif aux grands ouvrages qui nous attendent. Dès les mois suivants, Demy m'évoque un nouveau projet, mais dont le montage financier se transforme en Golgotha. Dans l'intervalle, il accepte la sollicitation d'un producteur à l'ancienne, Paul-Edmond Decharme. Ainsi naît *La Baie des anges*, film de transition au sujet déchirant, la descente aux enfers d'une femme qui se détruit par le jeu. Je suis fasciné par le magnétisme de Jeanne Moreau mais navré par le lymphatisme de son partenaire masculin. Au montage, *La Baie des anges* ne me déclenche aucune idée. Panne sèche. Je cerne mal ce dont le film a besoin. Jacques va trouver la solution : « Allons en studio ! On te projette la séquence du jeu, tu es au piano, tu réagis à l'image ! » Miraculeusement, tout se débloque. Quand vous êtes sous un grand écran, face à une immense Jeanne Moreau blonde avec porte-cigarette, envoûtée par le jeu, l'inspiration arrive forcément. Les séquences de tapis vert en noir et blanc déclenchent le thème principal, sorte de mouvement perpétuel que je vais ensuite réécrire, retravailler et réenregistrer à deux pianos. Ces quatre mains et deux claviers, c'est autant l'image de la bille sur la roulette que l'entrelacement de deux destins.

Le scénario dont Jacques me parle après *Lola* s'intitule *L'Infidélité ou les Parapluies de Cherbourg*. C'est une histoire d'amour brisé, le récit de la trahison d'une promesse, entre une toute jeune femme, Geneviève, et son amoureux, Guy, mobilisé par la guerre d'Algérie... Demy souhaite le tourner comme un film traditionnel, en Scope noir et blanc. Après avoir lu le script trois fois, je me dis : « Comme dans *Lola*, il y a dans le sujet et les dialogues une dimension profondément musicale. Cette fois-ci, Jacques ne doit pas abdiquer, il doit aller jusqu'au bout. » Il se rallie à mon point de vue. Nous nous mettons d'accord sur le principe de faire chanter uniquement certaines situations-clés, comme la séparation des amants sur le quai de la gare. Pendant dix jours de mise en loge, j'essaie avec Jacques de trouver des thèmes pour nos passages chantés. Échec total. Rien ne fonctionne : la jointure entre le parlé et le chanté nous semble artificielle, proche de l'anomalie. Les spectateurs risquent de se demander : « Les personnages parlaient, pourquoi brusquement chantent-ils ? » Ou dans l'autre sens : « Mais pourquoi cessent-ils donc de chanter ? » Après réflexion, Jacques en arrive au constat suivant : « Michel, puisque cette transition parlé-chanté nous gêne, faisons le film soit entièrement parlé, soit entièrement chanté. » Je saisis la balle au bond : « Essayons plutôt tout chanté : on n'a jamais tourné un long-métrage où le chant se substitue intégralement à la parole. Si on y arrive, ce serait un musical d'un genre nouveau ! » On se met à parler esthétique, on se dit que l'idée de réalisme est essentielle. Ou du moins l'idée de réalisme transposé. Il faut éviter le côté opératique, les débordements de lyrisme. L'intention est d'avoir un tempo chanté le plus près possible de la parole, avec les mêmes attentes et précipitations que dans le langage quotidien. D'autant que les personnages sont des gens simples : un garagiste, une mère et sa fille qui tiennent un magasin de parapluies, un diamantaire. Néanmoins, je vais beaucoup tâtonner avant d'arriver au style voulu. Ça commence lors de vacances à Cannes, durant l'été 1961. Je loue un piano pour composer le début de l'ouvrage. Une fois rentré à Paris, je soumets mon travail à Demy. Sa réaction est sans appel : « Tu sais, ces thèmes me touchent infiniment mais ils sont hors sujet pour nos *Parapluies*. Les personnages parlent avec des mots de tous les jours : il faut également une musique de tous les jours. » Jacques a raison : cette première version est trop savante, elle manque de simplicité, de lisibilité. Pour le long week-end du 11 novembre 1961, nous partons travailler sur l'île de Noirmoutier, un endroit magique dont Jacques est amoureux. On s'isole dans l'arrière-salle d'un mareyeur, autour d'un vieux piano au son de casserole. Et là, un jour de pluie, le déclic a lieu : j'ébauche un thème à la saveur néobaroque pour la séquence de la bijouterie. « Nous sommes dans une situation difficile. Geneviève est grande et m'aide de son mieux… » Jacques s'exclame : « Michel, je crois que c'est ça ! Les mots et la musique semblent couler de source. » C'est comme une bobine de fil : j'ai trouvé le bout, il ne reste plus qu'à tirer. À partir de là, Jacques et moi nous allons nous voir tous les jours, le plus souvent chez lui, rue Daguerre. Ensemble, nous essayons de trouver des thèmes fonctionnant le mieux possible avec les lyrics. Comme la musique a des exigences rythmiques et métriques très précises, il arrive qu'un thème ne puisse pas complètement épouser les paroles. Alors Jacques adapte, allonge ou rabote son texte en fonction de mes notes. Nous ne créerons jamais rien l'un sans l'autre... À cette étape, Demy a déjà en tête une mise en scène virtuelle. Parfois, il me précise : « Là, Michel, on doit laisser Cassard marcher dans la pièce avant qu'il avoue à Mme Emery son amour pour Geneviève ; là, il faut que tu me laisses le temps de finir mon travelling. » Voilà l'originalité des *Parapluies de Cherbourg* : la musique fait partie intégrante de l'écriture cinématographique.

L'élaboration des *Parapluies* va s'accompagner d'un autre mouvement, celui d'une amitié allant *crescendo*. Avec Demy, nous sommes de la même génération à huit mois près. Nous parlons beaucoup de cinéma, bien sûr, mais aussi de la vie, de nos amours, de nos enfants. Jacques est un être vibrant, avec un vrai charme, une attention aux autres, une propension à la mélancolie, aussi. Mon fils Hervé a quasiment le même âge que Rosalie, fille d'Agnès et du metteur en scène de théâtre Antoine Bourseiller, élevée par Jacques comme sa propre fille. Ce qui contribue à rapprocher nos deux couples. Notre petite tribu fonctionne selon des codes incompréhensibles aux non-initiés. Les femmes s'appellent entre elles les « Fufutes », les hommes les « Fufus », rite dont j'ai oublié l'origine. Mais que nous perpétuons toujours aujourd'hui avec Agnès. Les gens nous regardent avec inquiétude quand je l'embrasse, en l'apostrophant d'un sonore : « Comment vas-tu, ma petite Fufute ? » Avec les années, l'amitié entre Jacques et moi se métamorphose en véritable fraternité, doublée d'une réjouissante émulation. Fasciné par le Cessna que je pilote, Jacques passe son brevet à l'aéroclub de Villacoublay et achète à son tour un petit avion. Dans l'autre sens, sa collection de films seize millimètres me donne l'envie d'acquérir un projecteur, pour organiser des séances de ciné-club familiales. Et puis il y a les vacances, que nous allons très vite partager tous les six. De fait, la fusion de nos deux familles crée une grande famille recomposée. En janvier 1962, une amie de Jacques nous prête pendant un mois un chalet à Verbier, en Suisse, à la fois pour finaliser la musique des *Parapluies* et nous adonner aux sports d'hiver. Les matinées sont studieuses, les après-midi consacrés au ski (pour moi) et au patin à glace (pour Jacques). Ce qui donne naissance à un aphorisme historique : « Jacques, tu es un type é-patin, moi un type é-ski. » Commencée à Noirmoutier face à l'Atlantique, la composition des *Parapluies* s'achève dans la neige et les frimas des Alpes. Avec Jacques, nous anticipons les larmes des futurs spectateurs. À même la partition, sur la séquence de la séparation, nous indiquons : « Premier mouchoir ». Sur celle de la mort de tante Élise : « Deuxième mouchoir », et ainsi de suite. Ce ne sont plus des prévisions météorologiques mais lacrymales. Après Agnès et ma femme Christine, notre premier auditeur est mon ami parolier Jean Dréjac, de passage à Verbier. Nous lui jouons l'intégralité de l'ouvrage. Il nous félicite poliment mais semble déconcerté, je dirais même dérouté par le fond et la forme du projet. Notre second cobaye aura une réaction différente, pour ne pas dire opposée. C'est Chris Marker, en visite rue Daguerre. Il nous déclare sur un ton sibyllin : « Je peux vous certifier que vous allez cumuler les succès, à la fois populaire et critique. » Sa prédiction est agréable mais, sur le moment, nous pensons surtout qu'il cherche à nous faire plaisir. Nous aurions dû davantage en profiter : les mois à venir vont être économes en encouragements.

D'entrée de jeu, le producteur de *Lola*, Georges de Beauregard, refuse nos *Parapluies* avec une analyse d'une grande clairvoyance : « Très beau sujet mais il faudrait le traiter sans couleurs et sans musique. » J'hésite entre deux options, lui dire ce que je pense ou rester poli. Du coup, nous partons à l'assaut de tous les producteurs ayant pignon sur rue : Pierre Braunberger, les frères Hakim, Henry Deutschmeister... Je me mets au piano, en chantant tous les rôles, les basses, les sopranes. Jacques tourne les pages. En règle générale, les premiers ronflements tombent à la septième ou huitième minute, sur la scène du quai. Puis on nous reconduit à la porte avec les mêmes arguments : « Vous êtes deux jeunes garçons très sympathiques. Mais le public n'ira jamais voir un film où les personnages chantent les banalités de la vie pendant une heure et demie. » L'épreuve est toujours douloureuse. Avec Jacques, nous saisissons toute l'émotion du projet, pas eux. Il y a une explication à cela : nos *Parapluies* n'appartiennent à aucune tradition établie. C'est une œuvre originale, dans tous les sens de l'adjectif. Si nous étions américains, les responsables de la MGM nous diraient : « Mais ça ne ressemble pas à *Chantons sous la pluie* ! » Au bout de un an, nous avons l'impression décourageante de construire un château de cartes en plein blizzard. Jacques commence à croire que *Les Parapluies* ne connaîtront jamais le crachin de Cherbourg, qu'ils vont rejoindre le cimetière des films rêvés, fantasmés mais jamais réalisés. Une idée étrange, un peu irrationnelle, surgit alors : contacter Pierre Lazareff, grand homme de médias, patron du quotidien *France-Soir*, créateur du magazine télévisé *Cinq colonnes à la une*. « Certes, il n'est pas producteur, me dit Jacques, mais il a le bras long. » Comme on jette une bouteille à la mer, Demy lui envoie un pneumatique. Surprise, Lazareff l'appelle le lendemain au saut du lit et nous convoque à son bureau. Petit bonhomme sec, il nous reçoit promptement entre deux réunions de rédaction. « Je ne saisis pas exactement le type de film que vous cherchez à faire, nous assène-t-il en tirant sur sa pipe. Mais j'ai une amie très chère qui démarre dans le cinéma. Elle va vous produire. » L'amie en question s'appelle Mag Bodard. Après avoir travaillé avec Lazareff dans la presse écrite, elle vient de créer la compagnie Parc Films, cherche des projets et, miracle, se lance dans l'aventure. C'est une femme charmante, délicieusement bourgeoise, qui se déplace souvent escortée de son fidèle chauffeur, Georges. Une lecture des *Parapluies* nous marquera à vie, Demy et moi. Nous sommes dans mon salon, je chante l'ouvrage en m'accompagnant au piano. Soudainement, Mag m'interrompt : « Mais cette scène est bien trop triste ! » Jacques tente une modeste défense : « Vous savez, Maguy, *Les Parapluies de Cherbourg*, ce n'est pas une comédie burlesque ! — Certes, mais tout de même... Qu'en pensez-vous, Georges ? » Le chauffeur lève la tête : « Vous avez raison, Madame, ce n'est pas très entraînant ! » Confortée, la chère Mag m'assène : « Vous avez entendu ? *Vox populi !* Mon petit Michel, soyez gentil, réécrivez-moi la musique de cette scène ! » Je lance un clin d'œil à Jacques. Une semaine plus tard, je leur rejoue exactement la même musique mais avec quelques nuances : je transpose en majeur, j'accélère le tempo de façon sautillante, je colle des doubles croches partout. Le visage de Mag s'éclaire : « Ah oui, c'est beaucoup mieux, n'est-ce pas Georges ? — Ça n'a plus rien à voir, Madame. C'est vraiment joyeux, maintenant ! — Vous voyez, Michel, conclut-elle, *vox populi !* » Jacques et moi avons soufflé de soulagement, tout en redoutant secrètement qu'elle revienne la semaine suivante avec sa cuisinière et sa concierge.

Si Mag produit le film, il reste néanmoins à résoudre le problème crucial de l'enregistrement. *Les Parapluies* doivent être entièrement tournés en play-back, il faut donc dénicher un éditeur qui accepte de financer quatre-vingt-dix minutes de musique pour orchestre et chanteurs, avant même le premier tour de manivelle. C'est alors une tradition dans le cinéma français : les frais liés à la bande originale (studio, musiciens, ingénieur du son, copiste) ne sont pas assumés par les producteurs des films mais par des sociétés d'édition musicale. Lesquelles reçoivent en contrepartie une partie des droits générés par l'exploitation du film. Mon intention est de prendre en charge la musique des

Parapluies via la société que j'ai créée en 1960 avec ma mère, les Productions Michel Legrand, afin précisément de garder le contrôle de mes compositions. Notre relation était filiale, elle devient professionnelle. Marcelle ne se montre pas réticente, elle m'envoie carrément bouler : « Mon chéri, c'est un bide garanti ! On commence à peine notre activité et tu veux déjà nous couler ! » C'est difficile à admettre mais ma propre mère rejoint l'armée des sceptiques et réfractaires aux *Parapluies de Cherbourg*. Alors commence un nouveau parcours du combattant. J'entame la tournée de tous les éditeurs de Paris : Hortensia, Salabert, Choudens... Ils réagissent comme Marcelle, sans exception : « Trop cher, trop risqué ! » Ils voient d'abord les millions de francs à payer *cash* et les années de répartitions Sacem nécessaires pour récupérer la mise. Une fois de plus, nous sommes dans l'impasse. Cette fois, notre sauveur sera Francis Lemarque. Il possède une petite société d'édition, croit en cette partition, à sa rencontre avec le public. Concrètement, il propose de partager les frais avec Marcelle. Si l'addition est divisée par deux, ma mère accepte. En réalité, Francis contacte Philips et obtient une avance pour la sortie du disque, avance qui couvre partiellement le coût de l'enregistrement. Je n'oublierai jamais l'altruisme de Lemarque. Trois ans plus tard, je lui offrirai en retour la coédition des *Demoiselles de Rochefort*. Car Francis a bien été le seul à me tendre la main. Cinquante ans après, dire qu'il a fallu lutter pour monter *Les Parapluies de Cherbourg* relève de l'euphémisme. Qui a dit : « Les grands succès ne se font pas *avec*, ils se font *contre* » ?

Dès le départ, Demy et moi nous accordons sur le principe de scinder en deux chaque personnage : un chanteur pour l'interprétation vocale, un comédien pour l'interprétation physique. Or il m'annonce un jour une idée lumineuse : « Tu sais à qui je pense pour Guy et Geneviève ? Sylvie Vartan et Johnny Hallyday ! L'avantage, c'est qu'ils pourraient à la fois chanter et jouer à l'écran... » Je tombe de ma chaise : « Mais Jacques, ils ne sont pas acteurs ! Et comment pourraient-ils venir vocalement à bout de la partition ? » Il se ravise, conscient des risques de sa proposition. Peu de temps après, voilà qu'il m'évoque une jeune comédienne peu connue, qu'il a repérée aux côtés de Mel Ferrer dans un film obscur, *L'Homme à femmes*. Les traits de son visage sont d'une extrême pureté, elle est l'incarnation parfaite de Geneviève. Quand Demy prononce son nom, je bondis aussitôt : « Mais Jacques, je connais déjà Catherine Deneuve ! » Ce n'est pas une affabulation : je l'ai repérée en 1960 dans l'adaptation cinématographique d'un vaudeville à succès de Michel Fermaud, *Les Portes claquent*, dont j'écrivais la musique. Elle et sa sœur Françoise Dorléac y jouaient deux adolescentes de bonne famille. Catherine devait alors avoir seize ou dix-sept ans, elle était brune, paraissait timide, pas entièrement déterminée à faire carrière dans la comédie. *Les Parapluies* vont la révéler au grand public. Après avoir envisagé Danielle Darrieux et Micheline Presle pour le rôle de Mme Emery, Demy engage finalement Anne Vernon, ancienne jeune première de Jacques Becker. Quant à Guy, ce sera Nino Castelnuovo, comédien amené par la coproduction italienne. Son français n'est pas parfait, ce qui n'a aucune importance, étant donné qu'il sera intégralement doublé. Il reste à établir un deuxième casting, vocal cette fois. Les choix s'avèrent multiples : beaucoup de voix différentes peuvent appartenir à un même physique. Il y a d'ailleurs un jeu qui nous amuse beaucoup avec Jacques. Parfois, dans la rue, l'un demande à l'autre : « Selon toi, quelle est la voix du gros bonhomme, à l'arrêt de bus ? » Généralement, le plus courageux se dévoue pour demander au gros bonhomme en question : « Pardon monsieur, vous avez l'heure, s'il vous plaît ? » Et nous nous marrons quand il répond avec une voix de fausset haut perchée, alors que nous avions parié sur une voix lourde et grasseyante. La difficulté technique des *Parapluies*, c'est que les personnages de Geneviève et Mme Emery sont écrits pour deux sopranos, ce qui constitue un vrai pari en soi. Le risque est d'avoir des échanges qui sonnent similaires. Mais l'avantage est de pouvoir avoir une même phrase commencée par la mère, puis continuée par la fille, reprise et terminée par la mère. Si elles avaient des voix de registres différents, on ne pourrait pas obtenir la même impression de continuité. Toutefois, je choisis deux sopranos aux timbres très distincts, afin de bien marquer le contraste de caractères : ma sœur Christiane sera Mme Emery, Danielle Licari Geneviève. De Catherine Deneuve, elle a les vingt ans et la blondeur. Le rôle de Guy sera chanté par José Bartel, dont j'adore le grain de voix et l'articulation, le sens du swing aussi. Tous doivent être polyvalents, c'est-à-dire aussi à l'aise dans le lyrisme que dans les passages rythmiques, parfois carrément jazz comme la séquence du garage ou l'appartement de tante Élise. Il nous faut impérativement enregistrer en quatre pistes, afin de bénéficier de la plus grande souplesse possible au mixage. On me répond que c'est impossible, mot que je déteste : aucun studio français n'est équipé. Nous sommes encore au début de la stéréo. La norme, c'est d'enregistrer en deux pistes. Je lance un S.O.S. à Quincy Jones. Cinq jours plus tard, nous recevons des États-Unis un magnéto Studer flambant neuf. *Les Parapluies* seront donc le premier enregistrement quatre pistes effectué à Paris. Les séances ont lieu en deux temps : d'abord l'orchestre au studio Europa Sonor, puis les voix au Poste parisien. C'est un moment de grâce inouï. Car les comédiens sont évidemment conviés. Nino Castelnuovo voit un José Bartel à la jambe plâtrée enregistrer son rôle. Catherine Deneuve n'hésite pas à donner des indications de jeu à Danielle Licari : « Il me semble que je prononcerais telle phrase avec plus de détachement, telle autre avec plus d'inquiétude. » Cette façon de diriger « sa » voix sera pour Catherine une manière de se sentir plus à l'aise devant la caméra. Je ressens un certain trouble à avoir devant moi les deux interprètes de Geneviève, ses deux composantes chimiques. Cinquante pour cent de Danielle et cinquante pour cent de Catherine vont fusionner pour former cent pour cent d'une nouvelle entité, un personnage de synthèse qui échappe complètement à l'une comme à l'autre. À un moment donné, ma sœur entend

Ce que je raconte avec des mots, le voilà avec des images, des visages, des paysages. À ceux qui voudraient faire l'économie de la lecture du livre, j'offre ces quelques photos arrachées au grand album de ma vie.

Michel Legrand

L'ENFANCE

1936-1938. Vacances à Berck-Plage, avec ma sœur Christiane.
Berck restera à jamais un territoire magique de mon enfance.

Mon père, Raymond Legrand, de passage à Berck.
Notre relation sera plus amicale que filiale.

1939, première communion.
C'est la première et dernière fois de ma vie que je porte des gants beurre frais.

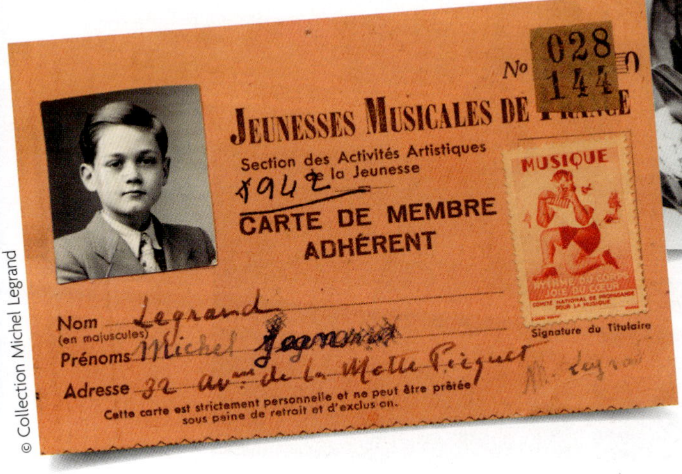

No 028 144

JEUNESSES MUSICALES DE FRANCE

Section des Activités Artistiques de la Jeunesse

1942

CARTE DE MEMBRE ADHÉRENT

MUSIQUE

RYTHME DU CORPS JOIE DU CŒUR

COMITÉ NATIONAL DE PROPAGANDE POUR LA MUSIQUE

Nom (en majuscules) Legrand

Prénoms Michel

Adresse 32 av. de la Motte Picquet

Signature du Titulaire M. Legrand

Cette carte est strictement personnelle et ne peut être prêtée sous peine de retrait et d'exclusion.

1942. Un an avant mon entrée au Conservatoire de Paris,
ma mère Marcelle m'inscrit aux Jeunesses musicales de France.

1943. Une image qui symbolise mon entrée au Conservatoire de Paris, rue de Madrid, dans la classe de solfège de Lucette Descaves. Nous sommes trois garçons… pour onze filles.

Juin 1945, parvis du Trocadéro. Je viens d'achever ma deuxième année au Conservatoire de Paris.

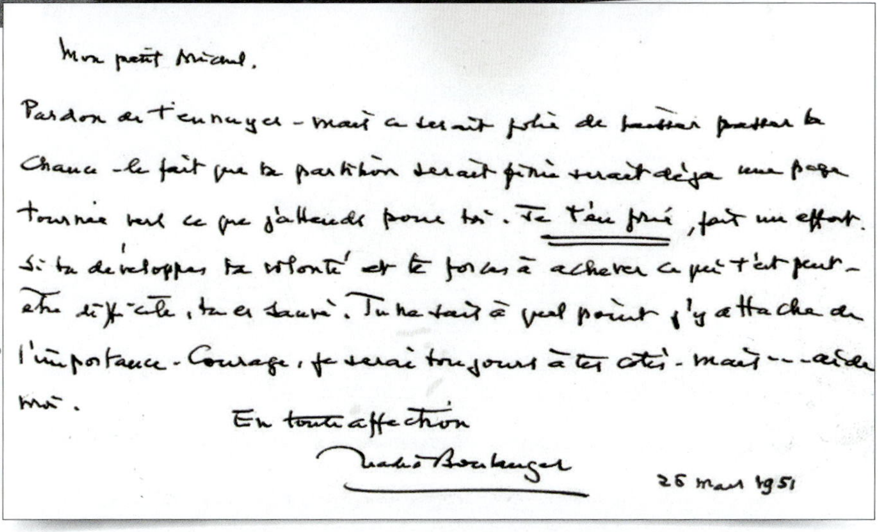

Mon petit Michel,

Pardon de t'ennuyer – mais ce serait folie de laisser passer ta chance – le fait que ta partition serait finie serait déjà une page tournée vers ce que j'attends pour toi. Je t'en prie, fais un effort. Si tu développes ta volonté et te forces à achever ce qui t'est peut-être difficile, tu es sauvé. Tu ne sais à quel point j'y attache de l'importance – Courage, je serai toujours à tes côtés – mais... aide moi.

En toute affection

Nadia Boulanger

25 mars 1951

Nadia Boulanger, ma mère de musique. Dans cette lettre de 1951, elle me conjure de finaliser l'écriture d'une musique de ballet. J'exaucerai son vœu soixante ans plus tard avec *Liliom*, commande de l'Opéra de Hambourg.

Jacques Canetti, tête pensante des disques Philips, le plus grand découvreur de talents de sa génération. Il me propulsera dans la vie active.

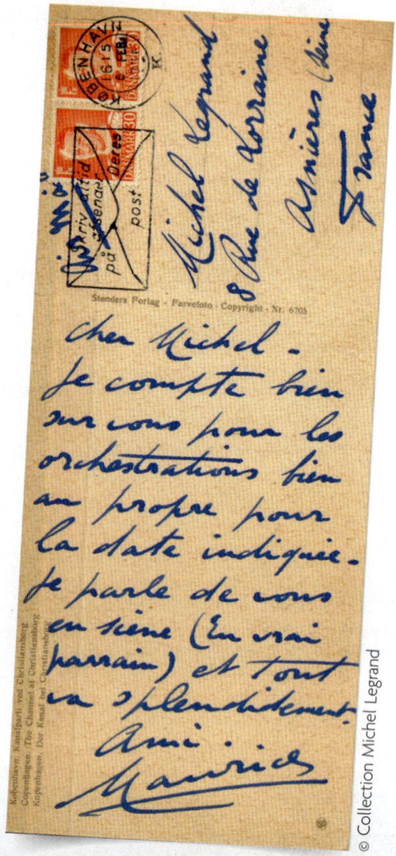

Michel Legrand
8 Rue de Lorraine
Asnières (Seine)
France

Stenders Forlag - Farvefoto - Copyright - Nr. 6703

Cher Michel.
Je compte bien sur vous pour les orchestrations bien au propre pour la date indiquée.
Je parle de vous en scène (En vrai parrain) et tout va splendidement.
Ami
Maurice

1956. Grâce à Canetti, me voilà directeur musical du vénérable Maurice Chevalier, qui se définit lui-même comme mon parrain de scène. « Notre force, me répète-t-il, c'est que nous représentons l'entente de deux générations de bonne volonté. »

1956. À vingt-quatre ans, ma première carte d'artiste Philips.

1960. Les trois mousquetaires étaient quatre : la grande famille Philips des années Canetti avec Serge Gainsbourg, Alain Goraguer et Jacques Brel.

Mars 1958. Mariage avec Christine, ma première femme, future mère de mes enfants Hervé, Benjamin et Eugénie. À gauche, ma mère vénérée, Marcelle.

Comment me marier sans la présence d'un pataphysicien fondu de jazz, trompettiste et poète, auteur de *L'Écume des jours* ? Il s'appelle Boris Vian. Un an plus tard, sa disparition me volera un fragment de jeunesse.

1962. Séance de travail chez Claude Nougaro, poète toulousain et acrobate du verbe, à l'écriture rugueuse, incisive, très rythmique. Ses premiers succès comme chanteur (*Le Cinéma, Les Don Juan, Le Rouge et le noir*), nous les écrirons à quatre mains.

MILES DAVIS

© Collection Michel Legrand

Avec Miles Davis, les deux premiers jalons d'une amitié féconde :
mon premier disque de jazz au studio Columbia, fin juin 1958 (*Legrand Jazz*)
et, une semaine plus tard, nos chaleureuses retrouvailles au Newport Jazz Festival.

Corinne Marchand et Serge Korber dans *Cléo de 5 à 7*, petit miracle en apesanteur signé Agnès Varda : j'y joue Bob, le pianiste de Cléo. Un compositeur dans un rôle de non-composition ?

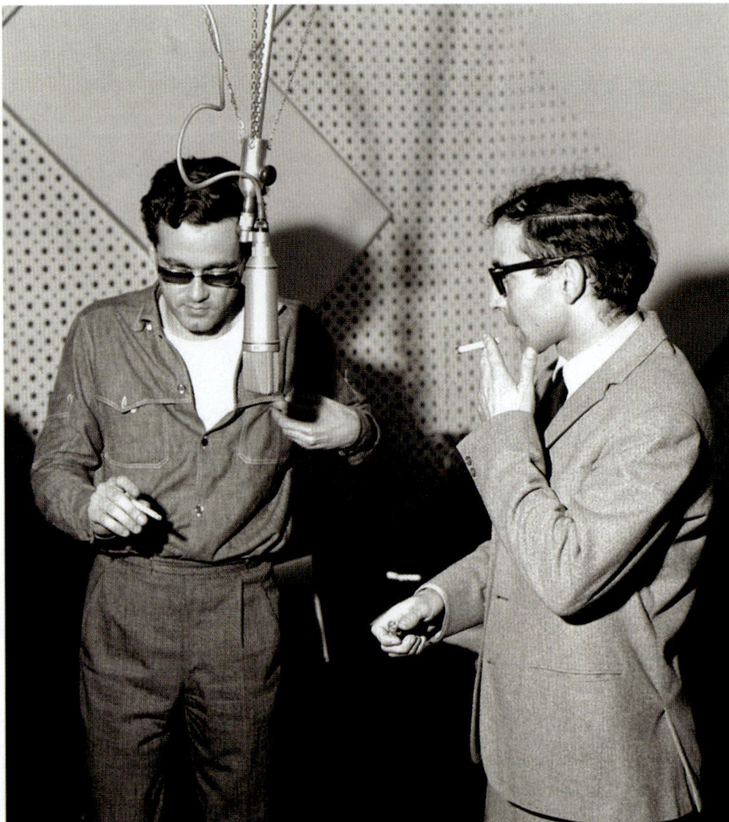

Jean-Luc Godard. D'ordinaire discret, peu loquace, le cinéaste de *Vivre sa vie* accepte de venir parler musique à la journée que me consacre Radio-Luxembourg en 1964.

Jacques Demy, mon frère, aux séances d'orchestre des *Parapluies de Cherbourg*. Derrière l'objectif, Agnès (Varda) capte cet instant unique : Jacques et moi nous préparons à prendre notre envol.

Pendant que Demy règle les placements de caméra pour la séquence finale des *Parapluies*, Catherine Deneuve, Nino Castelnuovo et moi-même remakons *Marius* de Pagnol.

Keystone-France / Gamma-Rapho

Festival de Cannes 1964. Nos *Parapluies de Cherbourg* remportent la Palme d'or, point de départ d'une fracassante carrière internationale. Ce succès se révélera proportionnel aux difficultés surmontées pour monter le projet.

Dans l'appartement des sœurs Garnier (en réalité le bureau du maire de Rochefort), j'observe Catherine Deneuve et Françoise Dorléac apprivoiser les mouvements de la *Chanson des jumelles*, guidées par le chorégraphe Norman Maen.

1964. Vacances d'écriture avec Eddy Marnay, dans les Alpes. Auteur de ma première chanson majeure, *La Valse des lilas*, Eddy sera le parolier délicat de mes albums vocaux Philips... et de l'adaptation française de *The Windmills of your mind* : *Les Moulins de mon cœur*.

1981. Concert avec ma sœur Christiane, devenue l'étoile du jazz vocal français, avec Les Double Six et les Swingle Singers. J'écrirai une chanson sur mesure pour ses (presque) quatre octaves, *Rien n'est grave dans les aigus*, inchantable par une autre interprète.

LOS ANGELES

Alan et Marilyn Bergman, mes paroliers américains préférés : couple dans la vie, couple d'écriture. Notre trio a donné naissance à plusieurs dizaines de chansons dont l'une des plus célèbres demeure la toute première, *The Windmills of your mind*, composée pour *L'Affaire Thomas Crown*.

1968. Concert en trio à Los Angeles, avec Ray Brown et Shelly Manne dans la boîte de ce dernier, le Shelly's Manne-Hole. Ce faisant, je transgresse un interdit : à Hollywood, un compositeur de cinéma n'est pas autorisé à se produire en club de jazz.

1967. Un dimanche chez le compositeur David Rose, qui a installé un train miniature dans le parc de sa propriété californienne. Les enfants s'émerveillent face à ce Disneyland privé.

Agnès Varda murmurer à l'oreille de Demy : « Christiane est vraiment Mme Emery. Tu devrais l'engager pour jouer le rôle à l'écran ! » Mais Jacques lui répond, avec raison : « Réfléchis, Agnès, elle est beaucoup trop jeune pour être la mère de Catherine ! » C'est vrai que Christiane habite littéralement son personnage, avec une maturité étonnante pour ses trente-deux ans. Pour moi, c'est vraiment le rôle de sa vie. Nous sortirons tous de ce marathon à la fois exténués et exaltés. Le tournage n'a pas encore commencé et, pourtant, la moitié du film existe déjà.

Pendant un mois, chaque comédien travaille son personnage grâce aux disques qu'on lui a spécialement gravés. Catherine, omniprésente dans le récit, répète tous les jours devant un miroir, avec acharnement. Cette méticuleuse préparation en amont est indispensable, afin de ne pas perdre une seule seconde sur le plateau. De toute façon, à Cherbourg, je serai l'œil du synchronisme. Dès les premiers rushes, ce qui me frappe, c'est la beauté de la lumière et l'utilisation de la couleur comme un élément dramatique. Les combinaisons visuelles de Jacques entrent en résonance avec mon propre travail. Car la palette du compositeur est proche de celle du peintre : une flûte doublée par un basson, c'est une couleur ; une flûte doublée par une clarinette, c'est une autre couleur. Les décors ont été élaborés par un fidèle camarade nantais de Jacques, Bernard Evein, surnommé Loufifi, les costumes par sa femme, Jacqueline Moreau. Leur apport me fait comprendre que *Les Parapluies de Cherbourg* seront autant une révolution pour les oreilles que pour les yeux. L'intention de Jacques, celle de faire « un Matisse qui chante », éclate avec évidence. Une fois le montage terminé, à l'automne 1963, il faut procéder au mixage définitif du film, c'est-à-dire doser l'orchestre, les voix et les quelques bruitages. Une guerre de tranchées d'une rare violence nous attend. Au Poste parisien, je découvre avec effarement le mixage commencé par Jacques, où les voix masquent l'orchestre, éloigné de vingt kilomètres. On dirait le lointain écho d'un kiosque à musique. « Tu comprends, m'explique-t-il, embarrassé, tes quatre-vingts musiciens ne doivent pas gêner la compréhension du texte... » Son travail saccage allégrement mes orchestrations façon dentelle de Bruges, écrites précisément pour respecter la ligne de chant. J'explose : « Tu as tout dévasté ! Il y a une marge entre garder la lisibilité des paroles et escamoter l'orchestre ! » Mais Demy ne cède pas un pouce. Je vocifère mon désaccord, menace de faire interdire légalement ce mixage de la trahison et pars en claquant la porte. Diplomate dans l'âme, Mag Bodard décide d'organiser une projection devant un juge-arbitre, Jacques Maumont. C'est un ponte, un grand ingénieur du son, célèbre pour ses collaborations avec Godard, Melville ou Tati. Il n'a jamais travaillé avec Demy. Son verdict sera donc neutre, totalement impartial. Quand la lumière se rallume, il tire sur son mégot et assène froidement : « Mais où est passé l'orchestre ? Mon cher Jacques, vous venez d'inventer un film d'un genre nouveau : le musical sans musique. » Confronté à ce jugement sans appel, émanant d'une autorité objective, Demy se résigne finalement à un nouveau mixage, plus équilibré, supervisé par Maumont lui-même. Mag tire la langue face à ces frais supplémentaires mais elle est consciente de l'importance du son dans le succès potentiel du film. Cette bataille était nécessaire, sinon vitale. Au terme du parcours, il m'était insupportable de voir ruiner le fruit de trois ans d'efforts. Il ne s'agissait pas de se battre contre Jacques, mais pour Jacques. C'était dans son intérêt, et celui de notre enfant commun.

Les Parapluies de Cherbourg débarquent sur les écrans en février 1964. « Un film en couleurs et en-chanté », clame la publicité. Le jour de la sortie, je suis inquiet. Une semaine plus tôt, une projection à l'Élysée a viré à l'épreuve : devant nous, une rangée de ministres à Légion d'honneur et double menton ricanait ouvertement, sans aucune retenue. Jacques, Catherine et moi sommes sortis du palais présidentiel le moral en berne. Par ailleurs, la Fox, distributeur en titre, a eu la main légère sur l'affichage. Tout juste quelques colonnes Morris, une poignée de jours. Et pourtant, dès le premier mercredi, les salles ne désemplissent pas. Avec Jacques, nous contemplons ravis les longues files d'attente devant le Publicis, en haut des Champs-Élysées. Le succès se prolonge pendant plusieurs mois, relancé par le prix Louis-Delluc. Au printemps, le film est sélectionné au festival de Cannes. À la cérémonie de clôture, Fritz Lang, président du jury, lui décerne la Palme d'or. Stupeur et cris de joie. Nous nous levons pour rejoindre la scène, mais Jacques me souffle à l'oreille : « Ne monte pas, c'est uniquement le metteur en scène ! » Sa réaction me crucifie, mais que puis-je faire ? Aidés par la Palme d'or, *Les Parapluies* sortent à travers le monde, au Japon à l'automne, aux États-Unis pour les fêtes de fin d'année. Il représente la France pour l'oscar du meilleur film étranger, suivi par la musique, nommée dans trois catégories, grâce au soutien actif du collège des compositeurs. Nous flottons sur un petit nuage. L'ampleur de ce maelström nous rassure autant qu'il nous dépasse. Il se révèle proportionnel aux difficultés surmontées. Comment expliquer que des salles asiatiques pleurent à ce point devant les amours contrariées d'un garagiste et d'une vendeuse de parapluies, perdus au fin fond du Cotentin ? Est-ce en parlant de ce qui est proche de soi que l'on peut toucher à l'universel ? Je n'ai toujours pas la réponse à ces questions… Dans ce tourbillon, la musique n'est pas en reste. Nana Mouskouri est la première artiste à reprendre, en plusieurs langues, deux thèmes du film. Comme un signe avant-coureur de ce qui nous attend outre-Atlantique. Car Marcelle passe un contrat de sous-édition pour l'Amérique du Nord avec Don Costa, à la fois éditeur et arrangeur. Lequel confie l'adaptation anglaise de *La Gare* et du *Récit de Cassard* au parolier Norman Gimbel, qui les transforme en *I will wait for you* et *Watch what happens*. Je trouve ses textes un peu quelconques, sans grand relief, mais peu importe : grâce à l'activisme de Costa, les versions et reprises se multiplient jusqu'au vertige. *I will wait for you*, par exemple, est enregistré par Andy Williams, Tony Bennett, Liza Minnelli, Oscar Peterson, Gil

Evans, Astrud Gilberto. Et, ô stupeur, par Louis Armstrong et Frank Sinatra ! De l'extérieur, ça ressemble presque à un canular. Je repense à notre long itinéraire de création. Quand, à Noirmoutier, nous cherchions sur un piano déglingué le bon chemin pour Cherbourg, qui aurait pu imaginer que The Voice entrerait dans notre boutique de parapluies ?

Étrangement, le succès suscite autant de satisfaction que d'interrogations. Car, très vite, une question lancinante revient sans cesse : que faire après ? Pour Jacques et moi, il est exclu de s'orienter une nouvelle fois vers un film entièrement chanté. Parmi les producteurs qui nous avaient mis à la porte, certains nous demandent avec un large sourire de leur confectionner un *Parapluies* bis. À la Monte-Cristo, nous savourons le plaisir de les éconduire à notre tour, mais pour de bonnes raisons. Le principe même des *Parapluies* ne peut être érigé en formule, en système, en recette miracle. Notre prototype doit rester à jamais un objet unique. Nous ne savons pas exactement ce que nous allons faire mais nous savons ce que nous allons ne pas faire. Avant même de trouver un sujet, la première idée qui vient à Jacques, c'est de concevoir de façon personnelle un film hommage à la comédie musicale américaine, alternant séquences dialoguées, chantées et dansées. D'un commun accord, nous décidons de solliciter la participation de Gene Kelly, symbole rêvé du musical hollywoodien. À l'époque je connais déjà Gene pour avoir dirigé l'accompagnement musical de ses shows télé *An American in Paris*. Nous le rencontrons à Los Angeles pour lui soumettre une première ébauche de l'intrigue des *Demoiselles*. Il s'enthousiasme : « Voilà des années que je veux tourner en France. Et j'adore ces personnages qui se perdent, se frôlent, se retrouvent… J'accepte ! » Grands sourires de Jacques et moi-même. « Mais, continue Gene, je dois d'abord tourner deux autres films. Si vous me voulez vraiment, il va falloir attendre peut-être deux ans. » Un peu déçus, on se dit que nous allons continuer à avancer : Jacques doit affiner son scénario, avant que nous travaillions ensemble sur les seize chansons et cinq ballets.

Après Nantes et Cherbourg, Demy souhaite faire surgir son rêve d'une autre ville portuaire, Rochefort. Et il attend une partition euphorisante, comme un tourbillon d'allégresse. Or, si je suis dans la vie quelqu'un de joyeux, d'assez blagueur, la musique qui sort naturellement de moi est plutôt lyrique, romantique ou dramatique. Je souffre pour accoucher des thèmes bondissants, des valses jazz entraînantes, des bossas novas ensoleillées imposées par le sujet. Cette fois, Demy a écrit les paroles des chansons en alexandrins, c'est-à-dire douze pieds, dont la régularité rythmique est franchement antimusicale. Je passe des heures à tenter de les casser pour pouvoir les marier à mes mélodies. Nous allons vraiment trouver le ton du film avec la *Chanson de Solange*, dont le côté sec et nerveux, comme un riff de jazz, séduit d'emblée Jacques. Quand on réécoute aujourd'hui nos séances de travail, enregistrées par Demy sur un petit magnétophone à cassette, on s'aperçoit que je lui fais jusqu'à vingt, trente, parfois quarante propositions différentes par chanson. Puis, par élimination, on resserre la sélection, pour arriver à la version qui nous convainc tous les deux... Par exemple, sur la *Chanson de Simon*, je propose au départ un thème très ample, d'une insondable tristesse. Jacques réagit joliment : « C'est très beau. Mais Simon est un personnage un peu gris, pudique, verrouillé de l'intérieur. Enlève-moi du lyrisme... » Je comprends sa réaction, j'ajuste et ainsi, peu à peu, nous nous rapprochons de la solution définitive. Pour Maxence, le marin permissionnaire, Jacques choisit d'autorité le thème qui m'emballe le moins. Je le trouve simpliste, limite banal, trop scolastique. On dirait presque une petite étude pour doigts débutants. L'instinct me fait défaut : c'est la mélodie du film qui s'imposera mondialement. Nos séances de travail sont entrecoupées par un rituel immuable, qui déconcerte nos femmes : nous jouons au train électrique. Jacques dispose d'un petit circuit circulaire, dont la péripétie majeure réside dans le passage à niveau. C'est la récréation de la création. Sur *Peau d'Âne*, nous passerons au circuit automobile... C'est là aussi que se cache notre lien, dans cette part d'enfance partagée. Absorbés par l'écriture, nous ne voyons pas le temps passer, les semaines, les mois. Toujours aucune nouvelle de Gene. Subitement, Demy commence à se tourmenter, à broyer du noir. Obsédé par l'idée de revivre les montagnes russes des *Parapluies*, il fait une dépression, au point de passer plusieurs jours en maison de repos. Heureusement, près de un an après notre visite, Kelly nous appelle : « Alors, les enfants, on le fait ce film, oui ou non ? » Son accord est le véritable déclencheur, je dirais même l'accélérateur du projet. Notre fidèle Mag Bodard peut s'associer avec Warner Bros., la préparation se met en route pour un tournage à Rochefort pendant l'été 1966. Et puis, il faut mettre au point la distribution. Pour ses jumelles, Jacques pense d'abord à Brigitte Bardot et Géraldine Chaplin, puis à Bardot et Jeanne Moreau, le tandem de *Viva Maria !* sorti quelques mois plus tôt. Au final, il choisit les sœurs Dorléac, idée la plus évidente, la plus logique. Il engage ensuite George Chakiris, transfuge de *West Side Story*, Michel Piccoli, Danielle Darrieux, Jacques Perrin, sans oublier le chorégraphe britannique Norman Maen. Contrairement aux *Parapluies*, où tout était chanté d'un bout à l'autre, je dois dénicher des voix chantées irréprochablement raccord avec les voix parlées des comédiens. Il faut parvenir à un artifice complètement invisible. À aucun moment les spectateurs ne doivent s'apercevoir que Catherine Deneuve ou Jacques Perrin chantent avec des voix d'emprunt. Pour créer cette illusion, je travaille d'arrache-pied, en expérimentant différentes combinaisons : par exemple, avant d'attribuer le chanteur Jean Stout à Jacques Riberolles (Guillaume Lancien), je le teste d'abord sur Michel Piccoli (Simon Dame), ce qui ne marche pas bien. Pour les sœurs jumelles, mon problème est de trouver deux chanteuses qui offrent le même contraste vocal que Françoise et Catherine. La première a une voix plutôt grave, la seconde plus légère, s'envolant dans les aigus.

Après plusieurs essais, Jacques et moi tombons d'accord sur Claude Parent et Anne Germain, dont les voix fonctionnent en parfaite osmose avec les physiques et timbres respectifs des deux comédiennes. D'ailleurs, aujourd'hui encore, beaucoup de gens sont convaincus que Deneuve et Dorléac interprètent elles-mêmes leurs chansons, ce qui est la preuve d'un doublage réussi. Seule la divine Danielle Darrieux chante elle-même son propre rôle, avec une musicalité totale. Il lui faudra deux prises pour mettre en boîte la *Chanson d'Yvonne*. La classe mariée à l'efficacité.

Régulièrement, pendant l'été 1966, je passe sur le plateau, à Rochefort. Le déploiement des moyens techniques me fait comprendre que Demy a changé de statut. Autant ses trois premiers films ont été tournés de manière économe, avec de petites équipes, autant *Les Demoiselles* bénéficient d'un évident confort de production. Les séquences de foule, les mouvements de grue, la présence de Gene Kelly et George Chakiris, la troupe de danseurs de Norman Maen, le tournage en double version (française-anglaise) font que, d'un seul coup, Jacques travaille à une autre échelle. D'une certaine façon, il se rapproche des moyens dont il a toujours rêvé de bénéficier. En avril 1966, nous partons à Los Angeles enregistrer la version anglaise des chansons, avec dans mes valises les play-back d'orchestre. Earl Brown, magnifique chef de chœur rencontré dans le show télé de Danny Kaye, nous attend avec des chanteurs qu'il a lui-même sélectionnés. Il prend sa mission tellement au sérieux qu'il réécrit dans l'urgence l'adaptation des paroles, bâclée par un certain Julian More. Il corrige, modifie, affine, en essayant de trouver des équivalences aux trouvailles poétiques de Jacques. Cet enregistrement demeure l'un de mes plus beaux souvenirs de studio. Demy et moi allons passer ensemble une semaine complète avec Earl et son équipe. La grâce est parmi nous. Dès le premier jour, les déjeuners donnent lieu à des moments inoubliables. Je définis à chaque chanteur son statut : « Toi, tu es soprano numéro un, toi numéro deux… » Et nous improvisons un chorus à douze voix sur *Over the rainbow* ou *Lullaby of Birdland*. Leur technique est telle qu'ils trouvent instinctivement la note juste dans l'harmonie. Au bout de deux ou trois jours, nous n'allons plus au restaurant pour déjeuner mais pour chanter. Peu à peu, les autres clients cessent de manger et viennent nous écouter, en arc de cercle. Nous sommes devenus l'attraction officielle de la cantine Warner. Pour des raisons absurdes et bureaucratiques, cette version américaine baptisée *The Young Girls of Rochefort* restera enfermée dans une boîte en fer. Car les responsables de la distribution chez Warner jugent le film trop européen, pas assez hollywoodien. Aux États-Unis, ils le sortent à la sauvette en version française sous-titrée, condamnant son exploitation au circuit art et essai. Le temps et l'énergie déployés sur la double version n'auront strictement servi à rien. Même le trente-trois tours publié par Philips US est celui de la version française. Succès en Europe et au Japon, *Les Demoiselles de Rochefort* sont un pétard mouillé en Amérique du Nord. Nous avons voulu donner des gages au public américain et, curieusement, le résultat commercial est bien en deçà des *Parapluies*. Un thème des *Demoiselles*, un seul, survivra à cette déception. Mes camarades Alan et Marilyn Bergman s'emparent de la *Chanson de Maxence* pour en élaborer une adaptation totalement libre, déconnectée du film, joliment intitulée *You must believe in spring*. C'est devenu un standard, grâce à une multitude d'enregistrements. Et pourtant, dois-je le rappeler, c'était à l'origine le thème de *Rochefort* que j'aimais le moins... Les décennies ont passé. Nos *Demoiselles* sont désormais entrées dans le patrimoine de l'histoire du cinéma. Les petites filles du XXIe siècle continuent à s'identifier à Catherine Deneuve et Françoise Dorléac. *Rochefort*, c'est aussi le film grâce auquel la danse investit le cinéma de Demy, c'est celui où Jacques et moi relions les amants qui s'ignorent par un même thème, comme un lien invisible. À l'écriture, on s'était d'ailleurs fixé le principe suivant : « Ce que les personnages sont en chair, ils doivent impérativement l'être avec des notes. » *Les Demoiselles*, c'est enfin et sans conteste l'œuvre la plus solaire, la plus optimiste née de notre fraternité créatrice. Quand le film sort en France, en mars 1967, ma décision est déjà prise. Quel que soit son accueil, je vais m'exiler à Los Angeles à la fin du mois de mai. *You must believe in spring*. Il faut croire au printemps, il faut aussi croire en l'été.

14

L'autre moitié

Londres, mars 2011. C'est la renaissance des *Parapluies* sur la scène du John Gielgud Theater, au cœur du West End. Emma Rice, metteur en scène de la nouvelle génération et tête pensante de la compagnie Kneehigh, a triomphé pendant plusieurs saisons avec sa relecture de *Brève rencontre*, le classique de David Lean. Amoureuse des *Parapluies*, pardon, de *The Umbrellas of Cherbourg*, elle me propose d'en faire l'un de ses projets scéniques. J'accepte avec une joie sans mélange. Pendant plusieurs semaines, ma mission est de réarranger spécialement la partition, pour la centième fois de ma vie, en l'occurrence pour une formation de huit musiciens. Le soir de la première, je découvre le résultat au milieu du public. La manière dont Emma a contourné les difficultés est époustouflante, notamment les changements de décors. Plate-forme tournante, façades escamotables, on passe en trois secondes du garage aux rues de Cherbourg, de la boutique de parapluies à l'appartement de tante Élise. Les comédiens ont l'âge des personnages et phrasent avec émotion les mots de l'adaptation anglaise de Sheldon Harnick, magnifique auteur du *Violon sur le toit*. *The Umbrellas of Cherbourg* à Londres, c'est à la fois le film de Demy et l'éclairage d'Emma Rice sur le film de Jacques. L'éclat artistique de la représentation me fait d'autant plus ressentir son absence. J'aurais aimé partager ce moment avec lui. Nous avons commencé à imaginer l'ouvrage en 1961. Cinquante ans plus tard et quelques centaines de kilomètres plus loin, celui-ci continue à vivre sa vie, de l'écran à la scène, dans une autre langue, réactivé par le regard d'une artiste d'aujourd'hui. À la sortie, il pleut. Les spectateurs ouvrent leurs parapluies, dans un troublant fondu-enchaîné avec le spectacle. Certains m'abordent, visiblement émus : « Merci, monsieur Legrand. Avec cette musique, vous mettez du rêve dans le quotidien ! » Curieusement, les compliments de 2011 ressemblent à ceux que me formulent les Américains de 1967, à mon installation à Los Angeles. À l'époque, de tous mes films, *Les Parapluies* sont le seul qu'ils aient vraiment vu. C'est aussi pour profiter de ce succès que je m'expatrie en Californie. Les Demy ne vont pas tarder à m'y rejoindre.

1967. Somme toute, la réalité est banale : je suis las de Paris et d'une nouvelle vague sur le reflux. Voilà huit ans que je turbine pour les mêmes cinéastes, j'ai comme une impression de saturation. À tort ou à raison, j'aspire à voir de nouvelles têtes, à changer d'oxygène, à me ressourcer. Un autre paramètre entre en ligne de compte. Nat Shapiro vient de quitter la maison de disques Columbia. Dès notre première rencontre, en 1956, je voulais qu'il devienne mon *representative* aux États-Unis. Son hésitation était compréhensible. Nat nourrissait alors l'ambition de gravir les échelons de Columbia pour tenter d'en devenir à son tour président, comme son mentor Goddard Lieberson. Pendant plusieurs années, je le harcèle, le relance sans répit, le travaille au corps. Il finit par céder. Nous créons ensemble la société Ennes Productions. Nous étions amis, nous voilà amis et associés. Par ailleurs, Nat s'apprête à coproduire une comédie musicale scénique intitulée *Hair*, dont le triomphe à Broadway, puis à travers le monde, restera l'un de ses hauts faits d'armes. Avec infiniment d'attention, il prépare le terrain pour notre arrivée à Los Angeles, s'occupe de la villa de location. Nous en prenons possession en juin 1967 avec Christine et les deux garçons, Hervé et Benjamin. Deux mois plus tard, voilà notre trio de Fufus qui débarque à son tour dans la Cité des anges. Nous hébergeons Jacques, Agnès et Rosalie plusieurs semaines à la maison, avant qu'ils trouvent la villa de leurs rêves. La situation ne manque pas de sel : j'ai quitté la France pour échapper à la nouvelle vague ; la voilà qui me rattrape dans mon exil californien. Notre petit gang retrouve aussitôt ses marques, ses codes, ses fous rires et découvre conjointement un autre pays, une autre culture, un autre mode de vie. Avec Jacques et Agnès, nous allons vivre simultanément en Californie mais nous n'allons pas vivre la même Californie. Pour ma part, je m'investis corps et âme dans l'écriture de musiques de films. C'est la motivation première de mon installation. Le travail avec Norman Jewison, Richard Brooks ou Sydney Pollack est à peine interrompu par quelques obligations sociales ou parties de tennis, partagées avec Gene Kelly, Alan Bergman et Paul Mazursky. Les Demy, eux, vont basculer dans l'*underground.* Car Nat Shapiro leur présente Jim Rado et Jerry Ragni, les deux auteurs-acteurs de *Hair*, couple d'homosexuels extravagants. Jacques et Agnès ont adoré *Hair*, Rado et Ragni sont fans des *Parapluies.* J'observe de loin cette amitié insolite, qui permet aux Fufus d'infiltrer la communauté hippie de Los Angeles. Tout le monde y vit plus ou moins nu, fume de la marijuana comme si c'était des gauloises, se peint le sexe avec des pots de peinture bariolée. C'est libéré et libertaire. Les Fufus ont entendu parler de cette utopie, mais, là, ils ont le sentiment d'être au cœur du phénomène *Flower power*, d'être admis au club. Agnès tourne même un film expérimental façon *happening* avec les Rado-Ragni, *Lion's love.* Lors d'un dîner, je la vois s'embraser : « Tu comprends, Jacques, c'est ça le cinéma américain contemporain ! Il faut parler du réel, du chômage, de la guerre du Vietnam, de la condition de la femme dans la société. » Je m'aperçois qu'elle fonctionne comme l'aiguillon politique de Demy, un peu comme Simone Signoret pour Yves Montand. Ce qui influence sans doute Jacques sur le choix du sujet qu'il met en scène aux États-Unis. Car il dispose d'un soutien stratégique au sein de Columbia Pictures, un jeune producteur nommé Jerry Ayres, inconditionnel des

Parapluies et des *Demoiselles*. S'il le souhaitait, Jacques pourrait concrétiser le film musical de ses rêves. À la place, il se lance dans *Model Shop*, chronique réaliste et intimiste, sorte de compte à rebours dans la vie d'un jeune Américain en partance pour le Vietnam. Et qui rencontre à Los Angeles une Française jouée par Anouk Aimée, lointain fantôme de Lola. Je n'écris pas la musique du film qui, à vrai dire, me déconcerte. En Europe, Jacques se battait pour monter des films musicaux personnels en aspirant à des moyens hollywoodiens. Mais une fois installé à Hollywood, patrie de la comédie musicale, il réalise un film typiquement européen. Les studios guettaient avec impatience le Minnelli ou Donen de la nouvelle vague française, ils ont finalement droit à un disciple d'Antonioni. En définitive, Columbia enterre *Model Shop* en le sortant en double programme dans les drive-in. Demy ne travaillera plus jamais aux États-Unis. Difficile de comprendre les motivations intimes de ses choix. Leur sens m'échappe mais je les respecte et ne tiens pas à me poser en juge. Être le metteur en scène des *Parapluies de Cherbourg* était un fabuleux sésame : Jacques n'a pas su ou voulu en profiter.

Automne 1969. Les familles Legrand et Demy rentrent finalement en France plus tôt que prévu, mais pour des raisons différentes. Catherine Deneuve est aussi de retour de Los Angeles où elle tournait avec Jack Lemmon une comédie de Stuart Rosenberg, *Folies d'avril*. Demy, Deneuve et moi : le trio des *Parapluies* séjournait en Californie au même moment mais chacun s'activait de son côté. C'est la fidèle Mag Bodard qui nous réunit autour de *Peau d'Âne* dont elle est parvenue à monter le financement. Avec ce projet, Demy retrouve Demy. Le conte de Perrault semble avoir été écrit à son intention : un sujet cruel et œdipien habillé de couleurs roses et bleues. Musicalement, ma première réaction est d'aller vers des styles très variés, volontairement en contraste. « Démarre sur une fugue, me confirme Jacques, mais ajoute ensuite de la guitare électrique et des rythmes modernes. »

Pour faire naître la féerie, il faut une partition oscillant entre le baroque, le jazz et la pop. Comme le film lui-même : un télescopage singulier entre l'univers du conte de fées, celui de Cocteau et les couleurs du pop art, découvertes par Jacques en Californie. J'aime l'image des chevaux rouges traversant la verdure d'une forêt d'été. Comme si Andy Warhol tendait la main à Perrault. Finalement, la convergence de toutes ces influences aboutit à un temps imaginaire, à un entre-deux temporel. Pour les chansons, l'expérience des *Demoiselles* nous sert de matrice. Nous savons d'emblée que Catherine Deneuve et Jacques Perrin seront doublés par Anne Germain et Jacques Revaux. Quant à Delphine Seyrig, elle insiste pour interpréter vocalement les *Conseils de la fée des lilas*. Nous faisons un essai, certes charmant mais pas entièrement satisfaisant. La grâce aérienne de cette voix au phrasé unique s'évapore dès qu'elle doit chanter. Un peu déçue, Delphine accepte d'être doublée par ma sœur Christiane, à la tessiture et à la technique plus adaptées. Comme à l'époque des *Parapluies*, Jacques et moi nous attribuons à nous-mêmes des participations vocales façon clin d'œil, des *cameos*, dans le jargon du métier. C'est-à-dire une phrase pour Jacques et trois pour moi dans *Les Insultes*, quand Peau d'Âne se fait rabrouer dans la cour de la ferme. Au montage, je découvre ma voix sur un garçon de ferme un peu enveloppé, au visage rubicond. « Comment t'appelles-tu, très noble courtisane ? » demande-t-il à la princesse dissimulée sous sa peau. Le jeune comédien en question se nomme Michel Colucci, m'apprend Jacques. Voilà comment je m'improvise voix chantée du futur Coluche, pour sa première apparition à l'écran. Au-delà des chansons, l'écriture de la partition orchestrale me procure un plaisir insoupçonné, car, jusqu'à présent, je n'ai jamais eu l'occasion au cinéma de traiter le merveilleux. D'emblée, je donne à *Peau d'Âne* une espèce de symétrie, en l'encadrant par deux grandes fugues, l'une en ouverture, l'autre en clôture : la première sur le motif de la recherche de l'amour (*Amour, amour*), la seconde sur celui de l'amour trouvé (*Rêves secrets*).

1970, c'est aussi l'année où je passe mon brevet de pilote. Quelques semaines après la sortie de *Peau d'Âne*, Jacques et moi empruntons mon Cessna pour aller voler au-dessus de Chambord, où il a tourné les séquences du château rouge. Pour s'amuser, nous faisons des piqués sur les tours et la cour d'honneur, en chantant à tue-tête les fugues de *Peau d'Âne*. C'est un moment grisant, vertigineux ; nous hurlons en essayant de couvrir le bruit du moteur. Sur le moment, je ne mesure pas l'importance que prendra *Peau d'Âne* dans l'imaginaire collectif. Et notamment la *Recette pour un cake d'amour*, qui continue de marquer au fer rouge le cortex de nouvelles générations de petites filles. À notre première rencontre, la soprano Natalie Dessay m'a soufflé par sa connaissance de ma musique. Son idée fixe était de travailler avec moi. Je lui ai demandé pourquoi. Elle m'a simplement répondu : « Parce que j'avais six ans quand j'ai vu *Peau d'Âne*. »

Sorti pour les fêtes de fin d'année 1970, *Peau d'Âne* réunit plus de deux millions de spectateurs en salle. C'est à la fois la plus belle réussite commerciale de Demy et son adieu au succès. Ce que Jacques ignore, c'est que la partie « haute » de son parcours s'achève. Il sort d'une décennie prodigieuse où il a donné naissance à ses films les plus aboutis, comme *Lola*, *Les Parapluies*, *Les Demoiselles* ou *Peau d'Âne*. Les années à venir seront grises, tendues et inconfortables. Il a pourtant le temps de tourner en 1972 une adaptation d'un autre conte, *Le Joueur de flûte*, avec le troubadour écossais Donovan. Jacques a pour moi des attentions touchantes quand il me glisse, presque timidement : « Tu sais, Donovan va écrire la musique, plus les chansons qu'il chante lui-même dans le film. Tu ne m'en veux pas ? » Comment pourrais-je lui en vouloir ? Il y a aussi une comédie anodine, *L'Événement le plus important depuis que l'homme a marché sur la lune*, dont le postulat tient du gag : un homme tombe enceint. Demy construit le film sur le couple Deneuve-Mastroianni, et me demande de lui prêter mon fils Benjamin pour jouer leur petit garçon. Les obsessions habituelles de Jacques sont absentes de *L'Événement* : la province, les ports, les rêves d'évasion, les rapports mère-fille, les destins croisés... Je peine pour débusquer une mélodie qui fonctionne avec ce titre à rallonge, sûrement l'un des plus longs de l'histoire du cinéma. Moi aussi, mon accouchement est difficile. C'est finalement dans un avion au-dessus de l'Atlantique que je vais écrire la chanson générique. Collé contre un hublot, il me vient soudainement une phrase musicale qui, dans sa métrique, s'accorde aux vingt et une syllabes courant du mot *Événement* au mot *lune*. C'est le souvenir le plus saillant qui me reste de ce film qui, pour Demy lui-même, fait figure d'interlude en mode mineur. En revanche, il a en tête depuis des lustres un autre projet, en fin d'écriture, à hauteur d'ambition des *Parapluies*. Ça s'appelle *Édith de Nantes*. J'ai hâte d'en lire le premier traitement. Jacques m'en parle de loin en loin, sans trop déflorer l'histoire. Pendant l'été 1973, il me fait passer un exemplaire du scénario. Ça raconte les amours tragiques d'un ouvrier et d'une fille de la bourgeoisie, à Nantes, en 1955, sur fond d'affrontements entre grévistes et CRS. Où s'est donc envolé le romanesque des *Parapluies* ? Cette fois, la séquence finale s'achève dans la mort et le sang. Ma réaction est inverse à l'enthousiasme de Jacques : je déteste ce sujet, littéralement, je ne le ressens pas. Demy attend mon jugement avec fébrilité. Mais il est des choses impossibles à dire au téléphone. Je bondis dans mon avion pour le rejoindre à Noirmoutier. Nous allons avoir une discussion enflammée, violente, passionnelle. Je le prends de front : « Jacques, tu n'es ni un cinéaste du réel ni un cinéaste militant mais un enchanteur, un poète. Et la poésie doit se situer au-delà de l'engagement politique ! » Il réagit mal, ne comprend pas ce qui me gêne. Je suis obligé de le lui expliquer : « Tu veux faire pousser le contre-*ut* à un cordon de CRS ? Ça va être artificiel et ridicule ! » Il écoute mon analyse mais reste convaincu d'avoir la matière à un grand film social. De toute façon, écrire et enregistrer la partition d'un musical entièrement chanté, c'est au minimum une année de travail. Je n'envisage pas de consacrer douze mois de ma vie à un sujet pour lequel je n'ai pas le coup de foudre. Si je me force, je vais fatalement rater la cible. Pour bien faire l'amour, un homme et une femme doivent être reliés par des sentiments profonds. Mais Jacques monte sur ses grands chevaux : « Hier tu étais mon frère mais aujourd'hui tu me laisses tomber ! » Il se trompe. De ma part, ce n'est pas une trahison mais au contraire de l'honnêteté, du respect et surtout de l'admiration. On n'ouvre pas autant son cœur à quelqu'un que l'on n'aime pas. Paradoxalement, ma franchise ne le touche pas. Il aurait sans doute préféré des compliments factices à un refus argumenté et sincère. À l'époque, je viens d'obtenir un deuxième oscar pour *Un été 42*, je travaille avec Barbra Streisand, Clint Eastwood et bientôt Orson Welles. Sans oser l'avouer, Demy doit me croire vendu à la cause d'Hollywood, au capitalisme sauvage. Pour *Peau d'Âne* et *Parking*, son camarade de toujours Bernard Evein réagira avec la même intégrité : « Le budget ne me permet pas de réaliser les rêves que tu as en tête. Si l'on veut préserver notre amitié, il vaut mieux que tu engages un autre décorateur. » À l'arrivée, mon point de vue s'avère partagé : Mag Bodard n'accroche pas non plus à *Édith de Nantes*. Quant à Catherine Deneuve, elle refuse d'incarner Édith sans chanter elle-même le rôle… Demy perd son premier cercle de collaborateurs mais s'entête. Égaré dans les limbes pendant plusieurs années, *Édith* devenue *Une chambre en ville* voit finalement le jour en 1982, avec Dominique Sanda et Richard Berry, sur une musique de Michel Colombier. La vision du film ne m'a pas fait changer d'avis. Je le regrette. Car *Une chambre en ville* marque une dissonance objective dans ma relation à Jacques. Pour dire les choses en raccourci : on ne s'est pas toujours entendus, mais on s'est toujours compris.

Après plusieurs mois de froid, nous commençons à nous reparler, puis à nous revoir. Je sens que Demy galère, qu'il a du mal à s'intégrer au présent du cinéma. Ses coups de fil me ravissent et m'attristent à la fois. Professionnellement parlant, ils sont trop souvent porteurs de nouvelles moroses. Il y est question de producteurs qui ne répondent pas, de comédiens qui se défilent… Parfois même, j'ai des scrupules à lui parler de mes travaux en cours avec d'autres metteurs en scène, pour ne pas le démoraliser. Vers la fin 1973, l'espoir renaît via une proposition inattendue émanant du bloc soviétique. Comme à l'époque les productions américaines sont interdites en URSS, les seuls films musicaux que le grand public connaisse sont *Les Parapluies* et *Les Demoiselles*, succès de masse dans tous les pays de l'Est. Ce qui pousse un producteur moscovite à inviter Jacques en Union soviétique, pour y tourner une comédie musicale. Une vague trame a même déjà été élaborée par deux scénaristes. Demy et moi partons les rencontrer à Samarkand, en Ouzbékistan. Le choc : un tandem de croulants à barbiche et lorgnon nous soumet un vaudeville grotesque où des sœurs jumelles se font passer l'une pour l'autre. Ce ne sont plus des ficelles mais des câbles. Nous parvenons à les éconduire poliment, sans les heurter, mais, dans le vol retour pour Moscou, nous trouvons une autre idée, plus ambitieuse : l'histoire d'une équipe de cinéma française tournant en Russie une version musicale d'*Anna Karenine*. Demy me souffle une belle définition du film : « Ce serait le récit d'une passion qui se dégrade. » Le principe est de mettre en parallèle le réel et l'imaginaire. Ce qui est impossible dans la fiction ne l'est pas forcément dans la vie et *vice versa*. Une sorte de mise en abyme, avec un film dans le film. À Moscou, le ministre du Cinéma est emballé et propose de mettre à notre disposition les ballets du Bolchoï. Très rapidement, la production se met en place, j'écris l'intégralité de la partition, Bernard Evein imagine des décors époustouflants de beauté… Jacques, de son côté, s'occupe de la distribution. La comédienne française doit être interprétée par Catherine Deneuve puis Dominique Sanda, son amant Vronsky par le cinéaste et comédien russe Nikita Mikhalkov. Jacques et moi devons également y tenir nos propres rôles. Tout semble bien engagé. Mais le coproducteur parisien, Georges Cheyko, ne parviendra jamais à rassembler l'apport français, à savoir dix pour cent du budget total. Au bout de cinq ans d'atermoiements, l'aventure *Anouchka* finit par se dissoudre d'elle-même... Elle reste l'un de mes regrets majeurs. Pour Jacques, ça pouvait être un retour spectaculaire avec un sujet noble et lyrique, servi par les moyens faramineux promis par le gouvernement Brejnev. Il me reste quelques partitions de chansons, retrouvées l'autre jour par hasard, et auxquelles j'ai jeté un coup d'œil attendri : *En marchant près de toi*, *Refaire ma vie*, *Duo d'amour*... J'ai parfois été tenté de remettre *Anouchka* sur les rails. Mais cela a-t-il un sens aujourd'hui ? Peut-on faire un film de Demy sans Demy ? Ou alors le projet doit-il continuer à exister sous sa forme actuelle, c'est-à-dire comme la simple promesse d'un film à jamais évanoui ?

Les années filent. Vers 1975, un nouveau sujet semble prendre corps, *Les Folies passagères*. Il remonte à nos années californiennes, quand Jacques, Agnès et moi rencontrions parfois le couple Simone Signoret-Yves Montand. Ce dernier tournait alors *Melinda* de Vincente Minnelli, avec Barbra Streisand comme partenaire. Montand aime notre travail et serait ravi qu'on lui confectionne une comédie musicale sur mesure. Quelques années plus tard, Jacques échafaude l'idée du retour dans sa ville natale d'un chanteur célèbre, baptisé Michel Cartier. C'est un beau sujet sur le passage du temps et les illusions perdues. Nous écrivons plusieurs chansons dont *Lorsqu'on revient (après vingt ans)*, dont les paroles déchirantes évoquent l'éloignement géographique, temporel et affectif. Que se passe-t-il lorsqu'on confronte la réalité du présent à la subjectivité des souvenirs ? Montand s'emballe, se réjouit d'apprendre que Delphine Seyrig et Isabelle Adjani seront ses partenaires. Mais faute de financement, nos *Folies* demeurent réellement passagères. L'aberration de la situation me révolte. Douze ans après le triomphe des *Parapluies*, aucun producteur ne souhaite engager un centime sur une combinaison Demy-Montand. L'humour, le bel humour de Jacques se teinte de lassitude, voire d'amertume. Quel crime a-t-il donc commis pour être frappé de cette étrange malédiction ? Après cinq ans loin des plateaux, il n'est pas en position de refuser la sollicitation inattendue de producteurs japonais, celle de mettre en scène *Lady Oscar*, son premier et dernier film de commande. Au demeurant, l'entreprise se révèle hirsute : une bande dessinée nippone, se déroulant à Versailles à l'approche de la Révolution, adaptée par un cinéaste nantais avec des comédiens anglo-saxons. Jacques expédie ce divertissement en costumes comme un parfait exercice de style, une fantaisie. C'est pour moi une extension à mes précédentes échappées dans le domaine du film historique et épique, après *Les Mariés de l'an II* de Rappeneau et *Les Trois Mousquetaires* de Lester, à la démarche musicale similaire : une écriture d'aujourd'hui mais avec des ingrédients du XVIIIe siècle. L'espace de plusieurs mois, courant 1978, *Lady Oscar* occupe l'esprit de Demy. Mais le paradoxe reste entier : on le contacte pour des films clés en main alors que ses tiroirs débordent de projets à la première personne.

Après *Une chambre en ville* en 1982, il reste à Demy deux films à tourner. En 1984, *Monsieur Orphée*, rebaptisé *Parking*, marque la reformation de notre binôme. Très franchement, c'est l'un des plus beaux scénarios élaborés par Jacques, une interprétation moderne du mythe d'Orphée, transformé en rock star. En clair, un retour à la féerie, à Cocteau, à travers une puissante histoire d'amour, celle d'un homme qui voyage dans l'autre monde pour en ramener la femme qu'il aime. Je crois profondément en *Parking*, j'y vois comme le retour annoncé du grand Demy. Or l'aventure va accumuler les dérèglements. *Parking*, c'est un peu l'histoire d'un train qui déraille. Dans le rôle d'Orphée, Demy rêve d'une vraie rock star, l'équivalent de Jim Morrison, qu'il a connu et fréquenté avec Agnès. Il pense à David Bowie ou même à Johnny Hallyday. Les deux déclinent sa proposition. À défaut, ce sera Francis Huster, comédien fiévreux et habité. Au départ, pour le doubler, nous mettons en boîte les chansons avec un magnifique interprète, Daniel Levi. L'enregistrement terminé, je m'envole pour les États-Unis.

En mon absence, Jacques fait réenregistrer les chansons par Francis lui-même. Erreur fatale : elles n'étaient pas écrites dans la tonalité d'Huster qui, par ailleurs, n'a aucune technique de chant. C'est franchement douloureux, car ces nouvelles créations, notamment *Entre vous deux*, *Simplement* et *Eurydice*, figurent parmi les plus singulières de notre collaboration. Mis devant le fait accompli, je passe un savon à Demy. Je lui parle *artistique*, il me répond *contrat* : « C'était la condition *sine qua non* imposée par l'agent d'Huster. Soit Francis chantait, soit il ne faisait pas le film. » Avant même le début du tournage, ce faux pas originel scelle le destin de *Parking*. Mon rêve aujourd'hui ? Retrouver Daniel Levi et réenregistrer nos chansons dans leur version initiale, pour rendre justice à la beauté équivoque des textes de Jacques. Ce serait une manière séduisante d'entrouvrir un voile sur le joyau noir que *Parking* aurait pu être.

La sortie cataclysmique de *Parking* en mai 1985 n'arrange pas la position de Demy. Fataliste, il admet l'idée d'arrêter le cinéma, de faire autre chose, de se consacrer à la peinture. Un étrange retournement de situation va se produire. En 1987, Yves Montand sort du triomphe du diptyque *Jean de Florette* / *Manon des Sources*, produit et réalisé par Claude Berri. Pour exprimer sa reconnaissance à son interprète du Papet, Berri décide de lui offrir le film de ses rêves : « S'il y a un projet qui te tient à cœur, dis-le-moi, je le produis. » Aussitôt, Montand lui raconte le sujet de nos chimériques *Folies passagères*. Berri s'enthousiasme, convoque Demy, relance la machine. Il y a dans la situation quelque chose qui tient du conte de fées. Du jour au lendemain, ces *Folies* que l'on pensait à jamais endormies sont brusquement réveillées, façon *La Belle au bois dormant*. Demy lui-même est le premier surpris par ce coup de baguette magique. Alors qu'on a toujours rogné sur ses budgets, il se voit allouer par Berri des moyens quasi illimités. En deux mots, tous les paramètres sont réunis pour réussir un grand spectacle et, au passage, réconcilier Jacques avec le public. D'autant que Montand est un véhicule formidable pour le cinéma, *a fortiori* musical : il peut chanter, danser, jouer la comédie. Et pourtant, ce sera une aventure dont nous sortirons tous assez frustrés et mélancoliques... Tout d'abord, Montand exige de ne plus s'appeler Michel Cartier mais Yves Montand. Ce qui crée un effet curieux : il joue un personnage de fiction mais qui porte son propre nom. À ses côtés, Françoise Fabian reprend le rôle de Delphine Seyrig, la jeune Mathilda May celui d'Isabelle Adjani. Avec Jacques, nous conservons certaines chansons de 1975 mais tenons à en écrire de nouvelles, dont *L'Interview*, pour la séquence de l'arrivée de Montand à Marseille, où les journalistes l'assaillent de questions sur les marches de la gare Saint-Charles. Nous nous mettons d'accord sur le principe d'un rock très vitaminé. Rendez-vous dans la maison de campagne de Montand, à Autheuil, pour lui jouer cette première chanson. Le Papet me regarde, interloqué : « Ce n'est pas un rock ton truc ! — Si, mais, avec un piano, tu ne peux pas t'en rendre compte ! — Arrête, fils, n'essaie pas de me vendre un rock qui n'est pas un rock ! » Sa compagne, Carole, met un disque de Michel Berger : « Ça, tu vois, c'est un vrai rock ! » Deux semaines plus tard, je reviens le voir avec une maquette de *L'Interview*, enregistrée avec des synthétiseurs. Son visage s'illumine : « Là je dis oui, c'est un rock ! » Tel est le fonctionnement d'Yves : lui prouver des évidences fait partie du travail. Comme Demy souhaite des ballets de conception très actuelle, je lui souffle le nom de Michael Peters, chorégraphe noir américain surdoué, qui travaille depuis plusieurs années pour Michael Jackson. Nous partons le voir à Rome, il accepte. Peters face à Montand, c'est un peu moi en 1956 face à Maurice Chevalier. « L'entente de deux générations de bonne volonté », aurait dit le grand Maurice. Il ne s'agit pas de faire danser Montand comme Michael Jackson mais de le placer au centre d'une troupe de danseurs qui, elle, danse comme Jackson. Cette confrontation-là doit produire des étincelles... Il y a pourtant un versant du projet qui me dérange. En réajustant le scénario, désormais baptisé *Trois places pour le vingt-six*, Jacques y reprend frontalement un thème traité avec pudeur dans *Peau d'Âne*, celui de l'inceste, ce qui enthousiasme Montand : « Tu vas voir, un père qui couche avec sa fille, c'est un sujet universel ! » Quand je lui fais part de mes réserves, il paraît interloqué : « Quoi, tu n'as jamais eu envie de coucher avec ta fille ? » Sa sortie me laisse sans voix… Au fil du tournage, Montand a tendance à prendre le pouvoir. Par exemple, *Quand on revient*, peut-être la plus belle chanson du film, raconte l'histoire de sa vie en huit couplets. Il décide autoritairement de n'en garder que trois. La dimension de la chanson en prend un sacré coup. Quand je lui en fais la remarque, il me rembarre : « Mon petit, tu ne vas pas m'apprendre comment on fait un musical ! — Désolé Montand, mais si tu modifies la construction de la chanson, tu en détruis l'émotion ! — Oui, mais il faut aller vite. Aujourd'hui, les jeunes ne supportent plus quand l'action traîne ! » Face à la tornade Montand, Demy n'a pas l'énergie de se battre. J'essaie parfois de le remonter : « Mais, Jacques, c'est ton film, ton scénario, tes paroles ! — Oui, il faut aussi laisser Yves ressentir les choses à sa façon. Il a peut-être raison, tu sais… » De son côté, Michael Peters injecte à plusieurs ballets une pulsion de modernité, une énergie bénéfiques, comme dans *L'Interview* ou *L'Esprit frappeur*. Selon cette même logique, j'arrange une partie de la musique avec des machines, précisément pour avoir une couleur plus contemporaine. Est-ce une bonne idée ? Sur le moment, j'en suis convaincu. Avec le recul, beaucoup moins : les rythmiques électroniques et les sons de synthétiseur font comme une tache d'huile de l'époque à laquelle le film est tourné. Ce n'est pas la musique de *Trois places* qui est en cause mais son traitement. S'il fallait la réarranger aujourd'hui, je m'y prendrais sûrement différemment. À l'arrivée, *Trois places* est un objet curieux, ni achevé ni complètement raté. Jacques est un grand cinéaste, il réussit magistralement plusieurs séquences, comme les retrouvailles de Montand avec Françoise Fabian dans une boîte déserte. En vérité, le film souffre d'un mal incurable, celui d'avoir été réalisé trop tard. Demy a accepté de réactiver cet ancien projet car il ne pouvait pas décemment refuser la proposition de

Claude Berri. Mais, au fond de lui-même, le cœur n'y était pas. Je le revois au milieu de cet immense plateau de Bry-sur-Marne, où Bernard Evein avait reconstitué une salle de spectacle grandeur nature. Demy était là, certes, et pourtant, il était déjà ailleurs.

Pour lui, les deux années à venir vont ressembler à un long automne. De temps à autre, nous déjeunons ensemble dans son quartier. En le regardant, je me dis : « Il suffirait du bon sujet, des bons comédiens, de la bonne partition pour retrouver l'état de grâce des *Parapluies*. » Mais est-ce vraiment réaliste ? En feignant d'y croire, ne suis-je pas en train de me mentir à moi-même ? Il y a dans son sourire une résignation que je ne lui ai jamais connue. Il est malade mais je ne le sais pas. Quand je l'apprends, je refuse désespérément d'admettre la gravité de son état : « C'est une épreuve, il va s'en sortir. » Un soir d'octobre 1990, j'assiste à une représentation théâtrale sur les Boulevards. À l'entracte, un attaché de presse m'annonce sans ménagement : « Tiens, tu sais que Demy vient de mourir ? » Incrédule et sonné, je fonce rue Daguerre. Agnès m'ouvre la porte. Nous tombons dans les bras l'un de l'autre. J'ai l'impression de revivre la séparation des *Parapluies de Cherbourg* : Demy prend le train, je reste à quai. Les souvenirs se précipitent dans ma tête. Des images euphoriques de vacances, celles de nos deux familles réunies. Des images de création, aussi. Je revois Jacques, frais et enthousiaste, au début de nos journées d'écriture. Il est debout, appuyé au piano, avec un papier blanc. Moi devant mon clavier, avec une feuille à musique vierge. Je me dis : « Pour l'instant, rien n'existe. Mais d'ici une heure, une journée ou une semaine, nos feuilles seront noircies. Nous aurons inventé. » Pendant trente ans, nous avons exploré un même imaginaire. Nous avons été l'un pour l'autre un bain révélateur. Bien sûr, il y a dans sa trajectoire une part de grandeur et de larmes. Anatole France souligne l'extraordinaire chance des papillons : ils vivent d'abord sous terre, vers blancs, avant de brûler leurs dernières heures au soleil avec des ailes de toutes les couleurs. C'est-à-dire l'envers absolu d'une vie humaine. Et d'une vie d'artiste comme celle de Jacques, qui a très vite tutoyé la lumière avant que celle-ci se détourne de lui, injustement. Au printemps 1991, la ville de Rochefort organise une grande fête pour célébrer les vingt-cinq ans des *Demoiselles*. Notre famille amputée fait avec émotion ce périple dans son propre passé : Catherine, Agnès, Mag Bodard, Bernard Evein, Mathieu, le fils de Jacques et Agnès. Le maire me demande de prendre la parole, à l'inauguration d'une rue Jacques-Demy. Ce que je déclare alors, je le ressens aujourd'hui avec encore plus d'intensité : « On peut donner à Jacques des noms de rues, d'avenues, de boulevards. Mais dans mon cœur, il possède déjà une artère. »

15

Passeport pour Hollywood

Mai 2011. Biarritz fait mentir sa réputation : le temps est à la pluie, ou plutôt au crachin. J'assiste aux premiers pas derrière la caméra de Frédéric Beigbeder, qui tourne l'adaptation de son propre roman *L'Amour dure trois ans*. Beigbeder m'a demandé d'y faire une apparition clin d'œil. J'aime sa désinvolture de surface, son enthousiasme, sa culture. Face caméra, le personnage principal du film, double de Frédéric, avoue son addiction à ma musique. Il confesse : « Dans ma vie, chaque fois que je ne vais pas bien, Michel Legrand est là pour me sauver. » Dramatiquement parlant, cet aveu révèle la tendresse d'un critique littéraire qui se camoufle derrière un masque de provocation et de cynisme. Lors d'une fête de mariage, à la fin du film, j'apparais par miracle sur la plage de Biarritz, assis à un piano à queue. Quand il s'est agi de choisir la chanson que j'allais interpréter en situation, Frédéric n'a pas transigé : ce seraient *Les Moulins de mon cœur*. J'ai bien essayé de négocier mais il n'a pas lâché le morceau. En quarante ans, ces fameux *Moulins*, j'ai dû les interpréter des milliers et milliers de fois. De guerre lasse, j'ai fini par me faire à l'idée que si l'on devait me réduire à une chanson, une seule, ce serait celle-là. Sur le plateau, on attend que la lumière s'adoucisse pour commencer à tourner. Très gentiment, JoeyStarr me marmonne un compliment auquel je ne comprends pas grand-chose : il a déjà fusillé une bouteille de Johnny Walker. Beigbeder hurle : « Moteur ! Action ! » Les planches de surf qui me dissimulent s'abattent et je commence à égrener les mots d'Eddy Marnay : « Comme une pierre que l'on jette, dans l'eau vive d'un ruisseau. » À vrai dire, c'est la première fois que je donne un concert privé sur une plage, en smoking, sous la flotte. Le vis-à-vis avec l'Atlantique me fait penser au Pacifique, plus précisément à la Californie, terre de naissance des *Moulins*. C'était en 1968. À l'état civil, ils s'appellent *The Windmills of your mind.*

Los Angeles, mai 1967. Avec Christine et les deux garçons, nous emménageons d'abord à Tower Road, puis dans une villa de rêve sur Oriole Drive, avec une vue plongeante sur Beverly Hills. Au préalable, il a fallu préparer le déménagement, inscrire Hervé et Benjamin au lycée français de Los Angeles. Honnêtement, il y a dans ce choix une part d'inconscience. C'est un vrai risque de quitter la France, en débarquant à Hollywood sans véritable engagement. Ma nature optimiste me fait prendre les choses sur le mode : « Jetons-nous à l'eau, nous verrons bien ! » Mais, profondément, c'est une remise en cause, une partie de roulette russe avec moi-même. Notre petite famille s'acclimate très vite à la Californie, pays du printemps perpétuel. Mine de rien, le soleil est un facteur important : il rend les Angelinos calmes et courtois. Quand on arrive de Paris, on est surpris de voir de grosses décapotables céder naturellement la priorité aux piétons. C'est une autre mentalité, très civile, que j'apprécie d'emblée. À Los Angeles, personne ne court pour attraper le dernier métro, pour la seule raison qu'il n'y a pas de métro. Tous les matins, un bus jaune emmène Hervé et Benjamin à l'école, avec tous les enfants du quartier, dont ceux de James Coburn, notre voisin mitoyen. Les deux garçons adorent la vie californienne, le fait d'avoir un jardin avec balançoires, piscine, court de tennis. Par rapport à l'appartement de Paris, c'est un monde en Technicolor et CinemaScope. Presque tous les dimanches, nous rendons visite au musicien et chef d'orchestre de variété David Rose, qui vient de signer la musique du western *Hombre*. Amoureux nostalgique des locomotives à vapeur, David a construit dans le parc de sa propriété un train miniature pouvant accueillir une personne par wagon. Hervé et Benjamin prennent place et font à l'infini le tour de ce Disneyland privé. Quant à moi, j'observe, fasciné et perplexe, ce compositeur respecté se transformer chaque week-end en chef de gare... Très vite, un producteur fraîchement rencontré me demande un service : pour un documentaire, interviewer plusieurs personnalités qui préfèrent être interrogées en français. La demande est tellement incongrue que j'accepte. Me voilà face à Claude Lelouch, de passage en Californie, à Claudia Cardinale et surtout au grand Jean Renoir. Avec une petite équipe, nous débarquons pour un après-midi dans sa villa de Leona Drive. La lumière et les couleurs de son jardin sont celles d'une toile impressionniste. Renoir est un vieil homme charmant, patelin, dont l'œil pétille encore. Je suis ému, voire intimidé : il est le saint patron de mes metteurs en scène de la nouvelle vague. N'étant pas journaliste de métier, je lui formule sans doute des questions maladroites auxquelles, plus ou moins consciemment, je cherche moi-même les réponses : les affres de la création, le rapport au père, l'exil. Je ne verrai jamais à l'écran le résultat de nos échanges : le projet se perdra dans les limbes, le producteur disparaîtra de la circulation. Aujourd'hui, il doit y avoir au fond d'une cave californienne de vieilles boîtes rouillées contenant des images inédites de Jean Renoir, au crépuscule de sa vie d'homme et d'artiste. Nous parlons aussi beaucoup de Los Angeles, où il vit depuis bientôt trente ans. Il m'interroge à son tour sur ma découverte de la ville. Parmi les singularités de cette mégapole tentaculaire, hallucinante et démesurée, j'aime l'idée qu'il n'y ait pas de palissade entre les maisons. Ce détail traduit symboliquement l'ouverture des mentalités. Le rapport au voisin est spontané et amical. Je loue une petite Volkswagen familiale, sans commune mesure avec la Cadillac rutilante et immaculée de notre femme de ménage. Tout est huilé, fluide, avec des spécialistes aux compétences très précises mais très compartimentées. On dit souvent qu'aux États-Unis il faut une première personne pour tenir le crayon, une seconde pour le tailler. Fin connaisseur de la société américaine, François Reichenbach me conforte dans cette impression : « Imagine un type dont la mission est d'éplucher dix-sept pommes de terre. S'il n'en épluche que onze, l'Amérique s'arrête. »

En revanche, professionnellement, les premières semaines ne sont pas très enthousiasmantes : des propositions sympathiques mais rien de grandiose. Une musique de publicité pour Ford et une comédie romantique avec Dean Martin, *Bague au doigt, corde au cou*, écrite et produite par un autre Shapiro, Stanley. Très vite, face au responsable du département musique de Columbia Pictures, je comprends qu'il va falloir batailler pour orchestrer moi-même mes partitions. Car, dans le système hollywoodien, les tâches sont extrêmement compartimentées, y compris au niveau de la musique. En règle générale, les compositeurs écrivent une partie de piano qu'ils confient ensuite à un orchestrateur. Dès *Bague au doigt*, on me demande : « Avec quel orchestrateur voulez-vous travailler ? » Quand je réponds que j'orchestre moi-même, on me regarde comme si je débarquais d'une autre galaxie. Pour moi, le travail d'orchestration fait partie intégrante du travail de composition. On ne se demande jamais qui a signé les orchestrations de Mozart, Ravel ou Stravinski. Quand j'orchestre, je fais évoluer la composition, je modifie, je transforme. Voilà pourquoi je refuse d'adopter la méthode locale. D'autant que tous les films américains sont orchestrés par la même troïka (Jack Hayes, Leo Shuken, Dick Hazard), ce qui débouche sur une terrible impression d'uniformité. Au fil des séances, la découverte des musiciens californiens ne cesse de m'éblouir. Très vite, je me constitue une famille d'adoption, avec Bud Shank au sax alto, Louise DiTullio à la flûte, Israel Baker au premier violon, Vince DeRosa au cor, Laurindo Almeida à la guitare et, côté rythmique, les indispensables Ray Brown à la basse et Shelly Manne à la batterie. Tous abordent leur travail avec une immense simplicité, une humilité, un respect pour le compositeur et sa musique.

En comparaison, beaucoup de musiciens français arrivent en retard, se révèlent dissipés, commentent sans fin le match de foot de la veille, s'immergent dans la lecture de *Paris-Turf*. Aux États-Unis, ils sont au studio une demi-heure en avance pour partager le petit déjeuner, s'assoient un quart d'heure avant le début de la séance, afin de s'accorder. À 9 heures, je baisse le bras, et, à 9 h 5, le premier morceau est déjà en boîte. Ça ressemble à un rêve mais c'est pourtant la réalité.

Ce rapport aux musiciens est doublé d'un autre rapport, purement confraternel. Aux États-Unis, les autres compositeurs ne vous accueillent pas en concurrent mais en frère. Je retrouve bien sûr mes camarades Quincy Jones et Lalo Schifrin, rencontrés lorsqu'ils travaillaient à Paris. Je fais surtout la connaissance d'Henry Mancini, dit Hank, véritable star de la musique au cinéma, sacré et consacré grâce à des partitions comme *La Soif du mal*, *Hatari !*, *Charade*, sans oublier ses grands succès pour Blake Edwards, *Peter Gunn*, *La Panthère rose* et *Diamants sur canapé*, dont est issue la sublime chanson *Moon River*. Hank m'appelle un jour pour m'inviter à déjeuner. Je l'admire, sans jamais l'avoir croisé. Lui a simplement vu *Les Parapluies de Cherbourg*. Le contact est direct et chaleureux. Il me dit en souriant : « Je veux que tu deviennes l'un des nôtres. Je ferai tout pour que cela arrive. » Nous nous connaissons à peine, je suis un étranger à Los Angeles et pourtant il tient d'emblée à m'exprimer son affection. Hank me parraine, me sert de sésame à Hollywood. Il devient le grand frère que je n'ai pas. Cet altruisme, il le manifeste également envers son pianiste de studio, un jeune compositeur qu'il met sur les rails. Je sympathise avec ce dernier. Nous avons exactement le même âge, à quelques jours près. Il s'appelle John Williams. Nous nous retrouvons souvent le mardi soir, lors du rituel dîner des compositeurs de musiques de films, sorte d'amicale dont Mancini est l'un des piliers. Il y a aussi les soirées chez Saul Chaplin, compositeur et coproducteur de *West Side Story* et *La Mélodie du bonheur*. Saul possède une bibliothèque musicale unique, composée de partitions d'œuvres classiques pour quatre pianistes sur deux pianos. Autrement dit, pour huit mains et quarante doigts. Il aimante chez lui des pianistes comme André Previn, Pearl Kaufman ou John Williams, qui baptise ces soirées les « Golden hands parties ». On rit, on boit un peu, on déchiffre, parfois avec approximation, reliés par le plaisir d'explorer ensemble une même œuvre. De son côté, Quincy s'active comme un forcené dans l'écriture pour le cinéma. Quelques jours après mon installation, il m'invite à lui rendre visite en studio. Il enregistre la chanson-titre de *Dans la chaleur de la nuit*, un blues interprété par Ray Charles. Je vénère le créateur de *Hit the road Jack* sans l'avoir jamais rencontré. Ce jour-là, dans la cabine, il y a Ray, Quincy et un jeune couple de paroliers, mari et femme, Alan et Marilyn Bergman. C'est leur première chanson de film. Alan me rappelle que nous avons joué ensemble au tennis, chez Gene Kelly. Je leur serre poliment la main sans pouvoir deviner à quel point ils vont devenir des compagnons de vie et de création.

Six mois plus tard, le metteur en scène de *Dans la chaleur de la nuit* me rattrape. Il est canadien et se nomme Norman Jewison. Ça commence par un coup de fil d'Irvin Schecter, mon agent cinéma au sein de la puissante William Morris : « Michel, j'ai une bonne nouvelle pour toi : Jewison vient de tourner un nouveau film. Il voudrait t'en confier la musique. » Le titre est assez énigmatique : *L'Affaire Thomas Crown*. C'est un thriller sophistiqué bâti sur le couple Steve McQueen-Faye Dunaway, l'histoire d'un milliardaire qui monte une escroquerie aux assurances, en commettant un hold-up contre lui-même. On me convie à une projection de travail chez United Artists, où je fais la connaissance de Norman et d'Hal Ashby, à la fois monteur et producteur associé, également représenté par Irvin. C'est un coup de massue : le bout à bout dure cinq heures. Tout de suite, Norman et Hal essaient de me rassurer : « Ne t'inquiète pas ! Il nous reste encore deux mois. Dès demain, on commence vraiment le montage, bien qu'on ne sache pas exactement par où l'entamer… » À cet aveu, je comprends que le nœud de l'intrigue, c'est-à-dire les cambriolages de Thomas Crown, occupe uniquement vingt minutes de film. Et que tout le reste est lié indirectement à l'intrigue et peut avoir une durée variable… entre cinq minutes et quatre heures. Brusquement, j'ai un flash. Sans vraiment réfléchir, je lance à Norman et Hal : « Prenez six semaines de vacances avant d'entamer le montage ! Pendant ce temps-là, sans jamais revoir une seule image, je vous écris une heure et demie de musique. Je laisserai courir ma plume sans aucune contrainte de durée, exclusivement porté par les impressions que j'ai reçues aujourd'hui. Ensuite, si vous le voulez, nous ferons ensemble le montage des images sur la musique. Car celle-ci possède une structure naturelle qu'elle va d'elle-même imposer au film. » Ashby laisse éclater son enthousiasme : « Formidable, c'est la partition qui va nous dire comment monter le film ! » Jewison se montre plus prudent : « Pourquoi pas ? Ça ne coûte rien d'essayer… » Walter Mirisch, le producteur en titre, exprime franchement des réserves : « C'est un trop gros risque. Et si ça ne marche pas ? » Je le rassure : « Dans ce cas, je reprends tout de zéro. » En ajoutant : « Gratuitement, bien sûr. » À ce détail, il me donne son feu vert. Et me voilà embarqué dans cette aventure extravagante. C'est mon premier grand film hollywoodien et, d'emblée, je me mets en danger. J'espère que mon idée va fonctionner mais je n'en ai pas la certitude, loin de là. Devant Jewison et Ashby, j'ai joué les fiers-à-bras mais, en mon for intérieur, le doute est bien là. Pendant plus de un mois, je crache de l'encre jour et nuit sur le seul souvenir de la projection de cinq heures. À la place de petits minutages adaptés à l'action, j'écris en toute liberté de vraies longueurs inspirées par des émotions et non par le temps, sur un fil entre jazz et baroque. Le jour de l'enregistrement, Jewison et Ashby jubilent dans la cabine. Ils découvrent la musique, et à travers elle, redécouvrent leur film : « Tiens, ce thème-là correspondra idéalement à la séquence de la partie d'échecs, tel autre au premier casse… » Tous les trois, nous passons ensuite deux mois entiers au montage. C'est comme un puzzle géant : on s'amuse à construire, à défaire, à déplacer, à peaufiner. En quelques semaines, la forme du film s'organise entièrement autour de la musique. Pour bien faire comprendre les ramifications des hold-up, Hal joue à fond la carte du *split-screen*, c'est-à-dire l'écran morcelé en multiples sous-écrans. L'effet est très dynamique : au lieu d'avoir plusieurs actions successives, on a plusieurs actions simultanées. En outre, graphiquement, ça donne un côté élégant et sophistiqué qui fera aussi le succès du film.

L'apport des chansons à la partition est également déterminant. Norman souhaite que j'en conçoive deux, l'une sur le thème de la séduction entre McQueen et Dunaway, à vrai dire le thème principal du film, l'autre sur un thème destiné à la séquence du planeur. Jusqu'alors, les textes anglais associés à ma musique m'ont rarement fait sauter au plafond. Mais Quincy me souffle une idée d'une logique imparable : « Pourquoi tu n'essaies pas mes amis les Bergman ? Tu vas les adorer. En plus, Jewison les a déjà pratiqués… » N'ayant rien à perdre, je suis sa recommandation. Je sais simplement qu'Alan Bergman est un disciple de Johnny Mercer, mon parolier de *Once upon a summertime*. Est-ce un signe ? Nous nous mettons alors à travailler sur les chansons. Le moment-clé, c'est quand Thomas Crown s'apprête à commettre son deuxième hold-up. On le voit seul dans son planeur, dérivant dans les airs. Il est à la veille d'un jour crucial mais pourtant, extérieurement, il a toutes les apparences de la décontraction, voire du détachement. Il n'y a ni dialogue ni bruitage : Jewison a tourné ses images en sachant que la musique aurait le monopole de la bande-son. Marilyn lui demande quelle doit être l'intention de la chanson. Sa réponse fuse : « Elle doit révéler ce que McQueen n'exprime pas, c'est-à-dire sa nervosité, son anxiété. » À ce thème qualifié par Marilyn de « ruban baroque », les Bergman associent un texte foudroyant de beauté, sur l'idée de la spirale, du cosmos, de la vie qui se répète à l'infini : « *Round, like a circle in a spiral, like a wheel within a wheel / never ending or beginning, on an ever spinning reel.* » Ça s'appelle *The Windmills of your mind.* L'autre texte est inspiré par les gros plans de regards croisés, notamment lors de la partie d'échecs. Les Bergman l'intitulent *His eyes, her eyes.* Cette chanson, Norman me demande de la chanter moi-même et m'annonce qu'il va la placer en ouverture, sur le générique animé par un virtuose du graphisme, Pablo Ferro. Reste à dégoter un interprète pour *The Windmills.* On nous parle alors d'un jeune chanteur anglais au profil atypique, fraîchement immigré aux États-Unis : ancien champion ski, il s'est reconverti dans la comédie et la chanson. Il s'appelle Noel Harrison, patronyme qu'il tient de l'illustre Rex. J'écoute l'un de ses enregistrements et j'aime son timbre pastel, son accent anglais, son côté un peu folk. Nous le rencontrons avec Norman et les Bergman. Je lui joue notre chanson. Harrison Junior fait la moue : « Pas mal… Mais il faudrait peut-être revoir les paroles. Il y a des maladresses. » Les Bergman ont à peine le temps de pâlir que Norman monte au créneau : « Écoutez Noel, vous chantez la chanson tel qu'elle est écrite ou vous ne la chantez pas ! » Harrison se ravise et, une semaine plus tard se radine au studio d'enregistrement en traînant les pieds, chante impeccablement mais en regardant les mouches. Son regard traduit des pensées du genre : « Ne nous impliquons pas trop : cette chanson est vouée aux oubliettes… » Il se fourre singulièrement le doigt dans l'œil : Jewison adore tellement *The Windmills* qu'il les place finalement au générique début, en plus de la séquence du planeur. Dès la sortie, le film cartonne, la chanson avec, se classant en tête du billboard pendant tout l'été 1968. Harrison va écumer les plateaux télé avec « son » tube, avant de disparaître des écrans radar. Vingt ans plus tard, lors d'un hommage qui m'est rendu à Los Angeles, il apparaît sur scène pour interpréter *The Windmills,* avec une voix intacte. Après le spectacle, il me tombe dans les bras. Je n'ai pas le temps d'ouvrir la bouche qu'il m'avoue sans détours : « Tu sais Michel, j'ai conscience de… Comment dire ? J'étais jeune et con, je fumais, j'étais ailleurs. Pardonne-moi et, surtout, merci de m'avoir offert cette chanson. » Son honnêteté me touche. Le jeune garçon suffisant s'est transformé en homme mûr et clairvoyant, lucide sur sa trajectoire professionnelle. Les ailes du succès l'ont frôlé, l'espace de quelques semaines de 1968. Pour les gens qui se souviennent de lui, Noel Harrison restera à vie le créateur de *The Windmills of your mind.*

Cette première collaboration va d'emblée nous souder, les Bergman et moi. Avec eux, j'ai conscience d'avoir enfin trouvé les mots anglais qui épousent idéalement ma musique. J'aime leur exigence, leur sens poétique, leur langage très imagé. Leur dédoublement, aussi : à la fois couple dans la vie et couple d'écriture. Sans oublier le contraste de caractères entre elle, très directe, une vraie force de la nature, et lui, plus doux et diplomate. Notre unique point de divergence est clairement délimité : les Berg, comme on les surnomme affectueusement, sont réfractaires aux relectures étrangères de leurs chansons. Je confie néanmoins à la plume experte de mon vieux complice Eddy Marnay l'adaptation française de *The Windmills of your mind.* Eddy échafaude d'éblouissantes correspondances au texte original : « Comme un tourbillon de neige, comme un vol de goélands, sur des forêts de Norvège, sur des moutons d'océan. » Mais Marilyn hurle au contresens sur la transformation des *Moulins de ton esprit* en *Moulins de mon cœur.* Je tente bien de lui rappeler le principe de l'allitération, de lui expliquer que chaque langue possède ses propres spécificités, qu'il faut trahir la lettre pour respecter l'esprit. Rien n'y fait. Dès lors, à mon grand désespoir, il sera compliqué, pour ne pas dire impossible de faire chanter dans une autre langue que l'anglais les centaines de chansons auxquelles notre trio va donner naissance. Car, très vite, les Bergman veulent remettre le couvert. Alan me présente l'un de leurs proches amis, également tennisman acharné, le cinéaste Richard Brooks. Plusieurs de ses films sont déjà des classiques : *Graine de violence*, *La Chatte sur un toit brûlant*, *Lord Jim*, *Les Professionnels*... Le long-métrage qui nous réunit s'appelle *The Happy Ending*. Brooks l'a écrit et mis en scène comme un geste d'amour pour son épouse, la comédienne Jean Simmons. C'est le portrait d'une femme de quarante ans qui décide d'abandonner son mari et le confort d'une vie bourgeoise pour retrouver sa liberté et profiter pleinement de ses dernières cartouches de jeunesse. Pour écrire la chanson du générique, me voilà astreint à résidence chez les Bergman. Je leur propose un jeu inédit : « Lancez-moi des titres afin de me faire réagir au piano ! » Inconsciemment, mon souhait est-il de renouer avec la méthode Marker sur *Joli mai* ? Ils commencent avec : *Il neigera pour Noël*. Sur le clavier, mes doigts barbouillent un vague thème, pas très inspiré. Puis : *L'amour tombe avec les feuilles d'automne*. Pas mieux. Brusquement, guidés par le sujet même du film, ils me soumettent un titre en forme d'interrogation : *What are you doing the rest of your life?* Sous entendu, comment entends-tu gérer le temps qui reste ? Spontanément, au piano, j'improvise une mélodie douce-amère articulée sur la métrique de cette question. « Vous voulez quelque chose comme ça ? — Non, s'exclame Marilyn, nous ne voulons pas quelque chose comme ça. Nous voulons exactement ça ! » Le problème, c'est que je n'ai rien noté. Les notes que je viens de jouer se sont déjà évaporées. « Rassure-toi, sourit Alan en brandissant un petit magnétophone, je t'ai enregistré ! Tu peux nous laisser deux ou trois heures pour élaborer le texte, s'il te plaît ? » Comme un enfant qu'on place en garderie, ils m'envoient dans un cinéma de quartier spécialisé dans les doubles programmes : deux films pour le prix d'un. Je reviens en fin de journée. Les paroles sont terminées et me bouleversent. Elles reflètent ce qui fait la force des Bergman : parvenir à exprimer des sentiments profonds, parfois contradictoires, mais avec des mots simples, compréhensibles par tous. *The Happy Ending* n'aura aucun succès aux États-Unis et ne sera même pas distribué en France. Mais notre chanson *What are you doing the rest of your life?* survivra à ce film mort-né et, par-delà les images, vivra sa propre vie grâce aux reprises de Sarah Vaughan ou Barbra Streisand. Et pourtant, cette mélodie est sortie de moi instinctivement, d'un seul jet, comme par écriture automatique. Un titre qui déclenche un thème, un thème qui déclenche des paroles. Les voies de la création sont parfois impénétrables.

Un virage inattendu m'attend début 1968. J'enregistre au studio Warner la musique d'une comédie romantique, *Amant de novembre*. Avec fatalement Ray Brown à la basse et Shelly Manne à la batterie. À l'époque, Shelly dirige à Los Angeles un club de jazz célèbre sur Cahuenga Boulevard, le Shelly's Manne-Hole. À la pause, je travaille un morceau au piano quand Shelly m'interrompt : « Dis-moi, Michel, tu ne voudrais pas venir jouer chez moi ? Avec Ray, on pourrait former un trio du tonnerre ! » Comment refuser l'invitation ? D'autant que j'adore la personnalité solaire de Shelly, son optimisme, son humour au scalpel. Un mois plus tard, nous voilà programmés dans sa boîte pour une semaine. C'est vraiment pour le plaisir, la jubilation de jouer ensemble. Nous décidons simplement de diviser les (éventuelles) recettes en trois parts égales. Mais, sans le savoir, je transgresse un interdit. À Hollywood, un compositeur de cinéma n'est pas autorisé à se produire en club de jazz. C'est un code tacite, non écrit, à respecter impérativement. Quand il apprend la nouvelle, Irvin Schecter monte sur ses grands chevaux : « Annule immédiatement ! — Pourquoi ? Où est le problème ? — Comment veux-tu que je t'obtienne un cachet important à la Fox ou à la Paramount si tu joues en boîte pour dix dollars ? » Le ton monte. J'essaie de le raisonner : « Mais Irvin, ce sont deux prestations de nature différente. À la limite, je serais prêt à payer pour faire un concert avec Ray et Shelly ! » Il raccroche sèchement, stupéfié par ma volonté farouche de ne pas abdiquer. Résultat : je quitte l'agence William Morris, d'autant que Hank Mancini m'aiguille vers son propre agent, Alvin Bart, qui représente le gratin des compositeurs de cinéma. Et, par ailleurs, nos concerts en trio se déroulent chez Shelly dans des conditions de rêve. Une seule répétition, et le soir même nous nous jetons à l'eau. Encerclé par ces deux géants, j'ai l'impression de me grandir, d'être tiré vers le haut. Ray a démarré dans l'orchestre de Gillespie avant de devenir pendant quinze ans le bassiste d'Oscar Peterson. Shelly, lui, a été le batteur de Stan Kenton. C'est un musicien complet, aussi à l'aise en trio qu'en grand orchestre, en studio que sur scène. Avec eux, je n'ai presque plus rien à faire. Juste à me laisser porter. Nat Shapiro a passé un accord avec Verve qui nous enregistre deux soirs d'affilée. Il en ressort un trente-trois tours *live*, *Michel Legrand at Shelly's Manne-Hole*, mon premier album en trio aux États-Unis. Quand je tiens la pochette entre les mains, une certaine émotion me saisit. Je viens de rejoindre Charlie Parker, Count Basie, Ella Fitzgerald sur un label de jazz mythique. Le symbole peut paraître dérisoire. À mon échelle de petit Français immigré aux États-Unis, il ne l'est pas. Cette constellation de grands noms a façonné ma culture. Désormais, nous avons la même maison de disques en trait d'union.

L'effet du Shelly's Manne-Hole est très bénéfique : une bouffée d'oxygène qui rompt les cadences infernales d'écriture pour le cinéma, une récréation qui m'aère, me revitalise. Quelques semaines plus tard, une autre proposition inattendue me tombe dessus. Toujours boulimique et soucieux de varier les plaisirs, je ne peux la décliner. Un nouvel ami producteur, Marty Ransohoff, me confie la musique d'un film de John Sturges, le metteur en scène des *Sept mercenaires*. On m'a étiqueté « compositeur romantique », me voilà propulsé dans une fresque guerrière à grand spectacle, produite par la MGM. Ça s'appelle *Destination Zebra, station polaire*. Sturges n'y va pas par quatre chemins : « Vous allez me trouver vieux jeu mais, pour cette aventure en Cinérama, je veux de la musique de la première à la dernière image, qu'elle suive l'action au quart de millimètre près ! » Obéissant, je me cale donc dans la grande tradition des Korngold, Rozsa, Tiomkin, je noircis mes partitions de milliers de notes courant de l'ouverture au carton « The End », incluant des indicatifs pour annoncer le début et la fin de l'entracte. Découvrant par-dessus mon épaule l'avalanche de doubles et triples croches, Marilyn Bergman s'exclame : « Mais c'est Harlem ! » Après *Thomas Crown*, le plaisir est différent, renouvelé. Car *Zebra* est un film de genre, avec des codes à respecter, une règle du jeu à accepter. Ce serait une grave erreur de l'aborder avec une esthétique prédéterminée. En l'occurrence, pour le sous-marin nucléaire *Tigerfish*, j'élabore un thème d'acier, un thème d'épopée, en musclant le pupitre des cuivres : les quatre cors sont doublés par quatre tubas wagnériens, appelés des *tubens*. À l'enregistrement au studio MGM, ça crache le feu, comme une offrande au dieu Hollywood. L'exercice me passionne, c'est une plongée dans un cinéma-spectacle qui, enfant, m'a fait rêver. Après Godard, Varda et Marker, j'ai le sentiment d'œuvrer à une autre échelle. Ce n'est pas forcément mieux, c'est simplement autre chose. Dans la foulée de *Zebra*, Ransohoff me présente un jeune cinéaste au talent singulier dont le deuxième long-métrage, *Propriété interdite*, a été très remarqué. Il s'appelle Sydney Pollack. Je lui écris la musique d'*Un château en enfer*, film de guerre qui lorgne sur l'univers du conte de fées, tout en réfléchissant sur la fonction de l'art. C'est ambitieux, assez bizarroïde, ça commence de manière réaliste, avec des soldats américains qui investissent en 1944 un château des Ardennes, avant de basculer dans l'onirisme. Sydney m'autorise à lâcher les chevaux de mon inspiration, à oser ces grands mélanges qui m'excitent terriblement, en plaçant un groupe de jazz vocal swing et baroque (façon Swingle Singers) au milieu d'un orchestre stravinskien. Pollack se révèle surtout un compagnon de jeu pétillant, curieux, d'une culture infiniment supérieure à l'*Homo californius* moyen. Et pourtant notre collaboration n'aura pas d'après, situation à la frontière de l'énigme. J'assisterai en spectateur à son ascension vers les cimes du succès, notamment avec le magnifique *Nos plus belles années*, aux chansons écrites par Alan et Marilyn. Sydney et moi, ce sera un rendez-vous passionné mais furtif qui, des années plus tard, me laisse encore un arrière-goût d'inachevé.

Malgré le nœud de fraternité qui se resserre avec les Bergman, l'excitation à multiplier les vis-à-vis avec Jewison, Pollack ou Sturges, une angoisse diffuse se visse en moi. D'où vient-elle ? Comment s'est-elle immiscée ? Je l'ignore. Au sortir des séances d'*Un château en enfer*, j'ai clairement conscience que quelque chose ne tourne pas rond, sans pouvoir toutefois identifier l'origine du malaise. La réussite de *Thomas Crown* m'amène des sollicitations en cascade, que j'accepte pour la plupart, au point d'être submergé par un sentiment de panique intérieure, une crainte irrationnelle de l'échec : « Ça représente trop de travail. Comment vais-je en venir à bout ? » J'en perds le sommeil. Un médecin me prescrit des barbituriques pour retrouver un cycle normal. Mais le surdosage me transforme vite en zombie, qui siffle cinq pilules à 22 heures, cinq autres à 4 heures du matin, avant d'engloutir cinq remontants à 9 heures pour parvenir à tenir debout. À vrai dire, la perte de sommeil n'est pas la maladie mais uniquement son symptôme : je suis en train de sombrer dans une grave dépression nerveuse. Il m'arrive de passer des heures enfermé dans le noir, immobile, à pleurer. Je parviens un peu à écrire, mais au prix d'une concentration de plus en plus douloureuse. Christine, impuissante, fait de son mieux afin de tenir les garçons à distance. Pour ne rien arranger, la vision de la mort m'obsède, pour la première fois de ma vie. J'ai la certitude de voir arriver ma propre fin, de la pressentir, de la toucher du doigt. Mon médecin m'envoie chez un psychiatre réputé, à trois cents dollars la demi-heure. La séance s'avère étrangement absurde : je lui pose des questions, il répond. Mais moi, je ne dis rien. En quelques semaines, je suis devenu l'antithèse de moi-même. À mes yeux, la vie et la musique ont perdu tout intérêt. En plein marasme, il me revient l'image du docteur Michel Fouquet, le médecin de Maurice Chevalier, rencontré dans les coulisses de l'Alhambra en septembre 1958. Il est depuis devenu un ami. Dans un ultime sursaut, je trouve l'énergie de l'appeler à Paris. La description de mon état le rend très directif : « Ne me dis rien de plus. Rentre immédiatement en France. Je vais te rendre la joie de vivre. » Je préviens la Warner, avec laquelle j'ai signé pour *L'Été Picasso*, projet construit sur l'animation des toiles du maître espagnol : « À mon rétablissement, je finirai l'écriture et enregistrerai. » Ils me donnent leur bénédiction, d'autant que la postproduction a pris du retard. Nous sommes en mars 1969. Nous fermons les volets de la villa d'Oriole Drive. Les garçons sont tristes et ne comprennent rien à la situation. On leur a fait goûter à une nouvelle vie, on la leur enlève aussitôt. Christine leur promet que le retour en France est provisoire. C'est un mensonge, mais nous ne le savons pas encore. Nous ne reviendrons jamais habiter tous les quatre à Los Angeles. Ce temps-là appartient déjà au passé.

Dès le lendemain de notre arrivée, le docteur Fouquet mesure la gravité de mon état et m'impose le traitement le plus radical, le seul possible : casser pour mieux faire renaître. Je dois tout arrêter en bloc : barbituriques, cigarette, alcool et café. Il me prescrit deux pilules d'Anafranil, en me prévenant du chemin de croix qui s'annonce : « Pars dans ta maison de campagne et couche-toi. Tu ne pourras plus parler pendant un mois, ni bouger pendant deux mois. Je vais être obligé de te nourrir artificiellement. C'est une étape obligatoire vers la guérison. » Pendant dix-sept jours, le sommeil disparaît. Plus la fatigue s'accroît, plus il m'est impossible de dormir. Me voilà transformé en légume, inerte, incapable d'ouvrir la bouche, privé du moindre réflexe de commandement entre la tête et le corps. Ma nouvelle langue est le silence. Je ne quitte plus le lit. Seuls mes yeux peuvent suivre les gens qui passent devant moi. C'est mon unique activité de la journée. Le 15 avril, au petit matin, coup de fil des Bergman. Habituellement, Christine fait barrage entre moi et le monde extérieur. Mais là, elle insiste pour me les passer. La voix de Marilyn explose, euphorique : « *Michel, can you imagine, we won!* » Dans la nuit, nous avons reçu l'oscar de la meilleure chanson pour *The Windmills of your mind*. Sans esquisser un quart de sourire ni prononcer une syllabe, j'écoute Marilyn exulter. Le paradoxe est total : c'est une victoire que je vis comme une défaite. Au dix-huitième jour, le sommeil revient fugacement, via une courte fenêtre de une heure. Qui passe à deux heures le surlendemain. Cela signifie que j'entame enfin un nouveau cycle. Palier par palier, je vais pouvoir articuler deux puis trois mots, bouger un doigt, puis deux, puis la main. Au total, il me faudra trois mois pour me relever, dans tous les sens du verbe. Au départ, pour mes premiers pas, des infirmiers doivent me soutenir. J'ai l'impression de revivre ma petite enfance en flash-back, de tout reprendre de zéro. Il s'ensuit une longue rééducation, physique et morale. Heureusement, le retour à la vie est synchrone avec le retour du printemps. Dès que je peux marcher, Christine et moi passons un mois au grand air, dans une pension de famille de La Foux d'Allos, station de ski des Alpes-Maritimes. Tous les jours, Raymond Moretti monte de Nice nous rendre visite. Le courage et l'appétit de vivre reprennent progressivement leurs droits. À mon retour à Paris, Erma Levin, la monteuse musique de *L'Été Picasso*, m'attend de pied ferme. La Warner l'a spécialement dépêchée de Los Angeles. Le jour de la séance, au studio Davout, j'essaie de camoufler mon trac. C'est mon premier enregistrement en six mois. Depuis mon entrée dans la vie active, je n'ai jamais été absent des studios pendant une si longue période. C'est peut-être là, d'ailleurs, que le mal a pris racine : dans ces cadences infernales que j'ai adoptées dès mon admission au Conservatoire. Vingt-cinq années de boulimie musicale, d'hyperactivité dont j'ai fini par payer le prix. J'étais en pleine gloire et j'ai sombré. Les États-Unis ont connu la grande dépression de 1929 ; quarante ans plus tard, j'ai connu ma grande dépression aux États-Unis.

Los Angeles, août 1969. Retour solitaire dans la Cité des anges, pour respecter plusieurs engagements, dont le film de Richard Brooks, auquel s'enchaîne un show télévisé délirant avec Julie Andrews et Harry Belafonte, produit par Gower Champion. Désormais, je sais que je n'habiterai plus en

Californie. C'est un effet positif de la dépression. Elle m'a permis de faire un bilan, de prendre conscience de certaines réalités fondamentales. Notamment que j'aime Los Angeles pour y séjourner, pas pour y vivre. L'émerveillement de l'installation a cédé la place à une vision plus réaliste de la ville. Et puis, que je le veuille ou non, Paris fait partie de mon identité. Je suis trop attaché à ses bistrots, ses habitants et surtout à ma famille d'élection : Devos, Moretti, Dréjac, Sempé, Folon… Dans les cénacles hollywoodiens, je me suis fait beaucoup de relations, mais aucun ami véritable, à l'exception des Bergman. L'éloignement de la France a créé un manque, celui de la difficulté de vivre au quotidien : les problèmes de météo, d'impôts, de grèves. Le passage des saisons, aussi. Pour apprécier l'été, il faut avoir traversé l'hiver. Los Angeles, c'est le pays du temps immobile. À la longue, ce soleil permanent en devient presque inquiétant. Il y a enfin le souvenir d'Édith Piaf qui me taraude. Notre dernière rencontre a laissé en moi une empreinte troublante. C'était vers 1962, quelques mois avant sa mort, pour un projet de disque qui n'a jamais vu le jour. Affaiblie par la maladie, la môme m'avait assené : « Si tu vas aux États-Unis, ne t'y installe surtout pas, sinon tu perdras ton talent. » Après un an et demi sur place, je mesure à quel point Édith avait raison. À Los Angeles, on meurt à petit feu, on s'étiole, on voit progressivement rétrécir sa personnalité. Au départ, quand on déboule, on déborde d'idées, d'enthousiasme. Et puis, au contact de la société américaine, de sa mentalité très portée sur l'argent et le profit, on devient comme tout le monde, on se normalise. Vous arrivez avec des graves et des aigus et vous finissez dans le médium, c'est-à-dire sans aucun éclat. Tel est Hollywood : une machine monstrueuse qui avale et broie les compositeurs. Ou au mieux réduit leur tête façon Jivaros. Avant que le piège se referme, je pense à Piaf et, dans un réflexe de survie, je mets les voiles.

Mon idée est simple : continuer à écrire pour des films américains mais en me déplaçant ponctuellement à Los Angeles, au gré des propositions. Évidemment, Alvin Bart et Nat Shapiro essaient de me raisonner : « Réfléchis, Michel, on ne peut pas faire carrière à Hollywood sans y vivre ! — Désolé, je préfère habiter en France mais venir en Californie tous les mois s'il le faut, à la demande des productions. » Ce fonctionnement me convient parfaitement, d'autant que j'ai pris le pli d'écrire en avion. Il me faut simplement trois places pour éparpiller mes partitions. Ainsi les trajets de treize heures ne sont plus des temps morts. Désormais, une partie de mon existence va se jouer au-dessus de l'Atlantique. Tel est mon nouveau mode de vie, *a priori* le meilleur pour ma famille et moi. En ce sens, 1970 est objectivement l'année du renouveau. Avec Christine, nous venons d'acheter une vaste propriété près de Dreux, une sorte d'Oriole Drive version Eure-et-Loir. En juin, Christine accouche de notre fille Eugénie : sa naissance est le symbole de ma renaissance. 1970, c'est aussi l'année où je passe mon brevet de pilote d'avion. Enfin, ce retour en Europe scelle mes retrouvailles avec trois fidèles cinéastes, Jacques Demy avec *Peau d'Âne*, Jean-Paul Rappeneau avec *Les Mariés de l'an II* et bientôt Joseph Losey avec *Le Messager*. Le voile de la dépression et son cortège d'angoisses semblent définitivement écartés. Il m'aura fallu plusieurs mois pour sortir du tunnel. J'ai bientôt quarante ans. Et une sérénité retrouvée pour étrenner un nouveau chapitre de ma vie.

Coda. Automne 1992. J'enregistre à Los Angeles la musique d'un film de Paul Mazursky, au titre spirituel et prometteur, *The Pickle*, que l'on peut sans risque traduire par *Le Cornichon*. François Reichenbach en profite pour me consacrer un documentaire. Il filme les séances, me suit également lors de visites amicales à Gene Kelly ou Quincy Jones. Je propose à Henry Mancini que l'on soit interviewés ensemble par François. Il accepte. Devant la caméra de Reichenbach, Hank me dévisage, l'œil malicieux. Il a une confession à me faire mais semble hésiter. Au détour de la conversation, il se jette à l'eau : « Tu sais, c'est moi que Jewison a contacté pour écrire la musique de *L'Affaire Thomas Crown*. Je n'étais pas libre. Norman a insisté mais je lui ai donné ton nom, en lui précisant que tu étais parfaitement capable de me remplacer. Voilà Michel. Je n'avais jamais osé te l'avouer mais aujourd'hui, il y a prescription. » J'explose de rire, d'étonnement, j'embrasse Henry, le remercie chaleureusement, avec vingt-quatre ans de retard. Hank m'a tout offert : son amitié, ses conseils, son agent et le film qui m'a installé à Hollywood. Mais il a eu la suprême élégance d'attendre un quart de siècle pour me révéler les coulisses de *Thomas Crown*. Finalement, chez Mancini, qui était le plus grand ? L'homme ou le compositeur ? J'ai envie de répondre : les deux, sans l'ombre d'une hésitation.

16

Le rose et le noir

Quatre décembre 2012. Pour clore l'année de mes quatre fois vingt ans, mon indispensable agent, Philippe Guiboust, me programme au Palais des Congrès. Orchestre symphonique, solistes invités, écran géant avec projection d'extraits de films… Quand j'arrive sur la scène, je prends de plein fouet une marée humaine de quatre mille personnes. Ai-je le trac ? Sans doute, mais sans oser le reconnaître. Aussitôt, la ferveur électrique du public me réchauffe le cœur. Au deuxième set, Natalie Dessay me rejoint pour cinq chansons, en combo de jazz. Parmi elles, *Mon dernier concert*, qu'elle a adoptée depuis plusieurs mois. Désormais, à chaque spectacle, elle me demande de raconter les circonstances de sa création, d'en donner le mode d'emploi, ce qui en démultiplie l'impact émotionnel. *Mon dernier concert*, c'est plus qu'une chanson, c'est une victoire contre l'absence. Son écriture marque le point final d'une amitié nouée à la mi-temps des années cinquante.

Automne 1956. Un copain me parle d'un jeune poète toulousain qu'il souhaite me présenter. Il prend garde d'ailleurs à utiliser le mot « poète » et non « auteur ». Ce détail ne m'échappe pas. Le poète en question cherche à s'imposer comme parolier de chansons. Il a déjà été interprété par Philippe Clay. La rencontre a lieu dans ma loge de l'Alhambra, en octobre. Une heure avant que je monte sur scène avec Maurice Chevalier, un petit brun au regard vif et fort accent du Sud frappe à ma porte. Et me serre la main en détachant chaque syllabe de son nom et prénom : « Clo-de-nou-ga-ro ». On se parle, on se découvre, on met à jour des belles affinités, dans le domaine du jazz ou du classique. Car le père de Claude est directeur et metteur en scène d'opéra, sa mère pianiste classique. D'où chez leur fils une culture très ouverte, autant portée sur le *bel canto* que sur le répertoire d'Édith Piaf, Bessie Smith ou Louis Armstrong. Ce mélange me séduit, sa façon aussi d'articuler les mots, à la fois spontanée et littéraire. Au moment même où j'accompagne un vétéran de la chanson d'hier, voilà que surgit devant moi l'incarnation de celle de demain. Nougaro a vingt-sept ans et habite encore chez ses parents, au 2, avenue des Ternes, dans le dix-septième arrondissement. Ce détail me fait sursauter : vers 1952, j'ai sous-loué pendant six mois deux pièces d'un appartement sombre, dans ce même immeuble. Claude et moi partagions des rêves parallèles, à trois étages d'intervalle, sans nous connaître. Peut-être même nous sommes-nous croisés dans l'escalier ? Quatre ans plus tard, le destin nous rattrape. Nous voilà enfin face à face, déterminés à conjuguer ensemble notre futur.

Nos premières chansons font figure de rodage. Il y a un joli conte russe, *Serge et Nathalie*, un allegro impétueux, *Tiens-toi bien à mon cœur*, un *Tango des jumeaux* construit sur celui de *L'Amérique insolite*. Vers 1958, un rythme venu des Antilles contamine les pistes de danse, le calypso. Je souffle à Claude : « J'ai composé un thème vaguement calypso. Pourrais-tu m'en faire une recette de cuisine ? » Claude bondit sur l'idée et écrit *Le Ratacalypsos* : « Un iguane, des piments, des bananes, un litre d'huile de palme, pour faire la sauce, mes amis, je vous ai tous réunis pour déguster le ratacalypsos. » Dario Moreno, à qui l'on propose la chanson, nous rembarre sans ménagement : « Je ne comprends rien à votre bazar… » C'est une situation qui se reproduit trop souvent : nous galérons pour trouver des interprètes. Et pourtant, il faut garder espoir. Car je sens et pressens le potentiel de Claude, j'entends rugir le tigre de son moteur, je vois déjà déferler la vague des chansons majeures. Malgré sa jeune expérience, il possède une syntaxe d'une stupéfiante maturité : rugueuse, incisive, très rythmique, avec une vaste connaissance du langage, un goût aussi pour les onomatopées. Nougaro est moins un auteur qu'un acrobate du verbe, un jongleur de mots. Avec lui, les épousailles de la langue française avec le blues, le swing, le bop semblent naturelles. Au sujet de notre écriture à quatre mains, il me déclare joliment : « Toi, tu sais traduire en ciné-notes mon ciné-mots. » Fin août 1961, coup de fil inopiné de Claude : « Tiens, pendant les vacances, j'ai pondu de nouveaux textes. Passe donc y jeter un coup d'œil... » Je déboule avenue des Ternes et découvre en bloc *Le Cinéma*, *Les Don Juan*, *Le Rouge et le noir*, *La Chanson*... Un véritable éblouissement. Il y a également *Le Jazz et la java* et *Une petite fille* que Claude a déjà confiés à un ami commun, le compositeur Jacques Datin. Nougaro me laisse partir avec une copie des textes, et revenir une semaine plus tard, les musiques écrites. Je lui expose mes thèmes au piano, puis il commence à les chanter devant moi, les reprend plusieurs fois avec toujours plus de musicalité, de justesse, de nuances. Soudain, il s'interrompt : « Ce qui est stupide, c'est que personne ne voudra interpréter ces chansons ! » Je saisis la balle au bond : « Si, moi, je connais quelqu'un ! — Dis-moi qui ! — Toi, Claude ! — Non, Michel, c'est hors de question. Je veux bien être un diseur, déclamer mes poèmes au Lapin agile. Mais ça ne doit pas aller plus loin... » Il faut préciser que Claude a enregistré en 1958 un premier disque, sur le petit label Président. Sortie confidentielle, limitée à vingt exemplaires monde. Sans oser l'avouer, il a dû vivre ce fiasco comme un petit traumatisme et ne tient pas à remettre le couvert. En bataillant ferme, je parviens à le convaincre de prendre part à un enregistrement test en petite formation, avec Eddy Louiss à l'orgue, Maurice Vander au piano, Guy Pedersen à la basse et Gus Wallez à la batterie. Quatre brillants sujets, plus la voix de Claude, en état de grâce. C'est une simple séance de démonstration, dont nous sortons avec quatre maquettes, *Le Cinéma* inclus. Je les fais écouter à Jacques Canetti. Tête longue, dépitée, désapprobatrice : « Ce type a vaguement un truc comme parolier. Mais aucun talent comme chanteur. Il ne parviendra jamais à s'imposer. » Je monte au filet avec nervosité : « Pardon, Jacques, mais après avoir découvert Brassens ou Brel, vous allez rater Nougaro ? Pour vous empêcher de faire une erreur historique, je vais l'enregistrer chez vous, même sans votre accord ! » Canetti ne m'a jamais vu à ce point déterminé, pour ne pas dire catégorique. Légèrement ébranlé par ma conviction, il finit par céder. Car la formule instrumentale des maquettes s'avère idéale. Pour ce premier vrai vingt-cinq centimètres de Nougaro, il faut garder un son intime et jazz moderne, avec une rythmique percutante et un orgue Hammond. Un simple écrin pour mettre en relief la voix et les mots de notre poète toulousain. Quand Claude apprend que j'ai convaincu Canetti, il se remet à renâcler. C'est avec une Kalachnikov dans le dos qu'il entre au studio Philips, où Louiss, Vander et les autres nous attendent à nouveau. Rarement une séance se passe avec autant de fluidité. Tout va très vite : deux ou trois prises suffisent à Claude pour dépasser la perfection. Philips publie le disque en septembre 1962. Succès immédiat. En dix jours, le premier pressage est déjà épuisé. *Le Cinéma*, *Les Don Juan* ou *Le Jazz et la java* squattent les ondes d'Europe 1 et Radio-Luxembourg. Nougaro sort de l'ombre : le poète connu des seuls habitués du Lapin agile se métamorphose en chanteur à succès. J'ai rarement autant ramé à contre-courant pour mener à bien un projet. Avec contre moi un chanteur potentiel et l'éminence grise d'une grande maison de disques. En 1964, Canetti et moi vivrons la même situation mais dans l'autre sens. Il vient de monter sa maison de disques et me fait écouter son premier enregistrement, Serge Reggiani sur des chansons de Vian. Pour un peu, je lui ris au nez : « Mais Jacques, c'est un immense comédien qui n'a aucune voix pour chanter ! » Dire que j'ai manqué de discernement relève de l'euphémisme. Je le confesse avec d'autant plus d'honnêteté que, huit ans plus tard, j'écrirai une douzaine de chansons pour Reggiani, sur des textes de Jean Dréjac et Jean-Loup Dabadie.

Été 1962. La réussite de Nougaro, je la savoure, certes, mais c'est d'abord la sienne avant d'être la nôtre. Et puis, à la sortie du disque, j'ai déjà embrayé sur un autre projet : avec Demy, nous voilà embarqués dans le marathon des *Parapluies de Cherbourg*. N'empêche, le triomphe du disque scelle notre amitié avec Claude, et met d'autant en valeur nos goûts partagés, notamment pour la chanson française et la musique populaire américaine. Nous parlons aussi beaucoup de littérature. Je révèle à Claude la puissance de feu des premiers romans d'Antoine Blondin ; lui, en retour, me présente son copain dramaturge Jacques Audiberti, qu'il héberge dans son appartement de l'avenue des Ternes. Curieusement, la chambre d'Audiberti est exactement symétrique à celle que j'occupais dans l'immeuble, neuf ans plus tôt. Mais avec Claude, il y a aussi tout ce qui nous sépare. Sa philosophie de vie n'est pas la mienne, loin de là. Nougaro est un viveur, un aventurier noctambule, toujours à l'affût de nouveaux vertiges, de sensations inédites. Ses carburants, ce sont l'alcool, les femmes, la nuit et une vie sexuelle totalement débridée. Curieusement, quand il n'a pas bu, Claude se révèle froid, assez ombrageux, parfois même désagréable. Heureusement, l'ivresse lui permet d'allumer la mèche de son génie. Après deux verres, une lumière se met à scintiller en lui. Brusquement, il éclaire de l'intérieur, crépite de drôlerie, d'esprit, de chaleur, joue brillamment avec les mots, les kidnappe, en renverse et détourne le sens. Ce dédoublement me fascine. Il y a chez Nougaro un syndrome Jekyll et Hyde mais à l'envers. Pour lui, être à jeun n'est pas un état naturel. L'alcool le détruit à feu doux, mais le petit Claude en a besoin pour être le grand Nougaro, pour jeter ses tripes, ses errances, son spleen dans son écriture. Malgré ses invitations à répétition, je ne le suivrai jamais dans ses virées et frasques nocturnes. J'admets la saoulographie des autres mais, pour ma part, je déteste perdre le contrôle de moi-même. En 1980, dans sa maison de l'avenue Junot, j'observe cliniquement la descente aux enfers de Claude, le temps d'une soirée. Sous mes yeux, il se défonce à la vodka. Gérard Depardieu l'escorte et, en comparaison, il manque d'endurance. Tous deux insistent pour que je les rejoigne. Mais ils sont sur une autre orbite et je préfère les regarder à distance. Un peu comme lors d'un dîner chez Jean Dréjac, vers 1960. Aux premières vapeurs du whisky, Nougaro et Audiberti commencent à brailler un vieux succès de Georges Milton, d'une crétinerie bordurant l'aberration : « Elle me fait pouet-pouet, je lui fais pouet-pouet, on se fait pouet-pouet et puis ça y est ! » À la troisième fois, je commence à perdre patience : « Arrêtez, les amis, là, c'est vous qui me saoulez ! » Audiberti me dévisage : « Tu n'as rien compris, Michel, cette chanson, c'est l'enfance de l'art, un chef-d'œuvre d'exigence et de pureté. » Nougaro surenchérit : « Exactement. Et d'ailleurs, qu'est-ce qu'elle lui fait ? » Audiberti : « Pouet-pouet ! » Et les voilà repartis de plus belle, hurlant à la mort : « Elle me fait pouet-pouet… » Quelle vision d'apocalypse ! Les universitaires qui dissèquent chaque point-virgule du *Mal court* ne peuvent imaginer son élégant auteur dans l'état où je l'ai vu ce soir-là. Nougaro, j'en ai l'impression, se réjouit de l'effet que produisent sur moi ses provocations éthyliques. Au fond, il doit me prendre pour un type un peu coincé et conventionnel. Mes nuits, je les passe seul, à noircir mon papier à musique. Il me dira simplement, à plusieurs reprises : « Toi, tu es un homme rose, moi un homme noir. » Vers 1990, nous nous retrouvons pour un concert à Québec. Désormais, Claude vit entouré par deux femmes, sa sœur Hélène qui s'occupe de ses affaires, et une deuxième Hélène, kinésithérapeute, qui deviendra sa dernière épouse. Le concert que nous devons donner s'articule en deux parties de une heure, moi à la tête d'un orchestre symphonique, lui en version piano-voix avec Maurice Vander. Après les répétitions, je lui fais part de mes craintes : « Tu sais, Claude, il serait plus prudent que tu fasses la première partie, moi la seconde. Sinon, j'ai peur de t'écraser avec mes soixante-dix musiciens. » Nougaro fait la moue : « Peut-être mais je tiens à rester la vedette… » Je n'insiste pas. Résultat : il fait un demi-bide ou un demi-succès, comme on voudra. Le lendemain, dans l'avion retour, il ne me salue pas, prend place à deux fauteuils de moi, sans m'adresser la parole. Au passage de l'hôtesse, il commande un scotch, puis deux, puis trois. Au cinquième, il se lève, s'assoit sur mes genoux et me roule un patin. L'haleine chargée, il m'assène : « J'ai deux Hélène dans ma vie, l'une est ma sœur, l'autre est masseuse. » Je le garde dans mes bras, le réconforte, comme un enfant de quatre ans. Le petit homme glacial s'est transformé en boule de tendresse, fortement imbibée. On dit parfois que le talent est la partie positive du déséquilibre. J'ignore si c'est une règle mais, en tout cas, Nougaro la confirme.

Retour 1960. Claude vit encore dans l'appartement de l'avenue des Ternes, avec son père, sa mère et sa femme Sylvie. Un matin, il m'appelle, en panique : « Michel, c'est la catastrophe. Mes parents doivent auditionner des chanteurs pour un projet d'opéra. Mais maman ne se sent pas bien du tout. Le docteur Fouquet pourrait-il venir en urgence ? » Je passe un coup de fil à mon ami Fouquet et rappelle Nougaro aussi sec : « Il arrive dès que possible. Ne t'inquiète pas. » Claude attend dix, vingt, trente minutes. On sonne. Il ouvre la porte et fait entrer un type à serviette : « Suivez-moi, la chambre de ma mère est au bout du couloir. » L'homme entre dans la pièce. Claude murmure un discret : « Bon, je vous laisse. » Mme Nougaro soulève alors sa chemise de nuit, devant le quidam interloqué. Cet homme n'est évidemment pas Fouquet mais un chanteur venant pour l'audition. En son for intérieur, il se dit : « Au moins, c'est clair : si je veux avoir le rôle, je dois y passer. » Il faudra cinq minutes, et surtout l'arrivée du vrai Fouquet, pour démêler ce quiproquo à la Feydeau qui devient légendaire dans la famille Nougaro. Chaque fois qu'il le raconte, Claude ajoute des détails truculents, avec sa verve d'homme du Sud. Et moi, je pleure de rire. Pour être plus précis : je pleure de rire, sans me douter que nous avons mangé notre pain blanc. Avec Claude, notre relation ne va pas se casser, mais plutôt se distendre. Car très vite, par suite du coup d'éclat du premier vingt-cinq centimètres, Philips en réclame un second. Ce rendez-vous-là, je vais le manquer. Les dates que me propose Claude pour l'écriture de nouvelles chansons se chevauchent avec celles de plusieurs films sur lesquels je me suis engagé. En clair, je sacrifie Nougaro au profit du cinéma. Il m'est impossible de lui donner le temps, l'attention, l'implication du premier disque. Alors, logiquement, Claude se tourne vers des compositeurs talentueux comme Maurice Vander, Hubert Giraud ou Christian Chevallier. Sur le moment, on se dit que cet éloignement est provisoire. Mais ce provisoire va durer. Et lorsque nous nous retrouvons, la complicité n'est plus exactement la même. Parce que, dans l'intervalle, nous avons changé, nous avons vécu séparément de nouvelles expériences. La reformation de notre tandem s'effectue sporadiquement, le temps de deux chansons pour un film de Jacques Baratier en 1975 (*La Ville bidon*) ou un album Barclay en 1980 (*Bilboquet* et *De haut en bas*). Mais aucune de ces nouvelles créations n'aura le retentissement du *Cinéma* ou du *Rouge et le noir*. Claude a sûrement été frustré, voire déçu par mon comportement. Sur le moment, je n'en ai pas été pleinement conscient. Avec le recul, je le regrette, évidemment. Nous avons été compagnons d'armes, d'écriture et de galère pendant six ans. Mais dès que Claude a pris son envol vers le succès, je m'en suis détourné. C'est un paradoxe que je peine à analyser aujourd'hui. Une dernière image du Nougaro des années soixante me revient : en 1963, il subit un grave accident de voiture. Je passe le voir et découvre un Claude terriblement amoché. Pour le distraire, je lui offre un exemplaire test de mon album instrumental *Archicordes*. Il contient un twist baptisé *Alcatraz*, dont la mélodie est exposée par la guitare magique du Hongrois Elek Bacsik. Sans rien me dire, Claude s'appuie sur l'intitulé du morceau pour imaginer des paroles facétieuses, où l'enfermement de la vie de couple est mis en parallèle avec celui du pénitencier de San Francisco. J'adore cette chanson. Chaque fois que je l'entends, j'imagine Claude en pyjama rayé noircissant ses feuilles blanches sur son lit de souffrance. En prenant la voie d'*Alcatraz*, il a trouvé celle de la guérison.

Malgré les chemins divergents que nous empruntons, une vraie fidélité demeure. Dès que je le peux, je me dope aux spectacles de Claude. J'ai rarement vu un tel brasier en concert. L'antithèse d'Yves Montand, par exemple, autre bête de scène mais à la perfection millimétrée. Montand, c'est le triomphe du travail ; Nougaro, celui de la spontanéité. Avec une présence, un charisme, une gestuelle uniques. J'adore la posture de son corps, penché vers l'avant, souvent au bord du déséquilibre. C'est là où son surnom de *Petit taureau* prend toute sa dimension. En 1999, une œuvre caritative nous propose de mettre sur pied un concert en duo, à la Halle aux Grains de Toulouse. J'accepte sans condition. Nous profitons de l'événement pour passer deux jours complets ensemble. Je m'installe dans l'appartement de Claude, sur les bords de la Garonne. Entre deux répétitions, nous rattrapons le temps perdu, en parlant du passé, du présent, du métier, de nos projets respectifs. Toutes les demi-heures, Claude se sert une rasade de châteauneuf-du-pape. Il n'est pas ivre, simplement légèrement décalqué. Autrement dit dans son état normal. C'est là, dans sa ville natale, que nous renouons enfin avec la complicité de nos jeunes années. Ce concert sera un moment unique, d'une grande intensité. C'est la première et dernière fois que nous partageons seuls une même scène, avec une formule d'un total dépouillement : sa voix et mon piano. Pendant deux heures, nous revisitons notre répertoire. La salle est bondée et vibre jusqu'aux larmes. Plusieurs spectateurs ont envahi le plateau et s'assoient autour de nous. Claude vient tout juste d'avoir soixante-dix ans : c'est un peu son concert anniversaire dans cette Ville rose dont il est l'un des monuments. Ces retrouvailles scéniques me donnent l'envie de retrouvailles d'écriture. Mais le temps nous fera défaut. Claude s'éclipse en 2004. Un an plus tard, la maison de disques Emi m'invite à lui consacrer en hommage un album vocal. On me donne carte blanche, on me laisse engager les solistes de mes rêves : Ron Carter à la basse, Kenny Werner au piano, Martin Drew et André Ceccarelli à la batterie, Thierry Eliez, digne disciple d'Eddy Louiss, à l'orgue Hammond, sans oublier Phil Woods en invité spécial sur deux titres. Les archives d'Universal Music nous fournissent les bandes multipistes originales de 1962 du *Rouge et le noir* et des *Don Juan*, ce qui me permet d'enregistrer deux duos virtuels avec Claude. Mon souci est de réorganiser les chansons, de les développer, de les étoffer de longs chorus. Dès l'enclenchement du projet, une question ne cesse de me hanter : « Claude aurait-il laissé des textes inédits, orphelins de musique ? » J'en parle à Hélène, sa dernière femme, qui m'apporte un poème intitulé *Mon dernier concert*. Je tombe à la renverse devant sa beauté crépusculaire : « Mon dernier concert sera-t-il donné à tombeau ouvert ou guichet fermé ? » Je rentre chez moi et pose le manuscrit sur mon piano. Quinze minutes plus tard, la chanson est écrite. Pour conforter son sentiment de grandeur, d'élévation, je l'orchestre volontairement en CinemaScope, dans un esprit presque ravélien, pour une formation de soixante musiciens. Il y a dans cette entreprise quelque chose qui tient du miracle. Ces quelques lignes, jetées sur le papier par Claude avant de passer sur l'autre rive, auraient pu dormir à jamais au fond d'un tiroir. Par la grâce d'un disque, d'une idée, de la volonté d'Hélène, voilà qu'elles se marient à une musique pour rencontrer le public. Je pense que Claude aurait aimé le résultat. *Mon dernier concert* sera sa dernière chanson. C'est un adieu, mon adieu à Claude Nougaro.

Décembre 2012, Palais des Congrès. Quand Natalie Dessay chante, je pense au lien très spécial qu'elle a noué avec Claude. Il voulait lui écrire une chanson originale, *La Fée Clochette*, en double clin d'œil à *Lakmé* de Léo Delibes et *Peter Pan*. Amoureux fou de l'art lyrique, qu'aurait-il ressenti en écoutant la plus stupéfiante soprano du nouveau monde sur *Le Cinéma* ou *Le Rouge et le noir* ? Le programme nous amène ensuite à *Mon dernier concert.* Les mots qui sortent de la bouche de Natalie s'envolent dans l'immensité obscure de la salle et rejoignent sûrement leur auteur, quelque part *Avec les anges*, pour reprendre le titre d'une chanson qu'il affectionnait spécialement. Ce soir, j'en suis convaincu, le *Petit taureau* est avec nous.

17

Je chante

Septembre 2015. Nous finalisons le mixage d'un cadeau inattendu que m'offre la maison de disques Sony : un album de variété avec des interprètes de générations et cultures différentes, réunis autour de mes chansons. Et il y a du casting. Lambert Wilson côtoie Maurane, Charles Aznavour fait de l'œil aux duettistes de Brigitte, Hélène Ségara tend la main à Thomas Dutronc. Organiser le planning des séances d'enregistrement a été un casse-tête chinois, compte tenu des engagements des uns et des autres. Mais voilà, le résultat est là et j'en suis fier. Pour clore le programme, une idée impromptue me vient à l'esprit : reprendre moi-même une ballade totalement méconnue, *Quand tu reviendras*. C'est sans doute un croche-patte aux usages protocolaires, mais je m'invite au milieu de mes propres invités. Un frisson intérieur me traverse quand, en quintet, je commence à articuler les premières rimes : « Je serai le ciel tout étoilé comme un manteau immense / Je serai le jour et puis la nuit dans une transhumance / Je serai comme les gens heureux qui portent l'espérance / Et tu reviendras, tu reviendras. » Ma voix est celle de mes quatre-vingt-trois ans, elle a pris le grave, elle est ici ou là traversée de fragilités. Mais peu importe : il y a dans ces quatre minutes cinquante un plaisir inouï, ludique, proche de l'enfance. *Quand tu reviendras* m'autorise à faire l'une des choses que j'aime peut-être le plus au monde : chanter, simplement chanter.

Avril 1964. Après avoir accompagné tellement d'interprètes, sur scène ou en studio, il me vient un appel intérieur, instinctif et très précis : « Tu dois essayer de chanter. » Nous sommes en pleine nouvelle vague, *Les Parapluies* viennent de conquérir les écrans mais cela ne me suffit pas : je dois impérativement ouvrir une nouvelle porte, m'inventer un métier supplémentaire. Mon goût pour le chant vient de très loin. Enfants, avec Christiane, nous formions un duo vocal bien rodé, animation rituelle des repas familiaux. Notre répertoire couvrait un large éventail, de Bach à Trenet, en passant par Monk ou Chopin. Christiane, elle, a continué dans cette voie, avec un succès allant *crescendo* : en quelques années, elle est devenue l'étoile du jazz vocal français, éclatant avec Mimi Perrin au sein du groupe les Double Six. Pour moi, me coller au chant, c'est donc une façon de rester fidèle à ma propre jeunesse. Claude Dejacques, directeur artistique chez Philips, accueille ma proposition avec surprise mais bienveillance : « Toi chanteur ? Vas-y, écris et enregistre un album, on le sort ! » Mais il me faut un auteur. Je décide de faire équipe avec Eddy Marnay, dont les paroles de *La Valse des lilas* tournent encore dans les mémoires. Eddy possède une belle plume, il a signé notamment *Planter café*, *La Ballade irlandaise* ou l'adaptation française du standard de Jobim et Moraes *Garota di Ipanema*. Son réservoir de mots révèle les couleurs et odeurs d'une enfance méditerranéenne, celles du printemps, des lilas, du miel. C'est aussi un personnage énigmatique, une sorte de Sphinx. Né en Algérie, Marnay a fait la guerre dans l'armée américaine. Depuis une attaque nocturne à la grenade à Monte Cassino, le sommeil l'a définitivement abandonné. La nuit, il ne dort pas, il se contente de somnoler. Le jour, de fait, il flotte dans un monde cotonneux, toujours en douceur, avec une politesse d'une autre époque. Eddy et moi ne sommes pas branchés sur le même voltage mais c'est précisément cette différence qui fait notre entente. On passe plusieurs journées ensemble, chez lui, près de la place de Clichy. J'improvise librement, il m'arrête parfois, réfléchit, rebondit, me demande de reprendre, puis fait son marché. Quand son choix de thèmes est établi, je les enregistre sur un petit magnétophone. Trois jours plus tard, à notre rendez-vous suivant, les textes sont couchés sur le papier. Toujours selon ce principe : la musique d'abord, les paroles ensuite. Autrement dit l'inverse de la méthode Demy. C'est ainsi que naissent, en l'espace de deux ou trois semaines, des chansons comme *L'Amour en scie*, *Quand ça balance*, *Marion ne m'aimait pas*. Seconde étape, je loue pendant quinze jours un petit studio d'enregistrement pour répéter, travailler mon timbre et mon phrasé, faire des essais piano-voix. Dans la cabine, Eddy m'aide à cerner les défauts, à trouver la bonne tessiture, la bonne respiration. Car, à vrai dire, je n'ai pris aucun cours de chant. Et quand je réécoute les prises, il me faut oublier que c'est moi qui chante. Je redeviens le compositeur qui juge objectivement son interprète, sans complaisance. Enfin, au signal de Dejacques, nous passons en studio. L'album doit évidemment rester fidèle à ce qui a fait ma marque de fabrique comme arrangeur : des orchestrations surprenantes, chahuteuses, hors série. Sur ma version d'*Alcatraz*, je convoque une batterie de percussions insolites, chaînes, enclumes, washboard, dont les sonorités métalliques évoquent l'écho de l'univers carcéral. J'enregistre aussi certaines chansons en trio, par exemple *Qui es-tu ?* et *Celui-là*. Puis, en écoutant la bande, je confectionne les arrangements sur mesure, en écrivant pour les cordes, bois et cuivres en fonction des inflexions de ma voix. Bref, je prends un plaisir fou, égoïste, notamment en m'abandonnant aux voluptés du scat. J'adore improviser avec des onomatopées, comme si la voix humaine était un instrument à part entière, comme si on m'avait fait une injection en intraveineuse de Louis Armstrong, Cab Calloway et Dizzy Gillespie. À l'automne 1964, Philips sort le trente-trois tours sous le titre *Michel Legrand chante et s'accompagne*. Pour les nécessités de la promotion, j'écume les plateaux des émissions de variété. Les radios s'emparent de plusieurs chansons qu'elles diffusent en boucle, grâce notamment à l'appui de Lucien

Morisse à Europe 1, de Pierre Bouteiller à France Inter, de Roger Kreicher à Radio-Luxembourg, station dont je viens d'écrire les indicatifs. *Quand ça balance* et *L'Amour en scie* squattent les ondes. Quand je tombe à la radio sur l'une de mes chansons, j'éprouve un sentiment paradoxal, celui d'être à la fois un jeune chanteur et un vieux professionnel. Malgré ce matraquage, on m'apprend que les ventes ne décollent pas. Ce dont je me contrefous : ma motivation est ailleurs. Il faut dire que le disque ne fait aucune concession aux rythmes de danse du moment. La musique qui sort naturellement de moi, en équilibre entre jazz et romantisme, se révèle en total contrepoint avec les goûts d'une jeunesse formatée par la culture yé-yé. Pourquoi pas écrire un madison ou hully gully si c'est la demande expresse de Godard. Mais quand je suis maître à bord, l'idée ne m'effleure pas l'esprit.

Désormais, il arrive que des amis me disent : « Tiens, tu chantes maintenant ? Mais qu'est-ce qui te prend ? » La question est lourde de sous-entendus. J'ai beau expliquer que je veux en apprendre plus sur moi-même, rien n'y fait. S'il y a une interrogation, elle est d'un autre ordre : pour une poignée de disques vendus, cette incursion dans la chanson ne risque-t-elle pas de brouiller mon image auprès des metteurs en scène ? Demy m'avoue gentiment : « Je retrouve dans ton disque l'esprit de nos séances de travail, autour du piano. » Mais, en même temps, ça le défrise de voir son compositeur faire le zouave dans les shows télé de Maritie et Gilbert Carpentier. Mon inquiétude sera vite infirmée : mes prestations comme chanteur n'auront aucune incidence sur mon travail pour le cinéma. Mieux, cela me permettra à l'occasion d'interpréter moi-même plusieurs chansons originales nées de l'image, notamment *Tendre voyou*, *His eyes, her eyes* dans *L'Affaire Thomas Crown*, *Oum le dauphin*, *Un parfum de fin du monde* dans *Les Uns et les autres*… La déception commerciale du disque ne décourage pas la direction de Philips. « Il faut persévérer, me dit Dejacques. Un jour, une de tes chansons va exploser. » Alors, j'enregistre un quarante-cinq tours de duos avec une jeune Grecque, signée en 1961 chez Philips, sur l'insistance de Quincy Jones et moi-même. Elle s'appelle Nana Mouskouri. L'un d'entre eux sera un très joli succès, *Quand on s'aime*. Puis c'est un nouveau trente-trois tours, intitulé *Sérénades du XXe siècle*, toujours avec des paroles du fidèle Marnay : *Les Enfants qui pleurent*, *Trombone, guitare et compagnie*, *La Nouvelle-Orléans*. J'adore notamment *Elle a, elle a pas*, valse jazz trépidante qui confronte deux garçons aux points de vue divergents sur la même fille. Le premier voit uniquement ses qualités, le second ses défauts. Schizophrène jusqu'à la moelle, c'est moi qui les interprète à tour de rôle. Le soir, j'enregistre l'optimiste : ma voix a chanté toute la journée, elle est plus proche des aigus. Le lendemain matin, départ pour le studio en prenant soin de ne pas ouvrir la bouche, afin de préserver mes graves pour le pessimiste.

À la sortie de ce second album vocal, une proposition inattendue me tombe dessus. Nous sommes à l'automne 1965. Coup de fil de Jacques Brel. En décembre, il doit être l'invité de l'émission d'Europe 1 *Musicorama*, diffusée en direct de l'Olympia. Et il me demande de faire sa première partie non comme chef d'orchestre, mais comme chanteur. J'y vois un geste d'amitié, une forme de reconnaissance aussi. Brel semble m'encourager dans cette direction, comme j'ai moi-même encouragé Nougaro à chanter. Serions-nous plusieurs roues enchaînées les unes aux autres ? Néanmoins, la demande de Jacques est tétanisante. Je lui explique : « Tu sais, j'ai chanté en studio, sur des plateaux de télévision, mais la scène, c'est encore un autre métier. Ça me fait peur !
— Tout est question de préparation, me répond-il. Prends un engagement dans une petite salle, en province ou à l'étranger, et rode un tour de chant ! » Mon impresario, le vénérable Félix Marouani, trouve l'idée excellente : « Allez-y, foncez ! Vous êtes le nouveau Tino Rossi de la maison Philips ! » La force irrésistible de son argument anéantit mes doutes. Poussé par Marouani, me voilà à Montréal où, dans un music-hall, je teste mes chansons sur scène pendant deux semaines. Un

soir, Brel passe m'écouter. Fort de son expérience, il me prodigue ses conseils sur la construction, la gestuelle, les éclairages. « L'architecture d'un spectacle se fait aussi par la lumière, m'assène-t-il. Quand la chanson est intime, mets une couleur bleue ou rouge, plutôt douce. Quand c'est plus rythmique, ça doit être pleins feux. » Il m'explique aussi comment gérer mon corps. Car je ne sais pas quoi faire de mes mains, de mes bras, de mes jambes, je crains de paraître terriblement empoté. Le soir fatidique, dans ma loge de l'Olympia, un trac agressif m'anéantit. Il n'est pas lié à ma voix mais à l'angoisse d'oublier les paroles. Face à des musiciens ou assis à un piano, vous avez une partition sous les yeux. Quand vous chantez, vous faites appel à votre mémoire. Le traumatisme des huées de l'Alhambra 1956 n'est sûrement pas étranger à ma fragilité. Ce soir-là, lâché devant des spectateurs qui attendent l'arrivée du grand Jacques, je ne prends aucun plaisir à interpréter *Et la mer* ou *Pourquoi*, tellement la peur du blanc, de la panne me paralyse. Brel m'a simplement proposé un pari : je n'ai peut-être pas brillé mais je l'ai tenu. Après des années à diriger l'orchestre, dos au public, je viens de lui faire face, pour la première fois de ma vie. C'était le 14 décembre 1965. Sept ans plus tard, je réinvestis l'Olympia pour un récital à deux voix avec Caterina Valente, extraordinaire *show woman* multi-instrumentiste. Abasourdie par ma peur panique de perdre pied, Caterina se révèle fine psychologue : « Dis-toi qu'il n'y a aucune différence entre être sur scène et dans ta salle de bains. C'est un temps qui t'appartient. Tu n'es pas là pour te faire juger par le public, tu es là pour toi-même, pour exprimer des émotions qui doivent venir autant du ventre que du cœur. » Sa leçon aura sur moi l'effet d'une méthode Coué. Grâce à elle, mon trac dévastateur cède la place à une joie irréversible. Car diriger un orchestre, c'est une grande volupté. Mais chanter au milieu d'un orchestre, ça l'est encore plus. Les mots de la douce Caterina m'accompagnent toujours aujourd'hui, quand je chante sur scène.

Été 1970. Le torchon brûle avec Philips, à l'occasion du renouvellement de mon contrat d'artiste. Canetti a déserté la rue Jenner depuis huit ans, Claude Dejacques vient de passer à la concurrence, chez Festival. Les voilà désormais remplacés par des technocrates glacés en trois-pièces. Où s'est envolé l'esprit Philips de mes jeunes années ? Un sérieux différend financier me pousse à claquer la porte de la première maison de disques à m'avoir accueilli. C'était en 1954. Une parenthèse de seize ans se referme. Paradoxalement, en 1969, j'ai enregistré un troisième trente-trois tours vocal qui a bien fonctionné. Dans ma relation à Philips, ce sera à la fois un point de succès et un point de rupture. L'album s'ouvre sur l'adaptation française de la chanson de *L'Affaire Thomas Crown*, *The Windmills of your mind*. *Les Moulins de mon cœur*, c'est d'abord Alain Delon qui les interprète, sur une idée d'Eddie Barclay, convaincu de pouvoir transformer le Guépard en vedette de la chanson. Si le disque n'est finalement pas publié, ça n'empêche pas Delon de souffler mon nom au cinéaste d'un film qu'il tourne dans la foulée. Il s'agit de Jacques Deray et de *La Piscine*. Mais ceci est une autre histoire, sur laquelle je reviendrai plus tard… Surfant sur l'effet oscar, des tas d'artistes anglo-saxons mettent les *Windmills* à leur répertoire, de Petula Clark à Dusty Springfield, en passant par le batteur de jazz Grady Tate, qui vient de publier son premier disque comme chanteur. Son arrangeur Harold Wheeler a eu une grande idée, celle de diviser par deux le tempo original. En passant de *moderato* à *largo*, la chanson prend une autre dimension. Je fais écouter les *Windmills* par Grady Tate à Christian Chevallier, qui doit écrire l'arrangement de ma version vocale : « Si tu veux, essaie d'en retrouver l'esprit ! » Quand je pose ma voix sur le play-back, c'est comme si j'entrais dans un costume de grand couturier. Le ralentissement du tempo donne vraiment la possibilité d'installer chaque mot, chaque accord, de laisser infuser la poésie des images. Aux dernières mesures, une voix de femme tient une note très longue, dans l'aigu, déchirante. Il y a dans la version de Noel Harrison une sorte d'allant, de mouvement ;

avec moi, *Les Moulins de mon cœur* se transforment en invitation à la contemplation, voire à l'introspection. Pour ce même album, Jean Dréjac ajoute son talent de parolier à celui d'Eddy Marnay et m'écrit un texte sur mesure, *Comme elle est longue à mourir ma jeunesse*. C'est plus qu'une chanson, c'est un portrait, le mien. Celui d'un homme de trente-sept ans qui vivra jusqu'à son ultime seconde avec les rêves de ses vingt ans. Désormais, Jean et moi travaillerons ensemble de façon assidue. Jusqu'alors, notre collaboration a été sporadique. Quand nous nous rencontrons, dans le bureau de ma mère, Dréjac est déjà un auteur à succès, grâce notamment aux paroles du *Chemin des Forains*, de *Sous le ciel de Paris* et surtout de l'ineffable *Ah, le petit vin blanc !*, qui sera pour lui une rente à vie. C'est un homme brillant, aux reparties tordantes. Son art, c'est d'exprimer des sentiments avec des mots mais aussi entre, de laisser affleurer des émotions derrière les lignes, de convoquer le pouvoir du non-dit. J'impose Jean Dréjac à mes côtés au fameux Festival de la jeunesse et des étudiants de 1957, car il rêve de découvrir l'URSS. Comme il lui faut un statut, un rôle à jouer, nous lui inventons un métier fictif, metteur en scène d'orchestre. On peut dire que le voyage portera ses fruits : sur le paquebot, je rencontre un jeune mannequin élégantissime, d'origine suédoise par sa mère. Elle se prénomme Christine. À Leningrad, Moscou ou Kiev, la société russe ébranle les convictions d'un Dréjac plutôt conservateur, disons vieille droite. À notre retour en France, Jean épouse la cause communiste, et moi Christine. Nous partagerons vingt-cinq ans de vie. Les trois chansons majeures auxquelles Dréjac et moi donnerons naissance seront destinées à Serge Reggiani : *Édith*, *Le Vieux costume* et *Rupture*, poème musical hors mode et hors format, dissection d'une relation amoureuse qui se délite. Curieusement, Dréjac et Marnay s'estiment mais ne se fréquentent pas. Au mieux, ils cohabitent. Marnay ne vient jamais déjeuner chez moi le dimanche, comme s'il craignait de tomber sur Dréjac. Les relations entre mes amis peintres fonctionnent sur le même schéma. J'ai des rapports amicaux mais extrêmement cloisonnés avec Sempé, Folon et Moretti. La règle d'or à respecter : ne jamais chanter les louanges de l'un devant l'autre, au risque de provoquer un incident diplomatique. Quand je propose à Folon de déjeuner avec Sempé, il me rembarre : « Tu plaisantes ? Je n'aime pas les caricaturistes... » *Idem* lorsque j'insiste auprès de Moretti pour lui présenter Folon : « Arrête de me bassiner avec ce mec qui dessine des hommes-oiseaux comme un enfant de quatre ans ! » Mes projets de réunion confraternelle et œcuménique se dissoudront d'eux-mêmes. Je me console en me disant que Ravel et Debussy se sont toujours tenus à distance. Ils avaient beau être des génies, ils n'appartenaient pas à la même race d'hommes.

Parmi les chansons dont je suis l'interprète, il y en a une qui me tient particulièrement à cœur, en partie à cause des circonstances de sa création. Nous sommes en 1971. Jacques Deray m'invite à mettre en musique son long-métrage *Un peu de soleil dans l'eau froide*, adapté du roman de Françoise Sagan. Un soir, le producteur Gérard Beytout m'invite à dîner chez Sagan. Nous ne nous connaissons pas. Comme tout le monde, j'ai eu le coup de foudre en lisant *Bonjour tristesse*, à sa parution, en 1954. Au café, Françoise me demande timidement de lui jouer le thème d'*Un peu de soleil.* Je m'exécute. Elle découvre cette petite musique inspirée par la sienne et s'exclame spontanément : « Michel, laissez-moi écrire un texte ! » Elle saisit une feuille blanche, me rejoint au piano. Les autres invités se taisent. Elle se lance, note après note, mot après mot : « Dis-moi, dis-moi vraiment... Ah non, plutôt : dis-moi, tu le savais, je t'aime... » Ces paroles, c'est son regard sur une musique née de son histoire. En vingt-cinq minutes, la chanson *Dis-moi* est terminée. C'est une ballade mélancolique où il est question des tourments d'une passion à la dérive. À l'enregistrement, je prends un immense plaisir à distiller les mots de Sagan. Deray tombe sous le charme du résultat et en fait l'ouverture et l'épilogue du film. Malgré nos promesses, Sagan et moi n'écrirons rien d'autre ensemble.

Notre collaboration a démarré un jeudi soir à 22 h 40 et s'est achevée à 23 h 05.

Après un nouvel album vocal en 1972 dans une nouvelle maison de disques, Bell, il va se passer (presque) dix ans sans que j'enregistre un disque entièrement chanté. Le déclic se produit en 1980. Dans notre vie de couple, Christine et moi entrons dans une zone de turbulences, dont nous ne sortirons pas indemnes. C'est le début du désamour, celui-là même qu'évoque poétiquement Dréjac dans *Rupture*. Ce ressac profond, intérieur, j'ai besoin de l'exprimer, je dirais même de l'exorciser. Alors je me mets à écrire des chansons, paroles et musique. C'est le seul traitement possible aux maux dont je souffre. Ce que je veux raconter est si intime que, pour la première fois, les paroles de Nougaro, Marnay ou Dréjac ne me servent plus de paravent. Le résultat est sans doute techniquement moins parfait mais, à défaut, ce sont mes propres mots. Ce territoire-là, je veux aussi le défricher. Pendant un an, je compose quasiment deux chansons par semaine. Elles sortent de moi spontanément, sans aucun effort. Elles traitent du passage du temps, de l'adieu à un ami musicien, le batteur Gus Wallez, de la lumière si particulière de ma fille Eugénie, dix ans, promise à un brillant avenir de cavalière… Quand mon dossier déborde de soixante chansons, il est temps de passer à l'étape suivante, c'est-à-dire structurer l'album, en trouvant d'abord une maison de disques intéressée. Le destin m'envoie alors un messager. Depuis nos cinq jours de juin 44, le fils d'Yvette Bourtayre a grandi. De dix ans mon cadet, Jean-Pierre a mis ses pas dans les miens, sur les conseils de Marcelle : cours de piano avec l'indispensable Mlle Piteaut, classe d'harmonie au Conservatoire avec Henri Challan. Très vite, il devient un compositeur de variété à succès, pour notamment Claude François et Jacques Dutronc. En 1980, Daniel Filipacchi l'engage comme directeur artistique chez Warner WEA. C'est vers lui que je me tourne. Il lui faut quelques heures pour obtenir le feu vert de sa direction. Notre compagnonnage s'avère délicieux. Face à moi, j'ai un vrai interlocuteur, avec lequel je peux parler technique. Jean-Pierre m'aide à prendre du recul, à faire le tri, à sélectionner les dix chansons qui feront l'album : *Quand tu reviendras*, *Fricassée d'amour à la française*, *Mon cœur en papier*... Sur leur traitement, il n'hésite pas à faire des propositions : « Là, tu vois, tu devrais peut-être utiliser juste des cordes et un chœur. » Il me suggère aussi de renoncer (provisoirement) au scat : « C'est un disque plus grave, plus personnel. Pour moi, ce serait hors sujet. » L'aventure me procure une immense jubilation, peut-être parce que je maîtrise toutes les étapes du processus : paroles et musique, arrangements, direction d'orchestre, chant. Ce trente-trois tours sort à l'automne 1981. L'indifférence qu'il récolte me sidère. Les gens de radio qui m'adoraient en 1964 n'en diffusent pas le moindre titre. Seul Jacques Chancel en profite pour me consacrer un *Grand échiquier*. Je fais la tournée des plateaux de télévision avec *La Partie de tennis*, fugato délirant, paradoxalement la chanson la moins représentative du disque. Rien à faire, le public n'accroche pas. Et pourtant, ça reste à ce jour mon disque vocal préféré. Pour moi, c'est un album d'auteur, comme on dit un film d'auteur. Sa couleur est objectivement plus automnale, plus mature, moins jazz que les précédents. En trois mots, c'est mon autoportrait à cinquante ans.

D'autres aventures vocales sont à venir : en 1995, un enregistrement piano-voix, très dépouillé, autour des chansons de Dréjac, puis en 2006 le disque hommage à Nougaro. Qu'on le veuille ou non, le chant fait partie de mon ADN. Certains pensent, j'en suis conscient, que Legrand chanteur est bien en dessous de Legrand compositeur. Moi-même, j'ai travaillé avec suffisamment de grands interprètes, de Sarah Vaughan à Placido Domingo, de Sting à Jessye Norman, pour être lucide sur mes propres limites. Mais peu importe : ma cible n'a jamais été le vedettariat, ni le billboard, mais une recherche intérieure, une exploration de mes possibilités. Je veux les jauger, mesurer jusqu'où aller trop loin, selon l'expression de

Cocteau. Pour que mon navire continue de voguer, il me faut sans cesse essayer des voiles nouvelles et voir si elles portent. Voilà pourquoi, jusqu'à mon dernier souffle, le chant sera l'une des cordes de mon arc. Comme disait Nougaro au sujet de notre fraternité : « Chacun poursuit sa route et mène le seul combat qui vaille la peine : chanter juste, juste chanter. »

18

Le Syndicat des aviateurs nains

Février 2013. Je me réjouis à l'idée de dîner chez les Molinaro. Avec Agnès Varda et Françoise Widhoff, productrice et complice de François Reichenbach, Édouard est l'un de mes plus anciens camarades de cinéma. C'est un homme doux et réservé, parfois jusqu'à la pudeur. Sur trente films, il revendique presque uniquement *La Mort de Belle*, d'après Simenon. Pour le reste, il a offert au cinéma français des classiques de la comédie mais n'en tire aucune fierté, bien au contraire. Pour lui, diriger de Funès, c'était d'abord du domptage de fauve ; mettre en scène *La Cage aux folles*, une déchéance ultime. Édouard se révèle souvent destructeur de lui-même, de manière injuste et excessive. Et pourtant, combien de cinéastes seraient prêts à se damner pour avoir signé *Oscar* ou *L'Emmerdeur* ! Curieusement, Édouard n'a pas fait ses grands succès avec moi, je n'ai pas fait les miens avec lui. Ce qui n'enlève rien à notre affection mutuelle, nourrie par une obsession souterraine, totalement extra-professionnelle.

1965. Molinaro, Doudou pour les intimes, m'implique dans une « audiarderie » saisonnière soigneusement calibrée pour Gaumont, *Quand passent les faisans*. Rejoints par Paul Meurisse et Michel Serrault, plusieurs transfuges des *Tontons flingueurs* (Blier, Lefebvre, Dalban) font claquer les mots d'Audiard comme des rafales de mitraillette. « Un homme d'expérience ne devrait jamais s'aventurer dans le concret », assène Meurisse à la troisième bobine. Ce cinéma-là me met en joie, comme celui de Godard, mais différemment. Toujours ce même principe d'alterner les plaisirs... Un jour, au-dessus de la table de montage, Doudou lève incidemment un voile sur sa passion : il construit de petits avions qu'il téléguide du sol, grâce à un émetteur radio. Brusquement, une lumière s'allume en lui. Lorsqu'il évoque ses zincs miniatures, c'est un second Molinaro, fiévreux et habité, qui semble posséder le premier. Ce violon d'Ingres me surprend tellement que, le samedi suivant, je l'accompagne. Aurais-je enfin trouvé la solution pour conjurer mon angoisse de l'avion ? Grâce à Doudou, me voilà coopté dans une secte étrange, celle des fondus de miniaturisation aérienne. Dès lors, je la retrouve chaque week-end dans un aérodrome désaffecté. Ce n'est pas un virus mais une contagion. À mon tour, je m'achète des modèles réduits pour accompagner mes nouveaux amis dans leurs vols en escadrille, expérimenter des figures acrobatiques. Notre groupe, je le baptise le Syndicat des aviateurs nains. Grisé par la vitesse et l'altitude, j'ai l'impression vertigineuse d'être un Mermoz appareillé par Piéral.

1970. En sortant du tunnel de la dépression, je décide d'apprendre à piloter, pour de vrai cette fois. Après plusieurs mois de cours, mon instructeur me lance, sur un ton sans appel : « Aujourd'hui, vous allez me faire trois décollages et atterrissages... mais tout seul ! » Une angoisse irrépressible m'étreint mais je parviens à la circonscrire : « Si tu ne le fais pas maintenant, tu ne le feras jamais. » Alors, je prends de la vitesse, pousse le moteur, sens les roues se détacher du sol et je hurle à la mort, en me cassant la voix. Quelques semaines plus tard, l'un de mes premiers vols est réservé à mes camarades du Syndicat. Ce dimanche, ils s'entraînent à Chartres. Je me pose sur la piste avec mon Cessna et, de la carlingue, je sors mes avions miniatures. Mes anciens jouets étaient cachés dans le nouveau. Les membres du Syndicat me regardent d'un autre œil, comme si j'étais un traître à la cause. J'ai traversé le miroir, je suis passé à une autre échelle, celle du monde adulte. Ce jour-là, avec Doudou, nous allons faire voltiger nos faux avions au-dessus de mon véritable avion. Comme un jeu de poupées russes… Ces week-ends d'enfance retrouvée ont tissé nos liens, plus peut-être que les quatre films dont je lui ai écrit la musique. S'il n'y avait pas eu Molinaro et ses miniatures, je n'aurais sans doute jamais appris à piloter. Il fallait d'abord que l'avion fasse un tiers de ma taille pour mater la peur panique qu'il m'inspirait. Jusqu'à ses derniers instants, Doudou est resté fidèle à cette passion : il a continué à construire de magnifiques maquettes en bois, avec une émouvante méticulosité. J'ai aimé Édouard pour ce contraste inouï entre son calme, sa douceur extérieure et l'intensité de son monde intérieur.

19

Trois images de Steve McQueen

Crans-Montana, décembre 2011. Je vis une partie de l'année en Suisse, dans une maison isolée, à flanc de montagne, avec vue imprenable sur la vallée. Dans le jardin, on a fait construire un mazot, chalet de poche où je m'isole pour créer. En plein travail, il suffit d'observer pendant cinq minutes les nuances de lumières qui passent sur les cimes pour être aussitôt ressourcé. À côté de ma table de souffrance, pour mieux décompresser, j'ai installé un petit train électrique, vestige et hommage à mes séances de jadis avec Demy. Hier, sur la route du village, un lacet m'a révélé fugitivement un immense panneau publicitaire pour une marque de montre, suisse bien évidemment. L'image a instantanément chatouillé ma mémoire. Droit comme un i, un coureur automobile casqué, au visage bandé, s'apprête à se lancer dans la course de sa vie. Ce coureur, c'est Steve McQueen. Même s'il était fondu de sports mécaniques, cette photo ne vient pas d'une véritable course mais d'un film dont j'ai écrit la musique, *Le Mans*. D'où cette troublante impression d'immédiate familiarité. McQueen, c'est un comédien magnétique. Quand il interprète un personnage mutique, il parvient toujours à faire comprendre son état intérieur par son fameux sourire du regard.

Notre parcours commun commence par *L'Affaire Thomas Crown* de Norman Jewison. Trois ans plus tard, Columbia me contacte pour *Le Mans*. L'addition McQueen + film tourné en France déclenche sûrement l'idée de m'en confier la musique… On m'appelle au moment où démarre le tournage sur le circuit du Mans, en juin 1970. J'y fais un saut, rencontre le metteur en scène, Lee Katzin, et Steve McQueen. Curieusement, on ne s'était pas croisés à l'époque du film de Jewison. Je suis frappé par sa simplicité, la sincérité avec laquelle il me parle de la partition de *Thomas Crown*. Ce sera notre seul et unique face-à-face, fugace mais intense. Une fois le film monté, Columbia m'en tire une copie trente-cinq millimètres en noir et blanc (c'est moins cher) pour me l'envoyer en France. Car ma pièce de travail est équipée d'une Moritone, sur laquelle je charge les douze lourdes bobines. Je visionne les séquences une à une, relève les minutages, fais moi-même les steamers au crayon, c'est-à-dire les calages-départ à même la pellicule. Cinquante ans plus tard, à l'heure du tout-numérique, cette méthode doit sembler préhistorique… mais il n'y en a pas alors de meilleure pour composer au plus près de l'image. Sur *Le Mans*, il faut exprimer le mouvement des bolides qui tracent à des vitesses hallucinantes, la vitesse vécue comme une drogue, l'ivresse des boucles, le danger aussi. Sans oublier un embryon romanesque, une histoire d'amour à peine effleurée entre Delaney-McQueen et la veuve d'un pilote italien. Les dix premières minutes sont entièrement construites sans dialogue : c'est la fusion image-musique qui raconte l'histoire. *Idem* pour la dernière séquence où Delaney et l'Italienne se séparent dans la foule, sans se dire un mot. À la musique de révéler leurs sentiments, de faire parler leurs regards. Et puis, je charpente vraiment ma partition comme une dramaturgie. Par exemple, le thème de la dernière course est volontairement plus moderne que la première. On sent la graduation : les harmonies frottent, grincent, presque à la limite de la dissonance. C'est une manière d'intensifier le danger, de faire monter l'adrénaline. La partition du *Mans* est écrite en huit semaines, puis je file l'enregistrer à Hollywood, avec des musiciens d'exception : Ray Brown, Shelly Manne, Pete Candoli et le Français Jean-Luc Ponty, dont le violon électrique possède des qualités idéales de vélocité et de virtuosité. C'est une partition que je prends plaisir à diriger en concert même si le film n'obtient qu'un succès raisonnable. À vrai dire, malgré la trame romanesque, il s'adresse prioritairement aux fondus de courses automobiles. Son public est logiquement plus restreint que celui de *Thomas Crown*. Son côté ambivalent (fiction ? reportage ?) en fait un curieux objet, une sorte d'ovni cinématographique.

Neuf ans plus tard, je séjourne à Los Angeles lorsque le réalisateur Buzz Kulik me contacte. Nous avons collaboré sur plusieurs films de télévision dont *A cage without a key* et le fameux *Brian's song*, dont le thème est toujours l'un des piliers de mon répertoire. Cette fois, Buzz me lance : « Je viens de terminer le nouveau Steve McQueen, *Le Chasseur*. Passe au studio, je voudrais te montrer plusieurs séquences. » Buzz me dévoile alors la longue poursuite dans Chicago, où McQueen traque un tueur à grand renfort de cascades et d'acrobaties, notamment sur le toit d'un train... Bluffé, je sors du montage ravi d'écrire pour Kulik et de retrouver McQueen. De retour en France et dès réception de la copie de travail, je commence à réfléchir à l'identité musicale du *Chasseur*. Car la musique d'un film, c'est comme le film lui-même : il lui faut un sujet. Et là je repense à ces polars américains, dans lesquels chaque course-poursuite est systématiquement surlignée par une musique jazz, à base de cuivres et percussions variées, bongos, timbales ou caisses claires... Plus ou moins consciemment, je ressens l'envie de casser le moule, d'atomiser ce cliché. Une nuit, une idée folle, incongrue, extravagante me vient à l'esprit : écrire une partition d'inspiration baroque, à la Vivaldi, avec un grand orchestre à cordes et des petites trompettes en *si* bémol qui tricotent sur des tempos *allegro*. Comme un contrepoint au côté urbain, contemporain, aux moyens de transport modernes... mais tout en conservant les mêmes qualités rythmiques qu'une musique jazz. De plus, le concept n'est pas illogique au regard du personnage de McQueen dans le film : un chasseur de primes qui vit réfugié dans le passé, qui refuse le progrès, qui écoute de l'opéra italien dans son antique décapotable... À un moment donné, le shérif de Houston lui assène : « On s'est trompé d'époque, monsieur Thorson ! » Donc, mon idée de décalage baroque, dans tous les sens du terme, va dans la direction du personnage. Là-dessus, Kulik s'enthousiasme : « Feu vert, fonce, compose ! » J'écris alors dans un état second, galvanisé par le pari fou que je me suis fixé à moi-même. Certains morceaux sont complètement baroques (la séquence de la poursuite en moissonneuse-batteuse), d'autres sont élaborés sur l'idée de confrontation entre deux mondes, deux écritures, l'une baroque, l'autre moderne, jazz ou rock. À l'enregistrement, c'est de la démence pure : j'ai devant moi deux formations qui s'interrogent à tour de rôle, se provoquent, se stimulent mutuellement. Le tout en direct, sans aucun trucage ni re-recording.

Trois jours plus tard, mon agent reçoit un coup de fil du producteur : « J'attendais des percussions sur les poursuites, impossible de garder la musique de Michel Legrand ! » Sa décision déclenche une guerre des nerfs, car Buzz se bat contre le studio pour imposer son point de vue, à coups de procédures. Contre son avis, la production fait composer et enregistrer une nouvelle musique par un autre compositeur, Charles Bernstein. Résultat des courses : le studio transige, en acceptant ma partition pour certains territoires, celle de Bernstein pour d'autres. Un même film exploité avec deux musiques différentes, situation absurde et unique dans l'histoire du cinéma. Jetez une oreille au DVD : sur la version française, c'est la partition de Bernstein ; sur la version originale, c'est ma partition. La leçon à tirer de cette aventure est claire : si l'on attend une musique sans surprise, inutile de m'appeler. Car j'ai toujours affectionné les formules orchestrales iconoclastes. J'adore mélanger, brasser, superposer des formations et des langages *a priori* non destinés à fonctionner ensemble. Ce que les Américains appellent la musique *safe* (sûre) m'ennuie. Cette partition du *Chasseur* prouve que rock et baroque s'accordent à merveille : c'est un exercice dément, absurde sur le papier mais d'une totale évidence à l'écoute.

Quand McQueen tourne *Le Chasseur*, il est déjà gravement malade. Mais Buzz Kulik ne m'en a rien dit. Lorsque le film sort en Europe, début 1981, l'interprète de *Papillon* s'est déjà envolé, à cinquante ans pile. C'est son dernier film et, curieusement, il y reprend son rôle fétiche de chasseur de primes, comme pour boucler la boucle avec le personnage de ses débuts, Joss Randall dans *Au nom de la loi*. Reliées par l'idée de la vitesse, les partitions de *Thomas Crown*, du *Mans* et du *Chasseur* fonctionnent comme des photographies de McQueen à trois moments de sa vie. On ne le verra jamais ridé, épaissi, cabossé par le temps, consumé par les excès de toutes sortes. McQueen, c'est comme Mozart, James Dean, Arthur Rimbaud ou Boris Vian : une image figée pour l'éternité dans la jeunesse et la modernité.

20

Mes pères de substitution

Janvier 2013. Dans ma pièce de travail, il y a une table basse sur laquelle repose un petit livre énigmatique de quelques centimètres, un livre pour Lilliputien. Je n'ose pas le ranger dans la bibliothèque de peur qu'elle l'engloutisse. Le contraste est sidérant entre la taille de cet ouvrage et la puissance de son contenu. Tout y est grand, sauf le format. Il contient plusieurs poèmes dont la beauté me saisit à chaque lecture. Parfois, en pleine écriture, je m'y plonge quelques minutes afin de m'aérer l'esprit. La page de garde révèle une dédicace un peu passée, à l'encre bleue : « Voici les derniers vers qu'Elsa a encore voulu lire de moi. » Ce livre s'intitule *Les Chambres, poèmes du temps qui ne passe pas*. Son auteur avait les traits et la personnalité de mon père rêvé, fantasmé, idéalisé. Il s'appelait Louis Aragon.

Pendant des années, beaucoup de gens m'ont seriné : « L'absence de ton père a dû peser comme un poids sur ton enfance. » Je n'ai pas toujours osé leur avouer la vérité : sur le moment, ce qui m'a le plus manqué, c'est un grand frère, un guide qui m'ouvre des voies, me montre un exemple, me prépare aux duretés de la vie. De fait, dès l'âge de vingt ans, je vais entamer une recherche inconsciente de cet aîné idéal, à la fois grand frère et substitut de père. Car le plus souvent, les copains de mon âge ne me passionnent pas : leur vie vient à peine de commencer, ils n'ont aucun vécu à transmettre. J'aspire à autre chose que des conversations sur les filles ou les boîtes de nuit. Le premier à jouer ce rôle de père de remplacement sera Francis Lemarque. Il a quinze ans de plus que moi, c'est-à-dire pile une génération. Il a traversé la guerre en adulte, en surmontant mille dangers, étant donné son triple statut, Juif communiste d'origine lituanienne. Enfant du quartier Bastille, issu d'un milieu social très modeste, Lemarque a gravi les échelons du métier par la seule force de son talent et de sa personnalité. C'est un poète du quotidien, de la simplicité. Avec une poignée de notes et quelques mots choisis, il a l'art de trousser des chansons qui sonnent d'emblée comme des chansons du folklore, des chansons éternelles. Écoutez plutôt *À Paris*, *Marjolaine*, *Quand un soldat*… J'adore écouter Francis parler de son parcours, humain et artistique. Il m'apprend énormément sur le rapport à l'autre, la relation de confiance ou de méfiance, le sens des responsabilités. Ce lien filial se resserre via les chansons et musiques de films que nous écrivons ensemble, via aussi sa généreuse intervention financière dans *Les Parapluies de Cherbourg*. En 1974, je m'implique dans un ambitieux projet qu'il a écrit avec Georges Coulonges, *Paris populi*. C'est une fresque musicale de deux heures sur l'histoire de Paris, interprétée par l'orchestre de RTL et une pléiade d'artistes invités : Juliette Gréco, Serge Reggiani, Mouloudji, Serge Lama, ma sœur Christiane… J'orchestre plusieurs pages, je chante, je prends part à la coproduction avec Barclay. Ce coffret de trois albums ne rencontre malheureusement pas le succès escompté mais le plus important est ailleurs, dans la fierté d'avoir permis à Francis d'aboutir sa « grande œuvre ». Notre lien réside enfin dans nos caractères en contraste : Francis est un sédentaire, moi un nomade. Cet homme responsable, rationnel a toujours vécu dans la même maison de La Varenne, avec les mêmes habitudes, avec la même femme, adorable, Ginny. Mon goût pour les avions qui décollent, les chemins de traverse, le cosmopolitisme, les virages à cent quatre-vingts degrés le déconcerte. Il l'écrit d'ailleurs dans son autobiographie : « Ce métier d'artiste transforme certains d'entre nous en vagabonds de luxe, toujours occupés à sillonner le globe. » Finalement, je ne sais pas si Lemarque a vraiment compris qui j'étais. Ça n'a pas empêché notre relation d'amitié de courir sur quarante ans. Les choses de la vie, simplement, ont fini par instaurer une distance. D'abord mon divorce avec Christine a cassé l'équilibre de nos deux couples réunis. Et puis le rôle que Francis devait représenter auprès de moi, il l'avait tenu. Son savoir, il me l'avait transmis à un moment précis de ma vie. Je pouvais voler de mes propres ailes. Notre éloignement n'a rien enlevé à mon sentiment intime pour Lemarque : cet homme-là, je l'ai aimé à la folie.

À sa façon, Jacques Canetti est aussi un *ersatz* paternel pour moi. C'est lui qui m'a fabriqué professionnellement. Beaucoup d'autres artistes Philips, André Popp en tête, pensent que Canetti a pour moi les indulgences d'un père, qu'il me considère comme sa découverte, son protégé, sa créature. En 1964, deux ans après son départ de Philips, une autre grande figure se substitue à lui. Le patron de Radio-Luxembourg, Roger Kreicher, vient de me commander les indicatifs de la station, un hymne décliné en fonction de l'identité de chaque émission. Au lancement de la grille, il me consacre une journée complète. Fil rouge pendant vingt-quatre heures, je peux convier mes propres invités. Pour *Le Journal inattendu*, je demande sans y croire s'il serait envisageable de faire venir Louis Aragon. Miracle, il accepte. J'exulte à l'idée de me retrouver face à un monstre sacré, dont je dévore les livres depuis la sortie de l'adolescence. C'est une statue du Commandeur, qui a commencé à écrire avant même ma naissance, un géant qui appartient déjà à l'histoire de la littérature. Surmontant ma timidité, je lui récite quelques vers d'*Il n'y a pas d'amour heureux* : « Sa vie, Elle ressemble à ces soldats sans armes / Qu'on avait habillés pour un autre destin / À quoi peut leur servir de se lever matin / Eux qu'on retrouve au soir désœuvrés incertains / Dites ces mots ma vie et retenez vos larmes. »

Ma spontanéité a dû étonner Aragon. Une connivence se noue. Nous déjeunons ensemble de temps à autre, je l'interroge sans fin sur le surréalisme et la Résistance. Aragon s'est dressé contre l'hitlérisme dès 1939. C'était un homme debout, aux antipodes de mon père biologique. Nous parlons aussi des textes de *La Diane française*, qui m'ont tant frappé à dix-sept ans. À cet âge-là, autant Charles Péguy me laisse de marbre, autant Aragon me transporte. Avec peu de mots, mais extrêmement choisis, il parvient à révéler à la fois la beauté, la grandeur et les contradictions de l'âme humaine. Ses poèmes, je les reçois comme des textes de chansons. L'avenir confirmera cette impression puisque Ferré, Ferrat ou Brassens y associeront des notes. Ensemble, nous parlons rarement de musique : ce n'est pas naturellement sa culture. Et puis, c'est moi qui souhaite apprendre de lui. Si j'ai un rôle face à Aragon, c'est celui de miroir. Vers 1972, il m'invite dans son moulin de Saint-Arnoult-en-Yvelines. Sa visite me fascine, tant j'ai le sentiment d'entrer dans un temple, un mausolée. Elsa Triolet est partie deux ans plus tôt. Sa tombe domine une petite butte, en haut du parc. La place d'Aragon y est déjà prête. L'hiver, il sort à peine vêtu, sans écharpe. Je ne cesse de le mettre en garde : « Couvre-toi, tu vas attraper la crève ! » Sa réponse ne varie jamais : « Tu n'as pas compris : je fais exprès. » En 1976, l'idée d'une éventuelle collaboration m'effleure l'esprit. À l'époque, je ressens l'envie de composer un grand ouvrage symphonique, à dimension universelle. En gros, j'ai *Le Sacre du printemps* qui me démange, toute modestie mise à part. En mon for intérieur, je me dis : « J'arriverai peut-être à me libérer de cette référence majuscule si Aragon en élabore l'argument. » Contre toute attente, il me donne son accord. Parmi les sujets possibles, on évoque, pourquoi pas, le commencement des temps. Les mois vont filer sans qu'Aragon écrive une ligne, trop accaparé par ses livres, ses articles, les réunions de cellule au Parti. Jamais je n'oserai le relancer. Quand il s'envole en 1982, j'ai au fond de moi le regret de ce grand projet à peine évoqué et déjà évanoui. Mais c'est aussi ce qui fait la singularité de notre relation : elle a été uniquement filiale, passionnée, désintéressée. Les choses du métier ne s'y sont pas mêlées et c'est peut-être mieux ainsi.

Cette quête de la transmission, curieusement, fonctionne chez moi à sens unique. Je souffre d'un handicap définitif à donner un cours, une *master class*, à jouer aux pédagogues. C'est Henri Challan qui me permet de prendre conscience de cette infirmité. Cloué au lit par la grippe, il me demande un jour de le remplacer à la classe d'harmonie du Conservatoire : « Faites-leur un cours sur la septième de dominante. » Ce sera une catastrophe. D'abord, je n'ai aucune patience. Ensuite, ce que je sais, il m'est difficile d'imaginer que les autres ne le comprennent pas instantanément. Résultat, je suis confus, embrouillé, expéditif, bouillonnant, face à une salle de hiboux hagards. Et à juste titre. L'expérience se reproduit en 1980, à Fontainebleau, lors d'un hommage à Nadia Boulanger. Pour perpétuer son héritage, nous sommes deux à donner des cours, Leonard Bernstein et moi. Bernstein se révèle magnifique de psychologie et d'habileté. Pour ma part, je sors très déçu des élèves et surtout de moi-même. En même temps, la vraie question est : peut-on vraiment être un grand pédagogue et faire œuvre de compositeur ? À l'exception de Bernstein, je ne le crois pas. Soit l'on crée, soit l'on transmet. L'exemple de Nadia ou Henri Challan est assez éclairant : ils étaient possédés par le génie de la transmission. Mais, en contrepartie, ils avaient tous deux mis en veilleuse leur ambition d'écriture. L'histoire a gardé de Nadia l'image d'un professeur humaniste et intransigeant, pas d'une compositrice. Pendant longtemps, j'ai admis l'idée que, ce statut de passeur, je ne le tiendrais jamais devant un jeune artiste. Mais les années qui filent, la course du temps ont fini par infirmer ce sentiment. En 2011, à Londres, lors de l'avant-première de la version scénique des *Parapluies de Cherbourg*, un talentueux compositeur de musiques de films, déjà auréolé par le succès, traverse le hall du John Gielgud Theatre pour me serrer la main. Il s'appelle Alexandre Desplat et me glisse avec émotion : « Vous savez, si j'écris pour le cinéma aujourd'hui, c'est parce que j'ai vu *L'Affaire Thomas Crown* à douze ans. Sans complètement l'analyser, j'ai été frappé par votre manière d'intégrer une rythmique de jazz à l'orchestre. Mais comment avez-vous fait pour être aussi libre ? » Ce soir-là, je prends conscience que mes partitions ont déclenché des vocations, qu'elles ont transmis un enseignement. Mes cours, je les ai finalement dispensés à travers les kilomètres de pellicule que j'ai noircis de milliards de notes. Alors oui, si Alexandre Desplat, Bruno Coulais ou Philippe Rombi me considèrent comme leur père, je les accepte volontiers comme fils.

Mars 1958. En me mariant avec Christine, j'atteins un autre but, la possibilité de fonder une famille. À vingt-six ans, c'est une envie plus ou moins consciente qui me travaille. En fait, devenir père soi-même, c'est une manière indirecte de réaliser sa quête du père. Je l'ai déjà compris avec la naissance de ma première fille Dominique, en 1952. C'est aussi la promesse d'une longue série de premières fois : premier sourire, premier mot, premiers pas. Face désormais à Hervé, Benjamin et Eugénie, j'entre dans le costume de celui qui va donner des conseils, faire part de son expérience, protéger. Enfant, personne n'a tenu ce rôle face à moi. J'essaierai d'être à la hauteur de la tâche, malgré les inconvénients d'un métier qui m'amène à beaucoup voyager, trop parfois. Concernant nos progénitures respectives, Jacques Demy aura une idée lumineuse, juste avant le tournage des *Parapluies de Cherbourg.* Mon fils Hervé et Rosalie, fille d'Agnès Varda, ont le même âge et s'entendent à merveille. Ce qui fait dire à Jacques : « Écoute, ce serait amusant qu'Hervé incarne le fils de Guy et Madeleine à la fin du troisième acte, dans la station-service. Du coup, je ferai jouer par Rosalie sa demi-sœur, la fille de Guy et Geneviève. Tu es d'accord ? » Comment ne pas l'être ? C'est une image de nos enfants à quatre ans, fixée pour l'éternité sur un ruban en trente-cinq millimètres. Notre fratrie de sang intègre celle, imaginaire, que nous avons créée à l'écran. Depuis cinquante ans, à chaque projection des *Parapluies*, je ne vois pas uniquement des personnages de fiction, je vois aussi ma propre descendance.

21

Situations d'écriture

Los Angeles, février 2013. Séjour de un mois dans la Cité des anges, à la demande de Jerry Lewis. Je ne parviens plus à me souvenir des circonstances de notre rencontre, tant j'ai l'impression qu'on se connaît depuis toujours. En 1981, il me sauve la vie. TF1 vient de me confier une émission de variété mensuelle, *Legrand studio*. Les préparatifs de la première se font dans la précipitation. Il me faut une vedette. En pleine panique, j'appelle Jerry : « J'ai besoin de toi à Paris, dans quinze jours. » Cinq secondes de silence : « Calme-toi, je serai là. » C'est pour ce type de réaction que Jerry est mon ami. Trente et un ans plus tard, fin 2012, c'est lui qui me contacte : « Après dix-huit ans d'absence, je reviens au cinéma dans un film intitulé *Max Rose*. Ce sera mon *Limelight*. Tu dois en écrire la musique. » Me voilà donc à Los Angeles. *Max Rose*, c'est l'histoire d'un vieux pianiste, dont la vie bascule par suite d'une révélation liée à sa femme disparue. Claire Bloom, la jeune danseuse des *Feux de la rampe*, apparaît à l'écran, comme un trait d'union vivant avec le chef-d'œuvre de Charlie Chaplin. Je visionne les rushes, je compose les morceaux que le personnage doit jouer en situation, je sers de « doublure mains » à Jerry. Plusieurs soirs, l'American Cinematheque me rend hommage à l'Egyptian Theatre, sur Hollywood Boulevard. À la projection des *Demoiselles de Rochefort*, je vois surgir George Chakiris. Depuis le film, j'ai pris quarante-cinq ans, lui vingt. Ces retrouvailles en cascade se prolongent avec une soirée délicieuse en compagnie de John Williams. L'ancien pianiste d'Henry Mancini, le pilier des « golden hands parties » chez Saul Chaplin, est devenu l'une des stars de la musique au cinéma grâce à sa collaboration inconditionnelle avec Steven Spielberg, aux séries *Star Wars* et *Harry Potter*. Il me glisse, en souriant : « Tu sais, j'ai le sentiment d'être un ouvrier. » De la part d'un compositeur vénéré mondialement, cet aveu me surprend. Sa vie est monacale, entièrement centrée sur la musique et rien d'autre. D'où me vient cette étrange sensation que John compose pour lutter contre l'ennui ? Nous parlons écriture et en arrivons au même constat : plus que jamais, la part de doute l'emporte sur celle des certitudes.

Car la composition musicale suscite beaucoup de questions, aux réponses improbables, tant il est périlleux, voire impossible de décrire la musique avec des mots. On me demande souvent d'où viennent les idées, comment naissent une mélodie, une couleur orchestrale, un contrepoint. J'aurais envie de répondre : ce qui sort d'un créateur, c'est cinquante pour cent de technique et cinquante pour cent d'inspiration. La technique, je l'ai acquise pendant mes années de Conservatoire. Comme un puits creusé millimètre par millimètre, à la sueur de mon front. Il me suffit d'amorcer la pompe pour que l'eau soit là. L'inspiration, en revanche, répond à d'autres paramètres. Pour l'écriture de musiques de films, je me suis toujours fié au même guide : l'instinct. Car le film, je le connais par cœur. Je l'ai visionné plusieurs dizaines de fois, jadis en trente-cinq millimètres, aujourd'hui en DVD. Quand les délais rétrécissent, quand il reste uniquement le temps physique de la composition, l'idée évidente, le sésame apparaît. L'étincelle se produit toujours à cet instant-là, dos au mur. À l'inverse, lorsqu'on a du temps, on réfléchit, on cérébralise, on trouve ses premières idées trop évidentes, trop instinctives. On essaie de les améliorer et, finalement, on les déforme, on se noie dans son propre bain. Pour ma part, quand je n'ai pas le temps de chercher, je trouve. Si vous êtes poursuivi par un fou criminel, couteau à la main, vous battez fatalement des records de vitesse. La meilleure illustration de cette méthode remonte à l'hiver 1971. La Warner me convoque d'urgence à Los Angeles. J'arrive un vendredi matin, on m'organise une projection l'après-midi. Le metteur en scène est présent, il s'appelle Robert Mulligan. Son film s'intitule *Un été 42*. À la fin de la dernière bobine, je reste muet plusieurs minutes, à cause d'un charme diffus, d'une nostalgie des étés d'autrefois, du paradis perdu de l'enfance. Une sorte d'écho à mes propres vacances de Berck-Plage, comme je l'ai déjà écrit. Ce doux flottement ne dure pas, car Mulligan et son producteur Richard Roth me ramènent à une réalité moins poétique : « Michel, il faut que la musique soit prête mercredi prochain. Si vous acceptez, vous avez cinq jours pour composer et enregistrer. » *A priori*, c'est mission impossible. Or, rien ne sera plus simple : j'entre dans ma chambre d'hôtel et, tout de suite, je me mets à écrire. Les images, la lumière, la photogénie de Jennifer O'Neill m'ont transmis une formidable émotion que je couche immédiatement sur mes portées. J'ai regardé ce film autant que ce film m'a regardé. Il sort de moi deux premières phrases de quatre notes : *mi*, *la*, *si*, *sol* ; *mi*, *la*, *si*, *do*. Je les entends distinctement avec un sax ténor soliste. Pourquoi ? Je serais incapable de l'expliquer. C'est un timbre qui, dans mon inconscient, doit être associé aux réminiscences du passé, à la période de la guerre. En raccourci, la pression des délais a stimulé ma créativité. Si j'avais disposé d'un mois pour écrire la musique d'*Un été 42*, elle aurait sans doute été plus banale, moins spontanée. J'étais en danger, j'ai réagi pour sauver ma peau. Pour moi, c'est une leçon : il faut créer en se laissant porter, de façon un peu naïve, sans trop se poser de questions d'adulte. Je ne dis pas que c'est une méthode absolue. C'est simplement la mienne.

Ce fonctionnement m'a-t-il parfois fait défaut ? Difficile à dire. Évidemment, sur cent soixante longs-métrages, toutes mes partitions n'ont pas la même ambition, ni la même réussite. Avec un peu de sens autocritique, je dois avouer qu'il existe une musique que j'aurais pu mieux aboutir. Elle me ramène au printemps 1983, à Londres. Nous sommes alors sur la dernière ligne droite de *Yentl*, le premier film mis en scène par Barbra Streisand. Neuf chansons originales écrites avec Alan et Marilyn Bergman, plus une partition orchestrale foisonnante : tels les quatre mousquetaires, notre parcours partagé dure depuis deux ans. Nous achevons les séances de mixage au studio Olympic quand je reçois un coup de fil inopiné de Sean Connery. Il a appris que je suis à Londres et veut me parler d'urgence : « Michel, je viens de terminer un nouveau James Bond, qui sera aussi mon dernier Bond. Et je voudrais que vous en écriviez la musique. » Or, je me suis promis de prendre des vacances à l'issue de *Yentl*. J'arrive à l'ultime étape d'une aventure au long cours, je suis vermoulu. Il y a aussi une autre motivation, plus secrète, celle de m'éloigner du cinéma. J'ai conscience que *Yentl* sera un cap, un Himalaya, je ne veux pas ensuite rétrograder. Sur-le-champ, je ne prends pas la pleine mesure de la proposition de Sean : « Vous savez, *a priori*, j'ai plutôt décidé de me reposer... — Arrêtez, Michel, vous vous reposerez après avoir écrit la musique de mon film ! Venez, je vous montre demain un premier montage. » La chaleur de Sean, son enthousiasme parviennent à faire fondre mes réticences. Et puis, au fond de moi, une petite voix me dit : « Accrocher un Bond à ta filmographie, c'est plutôt inattendu. Cela fera de toi le chaînon manquant entre 007 et Jean-Luc Godard ! » Dès la sortie de la projection de travail, le producteur Jack Schwartzman m'impose des délais proches de la folie furieuse : il faut enregistrer au plus vite, car Warner doit distribuer *Jamais plus jamais* à l'automne, comme un événement de la fin d'année. Voilà comment je me retrouve avec un James Bond sur les bras et uniquement un mois pour l'écriture. J'y prends du plaisir, certes, mais pas autant que je devrais. *Yentl* m'a vidé, littéralement. Et puis, en acceptant ce film, je trahis la décision intime que je m'étais imposée. Résultat, s'il y a des choses drôles et inventives dans la partition de *Jamais plus jamais*, elles auraient pu ou dû l'être encore plus. Le problème n'est pas le film lui-même mais mon état intérieur, mes ressources, mes envies à l'instant précis où Connery m'a sollicité. Pour un compositeur, en certaines circonstances, la commande peut se révéler supérieure à l'inspiration.

Au cinéma, il y a encore un autre facteur : la gestion du metteur en scène. Généralement, la musique arrive à la fin du processus de création. Le cinéaste est souvent très anxieux, tendu, effrayé par le film qu'il vient d'enfanter. Il faut donc le rassurer, le prendre par la main, avec à la fois douceur et autorité. Devant lui, je suis toujours excessivement défenseur de mes idées, parfois même « buldozerrant », pardon pour le néologisme. J'essaie, autant que les mots peuvent le permettre, d'expliquer quel sera le parti pris de la partition, son intention, sa direction esthétique. Ce comportement un peu directif est nécessaire face au metteur en scène. Mais seul devant mes feuilles blanches, je tremble à mon tour, je suis perclus de doutes, je m'interroge : « Jusqu'à présent, mon intuition ne m'a jamais trompé. Mais là, si c'était une fausse piste ? » Ensuite, il me faut reprendre de l'assurance au moment de diriger l'orchestre. Le metteur en scène et le producteur vous scrutent depuis la cabine. Le destin de leur film est entre vos mains, c'est une énorme responsabilité. Il me vient le souvenir de ma délicieuse collaboration avec Jean-Paul Rappeneau : nous serons liés pendant dix ans et trois films. Pour celui du milieu, *Les Mariés de l'an II*, Jean-Paul me donne différentes références, dont un concerto de Haendel, afin de cerner un climat. J'écris un thème à couleur baroque pour le générique début où l'on voit deux enfants évoluer dans des paysages enneigés grandioses : ce sont, à onze ans, les personnages que joueront ensuite Belmondo et Marlène Jobert. Ce thème me convient et me gêne à la fois : il contient un vrai point de départ mais, à mon sens, reste inabouti. Je le triture, le retourne, mais sans parvenir à le développer convenablement. Quand il le découvre, Jean-Paul s'exclame : « C'est très bien mais pourriez-vous lui ajouter une dimension supplémentaire, je ne sais pas, un truc un peu martial ? » Sur-le-champ, mon impression vient d'être confirmée à travers la sienne. Alors, spontanément, j'improvise une partie centrale à caractère militaire, une marche pleine de pompe et de gravité. « Ne changez plus une note, hurle Jean-Paul, c'est ça ! » Depuis, l'ami Rappeneau aime déclarer : « Cette partie centrale du thème générique, c'est une prémonition de l'avenir de nos héros, des gloires à venir, de Valmy ! » Il a raison : c'est effectivement le résultat que produit la musique à l'image. Mais moi, je n'en ai pris conscience qu'après la bataille, si j'ose dire. Sur le moment, nous naviguions à vue. Dans le brouillard de nos incertitudes, nos instincts additionnés nous ont simplement permis d'emprunter le bon chemin.

Cette situation de création, finalement, je la découvre vers vingt ans, lors de mes derniers mois chez Nadia Boulanger. Igor Stravinski vient à Paris diriger ses œuvres au Théâtre des Champs-Élysées. En lieu et place de sa classe au Conservatoire, Nadia nous emmène à ses répétitions. Un jour, à l'heure du déjeuner, nous nous retrouvons à la cantine. À table, me voilà encadré par Nadia et le grand Igor, qui m'impressionne terriblement. Je trouve néanmoins le courage de lui demander : « Maître, avez-vous lu le livre d'analyse que Pierre Boulez vient de consacrer au *Sacre du printemps* ? » Il sourit et me répond en français, avec son accent russe délavé : « Je ne l'ai pas lu, simplement parcouru. Il a totalement démonté mon écriture comme une mécanique de voiture, expliqué que telle phrase est volontairement le contrepoint renversé de telle autre. À la moindre modulation, au plus infime changement de tempo, il m'a attribué des intentions secrètes auxquelles je n'ai jamais pensé. » Il marque un temps et ajoute : « Car sache une chose : quand on est un vrai créateur, on ne sait jamais très bien ce que l'on fait. » Cette phrase a sur moi l'effet d'une révélation, elle va éclairer ma vie. Dès lors, je sais qu'il ne faut surtout pas s'embarrasser de questions existentielles à la moindre double croche. Malgré le doute et la solitude, il faut tracer, se laisser aller, faire confiance à ses intuitions. En écho à Stravinski, son ami Saint-John Perse répondait invariablement aux universitaires et talmudistes de son œuvre : « Il ne faut pas disséquer la gorge du rossignol. » À ce sujet, il me faut avouer ma vénération pour le deuxième mouvement du *Concerto pour flûte et harpe* de Mozart, l'une des plus fascinantes pièces de l'histoire de la musique. Je l'ai découvert à seize ans chez Nadia Boulanger. Depuis soixante-cinq ans, chaque écoute me fait monter les larmes. Cette œuvre, c'est Dieu qui l'a écrite, Mozart qui l'a transcrite. Un tel concentré de beauté touche à l'énigme. J'ai essayé de la percer au jour en analysant ces neuf minutes mesure par mesure. Rien à faire. Le mystère reste entier. Et tant mieux. La poésie d'une rime ou d'un enchaînement harmonique ne s'explique pas, elle s'impose d'elle-même.

Mes choix de vie, je le sais, relèvent du paradoxe : depuis toujours, j'essaie d'investir toutes les disciplines et, en même temps, de leur échapper. Mais précisément, dans l'écriture, cela représente un avantage : souvent, il me faut mener de front plusieurs projets à la fois. Je compose pour un film pendant trois heures, je fais deux heures de piano, je termine une chanson, puis retour au film. De fait, chaque travail fonctionne comme la récréation du précédent. L'ennui n'a pas le temps de s'installer. Quand j'étais sur l'écriture de *Liliom*, le ballet mis en scène pour John Neumeier, la dimension symphonique de l'ouvrage, sa longueur aussi (deux heures et demie) ont dévoré l'exclusivité de mon temps. Ça devenait une pensée unique, obsessionnelle. Car, pour la première fois, j'étais débarrassé du verbe. Pas de mots, contrairement à une chanson, un dialogue de film, une comédie musicale. Il fallait que la musique elle-même soit un récit, un guide, une narration. Seul face à mes feuilles blanches, je me sentais à la fois anxieux et responsable. J'aime cette responsabilité : on a plus de chances d'atteindre son objectif si l'on est seul à décider de tout. C'est une chance pour le compositeur, contrairement au cinéaste qui, lui, est tributaire de tellement de collaborateurs de création, du chef opérateur au monteur. J'espère avoir réussi *Liliom*, ma première vraie incursion dans le ballet et, en même temps, je déteste l'idée d'objectifs, de résultats, de bornes. Je suis un artiste, pas un politicien. Le mot « carrière » n'appartient pas à mon dictionnaire. Nous connaissons tous des musiciens à l'esprit carriériste : leur existence s'apparente à une courbe, avec un point de départ et un point d'arrivée. Dans ce cas, la carrière ressemble à une prison, celle de la vanité du pouvoir. Ce qui me motive, ce n'est pas un habit d'académicien mais la curiosité d'esprit, l'impromptu, la musique dans sa richesse et sa diversité. Sans oublier le plus important, c'est-à-dire la capacité à rester un éternel débutant. L'un des plus beaux moments de la vie est celui où l'on découvre, où l'on apprend. Quand on devient trop habile, la spontanéité s'en va, on ne craint plus rien. J'espère ne jamais devenir ce que l'on appelle froidement un « grand professionnel ». Tout au long de mon itinéraire, j'ai voulu diversifier les plaisirs musicaux, quitte à déconcerter, voire à me tromper, mais en gardant intacte l'âme du jeune étudiant découvert par Canetti en 1952. Stravinski, toujours lui, affirmait sans relâche : « L'art consiste à trouver une place fraîche sur l'oreiller. » Cette fameuse place, il est facile de la localiser. Mais elle se réchauffe si vite qu'il faut aussitôt en chercher une autre. C'est la seule et unique solution de survie.

22

Macha, acte I

Juin 2016. Le soleil du printemps s'accompagne d'un phénomène aussi spectaculaire qu'imprévu : les plus grandes crues qu'ait connues la France depuis un siècle. Dans ma propriété du Loiret, entourée de douves, nous vivons un remake des *Dix commandements*, notamment de la fameuse séquence où la mer Rouge engloutit les cavaliers du pharaon. Plusieurs pièces sont inondées, des archives saccagées, le système électrique anéanti. Je contemple l'étendue des dégâts avec fatalisme, en essayant d'anticiper sur la remise en état. Plusieurs vieux trente-trois tours gondolés ont survécu au naufrage, telles des reliques du *Titanic*. L'un d'entre eux attire mon œil. Il appartient à la série d'albums instrumentaux réalisés dans la foulée d'*I Love Paris*. Sur la pochette, une photo au charme rétro et exotique : sur une longue plage déserte, un couple sort de l'eau. Le garçon porte sa compagne dans ses bras, tout en l'embrassant langoureusement. Cette plage, c'est Copacabana, les tourtereaux sont brésiliens, l'album s'intitule *Legrand in Rio*. Étrangement, j'ai enregistré ce vinyle sans mettre les pieds au Brésil, où Jobim n'a pas encore breveté la bossa nova. Mais, via cette image, Rio et l'idée même de l'amour semblent inextricablement mêlés. Serait-ce un signe avant-coureur ? En 1957, difficile de me prononcer. Aujourd'hui, toute confirmation est inutile : les événements de ma vie répondent à ma place.

Septembre 1964. Unifrance, l'organisme qui promeut le cinéma français à l'étranger, monte un festival à Rio de Janeiro. Jacques Demy, Catherine Deneuve et moi-même y sommes invités, emportés dans le tourbillon de nos *Parapluies de Cherbourg* qui se déploient à l'international depuis la Palme d'or cannoise, cinq mois plus tôt. *A priori*, ce voyage me rebute : tout travail terminé m'apparaît comme posthume. J'ai envie de me projeter dans l'avenir, et non d'escorter *Les Parapluies* dans chaque recoin du globe. De plus, Pierre Bellemare et Alexandre Tarta me consacrent une émission de télévision, en direct, sur l'unique chaîne de l'ORTF. Émission qui tombe en plein milieu du festival. Demy trouve les mots pour me convaincre : « Rien ne t'empêche de rentrer avant nous. Tu passeras cinq jours sur place, au lieu de dix. Mais au moins, nous découvrirons ensemble la baie de Rio ! » Contaminé par son enthousiasme, j'abandonne à Paris ma femme Christine, occupée par nos deux jeunes fils, Hervé et Benjamin. L'automne s'installe en France alors qu'au Brésil c'est le début du printemps. À Orly, notre délégation se constitue : Jacques, Catherine, le cinéaste Édouard Molinaro, qui vient présenter une délicieuse comédie dont j'ai signé la musique, *Une ravissante idiote*. Notre cadette est une comédienne de vingt-quatre ans, que je connais uniquement de réputation. Elle s'appelle Macha Méril, elle est la vedette avec Marina Vlady du dernier Michel Deville, *Adorable menteuse*. Nous sommes tous plus ou moins de la même génération, nous incarnons un cinéma français contemporain dont le public brésilien raffole. Et nous, dans l'autre sens, nous sommes accros à la modernité de la bossa nova, sa nonchalance en trompe-l'œil, tressée de soleil et de larmes. À sa façon, ce voyage s'annonce comme le rendez-vous de deux nouvelles vagues.

À peine rétabli des douze heures de vol, notre petit groupe est aussitôt accaparé par les obligations d'une manifestation surchargée en protocole : présentations de films, interviews à la chaîne, déjeuners ou dîners officiels, discours de diplomates... Les vacances promises se transforment en travaux forcés, millimétrés à la seconde près. Le deuxième jour, je trouve juste le temps de kidnapper Demy pour l'emmener à la plage d'Ipanema. L'escapade va virer au cauchemar. Mes problèmes oculaires n'y sont pas étrangers : sans lunettes, je vois bien de près, mais flou de loin. Nous nous lançons dans les rouleaux de l'Atlantique Sud, sans mesurer leur hauteur, ni leur puissance. Je nage de mon côté, Demy du sien. Au bout d'un quart d'heure, je sors de l'eau et demande à notre interprète : « Où est Jacques ? Est-il déjà rentré ? » Elle me répond : « Non, il doit toujours nager... » Je me retourne vers la mer, je ne le discerne pas, je l'appelle plusieurs fois, personne ne répond. Je pressens un drame et je n'ai pas tort : Demy vient de se prendre une vague sur la tête. Assommé, il a été aspiré dans le roulis, sans aucune possibilité de réagir. C'est une centrifugeuse d'une rare violence. Je me précipite vers l'océan et à tâtons, dans le brouillard de ma myopie, je cherche son corps, en hurlant son prénom. Un sentiment de peur panique m'envahit. Au bout d'une minute, à l'allure d'éternité, je sens un bras, je le tire et, dans un effort surhumain, je parviens à extirper Jacques de l'eau pour le ramener jusqu'au rivage. Il lui faudra une demi-heure pour reprendre ses esprits. Le fil de la vie de Demy a failli se rompre ce jour-là. Le voir d'aussi près tutoyer la mort m'a tétanisé. Pour un peu, les Demoiselles n'auraient jamais connu Rochefort, Peau d'Âne n'aurait jamais confectionné la recette du cake d'amour. Les cinéphiles du monde entier auraient perdu un grand metteur en scène. Et moi, mon frère de cinéma.

Le soir même, l'évocation de notre mésaventure monopolise une partie du dîner. Molinaro en profite pour raconter des souvenirs de plage. Mais je l'écoute d'une oreille distraite, mon attention est ailleurs, du côté de sa voisine. C'est-à-dire Macha. Depuis l'aéroport, plus je la vois, plus j'ai envie de la connaître. Elle ne ressemble pas aux autres jeunes actrices : elle pense. Ses propos font comprendre qu'elle lit, qu'elle réfléchit, qu'elle s'intéresse à la chose politique. Je l'observe en coin, puis de plus en plus directement. Et je vois l'intelligence de son regard. Je la trouve non conventionnelle, irrésistible, sa présence me subjugue. Sa maturité aussi. Pendant que Doudou poursuit son récit, nos regards se croisent. Je pose ma main droite sur la table, paume ouverte. Comme un appel... Elle y répond immédiatement, en collant sa main dans la mienne. J'en ai la chair de poule. D'un simple coup d'œil, nous décidons de quitter la table, discrètement. Il s'agit d'un restaurant avec orchestre de danse. Quelques dîneurs se laissent dériver sur un slow. Elle me prévient : « Attention, je sais danser, vous aussi ? » Que lui répondre ? J'ai le rythme dans la peau face à mes portées blanches, face à mes musiciens... beaucoup moins sur une piste. Je préfère mentir : « La danse ? C'est ma passion ! » Elle comprend vite mon affabulation, qui l'amuse. Ce soir-là, après avoir dansé, nous échangeons notre premier baiser.

Dès lors, notre séjour n'aura plus la même saveur. Nous parvenons à nous extraire des obligations protocolaires pour vivre un festival parallèle, pour créer notre propre espace de liberté. Exilé au Brésil, le jeune cinéaste français Jean-Gabriel Albicocco nous sert de poisson-pilote. Plusieurs soirs de suite, il nous guide vers des clubs de jazz où, pour la première fois, j'entends le sublime chanteur et guitariste Joao Gilberto. D'heure en heure, Macha et moi approfondissons notre connaissance réciproque. Elle me parle de ses origines aristocratico-russes, de poésie, de son goût pour Henri Michaux. Moi de Nadia Boulanger ou Dizzy Gillespie. Macha est fiancée, elle sait que je suis marié, père de famille. Objectivement, elle n'est pas cliente d'un amour de passage. Moi non plus. Quoique... Il suffirait de presque rien. Nous nous promenons sur la plage, nous nous embrassons, sans outrepasser cette frontière. C'est elle qui freine, d'autant plus facilement qu'un hôtel lui sert de mur de Berlin. Elle loge dans une suite du Copacabana Hotel, moi dans un établissement beaucoup moins chic. Le standing des comédiennes n'est pas celui des compositeurs… Claude Lelouch tournera un film, *Un homme qui me plaît*, qui raconte un coup de foudre similaire, dont il donne une élégante définition : « C'est une parenthèse dans la vie de deux êtres qui ne sont pas libres. » Voilà exactement ce qui nous arrive : une rencontre aussi intense que délimitée dans le temps. Cinq jours de notre existence. Le fait d'être à l'étranger, coupés de nos quotidiens respectifs, crée une bulle. À Paris, la magie n'aurait peut-être pas opéré de la même façon. Le jour de mon retour, Macha m'accompagne à Galeao, l'aéroport de Rio, qui ne porte pas encore le nom d'Antonio Carlos Jobim. Devant le guichet d'Air France, nous tirons une expérience de ces cinq jours, je dirai même une conclusion : « Nous y sommes : la parenthèse se referme. Il faut être sage, respecter nos proches, ne pas semer le malheur autour de nous. Ne cherchons pas à nous revoir. » Notre comportement possède un côté héroïque : on s'attire mais on se résiste. D'emblée, cela situe notre relation à un autre niveau, celui de la rigueur. Nous partageons un ultime baiser, avant de nous éloigner l'un de l'autre. Serais-je téléporté dans une version carioca des *Parapluies de Cherbourg*, avec un hall d'aéroport en guise de quai de gare ? Macha prend le chemin de son taxi, moi celui de l'embarquement, travaillé par une idée fixe : « C'est la femme de ma vie. Comment vais-je pouvoir effacer son souvenir ? Lorsque le grand amour se présente, pourquoi s'en détourner ? » Une bombe atomique a explosé en moi. Je tente de me raisonner en pensant à Christine, à mes garçons, à mon métier. Le cœur déchiré, je rentre donc en France. Déterminé à tenter d'oublier Macha. Mais avec la certitude de ne pas y parvenir.

23

Le Messager du messager

Février 2016. Vacances aux Bahamas où j'accoste pour la première fois. Une envie irrépressible d'été au cœur de l'hiver. Dans mes bagages, j'emporte le beau livre que Patricia Losey vient de consacrer à son mari, *Mes années avec Joseph Losey*. Plus les pages défilent, moins je reconnais le cinéaste et l'homme. Patricia semble le décrire comme un être doux et posé, là où mes souvenirs dessinent un bulldozer, aux humeurs éruptives. Travailler avec Losey, Joe pour les intimes, était à la fois une exaltation et un chemin de croix. Je me dois de raconter pourquoi. Car, dans mon itinéraire cinématographique, Losey fonctionne comme un repère, une balise : il a été mon premier metteur en scène américain.

Avril 1962. Deux producteurs de l'ancien monde, les frères Robert et Raymond Hakim, m'appellent d'Italie. Leur filmographie aligne des chefs-d'œuvre comme *Pépé le moko*, *Casque d'or* ou *Plein soleil*. Ils voudraient me confier la bande originale d'*Eva*, que Joseph Losey vient de tourner à Venise. La condition *sine qua non*, c'est de venir habiter à Rome, où a lieu le montage. Je connais Losey de réputation sans, je l'avoue avec honte, avoir vu un seul de ses films. Une semaine plus tard, j'atterris à Fiumicino. Très accueillants, les Hakim m'entraînent dans une petite *trattoria* qui leur sert de cantine. En entrant, Robert me murmure : « Tiens, Losey est là ce soir ! » Je l'aperçois à une petite table, coincée dans un angle, comme un enfant au piquet. Il nous regarde passer, l'œil sombre, mais ne se lève pas. Une fois attablé, à l'autre bout de la salle, Raymond m'explique la situation : « Ne soyez pas étonné : on ne s'adresse plus la parole. Si vous voulez le saluer, allez-y seul ! » Me voilà parachuté en pleine guerre civile, au milieu des bombes. Prenant mon courage à deux mains, je me lève pour aller me présenter à Losey. Il se montre poli, sans plus, avant d'ajouter : « Puisque vous dînez avec les autres, dites-leur de ma part qu'ils sont deux imbéciles ! » Retour à la table Hakim, où je transmets le message de Losey, en souriant. Robert prend la mouche : « Si vous retournez le voir, précisez-lui qu'il est un abruti borné ! » Entre les deux tranchées adverses, je vais faire trois ou quatre allers-retours. Voilà ma première image de Losey : neuf ans avant *Le Messager*, j'ai été le messager. Harold Pinter se serait-il inspiré de cette situation extravagante pour écrire son scénario ?

Ce printemps 1962, c'est celui de mes trente ans et d'une double révélation : Rome et Losey. Pour ma femme Christine, mon fils Hervé et moi-même, les Hakim ont loué une délicieuse villa nichée sur la mythique voie pavée Appia Antica. J'ai l'impression d'évoluer dans un musée à ciel ouvert. Ou, mieux, dans *Vacances romaines*, le film de William Wyler. De son côté, Losey séjourne dans un grand appartement, au dernier étage d'un immeuble, avec vue en VistaVision sur la ville et ses collines. Très vite, j'apprends à mieux le connaître, à mieux le déchiffrer. C'est un intellectuel, très rugueux, assez secret, parfois sanguin. La musique reste pour lui un langage mystérieux, qui lui échappe complètement. Face au premier montage d'*Eva*, je suis envoûté par l'étrange beauté d'une Venise déserte et abstraite, par le grain d'un noir et blanc irréel, par le jeu des miroirs et reflets croisés. Et puis, il y a la singulière lumière de Jeanne Moreau. Tous les jours, au montage, elle m'apparaît à Venise ; d'ici peu, elle sera à Nice devant Jacques Demy, sur le tournage de *La Baie des anges*. Comme guide, Losey a placé sur le film des musiques provisoires, des chansons de Billie Holiday comme *Willow weep for me*, du Miles Davis en quintet. Souhaite-t-il inconsciemment retrouver l'alchimie magique entre le visage de Jeanne et la trompette de Miles, forgée par Louis Malle dans *Ascenseur pour l'échafaud* ? En tout cas, il m'assène à plusieurs reprises : « Pour moi, le son d'*Eva*, c'est la confrontation de deux timbres, Miles et Billie ! » Je tente de le rassurer : « Joe, concernant Miles, j'ai déjà enregistré avec lui, la production va le contacter. » Comment va réagir Miles Davis, star aux mille caprices, face aux Hakim ? Sa réponse nous cueille à froid. Miles ne refuse pas, il se contente d'exiger des conditions délirantes : trois cent mille dollars de cachet, plus Juliette Gréco ! Car il a gardé une nostalgie de leur liaison et, pour remettre le couvert, il souhaite qu'on l'intègre en bonus à son contrat. Une « clause Juliette », en quelque sorte. Évidemment, nous en restons là. Miles ne vient pas à Rome mais je garde en tête l'idée de la trompette soliste. En un mois, j'élabore une partition au langage moderne mais lisible, entre jazz, baroque et musique d'aujourd'hui. Un de ces grands mélanges que j'affectionne, comme une synthèse de mes différents visages. Lors des séances d'enregistrement, pour des raisons syndicales, c'est un chef italien très précis, Carlo Savina, qui tient la baguette. Joe me témoigne de l'enthousiasme, voire de l'affection. Depuis plusieurs semaines, son caractère s'est adouci, et pour cause : il est amoureux. Sa situation sentimentale, j'en suis l'instigateur involontaire. À mon arrivée à Rome, j'ai demandé aux Hakim de disposer d'une assistante polyglotte. Mon français est bon, mon anglais boiteux, mon italien inexistant. Le surlendemain, une jeune Britannique aussi séduisante que trilingue, Patricia Mohan, entame sa mission, notamment pour faciliter mes échanges avec Losey et son monteur. Dès notre première séance de travail, quand je parle, c'est elle que Joe regarde. Entre eux, le coup de foudre est instantané. Il est marié, elle aussi. Losey me demande de lui prêter ma villa pour abriter ses amours clandestines avec Patricia. Ça commence comme un vaudeville italien, ça finira en aventure au long cours. Patricia sera l'ultime grand amour de Joe, il lui donnera son nom, elle l'accompagnera fidèlement jusqu'à son dernier souffle, en 1984, à l'aube de l'été.

Losey me fera passer d'un extrême à l'autre. *Eva*, c'était Rome, le printemps, une entente idyllique. Pour le film suivant, ce sera Londres, l'hiver, la pluie, des cris sans chuchotements. Nous sommes en janvier 1971. Coup de fil de Joe : « Michel, j'ai besoin de vous séance tenante. Mon nouveau film aussi. » Trois jours plus tard, il me montre un montage avancé du *Messager*, écrit par Harold Pinter. En juillet 1900, dans un vaste manoir du Norfolk, un garçon de douze ans transmet des lettres d'amour entre la fille du châtelain (Julie Christie) et un métayer (Alan Bates), il devient la courroie de transmission d'un amour interdit. *Le Messager* m'éblouit par sa cruauté profonde, le regard d'un enfant sur le monde adulte, sur une classe sociale qui n'est pas la sienne. Et voilà que, comme indication, Losey me fait écouter un slow sirupeux, avec un sax ténor qui beugle à la mort. On dirait une musique de bordel, je crois à un canular. Joe me détrompe : « C'est exactement ce que j'attends ! » Je sursaute d'effroi : « Vous plaisantez ? C'est un contresens ! Si vous y tenez, achetez directement les droits de cette horreur ! » Il se rembrunit : « Que proposez-vous à la place ? — Je ne sais pas encore ce que je vais composer... mais je sais déjà ce que je vais ne pas composer. Laissez-moi un temps de réflexion. » Il accepte en bougonnant. Deuxième étape devant le producteur, une sorte de *gentleman* impassible, *british* jusqu'aux globules. Je lui détaille le contrat que j'attends, plus l'enveloppe dont j'ai *a priori* besoin pour les séances d'enregistrement. Il me répond, imperturbable : « Hélas, je n'ai plus un shilling, on est déjà en dépassement. — Dans ce cas, oubliez-moi, ce projet est décidément trop complexe. » Nous sommes dans une impasse, je m'apprête à le quitter quand, *in extremis*, il me retient : « Non, restez ! J'ai une idée : ce budget musique, seriez-vous d'accord pour le jouer aux échecs ? » L'invitation est tellement saugrenue que j'accepte. La partie s'engage, ma contribution au film en dépend. Serais-je devenu la doublure de Steve McQueen dans *L'Affaire Thomas Crown* ? Hélas, mon adversaire n'a pas la plastique de Faye Dunaway. Il se défend vaillamment mais commet plusieurs erreurs stratégiques qui précipitent ma victoire. Échec et mat, je vais composer la bande originale du *Messager*.

Retour en France. Spontanément, il sort de moi une partition insolite, à la saveur baroque et moderne avec, en avant de l'orchestre, deux pianos solistes. L'un serait-il Julie Christie, l'autre Alan Bates ? Peut-être, mais je suis incapable de l'affirmer avec certitude. Le thème principal est construit sur un motif de quatre notes, répété sur une gamme descendante. Ce même thème est décliné en treize variations, certaines sereines et bucoliques, d'autres agitées et tranchantes. Quelques dissonances font surface, aussitôt éclaircies par une fugue pleine de majesté. Arrive la date de l'enregistrement, en mars, au studio Olympic. À peine ai-je attaqué les premières mesures que Losey se met à aboyer : « On arrête tout ! Ce n'est pas mon film ! » Sa réaction me fait sortir la poudre : « Joe, calmez-vous ! Quoi qu'il arrive, j'irai jusqu'au bout, j'enregistrerai l'intégralité de l'ouvrage ! » Comme un capitaine dans la tempête, je garde le cap, ce qui relève de l'acrobatie, car je tiens l'un des deux pianos, d'où je dirige l'orchestre. Losey, lui, fait les cent pas dans la cabine, les naseaux en feu. À l'issue des séances, je joue la diplomatie : « Vous m'avez commandé cette partition. Je l'ai écrite. Je vous demande maintenant de l'utiliser au mixage. Si, de votre point de vue, elle ne colle pas, je reprends tout de zéro. » Les jours, les semaines passent, sans aucune nouvelle de Joe. Trois mois plus tard, j'apprends que *Le Messager* est sélectionné au festival de Cannes. A-t-il conservé ma musique ? Je l'ignore. Un soir, la nouvelle tombe : présidé par Michèle Morgan, le jury a décerné la Palme d'or au *Messager*. Le lendemain, télégramme de Losey : « Pardon Michel mais vous aviez raison. » Comme toujours au cinéma, c'est l'instinct qui a guidé ma plume. Après coup, en voyant le film mixé, j'ai compris l'intention musicale. L'action du film se déroule en 1900 mais l'esprit néobaroque de la partition nous ramène plusieurs siècles en arrière. Elle nous fait comprendre que la *gentry* n'a pas bougé d'un iota, qu'elle vit toujours sclérosée dans les mêmes valeurs, les mêmes conventions de caste. Au fil des années, *Le Messager* deviendra l'un des classiques du cinéma de Losey. Comme toujours, le succès crée une amnésie générale, il efface le souvenir des tempêtes. C'est l'effet « ardoise magique ». Dans son livre d'entretiens avec Michel Ciment, Losey raconte sans rire que notre collaboration sur *Le Messager* s'est faite dans l'harmonie, sinon la plénitude. « Je voulais que la musique soit obsédante, qu'elle soit un énoncé supplémentaire des émotions de l'enfant », confesse-t-il avec sérénité... Des années plus tard, j'apprendrais qu'il avait violemment rejeté une première partition, signée Richard Rodney Bennett. Sans le savoir, j'étais intervenu sur *Le Messager* en bouée de sauvetage. Que serait-il donc arrivé si j'avais perdu aux échecs ?

Après *Le Messager*, Losey et moi reformons notre binôme pour deux films en mode mineur. D'abord *Maison de poupée* d'après la pièce d'Ibsen, avec une partition intégralement construite sur une formation de cuivres. Pour moi, leurs timbres incarnent idéalement les immensités de neige, la froidure, celle des paysages et des sentiments. Ce sont des sons de glace qui sortent des trombones, des cors, des trompettes. Losey en fait le constat à l'enregistrement : « Il fait sacrément froid dans votre musique ! » Après la Norvège, nous descendons en Espagne avec *Les Routes du Sud*, sur un scénario de Jorge Semprun, que Joe met en images sans grande conviction. Il y est question d'un conflit de générations père-fils, des fantômes de la guerre d'Espagne. Instinctivement, les deux personnages principaux appellent un dialogue entre deux instruments solistes : un sax baryton pour Yves Montand, une trompette pour Laurent Malet, dans un esprit de jazz moderne, parfois influencé par le folklore espagnol. C'est une couleur originale, totalement différente de mes trois Losey précédents. Au fil des années et des films, Joe se livre, me dévoile des pans de sa vie : le compagnonnage avec le parti communiste, la chasse aux sorcières sous McCarthy, l'expatriation en Angleterre… Je découvre un être complexe, cultivé, écorché vif. Sa meurtrissure vient notamment d'avoir figuré sur la liste noire d'Hollywood. Accusé de traîtrise à la nation, comme Chaplin ou Dassin, il a trouvé son salut dans l'exil. À la fin des années soixante, nous nous croisons par hasard à Cannes, en plein été. Je l'invite à déjeuner Chez Madeleine, une plage privée assez *people*, adjectif alors inusité. L'homme de conviction, engagé à gauche, me rembarre : « Comment pouvez-vous m'imaginer me donner en spectacle, jouer la comédie des apparences ? Allez-y sans moi, ma place n'est pas là ! » J'insiste, il finit par céder, la mine renfrognée. Sur place, il sympathise avec la responsable des lieux, la fameuse Madeleine, fière d'accueillir un cinéaste aussi prestigieux. Elle lui parle de *The Servant*, il se montre flatté. Dès le lendemain, il a son rond de serviette au restaurant, il en devient la mascotte, il y arrive en serrant des mains, comme un politique en campagne. Par une subtile inversion de rôles, Joe me demande : « Quand vous voit-on Chez Madeleine ? Je serais ravi de vous inviter à ma table. » Voilà typiquement un revirement à la Losey. Derrière le compagnon de cellule, il y a aussi un mondain objectif. Les deux cohabitent dans le même être humain, ils trament ses paradoxes.

Pour comprendre Losey, il faut l'observer sur un plateau. Ironie du sort, le seul tournage auquel j'assiste est celui d'un film dont je n'écrirai pas la musique. Il s'intitule *Boom*. À l'origine, c'est une pièce de Tennessee Williams, retaillée pour le couple vedette Elizabeth Taylor-Richard Burton. Les extérieurs sont filmés en Sardaigne, où Joe m'invite fraternellement. Je fais le voyage avec John Heyman, qui produit le film pour Universal. À l'aéroport de Rome, nous ratons la dernière correspondance pour Alghero. Qu'à cela ne tienne : en trois heures, Heyman fait affréter le seul avion disponible sur-le-champ, un quadrimoteur. En additionnant pilotes et hôtesses, les membres du personnel de bord sont plus nombreux que les passagers : nous occupons deux fauteuils au milieu de cent places vides. « Pas d'inquiétude, minimise Heyman. C'est une goutte d'eau dans les frais de fonctionnement d'Universal ! » À peine arrivés sur les extérieurs, John et moi découvrons une ambiance explosive. *Boom* porte parfaitement son titre. Avec Losey, je commence à prendre le pli. Le lendemain, tournage d'une séquence sur une terrasse. J'ai déjà remarqué que Joe souffre d'un tic nerveux qui trahit sa contrariété : sa lèvre supérieure se relève, en une sorte de rictus. Là, elle bouge trois fois durant une prise avec la charmante comédienne canadienne Joanna Shimkus. Il me prend à témoin, à haute voix : « Elle est mauvaise, n'est-ce pas ? J'ai envie de la remplacer. » La décoratrice vient le consulter : « Pardon, ce tableau, je l'accroche bien sur le mur de droite ? » Rugissement immédiat : « Si vous avez uniquement des idées comme celle-là, rentrez directement chez vous ! » Une heure plus tard, sa fureur décuple face à Elizabeth Taylor, qui ose lui demander : « Cette scène, comment veux-tu que je la joue ? » Joe l'incendie devant l'équipe : « Qu'importe ! De toute façon, tu n'as aucune nuance : soit tu hurles, soit tu murmures. Fais comme tu veux ! » Voilà le programme de la journée : agressions, provocations, vociférations. À 19 heures, l'apéritif est servi. Losey, Taylor et Burton commencent à siffler la vodka, et là, miracle de l'ivresse, les haines se dégonflent. Ils deviennent même les meilleurs amis du monde. J'hallucine en voyant Joe déclarer à Taylor : « Plus je te regarde jouer, plus je me dis que tu es unique, prodigieuse, inégalée ! — Non, Joe, c'est parce que je suis dirigée par toi. Ton talent me grandit. » Les alcooliques, j'en connais le mode d'emploi : relisez le chapitre sur Claude Nougaro. À jeun, Claude peut être désagréable, limite misanthrope. Avec cinq grammes dans le sang, il se transforme en poète, amoureux fou des mots et de la vie. « J'ai tenté de noyer mes chagrins dans la boisson, avouait Nougaro. Mais, hélas, les bougres ont appris à nager. » Qui pourrait imaginer un parallèle entre le metteur en scène de *Monsieur Klein* et l'auteur-interprète du *Jazz et la java* ?

Boom me fait comprendre un paramètre essentiel dans le fonctionnement de Losey : son carburant, c'est le conflit ; son registre préféré, le paroxysme. Il ne peut créer que dans le drame. Dans son esprit, les moments de calme sont des temps vides, des temps morts. Alors, consciemment ou inconsciemment, il fabrique des problèmes artificiels, il construit des tragédies miniatures pour mieux avoir à s'en débarrasser. Avec lui, le moindre détail devient décisif, il s'y attache avec une infinie gravité, il en fait un opéra. C'est doublement le cas quand il met en scène au cinéma le *Don Giovanni* de Mozart. Lorsque je l'interroge sur cette folle entreprise, il se met brusquement à fulminer contre le chef d'orchestre Lorin Maazel : « Il est venu cachetonner, il ne m'a ni écouté ni adressé la parole, pas même un simple bonjour ! » Joe, c'est un taureau du Wisconsin capable, dans la mise en scène, de suprêmes raffinements. Moi, qui suis d'une humeur amusée et amusante, j'ai en vis-à-vis mon contraire absolu. Curieusement, de cette différence fondamentale, un équilibre miraculeux s'instaure. Un soir de 1973, me voilà assigné à résidence à Londres, où je suis venu travailler avec Losey : le légendaire *fog* empêche tout avion de décoller. Impossible de rentrer à Paris. Joe m'invite à dormir chez lui et, à l'heure du coucher, me glisse un script entre les mains : « Jetez-y un œil, c'est mon prochain film, *À la recherche du temps perdu*, adaptée par Harold Pinter. » Dès les premières pages, le scénario m'hypnotise. Sa lecture complète me tient en éveil jusqu'au milieu de la nuit. C'est peut-être le projet le plus ambitieux de Losey, mais la productrice Nicole Stéphane échouera à lui trouver un financement. Si j'avais signé la partition de cette *Recherche*, il m'aurait fallu inventer la fameuse sonate de Vinteuil et son entêtante petite phrase qui stimule la mémoire de Proust. La mienne, en tout cas, fait surgir régulièrement l'image de Joe, avec sa crinière blanche, la profondeur de son regard.

Malgré la violence de nos orages, son souvenir s'auréole de tendresse quand j'interprète en concert la suite du *Messager*. Certains amateurs de sensations fortes pratiquent la plongée en apnée, l'escalade à mains nues, le saut à l'élastique. Moi, j'ai travaillé avec Joseph Losey.

1966, studio Columbia, New York. Enregistrement de *Je m'appelle Barbra*, album de ma rencontre avec l'immense Streisand. La clarté sublime de son timbre me bouleverse. À tout juste vingt-trois ans, elle n'est pas encore une star mais elle est déjà plus qu'une vedette.

ébut 1983, studio Olympic, Londres. Notre quatuor avec Barbra et es Bergman pour *Yentl*, baptême de mise en scène pour Streisand. ituation inédite, c'est la première fois que je vois mon réalisateur hanter le rôle central de la partition.

1968. Sur une idée d'Eddie Barclay, décidé à transformer *Le Guépard* en vedette de variété, Alain Delon est le premier à enregistrer *Les Moulins de mon cœur*. Sa version restera inédite jusqu'en 2013.

1973. L'unique photo avec Joseph Losey, qui m'offrira quatr
films dont un chef d'œuvre, *Le Messager*. Derrière nou
ma femme Christine en pleine discussion avec Serge Reggian
sous l'œil de Georges Moustak

FAMILLE

© photographie Rosalie Varda © succession Demy

1976. Avec Jacques Demy, devant son moulin de Noirmoutier, mes fils Benjamin (à gauche) et Hervé (à droite), Mathieu, fils de Jacques et Agnès, le cadet de la tribu. La fusion de nos deux familles crée une grande famille recomposée.

© Gérard Schachmes

1983. Dès l'enfance, ma fille Eugénie a pour le cheval la même révélation que moi pour la musique. Elle deviendra l'une des étoiles internationales du saut d'obstacles.

© Collection Michel Legrand

1993. Ma seconde épouse, Isabelle, magnifique cavalière elle aussi, rencontrée sur un terrain de concours en 1982. Nous partagerons vingt ans de vie. Isabelle se révélera une productrice sensible et attentive sur *Cinq jours en juin*.

Poète et humaniste du dessin, Jean-Jacques Sempé délaisse le trait de ses personnages stylisés pour nous représenter de manière plus réaliste, lui, Paul Misraki et moi-même. Du classique au jazz, la musique est un carburant et une source d'inspiration sans fin pour Jean-Jacques.

© Collection Michel Legrand

1972, studio A&M. Sarah Vaughan, la divine Sassy, s'envole sur *The Summer knows*, version vocale d'*Un été 42*. Elle parviendra à faire monter les larmes aux musiciens qui l'accompagnent. Et à moi le premier.

© Collection Michel Legrand

1971. Émission de télévision avec Stan Getz pour la sortie de *Communications '72*, album aventureux de jazz symphonique moderne. À chaque première prise, Stan se révèle tel qu'en lui-même : virtuose et lyrique.

FAMILLE DE JAZZ

1992. Stéphane Grappelli, mon complice sur deux albums consacrés aux chansons françaises éternelles. Personne au monde n'a cet archet aérien qui évoque des envols de papillons. Son violon est davantage un secret qu'un instrument.

1993, Montreux Jazz Festival. Retrouvailles avec Quincy Jones et Herbie Hancock, à l'issue d'un concert en trio de ce dernier. Je n'oublierai jamais ma dette envers Quincy : à sa séance de *In the heat of the night*, c'est lui qui m'a présenté Ray Charles et les Bergman.

RENCONTRES 1

1981. Jerry Lewis accepte spontanément d'étrenner mon émission de télévision *Legrand studio*. Notre massacre en duo des *Parapluies de Cherbourg* reste un moment d'anthologie. Serais-je son nouveau Dean Martin ?

1981. Toujours pour *Legrand studio*, je parviens à réunir une prestigieuse phalange de confrères : de gauche à droite, Georges Delerue, Lalo Schifrin, Alex North, Luis Bacalov. Autrement dit, *Le Mépris*, *Mission : Impossible*, *Spartacus* et *La Cité des femmes* additionnés.

1988. Le trio de *Cinq jours en juin* : Annie Girardot, Mathieu Rozé et Sabine Azéma, dans le rôle d'Yvette, qui fera vivre au jeune Michel son premier chagrin d'amour. Pendant les dix semaines du tournage, j'ai l'impression de recomposer le passé au présent.

Derrière ses épaisses lunettes noires, je sens le regard de Ray Charles. Il me fait un cadeau inespéré : enregistrer *Love makes the changes*, le blues incandescent qui clôt *Cinq jours en juin*.

5 JOURS EN JUIN

LE PASSE-MURAILLE

1996. Une semaine pour l'écrire, dix ans pour le monter : Didier van Cauwelaert et moi sommes fiers de présenter notre *Passe-muraille*, Francis Perrin dans le rôle de Dutilleul, modeste fonctionnaire transformé en surhomme par la magie de son don.

© Stéphane de Bourgies

© Armen Djerrahian

La visite miraculeuse, irréelle, surnaturelle qui assoit la réputation du spectacle : Michael Jackson et Stanley Donen (à droite). *The King of Pop* dans le théâtre d'Offenbach : l'espace d'une représentation, les Bouffes parisiens basculent dans *La Quatrième Dimension*.

2015. Natalie Dessay, fée clochette de l'art lyrique. Amoureuse de mon écriture, elle a permis de concrétiser en 2017 l'un de mes grands projets inaboutis, l'oratorio *Between yesterday and tomorrow*.

2004. Judith Pisar, magnifique mécène américaine, réunit toutes les familles de la musique, d'Henri Dutilleux à Ivry Gitlis, croisé pour la première fois après-guerre chez Nadia Boulanger.

2014. Grand blond devenu grand blanc, Pierre Richard m'invite à le rejoindre sur la scène de l'Olympia pour ses quatre-vingts ans. « Dans la comédie, m'avouera-t-il, face à un élément perturbateur, il faut un mur. Après Bernard Blier ou Gérard Depardieu, ce soir, tu as été mon nouveau mur. »

© Xavier Beauvois

Mars 2014. Ma première photo avec Macha Méril, ma future femme, prise par Xavier Beauvois, lors de notre mise en loge sur son film *La Rançon de la gloire*.

MACHA

© Starface photos

Septembre 2014. Souvenir familial de la soirée de mariage à l'abbaye des Vaux-de-Cernay. On y reconnaît pêle-mêle mes enfants Benjamin, Eugénie et, juste derrière moi, ma fille aînée Dominique.

© Starface photos

Deux images du bonheur avec la femme que j'ai attendue un demi-siècle : aux Vaux-de-Cernay et au Festival de Cabourg. Cinquante ans de perdus, diront certains. Je leur répondrai : « Non, cinquante ans d'économisés. »

© Emmanuel Cirodde

LA ROCHELLE 2016

© Jean-Michel Sicot

Sur la scène de La Coursive, ma chère Agnès Varda vient d'interpréter nos quatre chansons de *Cléo de 5 à 7*. Elle aura attendu ses quatre-vingt-huit ans pour réaliser son rêve d'enfance : devenir chanteuse. Le public l'ovationne. Ce soir, une étoile est née.

© Philippe Lebruman – juillet 2016

Comme un plaisir régressif, Agnès nous offre une orgie de glaces sur le Vieux-Port, avec Macha et Stéphane Lerouge.

1956. J'accompagne Maurice Chevalier à l'Alhambra. Un soir, monsieur Maurice accueille un visiteur illustre, sir Charles Chaplin. J'ai l'impression que *Les Feux de la rampe* déteignent sur la vraie vie.

2014. Enregistrement de *La Rançon de la gloire* à Budapest. C'est ma première collaboration avec Xavier Beauvois, c'est aussi son premier film avec orchestre symphonique. Grâce à Xavier, je retrouve enfin Chaplin.

JUSQU'À AUJOURD'HUI

Décembre 2016. Avant-première parisienne de *La La Land*. Avec Macha et Agnès, nous faisons connaissance avec l'équipe : la comédienne Emma Stone, le compositeur Justin Hurwitz et, deuxième à droite, le cinéaste prodige Damien Chazelle. Cela me bouleverse de découvrir à quel point mes partitions pour Jacques Demy ont façonné sa vocation.

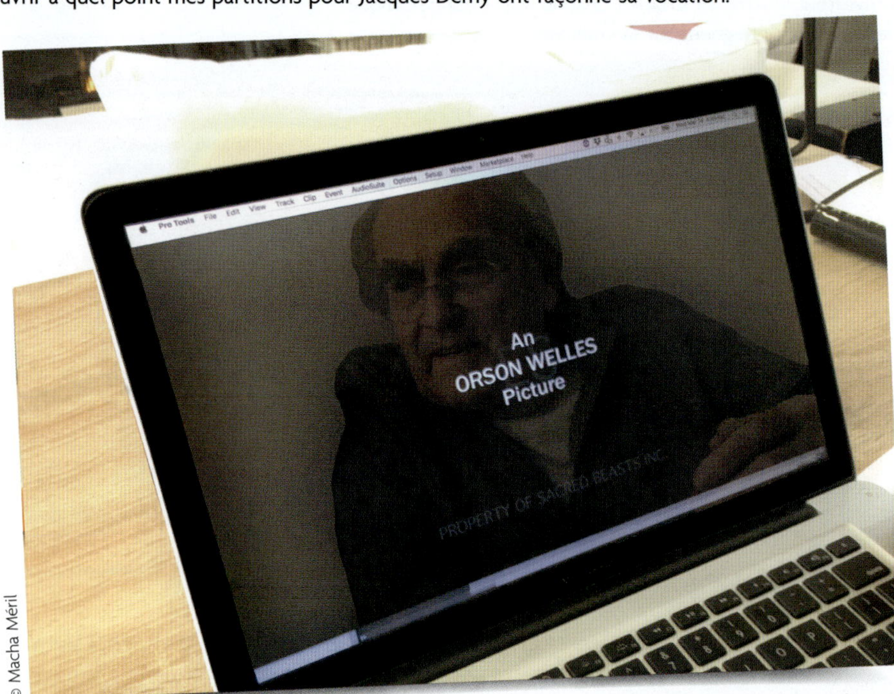

Février 2018. Après soixante-quatre ans de musique pour l'image, j'expérimente une situation inédite : écrire pour un metteur en scène absent. Et pour cause, il s'appelle Orson Welles, son film *The Other Side of the Wind*. Ma responsabilité est décuplée. À chaque accord, modulation ou renversement, je me demande : « Comment aurait réagi Orson ? »

24

À travers les murs et les frontières

Juin 2014. Grand blond devenu grand blanc, Pierre Richard fête ses quatre fois vingt ans sur la scène de l'Olympia. Il reprend plusieurs sketches issus de ses spectacles autobiographiques, ponctués d'interventions d'humoristes comme Stéphane Guillon ou Alex Lutz. Deux mois avant le spectacle, Pierre me propose d'y prendre part. J'accepte sans réserve, mais encore faut-il trouver un concept, un moyen de m'intégrer au projet. L'idée que Pierre échafaude va renverser la salle, le soir de la représentation. Prenant le public par surprise, il m'appelle solennellement à le rejoindre, évoque mes collaborations avec Miles Davis ou Sarah Vaughan pour mieux me faire applaudir, insiste sur mon exigence de jouer sur un Steinway, aussitôt installé par l'équipe technique. Bref, il chauffe les spectateurs à blanc, avant de lancer : « Michel, le piano est à toi ! » Le big band de Laurent Mignard attaque une introduction, je m'apprête à poser mes mains sur le clavier quand une troupe de clowns sous acide, les Chiche-Capon, fait brusquement irruption sur scène. Pierre se mêle à eux, camouflé derrière une fausse barbe. Coupé dans mon élan, je croise les bras et, avec une placidité stoïque, je les regarde dévaster la scène. Ils coincent la coulisse d'un trombone dans le couvercle du piano, qui s'écroule. En cherchant à le réparer, c'est le pied qui s'effondre. Les spectateurs exultent face à ce comique de destruction paroxystique. On apporte une tronçonneuse, on me bâche pour me protéger des éclats de bois, je reste de marbre.

Au terme de dix minutes d'apocalypse, il ne reste du Steinway qu'un tas de cendres. Les Chiche-Capon s'éclipsent, avant que Pierre désannonce : « C'était Michel Legrand ! » C'est la première fois que je reçois une telle ovation sans avoir joué une triple croche. Je me lève et quitte la scène sans saluer, sans esquisser un quart de sourire, face à des spectateurs hilares et médusés, ignorant s'il s'agit d'un numéro préparé… ou d'un sabotage grandeur nature. Ce *happening* loufoque me procure un plaisir indicible, il me renvoie à mes amitiés avec Francis Blanche, Darry Cowl ou Boris Vian, adeptes du canular érigé en mode de vie. C'est aussi le plaisir du jeu, celui de composer sur scène un autre Legrand, façon Droopy. Il y avait une prise de risque objective, car il nous était impossible de répéter. Spécialement construit pour le spectacle, le Steinway était un faux, en stuc, que nous ne pouvions saccager qu'une seule fois. À l'issue de la soirée, Pierre me glisse, avec affection : « Il aurait suffi que tu lèves un sourcil et le public aurait compris notre complicité… Tu as été impérial d'impassibilité. Dans la comédie, face à un élément perturbateur, il faut un mur. Ce qu'ont été pour moi Bernard Blier ou Gérard Depardieu, autrefois. Et ce soir, tu m'as fait un magnifique cadeau : tu as été mon nouveau mur. » Pour un peu, son compliment me ferait regretter d'être passé à côté d'une carrière de comédien. Surtout, il me permet de mesurer à quel point j'aime l'humanité souriante de Pierre, sa poésie de la maladresse, les ailleurs exotiques qui percent au fond de son regard bleu. Nous sommes pile de la même génération mais notre fraternité est toute fraîche. Pierre, c'est comme un nouvel ami d'enfance à quatre-vingts ans. Comment est-il possible que nous n'ayons jamais travaillé ensemble ? En 1968, Yves Robert m'avait demandé de composer la musique d'*Alexandre le bienheureux*, premier rôle notable de Pierre, mais Hollywood m'a empêché de tenir l'engagement. Vingt-cinq ans plus tard, Pierre me recevra chez lui, sur une péniche, près du pont Alexandre-III. Je venais lui proposer un projet scénique original qu'il refusera, malheureusement. Si ça n'avait pas été le cas, nous aurions gagné vingt ans d'amitié. Le spectacle en question prendra son envol, sans lui, et traversera les frontières, à la façon dont son personnage principal traverse les cloisons. Son nom est Dutilleul, celui de son père Marcel Aymé, son acte de naissance un petit joyau de treize pages intitulé *Le Passe-muraille.*

1985. Un soir d'automne, dans le cinquième arrondissement de Paris. Le metteur en scène Maurice Jacquemont m'a invité dans une petite salle, le Nouveau Théâtre Mouffetard, où il monte un Offenbach méconnu de 1863, *Il signor Fagotto.* J'y allais avec curiosité, sans plus, et voilà que je passe une soirée euphorisante. La fantaisie dévastatrice du spectacle me fait replonger dans les voluptés de l'opéra bouffe, genre mutant, où l'univers du cirque vient dynamiter les conventions de l'art lyrique. Je sors ébouriffé d'*Il signor Fagotto.* C'est plus qu'une redécouverte, c'est une illumination. Une voix intérieure me demande : « À trois exceptions près, pourquoi n'a-t-on plus écrit d'opéras bouffes depuis Offenbach ? Qu'attends-tu pour y remédier ? » Le challenge est tentant mais pas aisé : comment créer un opéra bouffe d'aujourd'hui et, surtout, sur quel sujet ? Par un étrange court-circuit, le monde poétique de Marcel Aymé s'impose à moi. Car Aymé est un auteur qui est dans la réalité des situations et, en même temps, dans le décalage. Je m'explique : chez lui, l'extraordinaire surgit comme un élément naturel, quotidien, que l'on ne cherche jamais à expliquer. Les peintres se nourrissent à la simple vue de leurs tableaux, les écoliers de la butte chaussent la nuit des bottes de sept lieues, une femme devient la maîtresse simultanée de soixante-sept mille hommes grâce au don d'ubiquité. En s'ancrant dans la vie de tous les jours, le fantastique bouscule l'existence des personnages qu'il touche, huissiers, petits commerçants et ronds-de-cuir. Très vite, saisi d'une frénésie « aymesque », j'entame une immersion de plusieurs semaines dans ses œuvres complètes. Plus j'avance dans celles-ci, plus je reviens systématiquement au *Passe-muraille*, dont la première phrase est un véritable passeport pour le monde parallèle de Marcel Aymé : « Il y avait à Montmartre, au troisième étage du 75 *bis* de la rue d'Orchampt, un excellent homme nommé Dutilleul qui possédait le don singulier de passer à travers les murs sans en être incommodé. » Je lis et relis sans cesse l'histoire de ce petit fonctionnaire que son pouvoir magique transforme en super-héros, en amoureux fou, et, aussitôt, des mélodies cavalent dans ma tête. Je les note. *Le Passe-muraille* est une courte nouvelle. Il faut à la fois l'adapter, l'étoffer et inventer un dialogue dont le texte original est presque dépourvu. Il se pose alors un problème décisif, celui de l'auteur. Où dénicher l'oiseau rare, capable de partager à mes côtés l'aventure extravagante d'un opéra bouffe contemporain ? La question revient régulièrement, mais, de manière irrationnelle, je retarde le moment d'y répondre.

Juin 1986. Fidèle camarade des années nouvelle vague, Jean-Claude Brialy vient d'acheter le théâtre des Bouffes parisiens et me demande d'écrire la musique de scène pour sa création de la rentrée, *Le Nègre*. C'est la première pièce d'un garçon de vingt-six ans, Didier van Cauwelaert, découvert avec son roman *Vingt ans et des poussières*. La lecture du *Nègre* me révèle un esprit fin et lettré, qui aussitôt me fait dire : « Et si c'était lui, mon librettiste du *Passe-muraille* ? Il existait mais je ne le connaissais pas. » Quelques semaines plus tard, aux premières répétitions, je découvre un jeune homme dont l'allure BCBG camoufle un goût inouï pour la dérision des êtres et des choses. Voilà mon impression immédiate de van Cauwelaert : un histrion déguisé en fils de famille. Devant les Bouffes parisiens, je suis sur le point d'enfourcher mon scooter quand il passe devant moi. Je le harponne : « Pardon Didier, vous aimez sûrement Marcel Aymé ? Figurez-vous que nous allons commettre ensemble une version musicale du *Passe-muraille* ! Écoutez-moi ça ! » Avant même qu'il ouvre la bouche, je lui colle dans les mains une petite cassette sur laquelle figurent mes premières ébauches de thèmes. Voilà comment naît notre tandem : en pleine rue, au milieu des klaxons. Longtemps après, Didier m'avouera avoir été scotché par ma certitude péremptoire : « J'étais un profane dans le domaine musical, j'aurais pu échouer à me glisser dans tes notes. Mais, de ton point de vue, c'était quelque chose d'acquis. Ça n'était pas une évidence pour moi, ça l'était pour toi... » Le lendemain, il me rappelle pour me donner son accord. Il aime mes thèmes, il s'est plongé dans le texte d'Aymé, il voit comment conserver la trajectoire générale, tout en la consolidant de nouvelles situations. Et, surtout, il me confesse : « Marcel Aymé n'est pas simplement un auteur que j'aime. C'est mon auteur favori, celui que je place le plus haut ! » À partir de cet aveu, notre quatre mains va aller à une vitesse folle, sidérante, surnaturelle. Didier charpente d'abord une adaptation originale de la nouvelle, l'enrichit d'une séquence de procès, invente des personnages pittoresques, comme un procureur félon ou un médecin éthylique, épuré par erreur. Car son idée est de basculer l'action de 1943 à l'après-guerre pour éviter que, de son propre aveu, « les images de *La Traversée de Paris* fassent surimpression ». Puis nous passons plusieurs jours en loge, chez moi à la campagne. Comme deux gamins jouant au puzzle, nous nous amusons à caser mes thèmes aux différentes séquences de son adaptation. Dès qu'un morceau a trouvé sa place, Didier s'isole et, dix minutes plus tard, les paroles sont achevées, sans l'ombre d'une rature. Je suis éberlué par le jaillissement spontané de son inspiration. De ma toute première cassette surgit une mélodie qui devient aussitôt *Un homme ordinaire*, air principal où s'expriment la révolte et la résignation de Dutilleul face à son don. Ce thème qui fonctionne sur trois notes, autrement dit sur un registre limité, est emblématique d'une esthétique musicale à la simplicité voulue, déterminée et assumée. Ce serait un contresens d'entraîner nos commerçants de la rue d'Orchampt vers un langage au lyrisme savant et moderne. Ce qu'ils chantent doit parler au cœur, aux sentiments, avec clarté et lisibilité. Les textes de Didier suivent cette même ligne, alternant des trouvailles triviales (« Dans le député, y a le mot pute ») et poétiques (« Changeons nos draps pour d'autres rêves »). Ça paraît difficile à admettre mais nous bouclons l'écriture en huit jours, montre en main. Un record inégalé, pour ma part. L'avenir du *Passe-muraille* nous réserve quelques surprises que l'on pourrait résumer en une formule : une semaine pour l'écrire, dix ans pour le monter. Avec le recul, je me dis parfois : et si ça avait été l'inverse ?

Notre priorité, c'est évidemment de trouver un visage à Dutilleul. L'accord d'un interprète risque de sécuriser les décideurs et déclencher un financement. En même temps, le choix même de cet interprète pose une problématique : faut-il contacter un comédien ou un chanteur ? Sur ce point précis, Didier et moi partageons la même analyse. Pour l'ensemble de la distribution, il est impératif de dénicher en priorité des acteurs collant physiquement aux rôles puis, dans un second temps, de les emmener vers le chant. Il faut tendre vers un réalisme, à commencer par un réalisme des personnages, pour mieux mettre en valeur l'irruption du fantastique. Selon cette logique, un comédien nous apparaît comme l'interprète rêvé du fonctionnaire velléitaire et hors-la-loi enflammé. Il s'appelle Francis Perrin. Nous le rencontrons avec optimisme, nous lui jouons plusieurs airs, nous déployons toute la force de notre conviction. Son enthousiasme est très fort… mais sa crainte de ne pas être à la hauteur l'est encore plus. Malgré une passion dévorante pour l'opéra, Francis n'a jamais réellement abordé le chant. « Hélas, le risque est trop énorme, explique-t-il. Sincèrement, je suis incapable de tenir le rôle central d'un spectacle musical, tous les soirs, pendant deux heures. Je ruinerais votre ouvrage. Ne soyez pas déçus, mon refus est une chance pour votre projet. » Difficile de s'immiscer dans une décision aussi intime. Nous le quittons en échangeant avec Didier un sourire un peu triste. Notre *Passe-muraille* vient de nous échapper.

Alors démarre une longue traque, celle d'un nouveau Dutilleul, doublée d'une recherche de financement, elle aussi impérative. Avec amour, patience et abnégation, ma femme Isabelle organise des dîners où, à tour de rôle, nous invitons tous les responsables des salles parisiennes. Didier et moi détaillons le spectacle puis, au dessert, je me colle au piano pour chanter deux ou trois extraits. La plupart du temps, ça débouche sur un : « C'est intéressant, nous allons réfléchir », pur emballage diplomatique d'un *niet* catégorique. Parfois, on nous assène aussi : « Un opéra bouffe ? À l'ère du rap ? Vous plaisantez ? » Tant d'arrogance m'évoque celle d'un cuistre qui plastronnait devant Marcel Aymé : « Moi, je me suis fait tout seul ! — Dans ce cas, lui a répondu l'auteur du *Passe-muraille*, vous déchargez Dieu d'une bien grave responsabilité. » Curieusement, avec vingt-cinq ans de décalage, j'ai l'impression de revivre le Golgotha des *Parapluies de Cherbourg*. Derrière la voix des directeurs de théâtre semble résonner celle des producteurs de cinéma de 1962. Les époques changent mais le problème reste identique. Face à l'absence de référence, de repère, d'antécédent, les décideurs perdent pied. Or, en matière de création, le plus excitant, c'est de bâtir des œuvres complètement originales, et non d'exploiter des formules préfabriquées. En l'occurrence, sur *Le Passe-muraille*, van Cauwelaert et moi sommes des cumulards de la difficulté : une nouvelle fantastique de Marcel Aymé, traitée en opéra bouffe, chantée de *a* à *z*, nécessitant d'importants décors et trucages... Au fil des rendez-vous, nous voyons plus d'un visage se décomposer. À plusieurs reprises, la situation frémit avant de s'enrayer, chaque fois pour des raisons différentes : un coproducteur fait faillite, un acteur se met à girouetter, un théâtre n'est plus disponible. Didier et moi passons par des phases d'euphorie, d'agacement, de colère. Plusieurs comédiens réagissent avec plus ou moins d'intérêt, comme Roland Giraud ou Guy Marchand. Et puis, il y a cette visite à Pierre Richard, dont la timidité maladroite évoque tellement celle de Dutilleul. Il adore le sujet et son traitement mais il décline la proposition, en brandissant un argument inattendu : « Autant je peux apprendre un long texte parlé, autant, lorsqu'il s'agit de chanter, la musique m'empêche de mémoriser les paroles ! » Je quitte sa péniche le moral en berne... Quelques mois plus tard, une autre piste se dessine, celle de Lambert Wilson, idée séduisante eu égard à ses qualités vocales. Le costume de surhomme de Garou-Garou, l'avatar de Dutilleul, semble taillé pour lui... mais sera-t-il crédible en petit gratte-papier du ministère des PTT ? Le doute doit aussi le travailler, car, après un accord de principe, il rétrograde aussi sec : « Entre nous, êtes-vous certain que c'est vraiment pour moi ? » Les semaines, les mois, les années passent. Avec Didier, d'autres projets nous accaparent séparément, mais ces allers-retours sur *Le Passe-muraille* continuent à rythmer nos vies. Et pourtant, à aucun moment nous ne cédons au découragement. Dans une sorte de pressentiment diffus, nous partageons la conviction que, un jour ou l'autre, notre Dutilleul finira par traverser les cloisons.

Septembre 1994. Le hasard d'un dîner me fait retrouver Francis Perrin. Voilà sept ans que je ne l'ai pas revu, depuis sa fin de non-recevoir. Il me demande des nouvelles du *Passe-muraille*, je lui détaille notre course d'obstacles. Francis sourit et ose une confession renversante : « Tu sais, Michel, tes mélodies et les mots de Didier continuent de me courir dans la tête, ils me hantent ! Ça s'appelle du remords... » Je saisis la balle au bond : « Mais Francis, tout est encore possible ! » Son visage s'illumine, il s'emballe et me fait une proposition spontanée : « Laisse-moi travailler la partition du *Passe-muraille*. Dans trois mois, je passe une audition devant toi et Didier. En toute franchise, vous me direz si je peux techniquement y arriver. Si ça ne colle pas, nous nous quitterons bons amis et je n'aurai aucun regret. » Retour à la case départ. Voilà notre Dutilleul initial qui se remet lui-même dans la course, avec une sincérité émouvante. Je lui présente le pianiste Patrice Peyrieras avec lequel, galvanisé comme jamais, il répète plusieurs heures par jour. Trois mois plus tard, avec le trac d'un débutant à un examen de passage, Francis nous invite chez lui pour nous interpréter quatre airs. En trois secondes, notre ciel se dégage. Ce qu'il propose est à la fois joué et chanté, avec un vrai sens musical. Il y a encore du travail, bien sûr, mais c'est déjà en place et juste. Dutilleul prend enfin corps, Francis vient d'entrer dans le *Passe-muraille*. Avec acharnement, il va continuer ses répétitions quotidiennes, guidé par le sherpa Peyrieras. Son implication sert d'accélérateur. Observant de loin nos mésaventures en zigzag, Jean-Claude Brialy intervient de façon décisive : « J'ai récemment perdu trop d'argent avec les Bouffes parisiens. Ce théâtre est un gouffre. Alors voilà : j'ai décidé de m'en débarrasser. Mais auparavant, je veux monter *Le Passe-muraille*. Si c'est un succès, ça peut m'aider à me renflouer. Si c'est un échec, ça me confortera dans l'intention de vendre. À ce stade, je n'ai plus rien à perdre. » Pour un peu, la grandeur d'âme de Brialy me fait monter les larmes. Il est vite rejoint par Jean-Luc Tardieu, autre grand défenseur du projet, responsable de la Maison de la Culture de Loire-Atlantique… et par Francis Perrin, avec la casquette de directeur du Théâtre Montansier à Versailles. Désormais, même les mauvaises nouvelles n'ont plus de prises sur la trajectoire du spectacle. Mieux : elles se révèlent *a posteriori* positives. Un metteur en scène se désiste ? Brialy obtient aussitôt l'accord d'Alain Sachs, le complice historique du Quatuor, dont l'humour absurde épouse idéalement l'esprit et les contours du *Passe-muraille*. Sachs amène Guy-Claude François, décorateur de Bertrand Tavernier, qui conçoit un ingénieux décor à transformation. Plus un manipulateur et illusionniste dont le seul nom est une invitation à la poésie, Abdul Alafrez, qui élabore un trucage féerique pour la traversée du premier mur. Côté casting, tout se passe par relations. Nous demandons aux amis, et aux amis des amis, de nous envoyer des comédiens possibles. Voilà comment nous découvrons Isabelle Georges, jeune première lumineuse pour le personnage d'Isabelle. Sans parler de Ginette Garcin, jadis chanteuse dans l'orchestre de mon oncle Jacques Hélian. Sans jeter un œil à la partition, la chère Ginette accepte d'emblée le rôle de la vieille pute, amortie par trente ans de travaux forcés. Sa gouaille truculente fera des étincelles : « C'est que j'ai plus vingt ans, et c'est dur question vice / On s'croit le 18-Juin et non, c'est l'Armistice. » Dans le rôle du peintre montmartrois, je retrouve avec plaisir Jean-Claude Calon, qui jouait le fils naturel d'Edmond Dantès dans mon *Monte-Cristo*, monté en 1975 au Théâtre des Champs-Élysées. À l'arrivée, *Le Passe-muraille* réunit une troupe de dix comédiens, plus trois musiciens (piano, percussions, instruments à vent), formule instrumentale légère qui laisse la vedette aux voix et au texte. Pendant les quinze jours de répétition, Didier et moi voyons notre création prendre vie, avec la béatitude d'un père assistant aux premiers pas de son enfant. C'est d'autant plus troublant que Sachs conçoit sa mise en scène dans le désordre, par vignettes et non dans la continuité. En partant du milieu, il avance, il recule, il ajuste. C'est comme un corps inanimé qui s'anime progressivement, membre après membre. Seule note dissonante à cette période euphorique : les relations chaotiques avec une responsable de Gallimard, l'éditeur du *Passe-muraille*. Déterminée à nous empoisonner la vie avec des contrats unilatéraux, elle suinte la psychorigidité mesquine des petits chefs qu'épingle Marcel Aymé dans ses romans. Qu'aurait donc pensé le génial auteur de cette créature bureaucratique échappée de son propre univers ? Il faudra des dizaines de conciliabules pour trouver un terrain d'entente… Mais qu'importe, notre spectacle est sur orbite, rien ne pourra plus l'arrêter. À la façon des shows de Broadway d'abord rodés à travers les États-Unis, *Le Passe-muraille* est créé à Nantes en novembre 1996, à Versailles en décembre, avant d'affronter le public parisien en janvier 1997. Quand l'affiche dessinée par Raymond Moretti envahit la façade du théâtre, une émotion singulière me saisit. D'abord, je revois l'endroit précis où j'ai interpellé van Cauwelaert. Dix ans déjà… Puis je me souviens que les Bouffes parisiens étaient la salle de Jacques Offenbach. Est-ce un signe ? Je l'ignore. Mais j'ai toutefois le sentiment que, à travers ses lorgnons, le prince de l'opéra bouffe nous encourage de là-haut.

Le démarrage du *Passe-muraille* s'avère correct, à défaut d'être foudroyant. Au fil des jours, ce qui joue en notre faveur, c'est un bouche-à-oreille très positif et plusieurs critiques dithyrambiques, dont un papier affûté signé Pierre Petit dans *Le Figaro*, célébrant « la quintessence de l'esprit français ». L'effet boule de neige est rapide : à partir de février, le spectacle prend son rythme de croisière, accueillant trois cent cinquante spectateurs par soir. Les ovations quotidiennes obligent la troupe à reprendre le ballet sifflé en guise de rappel. De passage à Paris, mes amis d'outre-Atlantique comme Quincy Jones, Alan et Marilyn Bergman succombent au charme d'un spectacle totalement affranchi des normes américaines. Un matin de soleil, coup de fil improbable, irréel : « *Hello Michel, is it you on the phone?* » J'entends un timbre reconnaissable entre mille, à la fois perché et enfantin. C'est celui de Michael Jackson. Notre lien remonte aux débuts de sa carrière solo. Sur son troisième album, Michael a repris l'une de mes chansons, *Happy*, avec une voix encore imbibée d'adolescence. Plus tard, nous ferons mieux connaissance par l'entremise de l'ami Quincy. Ma mémoire n'a pas effacé un mémorable dîner, vers 1984. Michael réinvente les codes de la pop music, il est devenu une star planétaire. Nous sommes attablés dans le salon d'un restaurant de Los Angeles, j'en profite pour lui demander une faveur : « Tu sais, Michael, ma fille Eugénie écoute tes disques en boucle. Elle a quatorze ans, tu es son héros ultime. Accepterais-tu de lui signer un autographe ? C'est la plus belle surprise que je puisse lui rapporter des États-Unis. » Michael sourit et s'exécute avec un zèle qui dépasse mes espérances : il saisit la carte du menu et, dans la marge, écrit minutieusement une histoire originale qu'il illustre de petits dessins naïfs, comme des enluminures. Je lui demandais une dédicace, il m'écrit un roman, qu'il paraphe d'une signature très graphique. Deux semaines plus tard, de retour en France, je brandis la précieuse offrande à Eugénie. Elle l'examine d'un œil détaché, sinon indifférent : « C'est gentil mais ça ne m'intéresse plus : maintenant, je suis fan de Madonna ! » Dès le lendemain, le cadeau est égaré, perdu, jeté à la poubelle. Cette histoire deviendra historique dans la famille. Ma chère Eugénie en rit encore aujourd'hui. Devenue cavalière émérite, elle aurait pu s'acheter trois pur-sang avec ce long récit manuscrit, le seul, l'unique que le roi de la pop ait improvisé sur un menu de restaurant.

Retour en 1997. Entendre la voix de Michael Jackson dans le combiné me prend par surprise. Désormais, ses proches l'appellent Bambi. Il travaille à Paris sur un projet avec le mythique cinéaste américain Stanley Donen. Pour éviter les hordes de fans et de paparazzis qui l'attendent devant le Plaza Athénée, Michael est descendu incognito au Disneyland Hôtel, à Marne-la-Vallée. Contre toute attente, il souhaite ardemment voir *Le Passe-muraille*, dont il a entendu parler par Quincy. Sa demande me touche et m'embarrasse à la fois : « Michael, ce serait avec plaisir. Mais je redoute ta présence. Avec toi, le spectacle ne sera plus sur scène mais dans la salle. » Il a déjà réfléchi à la question : « Fais-moi confiance, je m'habillerai sobrement, j'arriverai *in extremis*, juste avant le lever de rideau, dans l'obscurité. Personne ne me reconnaîtra ! » Comment refuser une telle demande ? D'autant que son service de sécurité vient repérer les lieux pour mettre au point un minutage précis : arrivée à 20 h 29, trente secondes pour prendre l'escalier, trente autres secondes pour accéder aux places, en milieu de rangée, début du spectacle à 20 h 30 tapantes. Néanmoins, une question essentielle me tarabuste : doit-on avertir les comédiens ? Je tente d'en parler à Brialy mais il demeure injoignable, bloqué par un tournage en province. La sagesse me conseille de garder le silence. L'annonce de la présence « jacksonienne » risquerait de nuire à la représentation. Jusqu'à la dernière seconde, la nouvelle restera classée secret-défense. Le jour J, je fais le pied de grue dans l'entrée des Bouffes parisiens. À 20 h 29, avec une ponctualité diabolique, une limousine aux vitres teintées s'arrête devant le théâtre. Nos deux invités s'en extirpent. En découvrant Michael, j'ai un choc thermique. Pour lui et moi, le mot « sobriété » ne doit pas avoir le même sens : il est littéralement déguisé en Zorro, avec cape noire, veste à galons et chapeau façon pelle à pizza. Serait-ce une panoplie achetée chez Mickey ? De l'extérieur, Michael ressemble à une publicité vivante pour Walt Disney : Zorro et Bambi ont fusionné dans le même corps. Pour un peu, je m'étonne que Stanley Donen ne soit pas costumé en Peter Pan. Malgré la pénombre, leur arrivée dans la salle ne passe pas inaperçue, d'autant que Michael n'enlève pas son sombrero. Je m'assieds à leurs côtés, au cinquième rang, afin de servir ponctuellement d'interprète. Sans comprendre littéralement les subtilités du texte, Michael s'esclaffe avec un rire sonore, identique à celui d'un enfant devant un dessin animé. Parmi les acteurs, on sent s'installer un certain trouble. De la scène, ils ont aperçu la star. Mais ils tracent, en contenant leur émoi. Lors du ballet final, Francis Perrin explose. En clin d'œil, il esquisse quelques pas malhabiles de *moonwalk*, puis accroche sa main à l'entre-jambe, ce qui déclenche l'hilarité générale. Aux saluts, Bambi se lève pour applaudir à tout rompre, entraînant la salle avec lui. Aurais-je abusé de drogue hallucinogène ? Sous mes yeux ahuris, Michael Jackson lance une *standing ovation* à Ginette Garcin ! Retenu par une émission de télévision, Didier van Cauwelaert arrive en retard et, devant l'entrée des Bouffes, se fait plaquer au mur par un garde du corps de Michael. Il proteste en anglais : « *But I am the writer!* » Le molosse lui répond sèchement : « *Sorry sir, but the writer is dead!* », en lui désignant sur l'affiche le nom de Marcel Aymé. Après la représentation, nous entraînons nos amis américains dans les coulisses, pour leur présenter comédiens et musiciens. Tous réclament une photo pour immortaliser cette rencontre au sommet avec le chanteur de *Billie Jean* et le metteur en scène de *Chantons sous la pluie*. Michael accepte mais pose une condition : « D'accord mais, s'il vous plaît, n'utilisez pas ces clichés dans la presse : je ne suis pas maquillé. » Cette consigne sera scrupuleusement respectée, du moins jusqu'à sa mort en 2009. Je tombe alors de ma chaise en découvrant un hebdomadaire qui aligne trois témoignages-clés sur Michael. Quincy Jones : « J'ai perdu mon petit frère. » Puis Madonna : « Je suis dévastée, j'ai annulé deux concerts. » Et enfin, Ginette Garcin : « Le jour où Michael m'a embrassée », avec photo à l'appui. Quincy-Madonna-Ginette : quelle vision en raccourci de l'histoire de la musique, quelle ensorcelante chaîne, formée involontairement par notre visiteur d'un soir ! L'espace de trois heures, Michael aura fait basculer les Bouffes parisiens vers une sorte de *twilight zone* que n'aurait pas désavouée le grand Marcel Aymé.

Si les photos de *la* visite ne sont pas dévoilées, sa rumeur enfle néanmoins dans Paris, au point que plusieurs journaux s'en font l'écho. Ce qui intensifie d'autant les locations des Bouffes parisiens, qui ne désemplissent pas. Les spectateurs espèrent-ils y croiser Bambi ? En mai, lors de la cérémonie des molières, les oscars du théâtre, Didier van Cauwelaert et moi recevons le molière du meilleur spectacle musical. Au milieu des applaudissements en cascades, je reconnais plusieurs responsables de salles qui nous ont héroïquement abandonné sur : « C'est intéressant, nous allons réfléchir. » Il aura fallu attendre ce molière pour avoir de leurs nouvelles. Je suis ému par leur empressement à voler au secours du succès. Brialy, lui, reçoit les dividendes de son courage : *Le Passe-muraille* le remet à flot, il pourra conserver les Bouffes parisiens. Et puis, il y a aussi ces producteurs anglo-saxons, à l'affût des créations scéniques des grandes capitales. Leur réaction est souvent similaire à celle de Stanley Donen : « La singularité de votre ouvrage est d'être radicalement différente de ce qu'on monte aux États-Unis. » Par un savoureux retournement de situation, les ingrédients qui ont rebuté les directeurs français deviennent précisément ceux qui séduisent les étrangers. Ce petit coin de Montmartre, la vie du quartier, la pute au pied du réverbère, le charme rétro, l'irruption du fantastique leur apparaissent comme le comble de l'exotisme. Jerry Schoenfeld, président de la puissante Shubert Organization, déborde d'enthousiasme : « Je prends un engagement, celui d'emmener le spectacle à Broadway ! » Il va tenir parole. Mieux, il confie les clés du projet à deux sommités : James Lapine pour la mise en scène, complice des comédies musicales majeures de Stephen Sondheim, et Jeremy Sams pour l'adaptation, traducteur des pièces d'Éric-Emmanuel Schmitt. La tâche de Sams est épineuse : après avoir rebaptisé Dutilleul en Dusoleil, plus facilement prononçable, il doit trouver des équivalents aux jeux de mots de Didier, surmonter le problème des références historiques inconnues du public américain. Il nous demande également d'écrire deux chansons originales, afin de faire intervenir plus tôt dans l'intrigue le personnage d'Isabelle. Malheureusement, dès les premières répétitions, James

Lapine tord l'identité originelle du *Passe-muraille*. Il conçoit un spectacle d'une autre nature, avec une abondance de passerelles électriques et chausse-trappes, un plateau immense, des trucages sophistiqués. En un mot, il tire notre opéra de poche vers un gigantisme hors sujet, il le gonfle aux hormones de Broadway. Au fond de moi-même, je me dis : « James a la nécessité de faire des aménagements, mais ne devrait-il pas respecter la même échelle ? » Mais je préfère me taire. La sagesse, c'est aussi accepter la prise en charge de son enfant par sa famille d'accueil. Autre malentendu, Sams intitule la version américaine *Amour*, au lieu de traduire littéralement *Le Passe-muraille*. Bienvenue en absurdie : pour le public new-yorkais, on remplace le titre français par un autre titre français, au sens différent. Je devrais m'y opposer, je ne le fais pas et j'ai tort. Car ce nouveau titre laisse penser qu'il s'agit d'un ouvrage lyrique, dans la lignée des chansons pour lesquelles les Américains me connaissent : *Once upon a summertime*, *The Windmills of your mind* ou *The Summer knows*. Le quiproquo est de taille, car *Le Passe-muraille* ne contient ni grande aria ni duo d'amour déchirant. C'est une fantaisie bouffonne, une galopade ludique et féerique. L'addition de toutes ces décisions aboutit à l'irrémédiable : les guichets d'*Amour* ouvrent le 20 octobre 2002 au Music Box Theatre de New York et ferment sans appel le 6 novembre suivant. Après dix-sept représentations, Dusoleil reste définitivement figé dans le mur de l'échec.

La surprise viendra d'ailleurs : du Japon. Les Bouffes parisiens reçoivent la visite d'une délégation nippone de cinquante personnes, électrisée par la représentation. Au lieu de repenser la mise en scène d'Alain Sachs, le producteur japonais préfère la solution du copier-coller, au millimètre près. Son équipe technique investit la scène des Bouffes afin de prendre les mesures du décor, qui sera reconstruit à l'identique. En l'espace de quelques mois, notre *Passe-muraille* va devenir un classique de la scène japonaise. D'abord monté à Fukuoka, le spectacle s'installe à Tokyo et Nagoya en 1999, avant une première reprise en 2006-2007, une seconde en 2012. En soi, ça bordure l'inimaginable : sur une grande île de l'océan Pacifique, une pute de Montmartre chante ses passes en japonais sur un rythme de java. Avec Didier van Cauwelaert, nous avons fini par analyser les raisons de ce triomphe. Profondément, ça parle à la culture japonaise d'être confronté à un petit employé enfermé entre quatre murs et qui, grâce à son pouvoir miraculeux, se libère pour devenir un autre homme. Étant donné la structure de la société nippone, le public se sent doublement touché et concerné. « Il est là le thème central du *Passe-muraille*, m'a souvent répété Didier. Comment l'amour va aider un fonctionnaire gris et timide à franchir les cloisons de l'isolement. » Ce sera aussi la réaction de Jean-Jacques Sempé, dont les petits hommes perdus dans la ville sont autant de Dutilleul miniatures. Dans le hall des Bouffes parisiens, cet humaniste du dessin me prend dans ses bras : « Il y a une grandeur dans ce petit opéra bouffe, confesse-t-il. Tu nous racontes comment surmonter le drame de nos vies, c'est-à-dire briser la muraille de la solitude. » Voilà donc la singularité paradoxale du *Passe-muraille* : un cadre français jusqu'au folklore mais un sujet qui touche à l'universel. À l'heure où j'écris ces lignes, je prends conscience que notre spectacle vient d'être créé à Londres, en Corée du Sud, précédant une nouvelle reprise japonaise. À intervalles réguliers, aux quatre coins de la planète, notre Dutilleul s'apprête à revivre son destin, à mourir par là où il a vécu, statufié vivant. Comme un lointain écho à la longue phrase lancinante qui clôt la nouvelle de Marcel Aymé : « Certaines nuits d'hiver, il arrive que le peintre Gen Paul, décrochant sa guitare, s'aventure dans la solitude sonore de la rue Norvins pour consoler d'une chanson le pauvre prisonnier, et les notes, envolées de ses doigts engourdis, pénètrent au cœur de la pierre comme des gouttes de clair de lune. »

25

Sarah, Stan, Stéphane et les autres

Mai 2016. J'atterris dans le Michigan, à Kalamazoo, soixante-quatorze mille âmes. On dirait le nom d'une ville de bande dessinée. Le Gilmore Keyboard Festival y bat son plein : c'est une manifestation qui aimante tous les pianistes du globe. Le directeur du Kalamazoo Symphony Orchestra, Peter Gistelinck, est un ami fidèle. Nous nous sommes connus à Bruxelles où il dirigeait l'orchestre de la Radio flamande, avant de s'exiler aux États-Unis. Début 2014, il me commande un ouvrage symphonique, en me soufflant : « Et pourquoi pas un concerto pour piano ? » À peine ai-je le temps d'accepter que Peter surenchérit, pragmatique : « Dans ce cas, nous le mettons au programme du festival 2016, disons le 14 mai. Tu as deux ans. » Il n'y a pas une mesure d'écrite, mais la date de création est déjà arrêtée. Ce concerto, j'en ai longtemps rêvé, comme une chimère, un fantasme d'écriture. La réalité me rattrape. Me voilà englouti dans un monumental compte à rebours, le pied au plancher, les mains sur le clavier. Ce projet me permet d'accoster un territoire que j'ai survolé toute ma vie... mais sans y faire d'escale au long cours. Par exemple, dans *Partir, revenir*, Claude Lelouch m'avait demandé d'inventer un quatrième mouvement au *Concerto n° 2 en ut mineur* de Rachmaninov. Le résultat était intéressant mais volontairement sous influence. Cette fois, je suis libéré de toute astreinte esthétique. Une seule image me hante régulièrement, celle des icônes de la musique symphonique qui ont jalonné ma vie : Leonard Bernstein, Henri Dutilleux, Marius Constant. Mon côté pluridisciplinaire et hirsute, mes plaisirs en zigzag ne les dérangeaient pas, ils me témoignaient une bienveillance souriante. Ce *Concerto pour piano*, c'est un acte pour me rapprocher d'eux. Serai-je à la hauteur de leur exigence ? Cette obsédante interrogation ajoute à mon trac, dans mes soirées monacales, face au papier à musique. D'autant que ce concerto, je vais en être à la fois compositeur et soliste. Comme un cinéaste qui élabore un scénario dont il sera l'acteur principal. En l'occurrence, je prends un certain plaisir à me sadiser, j'écris la partie de piano comme si j'étais mon pire ennemi : « Mon salaud, cette cadence-là, tu ne vas pas techniquement en venir à bout ! » Je n'ai aucune vocation de tortionnaire, sauf s'il s'agit de moi-même. Après plusieurs mois de travail acharné, le grand soir arrive enfin, au Chenery Auditorium. Les répétitions se déroulent sans anicroches, ce qui devrait me rassurer. Mais le risque est pourtant abyssal. Dans l'écriture même, j'ai utilisé une pâte musicale nouvelle, en jouant sans cesse sur la double tonalité. Il y a toujours deux récits parallèles, deux accords qui se chevauchent, deux mélodies qui dialoguent. Fallait-il opter pour le titre *Concerto schizophrène* ? Au moment de rejoindre le piano, une inquiétude inconnue me submerge. « Si vous voulez prendre la mer sans risque, n'achetez pas un bateau, achetez une île ! » écrivait Pagnol. Ce soir, je manœuvre ma chaloupe solitaire sur un océan de mille cinq cents spectateurs. L'appréhension me fait savonner ici ou là, sans gravité. Le public semble hypnotisé et nous fait, à l'orchestre et moi-même, une ovation. Mon cœur s'emballe. Ce 14 mai 2016 est à marquer d'une pierre blanche : c'est une nouvelle naissance. Quand j'entre en scène, je suis un compositeur de cinéma, de comédies musicales, de chansons, un jazzman. Quand j'en sors, me voilà enfin symphoniste.

Pour m'aider à surmonter la pression de la création, Gistelinck me propose de donner deux concerts de jazz en trio, en amont du concerto, au Gilmore Jazz Club. L'idée ne m'emballe pas spécialement, Peter insiste et il a raison. C'est une façon de dire : « Ne vous méprenez pas, c'est bien le même ! » Surtout, ça me met à l'aise, comme une mise en jambes, ou plutôt une mise en doigts, six jours avant le soir fatidique. Le contraste est sidérant : un exercice rodé avant un saut dans l'inconnu. Des standards avant une composition complètement fraîche. Des improvisations façon haute voltige, en totale liberté, avant une interprétation qui exige une précision millimétrique. Paradoxalement, le passage d'un contraire à l'autre me stimule. Mieux, cette prestation en club me permet de mesurer à quel point le jazz est vissé en moi, depuis l'ensorcellement fondateur de Dizzy Gillespie, salle Pleyel. Il est de grandes figures du jazz dont j'ai déjà tiré le portrait, Miles Davis ou Bill Evans. Et d'autres que je voudrais évoquer ici, en premier lieu Sarah Vaughan, la divine Sassy. Notre premier contact n'est pas à mon avantage. Nous sommes à New York, vers 1962. Quincy Jones vient de me présenter à Sarah et nous emmène en voiture vers un studio où elle doit enregistrer. Pour se détendre, elle se roule un joint, l'allume, tire une bouffée et me le tend, fraternellement. Dans les cénacles du jazz, c'est un geste anodin, sinon ordinaire. Sauf que je suis français, blanc, pas encore affranchi des codes du milieu. Donc, je saisis le pétard et le balance par la fenêtre. Étant le passager le plus proche de la vitre, je pensais naïvement qu'elle voulait s'en débarrasser ! Elle implose, mi-agacée, mi-hilare : « Qu'est-ce qui te prend ? Tu débloques ? Je le récupère comment, moi, mon joint ? » À ses yeux, ce simple geste me transforme en *Frenchie* provincial, en péquenot en dehors du coup. Ce malentendu dérisoire, sinon grotesque, restera à jamais l'entrée en matière de notre relation.

Les années passent, sans que nos chemins se croisent. Jusqu'au jour de 1971 où je reçois un coup de fil de Bob Shad, responsable du label de jazz indépendant Mainstream : « Michel, Sassy veut impérativement enregistrer un disque avec toi, autour de tes chansons ! » En réalité, le pianiste et chanteur Jimmy Rowles vient de lui faire écouter le trente-trois tours d'*Un été 42*, qui l'a bouleversée : « C'est Legrand dont j'ai besoin pour mon prochain album ! » Me voilà rassuré : l'affaire du joint est bel et bien oubliée. C'était un pétard mouillé. Quinze jours plus tard, Sarah me reçoit chez elle afin que nous sélectionnions les titres de l'album. La jeune fille longiligne autrefois découverte par Gillespie et Charlie Parker a pris des rondeurs qu'elle dissimule sous d'amples robes à fleurs. Mais dès qu'elle ouvre la bouche, on est transporté vers d'autres sphères. Ses trois octaves et demie, la profondeur de son timbre, son swing renversant : rien n'a changé. Je me colle au piano, elle se met à fredonner les premières mesures de *Summer me, winter me*. C'est d'emblée d'une émotion à vous arracher le cœur. Sassy a fait de sa voix un instrument, construit à un seul exemplaire, elle-même. À cette altitude-là, la concurrence est aussi rare que l'oxygène : il y a Sarah et Ella Fitzgerald. Une légende vivante me fait face, j'en suis conscient mais je dois aussi l'oublier à tout prix. Ça risquerait de figer notre dialogue. Mon seul effort, c'est de lui parler normalement, au présent, comme à une artiste à laquelle me lie un projet commun. Il me faut une semaine pour écrire les orchestrations des douze chansons, en amont des séances au studio A&M de Los Angeles. Il est convenu de tout enregistrer en direct, comme à un concert, l'orchestre devant moi, Sarah dans une cabine isolée. Nous ouvrons les hostilités avec *The Summer knows*, version vocale du thème d'*Un été 42*. À peine ai-je fini de faire répéter les musiciens qu'elle me lance un clin d'œil complice : « *You did it again!* » Puis on se jette à l'eau. Première prise. Sarah ne chante pas exactement les notes écrites, elle les dévie, les emporte ailleurs, les sublime mais retombe toujours sur ses pattes. Ce n'est pas de l'interprétation, c'est du trapèze volant. Fin de la prise. Le temps étire la résonance de l'accord final. J'aperçois les visages du bassiste Ray Brown et du batteur Shelly Manne, blêmes et figés : ils sont en larmes. En plusieurs décennies de musique, je n'ai jamais vu un musicien de studio se laisser aller à une émotion particulière. La seule exception, c'est avec Sarah. Elle seule réussit à percer leur carapace de professionnels endurcis. Car notre impératrice du scat ne chante pas, elle dévoile son âme, elle la met à nu. « L'effet Sassy » se renouvelle à chaque titre. À l'issue des séances, c'est l'orchestre complet qui a sorti ses mouchoirs. L'album *Sarah Vaughan with Michel Legrand* est publié fin 1972, avec un son très sec, sans réverbération, qui ne reflète pas la qualité de l'enregistrement. J'ai laissé Bob Shad s'occuper du mixage, ce qui n'était pas la meilleure idée. Pour la promotion, Sarah et moi faisons quelques émissions de télévision. J'apprends à mieux connaître cette femme assez en retrait, presque surprise et dépassée par son don miraculeux. Volontiers secrète, elle vous cueille soudainement par un incongru : « Voulez-vous coucher avec moi ? », la seule phrase qu'elle sache prononcer en français. Dix ans plus tard, en juillet 1982, nous nous retrouvons pour un concert unique, dans tous les sens de l'adjectif, au festival d'Antibes Juan-les-Pins. Je l'accompagne avec son batteur et son bassiste. Sarah déchaîne le public par sa puissance de feu, sa technique virevoltante. Ce moment de grâce est miraculeusement filmé par Jean-Christophe Averty. Notre album était le jalon majeur de mes quarante ans, ce concert celui de mes cinquante ans. Un nouveau disque sera-t-il envisageable pour mes soixante ? Hélas, peu à peu, elle se détache du métier, se fait plus rare, cesse d'apparaître en public. Une sorte de syndrome Garbo. Je ne reverrai plus Sassy, ni en studio, ni sur scène, ni dans la vie. Récemment, je suis tombé sur un exemplaire de notre trente-trois tours de 1972, que j'ai contemplé avec une pointe de spleen. Les notes de pochette, au verso, se terminent par un aphorisme délicieux : « L'erreur est humaine mais, heureusement pour nous, Sassy est divine. »

La grande Sarah n'a pas eu le choix : pour s'affirmer, elle avait sa voix et rien que sa voix. Ce qui me fait souvent réfléchir à cet aiguillage mystérieux, irrationnel qui pousse un jeune musicien vers tel ou tel instrument. Pourquoi la flûte plutôt que les percussions ? Un comédien n'a pas à faire ce choix décisif, parfois heureux, parfois calamiteux. Je connais des musiciens qui se sont trompés d'instrument. Ils détiennent une musicalité époustouflante, ils l'expriment avec un mauvais outil. Que serait-il arrivé si Miles Davis ou Chet Baker avaient appris la harpe plutôt que la trompette ? On aurait perdu deux génies. L'accident de mon camarade belge Toots Thielemans est saisissant : vers 1940, à l'adolescence, il est un jeune accordéoniste et guitariste prometteur, sans plus. Une méchante maladie lui tombe dessus, le contraignant à une hospitalisation de plusieurs mois. Au bout de quinze jours, un copain lui fait un présent inattendu : « Comme tu peux difficilement jouer de l'accordéon ou de la guitare au lit, je t'ai apporté un harmonica chromatique. C'est plus pratique. » Alors, sans aucune méthode, Toots commence à souffler, découvre seul comment faire une gamme, changer d'octave. Plusieurs mois plus tard, il n'est pas un bon harmoniciste, il est le meilleur harmoniciste au monde. Cette chambre d'hôpital, ce cadeau singulier ont placé Toots sur les rails de son destin. Sans eux, la musique moderne aurait été privée du Charlie Parker de l'harmonica. Car tel était Toots : un paysan belge moustachu à grosses bésicles, au pouvoir inouï, celui de vous emmener vers des contrées surréelles avec son minuscule instrument. Son dernier souffle, Toots l'a poussé en août 2016. « Là où je me sens le mieux, résumait-il, c'est dans le petit espace qui existe entre un sourire et une larme. » Quand je pense à lui aujourd'hui, le sourire est toujours présent, mais la larme l'emporte.

Mes tribulations jazzistiques m'ont permis de côtoyer trois poètes du saxophone : Stan Getz, Phil Woods et Gerry Mulligan. Le premier au ténor, le deuxième à l'alto, le troisième au baryton. Ils possédaient des personnalités très contrastées mais reliées par un point commun, un seul : c'étaient des déchiffreurs fous. La perfection jaillissait dès la première lecture. Avec Getz, notre histoire d'amitié démarre pourtant dans le chaos, en 1959. Producteur-animateur de l'émission radiophonique *Jazz aux Champs-Élysées*, le pianiste Jack Diéval me propose d'écrire des arrangements de standards pour big band et orchestre. Noircir du papier à musique pour Diéval ne m'enthousiasme pas outre mesure. Il joue le visage tourné vers les spectateurs, avec une expression de ravi de la crèche, dans une totale inconscience de sa technique pianistique. Un esprit facétieux (Pierre Bouteiller, je crois) a trouvé une formule exquise : « Diéval, c'est le pianiste qui a remplacé sa main gauche par un sourire. » Je m'apprête à décliner son offre quand il sort son atout : « C'est dommage, il y aura Stan Getz... » Je me ravise sur-le-champ tant je crève d'envie de rencontrer ce prodige de trente-deux ans, dont je vénère les prestations avec Gillespie ou Oscar Peterson. Un mois plus tard, la répétition se déroule magnifiquement, mais, le soir, Getz arrive sur scène défoncé, jambes et bras écartés, totalement hagard. Il ne sait pas où je suis, me cherche du regard : « *What do we play?* » Il essaie de jouer *Perdido* mais rien, ou presque rien, ne sort. Les spectateurs du Palais de Chaillot s'en vont par grappes. C'est l'un des pires concerts de mon existence. Dans les coulisses, j'engueule Stan mais en vain. La came l'a transporté dans un monde parallèle. Il ne réalise pas notre naufrage en public. J'admire son génie mais sa fréquentation assidue des paradis artificiels m'amène à cette amère résolution : notre rencontre est aussi un adieu.

Contre toute attente, un matin de 1970, coup de fil impromptu : « Michel, c'est Stan. Nous devons faire un disque ensemble. Si tu es d'accord, je le produis sur Verve. » Il paraît être sorti de l'enfer de la drogue. Sa voix et ses idées semblent nettes et précises. À vrai dire, il a enregistré en 1962 un sublime album avec l'arrangeur Eddie Sauter, *Focus*. Et il veut en retrouver l'esprit, celui d'un jazz symphonique moderne : « Ma seule demande est la suivante : il faut que ce soit aventureux. Repousse autant de limites que possible. » L'idée m'enthousiasme mais plusieurs musiques de films en cours accaparent mon temps. Alors Stan me colle une pression infernale, en m'appelant tous les deux jours à la maison. Parfois, ce sont mes fils qui décrochent, Hervé ou Benjamin. Ils ne parlent pas très bien anglais et, le soir, me font la commission : « Papa, tu dois rappeler *Yanlets* ! » C'est resté un gag dans la famille. Quand j'achèterai un bateau, je le baptiserai *Yanlets*, en hommage. Pendant l'élaboration de l'album, Getz et son épouse Monica s'installent dans un hôtel de charme, Le Guet des Grues, juste à côté de mon moulin de Rouvres, dans l'Eure. Nous allons vivre plusieurs semaines en voisins. Il surveille la progression de l'écriture, me pose des questions, je l'interroge à mon tour. Notre amitié se nourrit de cette proximité qui, elle-même, sert les ambitions du projet. Je dévoile à Stan des lieux secrets de Paris, notamment l'atelier de mon ami peintre Raymond Moretti, niché dans le dernier pavillon des Halles de Baltard. Getz est émerveillé par « le Monstre », sculpture de douze tonnes que Raymond a élaborée en écoutant du… Getz. L'affaire est entendue : Moretti dessinera la pochette ouvrante de notre album, conçu comme un objet autant musical que plastique. L'enregistrement au studio Davout convoque des formations de différentes tailles et natures, de l'orchestre, des chœurs, pour mieux mettre en valeur le timbre de Stan. Chaque plage est conçue comme la contradiction de la précédente. On bascule d'un blues déchiré et déchirant à une comptine pimentée de mesures composées, sans compter ici ou là des clins d'œil à Bach ou Stravinski. J'écris l'orchestration du morceau d'ouverture dans la nuit qui précède la première séance. Il s'intitule *Gossiping*. Un maillage de chuchotements, dont surgit le sax abrasif de Getz, doublé par ma voix. Le tempo cavale sec mais, dès la première prise, Getz se révèle parfaitement en place, tel qu'en lui-même : virtuose et lyrique. En cinq minutes, il s'est racheté du cataclysme du Palais de Chaillot. Baptisé *Communications '72*, le disque sort pour la fin d'année 1971. La presse salue un projet kaléidoscope, qui reflète la complexité du monde moderne, où s'entremêlent toutes les cultures. Stan va filer vers de nouvelles aventures, moi aussi… Dix-sept ans plus tard, en mars 1988, la chanteuse

Rosemary Clooney m'invite fraternellement à un concert de charité qu'elle organise à Los Angeles, au Dorothy Chandler Pavillion. Les deux hommagés sont Antonio Carlos Jobim et moi-même. Notre trait d'union s'appelle Stan Getz. Il surgit par magie et incendie la scène avec *How insensitive* et *Un été 42*. On ne s'est pas revus depuis plusieurs années. Stan se montre plus qu'amical : « Mets-toi au travail, nous devons faire un nouveau disque ensemble. » J'accepte avec joie, alors que le tournage de *Cinq jours en juin* m'accapare. Le projet se décale de lui-même. Rien dans le comportement de Stan, dans son beau regard bleu ne laisse deviner la gravité de son état : il souffre d'un cancer du foie, sans rémission possible. En juin 1991, l'annonce de sa mort, à soixante-quatre ans, me plonge dans un abîme de culpabilité. Qui aurait pu imaginer qu'il était programmé court ? J'ai peu de regrets majeurs dans ma vie. Ne pas avoir continué un bout de chemin avec Getz en fait partie.

Le départ de Stan amène une réflexion sur le passage du temps, mais aussi sur moi-même. Comment ai-je raté tant de rendez-vous avec ces monuments ? Pourquoi n'avoir pas concrétisé aussitôt l'idée d'un second album avec Stan ou Sarah ? Pour quelles raisons ai-je stupidement différé l'écriture du concerto pour piano commandé par l'immense Bill Evans ? Quelques semaines après la mort de Getz, le responsable de Polygram Jazz, Jean-Philippe Allard, me passe un coup de fil : « Stéphane Grappelli fête ses quatre-vingt-cinq ans l'année prochaine. Nous souhaitons produire son album anniversaire. Accepteriez-vous de... ? » Je le coupe dans son élan : « N'allez pas plus loin : c'est oui ! » Et dès le lendemain, je suis à pied d'œuvre, tant je crains une nouvelle malédiction. Après Getz, Vaughan et Evans, il serait criminel de rater Grappelli. D'autant que je connais Stéphane depuis toujours ou presque. En tout cas depuis mon album Cole Porter de 1957, où il faisait des étincelles sur un arrangement iconoclaste de *In the still of the night*. Son violon se déployait *ad libitum* au-dessus d'un chœur mixte. Pour le soutenir, je passe souvent l'écouter à l'hôtel Hilton où, au creux de la vague, il se produit comme pianiste à l'heure du thé. C'est au cours des années soixante qu'il redevient une star du jazz, invité régulier de mes enregistrements. Que son partenaire soit Yehudi Menuhin ou Michel Petrucciani, son jeu reste sans égal : personne au monde n'a cet archet aérien qui évoque des envols de papillons. Son violon est davantage un secret qu'un instrument. Dans la vie quotidienne, c'est une autre musique. Stéphane crèche dans un petit appartement gris et cafardeux, rue de Dunkerque. Nous y passons plusieurs après-midi, à débattre de notre projet d'album. Chaque fois, vers la fin de la journée, il se détache de la conversation. C'est le décrochage de 18 h 30 qui précède la phrase rituelle : « Excuse-moi, c'est l'heure de *Questions pour un champion* ! » Il allume son poste de télévision et me tourne le dos. Ça y est, je viens de le perdre. Incrédule, j'observe ce géant du violon swing, littéralement envoûté par Julien Lepers. Et je me dis : « Il a travaillé avec Duke Ellington, il a rempli Carnegie Hall et, aujourd'hui, il se passionne pour une candidate de Béziers qui appuie sur un champignon dans l'espoir de gagner un four micro-ondes ! » Tel est Stéphane : dans l'accomplissement de son art, il tutoie les anges. Mais au jour le jour, ses plaisirs sont modestes. C'est un constat que j'ai effectué à plusieurs reprises, face à d'immenses artistes. Ils jouent ou chantent comme des dieux, ils vivent comme des vers de terre. Parfois, mieux vaut rester de l'autre côté de la vitre, sans outrepasser l'image extérieure. Je regrette toujours d'avoir suivi mon père, Raymond Legrand, à une séance de Django Reinhardt. C'était au studio Decca, vers 1949. Django sortait de sa guitare des phrases bouleversantes d'invention et d'émotion. Mais entre deux prises, il repoussait les limites du graveleux : « Ah putain, si t'avais vu la gonzesse que j'ai enculée cette nuit ! » J'avais dix-sept ans, Django était l'une de mes idoles. Ma désillusion a été à la hauteur de la vénération que je lui portais. À l'issue d'un enregistrement, le metteur en scène Philippe de Broca m'a glissé un commentaire similaire : « Tu entends, Michel, comment tes musiciens jouent en état de grâce ? Mais dès que le magnéto s'arrête de tourner, ils jacassent du tiercé, de la Sécu, du céleri rémoulade de la cantine, de leurs aigreurs d'estomac. Ça me fascine… » Il avait raison, ce cher Philippe. La vérité qu'il avait entraperçue ressemblait à une compression de la vie : la collision du sublime et du trivial.

Avec Grappelli, l'aventure ira au-delà de nos espérances. Car l'album est conceptualisé autour de chansons françaises éternelles, célèbres à l'échelle planétaire : *Les Feuilles mortes*, *Mon homme*, *C'est si bon*, *Mon légionnaire*… Au départ, mon intention est d'accompagner le violon de Stéphane par une rythmique et un simple orchestre à cordes. Finalement, j'ajoute des cuivres, des bois et un chœur de six chanteurs. Tout le monde est enregistré en direct, au studio Davout. Le délicieux compositeur Paul Misraki fait un saut à la séance où figure son standard *Insensiblement*. Stéphane et Paul ont pile le même âge. L'un avec le Hot Club de France, l'autre avec les Collégiens de Ray Ventura, ils font partie d'une génération qui a popularisé le swing, à l'époque des premiers congés payés. Paul et Stéphane additionnés, c'est la légende des siècles. Ou plutôt deux légendes du siècle. Devant eux, je redeviens le petit garçon solitaire qui les écoutait à la radio, en regardant tomber la pluie. Notre album sort à l'automne 1992, illustré d'un dessin spirituel du grand Sempé : Grappelli et moi face à face, chacun ajustant le nœud papillon de l'autre, avant d'entrer en scène. Le disque s'accompagne de deux concerts d'anthologie à l'Olympia, où le violon de Stéphane s'envole vers les étoiles. Trois ans plus tard, il me vient l'envie de proposer un second volume. Il reste encore tant de titres à traiter : *Sous le ciel de Paris*, *Que reste-t-il de nos amours ?*, *Boum*… Ravis des ventes internationales du premier album, Allard et son lieutenant, Daniel Richard, me donnent carte blanche. Le seul problème, c'est Stéphane. Il a désormais quatre-vingt-huit ans et sa santé chancelle. Je dois me rendre à l'évidence : il est trop hasardeux de le faire jouer avec soixante-dix musiciens. De cette contrainte va naître une solution phénoménale. Nous décidons d'enregistrer Grappelli seul, accompagné par mon trio. La formule est intime, légère, efficace. Stéphane est assis dans un fauteuil roulant. Mon copiste, Maurice Cevrero, lui compte les mesures. Puis, dans la tranquillité de ma maison de Maffliers, je relève les chorus de Stéphane, en fonction desquels j'écris les arrangements. Un mois plus tard, l'orchestre est mis en boîte. Magie du mixage, quand Grappelli se lance dans une improvisation, quarante cordes improvisent avec lui. Ça jette un jus stupéfiant, proche de la prestidigitation. Je passe chez Stéphane lui faire découvrir le résultat. Son œil s'émerveille devant la virtuosité de cet orchestre qui n'a pas joué avec lui mais après lui. Hélas, nous n'atteindrons pas le dernier morceau : *Questions pour un champion* démarre sur France 3. Objectivement, ce second opus relève du miracle. À son écoute, on ne peut pas imaginer une fraction de seconde un homme diminué, marchant avec peine, parlant difficilement. Son archet crépite d'énergie, l'esprit du Hot Club de France est intact, Grappelli a vingt ans pour l'éternité. C'est une Ferrari lancée à cent soixante à l'heure, virages compris. Quand il voulait définir la race des seigneurs, celle des artistes hors limites, Ellington utilisait deux mots, pas un de plus : « *Beyond category* ». Je n'en chercherai pas d'autres pour me souvenir de Stéphane.

26

Macha, acte II

Avril 2017. L'autre soir, le câble m'a permis de revoir *Une femme est une femme*, le film de ma rencontre avec Jean-Luc Godard. Anna Karina y interprète une petite fantaisie swing, la *Chanson d'Angela*. Ce sont les seules paroles jamais écrites par Godard. Depuis cinquante-six ans, il touche des droits d'auteur pour une unique chanson. Son catalogue Sacem court sur deux minutes douze. Après *Vivre sa vie* et *Bande à part*, notre collaboration a connu une coda buissonnière, presque inavouable. Jean-Luc a toujours fait de l'inattendu son ordinaire. Sur ce terrain-là, il ne m'a jamais déçu.

Octobre 1964. Quelques semaines après mon retour de Rio, j'essaie d'effacer le souvenir de ma parenthèse brésilienne en m'abreuvant de travail. La priorité est la promotion de mon premier trente-trois tours vocal, *Michel Legrand chante et s'accompagne*. Coup de fil impromptu, un matin. Dans le combiné, je reconnais une voix traînante, un chuintement caractéristique, mâtiné d'une trace d'accent suisse : « Michel, c'est Jean-Luc. Tu dois me sauver la vie ! » Godard m'explique que, dans son nouveau film, il tient à utiliser une version précise des quatuors à cordes de Beethoven, version inaccessible parce que son propriétaire en réclame une fortune. Voilà Godard encalminé : d'un côté, il n'a pas les moyens ; de l'autre, il ne veut pas recourir à un autre disque. Que faire sinon ruser ? « Mon plan est simple, m'explique-t-il.

Fais-moi un enregistrement des quatuors avec des musiciens de studio, les moins chers possible. À l'arrivée, je conserve quoi qu'il arrive la version sur laquelle j'ai monté le film. Si la maison de disques nous attaque, je lui montrerai tes feuilles de séances pour lui prouver qu'il ne s'agit pas de sa bande ! » C'est une méthode de flibustier, totalement loufoque, dans laquelle je plonge. Godard me propose autant un emploi fictif qu'une mission fictive : organiser un simulacre de séance, pour du beurre, une séance dont je sais d'emblée qu'il ne restera pas un soupir dans le film officiellement destinataire. Quand j'en demande le titre à Jean-Luc, il me répond : « Ça s'intitule *Une femme mariée*. C'est une parabole sur le couple, avec une jeune comédienne que tu connais peut-être, Macha Méril. » Un mois : c'est exactement la durée qu'il aura fallu à Macha pour refaire surface dans ma vie. J'essayais en vain de l'oublier et voilà que Godard la fait ressurgir, en non-connaissance de cause. Il va jusqu'à nous réunir dans un même film : Macha en est la vedette, moi le chef d'orchestre clandestin. J'enregistrerai les quatuors de Beethoven sans l'image, je sécherai l'avant-première, afin d'éviter tout risque et donc de respecter le serment de l'aéroport. Je reste un homme marié qui ne verra pas *Une femme mariée*.

Les pleins et les déliés de nos métiers ne nous permettent pas de tenir notre promesse, en tout cas de l'appliquer *stricto sensu*. De loin en loin, un destin facétieux s'amuse à nous mettre en présence, Macha et moi. Combien de télescopages en un demi-siècle ? Je ne saurais le dire avec précision. Cinq ou six, grand maximum. D'abord chez un ami commun, le journaliste et producteur de télévision Christophe Izard, début 1965. Nous nous tenons prudemment à distance, tant la menace reste vive. Il y a aussi une rencontre fortuite, à Roissy, sur deux tapis roulants inversés. Elle monte, je descends ; elle s'apprête à décoller, je viens d'atterrir. Nos visages se croisent. D'un tapis à l'autre, elle m'apostrophe, dans un grand sourire : « Alors toi, tu cours de triomphe en triomphe ! » J'éclate de rire : « Ravi de l'apprendre ! » Dix ans plus tard, nous nous retrouvons dans un festival de télévision, à Monte-Carlo. Le dialogue est simple et amical, comme entre deux relations de jeunesse. 1964 ressemble à un objet du passé, une nature morte, que l'on n'évoque plus avec des mots. Tout juste avec des regards silencieux... D'autant que, à chaques retrouvailles, nous sommes engagés l'un et l'autre. Avec la fuite des années, le souvenir de Rio s'éloigne mais pourtant, au fond de moi-même, la flamme ne s'éteint pas. Il m'arrive même d'oser raconter cette fameuse parenthèse à mes épouses successives, qui n'en rient pas forcément. Et puis, quand je vois apparaître le nom de Macha à la télévision, sur une colonne Morris, sur un livre, mon impression originelle se trouve confortée. Dès notre face-à-face brésilien, j'ai compris sa nature de femme moderne et affranchie. Qu'elle est une splendide comédienne mais pas exclusivement. Qu'elle se prendra en main pour explorer d'autres territoires, comme l'écriture, la production ou la mise en scène. En 1981, nos deux noms émergent au générique d'un même film, *Les Uns et les autres* de Claude Lelouch. Elle interprète l'épouse du chef d'orchestre allemand incarné par Daniel Olbrychski, je compose la bande originale en partage avec Francis Lai. Il s'agit d'une saga, d'un gigantesque film-puzzle qui traite des jeux de l'amour, du hasard et de la Providence, sur une période de cinquante ans. Lelouch aurait-il écrit et tourné ce sujet sur mesure pour nous deux ?

Septembre 2013. L'automne s'annonce chargé, comme un tourbillon orchestré avec brio par mon agent et ami Philippe Guiboust : sortie d'un disque avec l'exquise soprano Natalie Dessay, doublée de deux concerts à l'Olympia et d'une tournée européenne et canadienne. Au moment même où les projets s'amplifient, un chapitre de ma vie se referme. Après neuf années en commun, la brillante harpiste Catherine Michel et moi décidons de faire rêve à part. Même en y mettant les formes, cela reste un déchirement, d'autant que Catherine doit jouer avec moi sur scène. Notre couple agonise mais la musique, tous les soirs, nous oblige à prolonger notre duo. Face au public, il faut donner le change, laisser les tensions en coulisses. Parolier et poète, Jean Dréjac a résumé la situation en une poignée de vers déchirants. La chanson s'intitule *Rupture*, j'en ai écrit la musique, Serge Reggiani l'a sublimée : « Pourtant je redoute / Donne-moi la main / L'endroit où la route / Part en deux chemins / Que nous allons prendre / Et, chacun le sien / Chacun va reprendre / Chœurs et musiciens / Car nos vies s'arrachent / Nos corps se défont / Nos cœurs se détachent / Notre rêve fond. » Tout épilogue amène forcément une réflexion sur soi-même, sur le temps passé et dépassé. Je repense aux femmes de ma vie : Christine, mère de mes enfants Hervé, Benjamin et Eugénie ; Isabelle, élégante cavalière ; Catherine, ma première compagne musicienne. Auprès d'elles, j'ai vécu des amours intenses, souvent heureuses, parfois tumultueuses. Mais je savais d'avance qu'elles auraient un terme. Le mot « fin » était inscrit par anticipation. Ces trois femmes aimées m'apparaissent comme autant d'étapes à franchir jusqu'à une quatrième. Qui est-elle ? Je l'ignore encore. En mon for intérieur, c'est un pressentiment qui se mue en conviction, irrationnelle certes, mais conviction néanmoins. Malgré tout, les fêtes de fin d'année approchent et, comme d'autres franchissent le cap Horn, je m'apprête à les traverser en solitaire.

Un matin de décembre, je me décide à faire du rangement sur mon bureau. Depuis plusieurs semaines, des papiers épars, bouts de partitions, courrier divers s'y accumulent par strates. Je tombe sur une invitation pour la nouvelle pièce de mon camarade Didier van Cauwelaert, *Rapport intime*. Le carton est arrivé en septembre, mes concerts m'ont empêché d'y répondre. C'est un spectacle notamment interprété par Alain Sachs et… Macha Méril. Sur l'affiche, Macha pointe du doigt le spectateur, comme si elle m'interpellait directement. Quel étrange sentiment de voir un même projet associer deux compartiments distincts de son propre passé : Sachs et van Cauwelaert aux Bouffes parisiens, comme à l'époque du *Passe-muraille* ; Macha, mon chaste amour de cinq jours.

C'est le signe que j'attendais. Réactif comme à son habitude, Didier me trouve une place pour le soir même. À presque 19 heures, je pénètre avec émotion dans le hall des Bouffes parisiens, chargé en images et souvenirs. L'ouvreuse me conduit au cinquième rang de l'orchestre, au fauteuil même que j'occupais dix-sept ans plus tôt, entre Stanley Donen et Michael Jackson. Serait-ce un clin d'œil supplémentaire de la Providence ? Quand Macha entre en scène, mon cœur se serre. Je suis ému de la revoir pour la première fois depuis longtemps, si près de moi, si loin de moi. Nous sommes à cinq mètres l'un de l'autre, mais ces cinq mètres contiennent une frontière symbolique, celle du jeu, de la scène, de l'artifice du théâtre. Elle n'est pas elle-même mais un personnage de fiction, presque irréel. À l'issue de la représentation, je passe dans les loges. Elle m'ouvre sa porte, j'ai l'impression de l'avoir quittée deux jours plus tôt, elle m'embrasse avec tendresse : « Tiens, tu étais là ? » Est-elle vraiment surprise ou a-t-elle été prévenue de ma présence ? Van Cauwelaert nous rejoint au moment où Sachs propose d'improviser un dîner collégial. Notre petite troupe s'installe à une table du restaurant voisin, Le Petit Colbert, Macha et moi côte à côte. Plus la soirée avance, plus je sens une fièvre irrépressible monter en moi. À la fin du repas, je pose ma main droite sur la table, paume ouverte. C'est exactement le geste de 1964. Elle y répond aussitôt, en collant sa main dans la mienne. Une voix intérieure me murmure : « Cette fois, ne la lâche plus ! » En reproduisant instinctivement nos automatismes de Rio, nous arrêtons le temps. Maxence, le marin permissionnaire des *Demoiselles de Rochefort*, chante sa quête de l'idéal féminin avec les mots de Demy : « Est-elle loin d'ici, est-elle près de moi ? Je n'en sais rien encore mais je sais qu'elle existe. » Moi aussi, je savais qu'il y avait sur terre une femme qui m'attendait. Ma moitié complémentaire. Le destin vient à nouveau de me guider jusqu'à elle, après cinquante ans d'antichambre. Notre relation tient du sortilège. Car cette femme-là, je l'aimais avant de l'aimer.

À la suite de ces retrouvailles, un rituel se met en place : tous les jours, j'assiste à sa pièce. Puis nous dînons ensemble, en tête à tête, chaque soir dans un restaurant différent. Nous avons tellement de sujets à évoquer, de temps à rattraper. Elle m'avoue vivre seule depuis trois ans, s'être convaincue avec fatalisme que l'homme de sa vie n'existait pas : « Ma destinée est ailleurs... » Nous confrontons évidemment nos souvenirs de Rio 1964, nos subjectivités s'accordent sur certains points, divergent sur d'autres. À l'époque, Macha avait vingt-quatre ans, moi trente-deux. Cinq décennies plus tard, nous avons toujours huit ans d'écart. Dans un sourire, elle confesse avoir rompu avec son fiancé d'alors, au retour du Brésil. Par effet de contraste, ma nature passionnée et fantasque lui avait fait mesurer l'avenir de confection que lui réservait ce fils de la haute bourgeoisie. Nous évoquons nos cinéastes communs (Agnès Varda, Godard, Lelouch) mais aussi ces rendez-vous où nous nous sommes frôlés, comme le festival Musique et Cinéma d'Auxerre. Macha y est juré en 2003, l'année de l'hommage à Maurice Jarre. Séduite par l'événement, elle demande à y revenir l'année suivante, en simple spectatrice. « Qui sera le compositeur invité ? » s'enquiert-elle. On lui cite mon nom. Elle promet de venir mais, malheureusement, un tournage l'en empêchera. Si elle avait assisté à mon concert, aurions-nous gagné dix ans ? Ou fallait-il, comme dans certains contes de fées, franchir le palier symbolique du demi-siècle ? Ces longues soirées d'échanges enflammés, de redécouverte mutuelle mettent mon cœur dans un état inimaginable. Jour après jour, le puzzle de notre amour se reconstitue, chaque pièce reprend sa place, notre attirance se révèle intacte. À plus de quatre-vingts ans, je me découvre l'âme d'un adolescent romantique. Ma ferveur stupéfie Macha, ma façon de lui faire la cour la bouleverse. Elle m'invite à passer le 31 décembre chez elle, au milieu de ses amis, mais, à 3 heures du matin, je rentre sagement dormir chez moi. Les représentations de *Rapport intime* s'achèvent à l'issue des fêtes, début janvier. La voilà libre. Je lui propose de nous envoler pour Venise, elle préfère passer huit jours dans ma propriété du Loiret, près de Montargis. Pendant cette période, je m'arrange pour n'avoir aucun rendez-vous, aucune astreinte. L'ordre du jour, ce sont nos retrouvailles et rien d'autre. Nous allons vivre ensemble la plénitude d'une semaine entière, comme le couple que nous sommes en train de devenir. Enfin. Ce séjour confirmera notre résolution pour la nouvelle année : se marier. J'en avais soumis l'idée à Macha dès notre quatrième dîner. La proposition semblait folle. Mais au terme d'une première semaine partagée, rien ne paraît plus naturel, sinon plus impératif. Finalement, 1964 était le film-annonce d'un long-métrage dont nous arrêtons nous-mêmes la sortie pour septembre 2014. Il n'y a plus une minute à perdre, car je n'aurai pas la patience d'attendre cinquante nouvelles années.

27

Rendez-vous manqués

Octobre 2014. Bertrand Tavernier et Thierry Frémaux me rendent hommage au festival Lumière, à Lyon, la ville où s'est joué le destin du cinématographe. C'est là même que, en 1894, deux industriels, Auguste et Louis Lumière, ont inventé le principe de la pellicule perforée. Vingt-quatre images par seconde : une utopie qui a révolutionné nos vies et nos rêves. Au dîner, une vieille femme étrange, camouflée derrière d'inquiétantes lunettes noires, s'assoit d'autorité à mes côtés. On nous murmure son nom, Macha et moi croyons à une hallucination. C'est un metteur en scène américain oscarisé, avec lequel j'ai partagé le jury du festival d'Avoriaz, à l'orée des années quatre-vingt. Difficile de le reconnaître : dans l'intervalle, il a changé de visage, de taille, de poids, de voix et surtout de sexe. Plus mon incrédulité va *crescendo*, plus mes voisins de table peinent à masquer leur hilarité, Tavernier en tête. En nous désignant, l'invité(e)-mystère et moi, Claude Lelouch chuchote : « Ça me donne envie de tourner un nouveau remake d'*Un homme et une femme* ! » Le lendemain, rencontre avec le public dans la salle du hangar Lumière. Je commente plusieurs séquences-clés, comme autant de jalons de mon itinéraire : *Cléo de 5 à 7*, *Le Messager*… Soudain surgit sur l'écran un extrait des *Enfants de Lumière*, le film de montage produit par Jacques Perrin pour célébrer les cent ans du cinéma. On y voit la sortie des usines Lumière, sur laquelle je fais résonner d'éclatants accords de cuivres. La mise en abyme donnerait presque le vertige : ce fragment de vie a été enregistré par Louis Lumière en 1895, je l'ai mis en musique en 1994 et le redécouvre aujourd'hui, à l'endroit même où il a été tourné, presque cent vingt ans plus tôt. Comme un retour fondateur au berceau même du cinéma. Une autre séquence me cueille par surprise. Dans une chambre dépouillée, presque monacale, Sean Connery et Audrey Hepburn s'observent en silence, désespérés mais éperdument amoureux. Dans un échange déchirant, un violoncelle et un violon font parler leurs regards. D'ici à deux ou trois minutes, ils vont mourir et ils le savent. Par l'encadrement d'une fenêtre, Connery trouve la force de tirer une flèche vers le ciel : « Que nos corps soient enterrés là où elle se plantera ! » Comme un symbole de vie à un moment de mort. La lumière se rallume, je contiens mes larmes, submergé par l'émotion. Le film s'intitule *La Rose et la flèche*, en version originale *Robin and Marian*. C'est l'une des partitions dans lesquelles j'ai placé le plus d'ambition, et, pourtant, mon nom n'apparaît pas au générique du film. Son metteur en scène, Richard Lester, n'a pas conservé une note, ni même un soupir de mon travail. J'en parle aujourd'hui avec détachement mais, à l'époque, la blessure mit longtemps à cicatriser. La complexité de cette déconvenue fait réfléchir au paradoxe même de l'écriture pour l'image : pour le compositeur, comment trouver sa voix à travers l'univers d'un autre créateur, le metteur en scène ? Pour ma part, dans le meilleur des cas, il en a résulté *Les Parapluies de Cherbourg*, *La Vie de château*, *L'Affaire Thomas Crown*, *Un été 42* ou *Yentl*. Dans le pire, quelques retentissants désastres et débâcles en série, que j'aimerais détailler. N'y voyez pas une apologie de l'échec. Tout au plus, une simple tentative d'inventaire.

Soixante ans de cinéma m'ont permis de collaborer avec des réalisateurs de familles, d'esthétiques, de générations, de cultures aussi différentes que possible. Je mesure la difficulté de leur métier : c'est une course d'endurance, un marathon perpétuel. Il faut une vigilance de fer, une opiniâtreté inoxydable pour que le film terminé corresponde exactement à votre vision initiale. Car une multitude de disciplines entrent en ligne de compte : le scénario, le découpage, le décor, la lumière, les costumes, la direction d'acteurs, le montage. Vous devez les faire converger vers un même projet, le vôtre. Et ne pas vous laisser dévier. Tous les cinéastes que j'ai rencontrés ont un talent multidisciplinaire, ils sont auteurs, un peu acteurs, peintres, directeurs de la photographie. Et aucun, à peu d'exceptions près, n'entend rien à la musique. Ou presque rien. Le face-à-face avec le compositeur, ils le vivent dans un mélange d'excitation et d'anxiété. Mon camarade Jean-Paul Rappeneau a trouvé une jolie formule : « Après cinq ans passés sur un film, à l'écrire, le tourner, le monter, vous avez l'impression de confier les clés de la maison à un autre créateur, le compositeur. » L'étape de l'enregistrement est décisive, c'est le moment où le metteur en scène reçoit l'éclairage du compositeur sur son film. En séance, j'ai eu droit à l'éventail complet de toutes les réactions possibles et imaginables, des hurlements indignés de Joseph Losey à l'euphorie jubilatoire de Norman Jewison. Il y a aussi l'incompréhension pure et simple. J'y associerais volontiers le nom d'un metteur en scène, celui de Jacques Deray.

Juin 1968. Après notre rencontre pour l'enregistrement de sa version des *Moulins de mon cœur*, Alain Delon souffle mon nom au cinéaste d'un film qu'il tourne dans la foulée. Voilà comment Jacques Deray m'invite à sa *Piscine*. Dès le premier montage, le sujet me captive : une tragédie moderne en huis clos autour d'une piscine, une partie d'échecs grandeur nature à quatre personnages, un cruel chassé-croisé de sentiments, de vieilles rancunes, de rivalité entre Delon et Maurice Ronet. J'écris le thème principal pour deux voix, la mienne et celle de ma sœur Christiane, comme une transposition vocale du couple Delon-Romy Schneider. Plus le violon de Stéphane Grappelli et des chœurs pour donner une ampleur, une gravité intemporelle, une dimension presque religieuse. À la musique de créer le malaise, de révéler des émotions sourdes, étouffées. Le générique, c'est vraiment le thème de la sérénité, de la volupté. Puis, imperceptiblement, le langage se dérègle, les harmonies se troublent, des dissonances font surface. Mon intention est de faire sentir qu'un volcan gronde et peut tout emporter. Mais pendant la séance, Jacques Deray se noie dans sa *Piscine*, littéralement. Ce qu'il entend l'effraie, pas les thèmes en eux-mêmes mais plutôt leur traitement. Sa question récurrente, paniquée est : « Pourquoi ces voix ? D'où viennent-elles ? » J'essaie de le ramener sur terre, de lui expliquer qu'une musique posée *a posteriori* sur des images, par définition, n'est pas réaliste : « Quand Jeanne Moreau déambule dans *Ascenseur pour l'échafaud*, tu entends la trompette de Miles Davis sans le voir à l'écran escorter Jeanne ! » Rien n'y fait. Jacques trouve cette orientation musicale trop radicale par rapport à l'idée qu'il se fait du film. À vrai dire, ses qualités de rigueur, d'acuité sont parfaitement adaptées à un sujet comme *La Piscine*. C'est un homme placide, sûrement pudique, que je n'ai jamais vu extérioriser une émotion. Jacques a le lyrisme taciturne. Et moi, en réagissant à ses images, je suis allé trop loin, trop haut. Pour lui, pas pour moi. Résultat des courses, il me faut faire une deuxième séance, cette fois en petite formation, pour qu'il reprenne confiance en lui. Malgré tout, au mixage, Deray fait de la musique une utilisation parcimonieuse : vingt minutes réparties sur une dizaine d'interventions, une véritable symphonie du confetti. Je suis fier d'être associé à *La Piscine* mais il faut néanmoins tendre l'oreille pour y entendre la partition. Quand, trois ans plus tard, Deray me propose une nouvelle collaboration, l'adaptation du roman de Françoise Sagan *Un peu de soleil dans l'eau froide*, je me vois potentiellement replonger dans l'enfer de *La Piscine*. Alors, sans ménagement, je lui pose mes conditions : « D'accord mais, cette fois, tu dois intégrer la partition en amont. Sur la lecture du scénario, je vais écrire plusieurs versions d'un même thème, les enregistrer, afin que tu puisses tourner en musique. » Il approuve la méthode et, quelques semaines plus tard, je lui apporte les bandes sur le plateau, à Limoges, avec le petit Cessna que je viens d'apprendre à piloter. Tout se passe avec fluidité et évidence, car, contrairement à notre précédente aventure, il dispose de la bande originale dès le tournage, il l'apprivoise aussitôt, il conçoit ses plans sur et avec elle. S'il l'avait découverte à l'issue du montage, il aurait vraisemblablement implosé, comme à l'enregistrement de *La Piscine*. Mais là, question de timing, l'image et la musique lui semblent d'emblée indissociables. Dans certains cas, pour le compositeur, l'écriture importe moins que la psychologie.

En l'occurrence, la psychologie m'est d'un recours très limité, dans une situation plus extrême, face à Jean-Pierre Melville. Ancien résistant, Melville s'est fabriqué un déguisement d'Américain d'opérette : voix grave, dégaine de cow-boy, lunettes noires, chapeau texan, Pontiac Firebird. Dans les années cinquante, il fait figure de mentor pour Doniol-Valcroze et l'équipe des *Cahiers du Cinéma*. Il possède son propre studio, rue Jenner, dont il prête volontiers la salle de projection aux cinéastes fauchés de la nouvelle vague. Navigant entre Demy, Varda et Godard, il est logique qu'on s'aperçoive de loin en loin, qu'on se connaisse sans vraiment se connaître. D'autant que, en 1956, il a illustré *Bob le flambeur* avec une version instrumentale de ma chanson *La Valse des lilas*, arrangée par Jo Boyer. J'ai modérément apprécié le film, tout comme *Deux hommes à Manhattan* : le côté « greffe française de série noire américaine » aboutit à un genre mutant, d'une étrange artificialité. Et voilà qu'un jour de 1970 on se croise au détour d'un couloir, au studio de Boulogne. J'y suis pour *Peau d'Âne*, lui pour le film dont il vient d'entamer le tournage, *Le Cercle rouge*. Il me salue chaleureusement : « Dis-moi, Michel, on n'a jamais travaillé ensemble. Et si l'on y remédiait aujourd'hui ? » La façon dont il me parle du *Cercle rouge* me fait saliver. Sortant du succès de *L'Armée des ombres*, il a réuni un casting de pointures, autour d'Alain Delon, Bourvil, Yves Montand, Gian Maria Volontè. Très vite, plusieurs séquences déjà montées suffisent à me passionner pour le film, l'histoire d'un groupe d'hommes qui ont tous rendez-vous avec eux-mêmes. Comme dans *Le Samouraï*, le destin du personnage de Delon est scellé dès son apparition à l'écran. Melville m'encourage, me stimule, me projette *Le Coup de l'escalier* de Robert Wise, dont il tient la musique de John Lewis pour une référence suprême. De mon côté, je réagis à ses images en lui faisant des propositions, parfois sous forme de cassettes. Il les valide, au point d'écrire des paroles sur le thème principal, avec l'idée saugrenue d'en faire une chanson pour Isabelle Aubret. Les semaines s'écoulent. Régulièrement, quand je l'interroge sur les dates éventuelles d'enregistrement, il prétend ne pas être pressé, attendre d'avoir finalisé son montage. Et soudainement, au cœur de l'été, Melville se réveille en sursaut : « Michel, le film sort finalement en octobre, il faut enregistrer en août ! » Je tente de le dissuader : « Mais Jean-Pierre, la majorité des musiciens est en vacances ! — C'est ton problème, pas le mien. J'ai besoin de la musique le plus vite possible pour passer au mixage. » Dans l'urgence, je parviens tant bien que mal à constituer un orchestre et, pressentant la présence de Melville comme une source potentielle de complications, je le convaincs de rester tranquillement chez lui : « Ce sera mieux pour toi, Jean-Pierre. Tu découvriras le résultat terminé avec plus de recul. » La musique enregistrée et mixée, je m'échappe enfin dans le Sud, profiter en famille de la fin de l'été. Le lendemain, coup de fil de Melville. Son ton est celui d'un président de tribunal annonçant froidement la peine capitale : « Ta musique ne correspond en rien à nos accords. Je la mets intégralement au panier. » Et il ajoute, avant de raccrocher : « Il aurait fallu que je sois près de toi, que nous écrivions ensemble chaque mesure. » Je reste sans voix et réalise mon manque de clairvoyance : après coup, il apparaît clairement qu'il aurait voulu lui-même composer la musique, par procuration, à travers moi. Mon erreur psychologique a été de ne pas l'impliquer suffisamment. Quand il me disait : « Mais Michel, cette phrase, si elle montait au lieu de descendre ? Et là, si on accélérait le tempo ? », je le rembarrais, poliment mais fermement. En vérité, il m'a laissé écrire, orchestrer, enregistrer cette partition en sachant qu'il ne la conserverait pas. Son casier judiciaire, je le découvre *a posteriori* : les morceaux de Christian Chevallier (*Deux hommes dans Manhattan*) et Paul Misraki (*Le Doulos*) rejetés impitoyablement, la musique originale de John Lewis pour *Le Deuxième Souffle*, entièrement trappée sans aucun état d'âme. Melville est un malhonnête mental, un manipulateur pervers, et je l'apprends à mes dépens. Quand un cinéaste sollicite un compositeur, il doit accepter que ce dernier apporte son point de vue sur le film, qu'il agisse sur lui, qu'il l'interprète à sa manière. Or, cette liberté-là terrifie Melville : il attend d'abord du musicien une concrétisation technique de ses propres idées. Dans ces conditions, notre collaboration était condamnée d'avance. Melville et moi n'étions pas compatibles. Cette mésaventure est d'autant plus regrettable qu'elle n'altère pas mon enthousiasme pour le film lui-même. *Le Cercle rouge*, c'est un Melville majeur. Très embarrassé, le producteur Robert Dorfmann me propose un dédommagement à la hauteur du préjudice : composer la musique du projet qu'il enclenche aux États-Unis, l'adaptation du best-seller *Papillon* d'Henri Charrière. On se rencontre à Los Angeles, au Beverly Wilshire Hotel. L'affaire semble entendue. Mais quand Dorfmann engage Franklin Schaffner, le metteur en scène de *La Planète des singes*, celui-ci impose son compositeur fétiche, Jerry Goldsmith, qui est aussi un ami. À mon insu, *Papillon* s'envole vers d'autres horizons... Le jour de ma rencontre fortuite avec Melville, au studio de Boulogne, je ne pouvais pas imaginer l'engrenage de déceptions et désillusions qu'elle enclencherait. Ne pas avoir accès à son regard, mystérieusement camouflé derrière ses hublots noirs, aurait dû m'alerter. Comme souvent, Henri Jeanson sait compresser une intuition diffuse en un aphorisme brillant : « La première impression est toujours la bonne, surtout quand elle est mauvaise. »

Au crédit de Melville, on peut porter son goût de mélomane compulsif, passionné par le jazz de tradition. À celui de Richard Lester, celui d'être musicien, en l'occurrence clarinettiste. Face à un cinéaste qui connaît la musique de l'intérieur, le dialogue sera-t-il plus facile ? En théorie, on pourrait le penser. En pratique, on découvre à quel point c'est une idée reçue. Lester en est la preuve vivante. Notre collaboration se déroule en trois actes, comme dans le théâtre classique. Premier acte en 1973. Lester vient de mettre en boîte en Espagne une version virevoltante des *Trois mousquetaires*, produite par le binôme Alexander et Ilya Salkind, père et fils à l'état civil. Le casting est en or massif : Oliver Reed, Michael York, Faye Dunaway, Christopher Lee, Charlton Heston, Raquel Welch. Lester, je le connais uniquement à travers ses premiers films avec les Beatles, *Help !* et *Quatre garçons dans le vent*, dont l'esprit de jeunesse rappelle celui de la nouvelle vague française. Dans le cas des *Trois mousquetaires*, l'approche des Salkind me semble originale : aller chercher un cinéaste au talent contemporain pour décaper l'un des romans les plus adaptés au monde. Objectivement, Lester a trouvé le bon dosage, le juste équilibre. Les conventions sont respectées mais enrobées d'humour, dans un tourbillon de gags et d'épée. En sortant de la projection de travail, je prends conscience de l'ampleur de la tâche : huit duels, des chevauchées, des musiques de cour, deux thèmes d'amour, une grande ouverture, un finale. C'est de la démence caractérisée. Là où il faudrait deux mois d'écriture, les Salkind m'accordent généreusement deux semaines ! J'écris cette partition à la vitesse d'un pilote de jet ou plutôt d'un mousquetaire au galop, en respectant la seule consigne de Lester : « Tu peux utiliser des instruments d'époque, mais uniquement par touches ! » Comme je ne suis pas familier de ce type d'instrumentation, mon fidèle régisseur Nat Peck me dégote un spécialiste anglais, David Munrow, qui déboule chez moi à Paris avec vingt-cinq valises. Pendant une journée complète, il me fait une démonstration très poussée : cornet à bouquin, cornemuse, flûtes à bec baroques… Je l'observe en prenant des notes sur l'intégration possible de tel ou tel instrument à l'orchestre, sa tessiture, sa tonalité. C'est un moment de calme au milieu de quinze jours intensifs, aux nuits très courtes. Esthétiquement parlant, le projet est un pari en soi : impossible d'écrire un strict copier-coller de la musique du XVIIe siècle, une cavalcade triomphante sur les mousquetaires, un violon qui pleure sur les scènes d'amour. J'essaie à la fois de courtiser l'époque et de lui tordre le cou, d'intégrer du cromorne au langage du XXe siècle, d'organiser les noces entre Stravinski et Lully, avec des clins d'œil à Verdi. Et, à mon sens, le résultat est de tous les temps : c'est épique mais sans sagesse. Comme Tavernier citant Michelet : « Pour traiter l'Histoire, il faut désapprendre le respect. » Si l'on est déférent, on émascule sa plume, on censure toute idée singulière et moderne. Bien sûr, ce type d'approche est envisageable à la seule condition que le film s'y prête. En l'occurrence, Lester et moi sommes sur la même longueur d'onde. Quand il s'agit de s'amuser, inutile de me pousser, j'y vais tout seul.

Deuxième acte. Lâchés sur les écrans pour les fêtes de fin d'année 1973, *Les Trois Mousquetaires* trouvent la voie du succès. Mais, très vite, l'horizon s'obscurcit. Devant l'abondance du matériel tourné, les Salkind décident de sortir en deux époques ce qui devait être, à la base, un seul et même long-métrage, déclenchant instantanément plusieurs procédures juridiques de comédiens, Raquel Welch en tête. Les duels reprennent de plus belle, cette fois en coulisse. La logique des Salkind est d'élaborer une suite de bric et de broc avec les éléments non utilisés du tournage original. Début 1974, j'en vois le premier montage à Londres. Mais impossible de trouver un accord, ni sur mes conditions financières ni sur le film lui-même, objectivement moins échevelé. Dans l'absolu, il faudrait retourner certaines scènes, en écrire de nouvelles, additionnelles, pour atteindre l'altitude du premier opus. Lester semble dépassé par les circonstances et, surtout, ne comprend pas mes réserves. En catastrophe, il me remplace par mon ami argentin Lalo Schifrin. L'opération sauvetage réussira-t-elle avec le compositeur de *Mission : impossible* ? *The Four Musketeers* (*On l'appelait Milady*) finit par atteindre les écrans fin 1974, début 1975. Quant aux tribunaux, ils donnent raison aux comédiens contre les Salkind. Leur jugement fera jurisprudence. Désormais, tout producteur scindant en deux parties un film ayant fait l'objet d'un contrat unique devra repayer l'ensemble des participants. Cet article a un nom, la « clause Salkind ».

Troisième acte, automne 1975. La Columbia me confie un script du scénariste James Goldman, intitulé *Robin and Marian* (*La Rose et la flèche*). Sa lecture m'émeut aux larmes. On y découvre un Robin des bois de retour des Croisades, vieillissant, désabusé, plein de tendresse. Après avoir terrassé son ennemi de toujours, le shérif de Nottingham, il se laisse mourir avec Marianne, son amour de jeunesse. C'est une sublime parabole sur l'amour immortel, une chevauchée crépusculaire au pays des mythes. Ça s'ouvre de manière épique, ça s'achève comme une tragédie d'amour, de mort et d'éternité. Dans un second temps, on m'informe du casting (Sean Connery, Audrey Hepburn et Robert Shaw) et de l'implication de Richard Lester comme metteur en scène. Optimiste de nature, je me dis intérieurement : « Nous allons effacer notre récent malentendu et renouer avec l'état de grâce du premier *Mousquetaires*. » Mon erreur d'appréciation est totale : l'aventure vire à l'orage, dès la découverte du premier montage. C'est plus qu'une déconvenue, une déception intime. Les combats ont du panache mais la beauté intérieure, profonde du sujet est anesthésiée par une mise en scène sèche et glacée, presque clinique. Par réaction, j'écris la partition dans un état second, sans regarder l'image. Je m'en détache, je l'oublie volontairement. Mon inspiration, je la puise dans l'émotion procurée par le scénario, dans l'idée virtuelle de ce que le film aurait dû être. Sur l'idée du couple Robin-Marianne, je compose un *concerto grosso* pour violon, violoncelle et deux orchestres à cordes, d'une modernité classique, tonale. La partition alterne allegros, fugues dissonantes avec des mouvements lents, des adagios où violon et violoncelle dialoguent de manière poignante, avec passion et douleur. Dès le début des séances, à Londres, Lester perd pied, effrayé par le lyrisme contemporain de l'ouvrage. Devant moi, j'ai le violon d'Ivry Gitlis, au sommet de lui-même ; derrière, j'ai Lester qui tourne en rond dans la cabine, en vociférant : « Non, non, c'est trop moderne ! On ne voit plus mon image ! » Après m'avoir encouragé à être libre et ambitieux, Lester prend peur. Il s'aperçoit que je suis allé plus loin qu'il ne l'a lui-même imaginé. *La Rose et la flèche*, c'est mon pire souvenir d'enregistrement, un studio transformé en champ de bataille. Un mauvais pressentiment s'immisce en moi, celui d'un naufrage annoncé. Après un premier contact avec Maurice Jarre, qui refuse confraternellement de me succéder, Lester commande à son compatriote John Barry une nouvelle partition, prudemment postromantique. Autant le rejet de Melville ne m'a pas atteint durablement, autant celui de Lester me révolte. Effet positif à retardement, ce thème du vieillissement des mythes, je le traite huit ans plus tard. Seul le personnage a changé. Il ne s'agit plus de Robin des bois mais de James Bond, mais avec toujours le même interprète, Sean Connery. L'œil de Sean frise quand il m'avoue avoir pensé à moi pour *Jamais plus jamais* en souvenir de la partition évanouie de *La Rose et la flèche*. En 2009, celle-ci est enfin intégralement publiée en disque, avec trente-quatre ans de décalage. Sa réécoute m'amène au constat suivant : le scénario de James Goldman a provoqué en moi quelque chose d'essentiel, de radical. Il en résulte une œuvre à la première personne que l'on peut écouter comme un poème symphonique. Cette musique est sortie de moi, je tiens à la considérer comme un matériel vivant.

Mon ami et grand frère Henry Mancini affirmait avec humour que l'on n'est pas un vrai compositeur hollywoodien tant que l'on ne s'est pas fait refuser une partition. C'est une épreuve indispensable, une étape essentielle du parcours initiatique. Hank lui-même l'a vécue avec Hitchcock sur *Frenzy*, Alex North avec Kubrick sur *2001*, Lalo Schifrin avec William Friedkin sur *L'Exorciste*. Car, face à une séquence à mettre en musique, il existe mille solutions possibles. Mais très peu sont justes. Pour y arriver, il faut à la fois écouter le cinéaste et lui désobéir, prendre note de la commande mais suivre impérativement son propre instinct. La recommandation peut sembler paradoxale, mais je n'ai jamais procédé autrement. Devant une image vierge de musique, je perçois aussitôt ma mission : comment l'élever, densifier les personnages, apporter un imaginaire propre, créer une dramaturgie invisible, comme un arc que l'on tend. Dans ma quête obsessionnelle du « jamais entendu », je prends tous les risques imaginables, avec l'enchantement de l'audace. Chaque nouveau film, je l'aborde sans aucun *a priori*, sans formule prédéterminée. Mon objectif est de lui trouver son ADN musical, de lui forger une identité spécifique et originale. Cette subjectivité du compositeur, son interprétation du film peut évidemment gêner les cinéastes qui attendent une partition strictement fonctionnelle, anonyme, sans aspérité. Or, pour ma part, j'écris une musique qui parle, qui chante, qui vit. Il m'est impossible de procéder autrement. Je me vois mal noircir du papier à musique en tentant de m'autoneutraliser. D'où ces différends inévitables avec, mettons, Melville ou Lester. J'y vois, au moins, la preuve d'être bien vivant. Simplement, ils n'ont pas accepté mon regard sur leur film, je dirais même : le risque que j'ai pris pour eux. Dans l'autre sens, il m'est aussi arrivé de ne pas saisir le propos d'un cinéaste. Alain Resnais m'a proposé de composer la bande originale de *Providence*. Je n'ai rien compris au film, son sens m'échappait, se dérobait à moi. Il a insisté, m'a organisé une seconde projection, en vain. Le brouillard ésotérique de *Providence* ne se dissipait pas. Quand on demandait à de Gaulle son point de vue sur les écrits d'André Malraux, il faisait une réponse de météorologue : « Brumeux, mais avec des éclaircies. » Pour moi, *Providence*, c'était : brumeux mais sans éclaircies. À regret, et par respect pour Resnais, il m'a fallu décliner son offre. Tout comme celle de David Cronenberg pour *The Dead Zone*, ou celle de Serge Korber pour *Sur un arbre perché* : la vision claustrophobique d'un Louis de Funès privé d'espace, suspendu au-dessus du vide, m'a été très douloureuse. Ma réaction, je crois, les a désarçonnés. Au stade du montage, un metteur en scène est souvent un être perdu et fragile, rempli de doutes, parfois effrayé par le film qu'il a lui-même enfanté. Je me souviens de *La Bûche* de Danièle Thompson, un très joli film choral, à sept personnages principaux. Chacun d'entre eux se révèle à travers un monologue, lié à un souvenir de Noël. J'avais adoré le scénario, je découvre le film en projection de travail. Catastrophe, le charme n'agit pas. Mise en place interminable, action trop diluée. Le rythme et le tempo d'un film frappent d'emblée tout compositeur, car ce sont aussi deux éléments décisifs de l'écriture musicale. Je sors de la salle rongé par un cas de conscience : « Dois-je ou non en parler à Danièle ? » C'est son premier film comme cinéaste, je ne veux pas la crucifier. Une alarme intérieure me prévient : « Si tu te tais, tu es un lâche. » Alors, prenant mon courage à deux mains, je lui avoue tout : où ça ne fonctionne pas et surtout pourquoi. Sur le moment, le regard perdu de Danièle me fait regretter ma loyauté. Mais, en même temps, elle trouve dans ma réaction la confirmation d'une impression qu'elle ne parvenait pas à analyser. Le soir même, elle démonte son film et le reconstruit entièrement, en resserrant les boulons. Ça, c'est le cas type où il faut bousculer le metteur en scène. Pas dans votre intérêt, dans le sien. Car le compositeur, c'est le dernier regard sur le film. Quand il intervient, le cinéaste a le nez collé contre la vitre. Au compositeur de lui apporter une vision d'ensemble qu'il a parfois perdue. Par la suite, Danièle a reconnu me devoir la forme définitive de *La Bûche*. M'en a-t-elle secrètement voulu pour ma franchise ? J'en doute mais les faits sont têtus : pour ses films suivants, elle a malencontreusement égaré mon numéro de téléphone.

À ce passage en revue de quiproquos et rendez-vous manqués, il manque un dernier fiasco, d'une autre nature. Il y a les musiques qu'on m'a rejetées, les films que j'ai refusés… et ceux qui m'ont échappé. L'un d'entre eux aurait dû être le chant du cygne d'un immense metteur en scène, Marcel Carné, dont *Les Enfants du paradis* demeurent l'un de mes films de chevet. J'ai toujours été fasciné par l'équipe héroïque de Carné, à l'époque du réalisme poétique : Prévert au scénario, Trauner au décor, Jaubert puis Kosma à la musique. Et puis, un jour, Carné me demande de composer avec Francis Lemarque la partition de *Terrain vague*. Nous sommes en 1960, en pleine déferlante de la nouvelle vague. Le cinéma de mes camarades Godard ou Chris Marker met de la poussière sur le sien. Sur le plateau, sa schizophrénie me stupéfie. Il est capable d'être doux et enjôleur et, l'espace d'un éclair, d'aboyer sauvagement sur ses jeunes comédiens : « Bande d'incapables ! Essayez de comprendre votre dialogue ! » Ce sont deux personnages en un, docteur Marcel et mister Carné. *Terrain vague* s'avère un Carné mineur mais un Carné tout de même. Égoïstement, je suis fier, très fier de travailler pour le metteur en scène d'*Hôtel du Nord* et *Quai des Brumes*. Trente-deux ans plus tard, au printemps 1992, Carné me recontacte. Il vit déconnecté du métier, n'a plus tourné depuis vingt ans, mais l'aura de ses chefs-d'œuvre des années trente, quarante reste intacte. Sa demande me touche : « Je prépare l'adaptation d'une nouvelle de Maupassant, *Mouche*. Ce sera à la fois mon retour et mon adieu au cinéma. Un film grave dans une lumière d'été, un hommage à l'impressionnisme. Accepteriez-vous d'en signer la musique ? » Je me plonge alors avec délices dans le scénario signé Didier Decoin, dont l'action se déroule à la fin du XIXe siècle. *Mouche*, c'est le portrait d'une jeune femme, égérie et maîtresse simultanée de cinq garçons qui pratiquent ensemble le canotage sur un bras de Seine. Le jour où elle tombe enceinte, personne ne cherche à savoir qui est le père. Ses amants décident de faire non pas cause commune, mais paternité commune. Ce sujet poétique m'amène à écrire, paroles et musique, une chanson que Carné veut utiliser sur le plateau, *J'ai le regret de vous dire oui*, dont le texte est un catalogue de paradoxes. Le tournage démarre... et s'interrompt brusquement au bout d'une semaine. Carné rentre chez lui. Le producteur a mal budgeté *Mouche*, le film souffre d'un sous-financement. L'injustice de la situation me révolte : bloquer Carné dans l'élan de son ultime projet. Sous le coup de l'indignation, je sollicite un rendez-vous avec le ministre de la Culture qui me reçoit assez rapidement. Sous les lambris Napoléon III, je déploie devant lui mes arguments : « Il est de votre devoir d'accompagner un metteur en scène qui a tant contribué au rayonnement de notre culture. La France lui doit ce film. » Il semble réceptif, me remercie de mon intervention, appelle devant moi le directeur du Centre national du cinéma, auquel il donne des consignes très claires. Et il me raccompagne à la porte de son bureau, volontiers rassurant : « Partez tranquille, cher Michel. Tout est arrangé. » Je le crois et j'ai tort : Carné ne reviendra jamais sur le tournage, les décors seront détruits, les comédiens et l'équipe technique congédiés. Et *Mouche* rejoindra le cimetière des films inachevés, fantasmés, réduits à l'état de songes. Depuis, mon chemin n'a plus recroisé celui du ministre. Il s'appelait Philippe Douste-Blazy.

Une image, une dernière image de Marcel Carné remonte à la surface de ma mémoire. C'est le jour où il me rend visite, afin d'écouter la chanson que je viens de lui composer. Il s'assoit à côté du Steinway, avec son ami comédien Roland Lesaffre. Je leur interprète *J'ai le regret de vous dire oui*, piano-voix, de façon simple et dépouillée : « Écoutez mon humble discours / On ne dit pas non à l'amour / Lorsqu'on voit s'approcher minuit / J'ai le regret de vous dire oui. » Silence. Je me tourne vers Carné et aperçois des larmes descendre sur ses joues. Bouleversé par cette chanson d'amour insolite, il s'essuie pudiquement les yeux et me murmure, en parlant de lui-même à la troisième personne : « Vous pourrez écrire dans vos mémoires que vous avez fait pleurer Carné. »

Pendant longtemps, la question ne s'est pas posée : j'étais farouchement résolu à ne pas raconter les histoires de ma vie. Les années ont passé, Marcel a rejoint ses enfants au paradis et j'ai finalement changé d'avis. Aujourd'hui, je peux donc l'écrire, avec une pointe de mélancolie : oui, j'ai fait pleurer Carné.

28

Un parfum de fin du monde

Vendredi 13 novembre 2015. Macha et moi arrivons à La Baule, où le chaleureux cinéaste Christophe Barratier vient de monter un festival consacré à la musique au cinéma. Le père de Christophe était l'assistant de Jacques Demy sur *Les Demoiselles de Rochefort* ; son oncle, Jacques Perrin, l'interprète de Maxence, le marin peroxydé en « perme à Nantes ». Pour un peu, on se sentirait en famille. À l'occasion de la soirée de clôture, le festival m'a demandé de donner un concert en trio jazz. Tout se profile *a priori* pour le mieux : grand hôtel hors saison, soleil d'automne sur la longue plage vide, public conquis d'avance. Ce vendredi, veille du spectacle, le dîner se passe idéalement mais, très vite, un appel paniqué nous signale que des événements inouïs se produisent simultanément à Paris. Des attaques coordonnées, des explosions, des coups de feu en terrasse, une prise d'otages au Bataclan. Nous plaquons le repas pour nous replier d'urgence dans notre chambre, suivre l'actualité minute par minute à la télévision. Ce sera une nuit blanche : les nouvelles contradictoires, le bilan des victimes, l'assaut du Raid nous tiennent éveillés jusqu'à 4 heures du matin. Il s'ensuit un état de demi-sommeil, jusqu'à 10 heures. Au saut du lit, la sidération est encore plus vive. C'est le plus grand attentat commis à Paris depuis cette Seconde Guerre mondiale que j'ai vécue enfant. Et où, étrangement, la violence m'apparaissait comme un jeu de la vie et de la mort, accepté comme une chose naturelle.

Cette fois, nous sommes sonnés, K.-O. debout. La question qui m'assaille est : dois-je jouer ce soir ? Et si oui, en suis-je capable ? Macha me garantit que, en ce type de circonstances, la musique est plus que jamais nécessaire. Elle n'a pas tort mais mon esprit et mes dix doigts suivront-ils ? N'y a-t-il pas une forme d'impudeur voire d'indécence à tordre ludiquement en bossa nova ou tango le thème des *Parapluies de Cherbourg* alors que des innocents ont fini la nuit dans le sang ?

Vers midi, on nous apprend que le préfet autorise l'ouverture de la salle de concert. À 15 heures, je rejoins mes fidèles camarades, François Laizeau à la batterie et Pierre Boussaguet à la basse, disciple inventif du grand Ray Brown. Il faut répéter. Je tente de m'appliquer et de m'impliquer, de rester vissé au programme, de travailler les passages les plus techniques, notamment la première variation du *Messager*. Mais rien n'y fait : pas de jus, pas d'énergie, pas d'envie surtout. La déflagration d'hier m'a brisé de l'intérieur. Je suis physiquement sur scène mais mentalement ailleurs, en exil de moi-même. De retour à l'hôtel, le spectacle de la marée montante m'occupe quelques minutes, comme un écho à mon ressac intime. Six cents personnes m'attendent ce soir mais j'ignore si je vais être en état de jouer avec et pour elles. À 20 heures, une voiture nous récupère. Rapide passage dans la loge, avant de rejoindre les coulisses. La remise des prix s'achève, on lance un petit film de montage en mon honneur, on m'appelle. La salle applaudit. J'hésite une fraction de seconde et entre en scène, sans pouvoir esquisser un sourire. La messe est dite : impossible de faire marche arrière, de ne pas jouer, mais impossible aussi de faire l'impasse sur la situation. Alors, je m'assois au Steinway et dédie silencieusement une improvisation à la mémoire des victimes, comme un requiem miniature. Le trouble du public est palpable, le mien tout autant. Je ne peux pas montrer mes larmes, j'essaie simplement de les convertir en notes. Puis le programme se déroule dans l'ordre prévu, de *Peau d'Âne* à *Thomas Crown*, d'*Un été 42* à *Yentl*. Pour la première fois, en soixante ans de concerts, je n'adresse pas un mot à la salle, je ne plaisante pas avec elle. Rester rivé au clavier est l'unique solution pour tenir jusqu'au bout. J'y parviens, non sans mal, à force de concentration. Ovation d'un public bouleversé, arraché au temps. En guise de rappel, j'offre la chanson des *Uns et les autres*, dont le titre, *Un parfum de fin du monde**, entre en étrange résonance avec l'actualité. À l'issue du concert, le compositeur Bruno Coulais m'envoie par SMS : « Michel, vous êtes l'antidote contre la folie des hommes. » Je rentre dans ma loge, vidé, fusillé par l'effort, conscient que les attentats ont généré une émotion collective, canalisée et transcendée par la musique. Ce soir, dans une salle de cette terre en furie, nous sommes restés debout, envers et contre tout. Ce qui me rappelle une vieille légende sud-américaine : au-dessus d'une forêt amazonienne ravagée par un incendie, un colibri s'active en jetant trois gouttes d'eau sur les flammes. Un aigle lui demande : « Tu es fou ? Tu crois éteindre le feu avec quelques gouttes ? — Non, répond le colibri, mais je fais ma part. » Je ne pourrai pas dire mieux : le lendemain du 13 novembre 2015, j'ai fait ma part. C'était une journée particulière, remuée de sentiments paradoxaux, une journée sur laquelle flottait un parfum de fin du monde.

* Les paroles d'*Un parfum de fin du monde* sont signées par un auteur inspiré et polyglotte, Boris Bergman. Ma filmographie réunit donc quatre Bergman majeurs : Alan et Marilyn, Ingrid, Boris. Mais où est donc Ingmar ?

29

Elle s'appelle Barbra

Vendredi 6 novembre 2015. Coup de fil de Natalie Dessay, voix enchantée amoureuse de mon écriture. À son ton enjoué, je devine que les nouvelles doivent être bonnes. Elles le sont. Natalie m'annonce qu'elle n'a pas renouvelé son contrat avec sa maison de disques, qui lui a refusé de participer à mon album multiartiste *Michel Legrand et ses amis*. « Ça a été la goutte d'eau qui a mis le feu aux poudres, plaisante-t-elle. En l'occurrence, la goutte d'eau, c'était vous ! » Du coup, elle vient de signer un contrat avec le département classique de Sony Music, fier de récupérer une telle étoile du lyrique. Natalie y a exigé une clause garantissant l'enregistrement aux meilleures conditions d'un projet cher à mon cœur, *Between yesterday and tomorrow*. Longtemps rêvé et fantasmé, cet album semblait condamné à l'état de mirage, de promesse évanouie. Et voilà que, par un coup de baguette magique, la fée Dessay lui offre une existence concrète, un futur. Entre l'écriture de l'ouvrage et sa finalisation annoncée, la terre aura tourné quarante-six fois. Je me pince pour y croire, sans masquer mon enthousiasme. Avec forcément une pensée émue pour l'interprète originale à laquelle ce projet était destiné. Un océan nous sépare mais, à distance, elle verra notre bateau prendre le large, sans elle. C'est une artiste majeure, avec laquelle j'ai partagé plus que de la musique : des pans entiers de vie. Inutile de vous dire son nom, son prénom suffira. Elle s'appelle Barbra.

Août 1965. Nat Shapiro m'appelle de New York. Il sort très excité d'une réunion décisive et me mitraille une nouvelle stimulante : « Après ses deux albums *My name is Barbra*, Streisand voudrait enregistrer un trente-trois tours que l'on intitulerait *Je m'appelle Barbra*, avec des chansons françaises, de préférence en version originale. Lors du meeting de ce matin avec les cadres de Columbia, on s'est posé la question : "À qui confier la conception artistique du disque, les arrangements et la direction d'orchestre ?" J'ai soufflé ton nom, avec un argument imparable : "Michel est français, il connaît parfaitement le répertoire que Barbra veut revisiter." Je n'ai pas eu à les convaincre, les millions d'albums d'*I Love Paris* ont fait le reste. » J'ai à peine le temps de réagir que Shapiro enchaîne : « Il n'y a plus un instant à perdre : il faut que tu rencontres Barbra. Quand peux-tu être à New York ? » C'est pour des appels de ce type que Nat a toujours été plus qu'un ami : un ange gardien.

Deux semaines plus tard, retour dans la Grosse Pomme en plein été indien, où je retrouve mes sensations du voyage fondateur de 1956 : les taxis jaunes, la fumée des bouches d'égout, les concerts du Birdland, le *cheese-cake* de Lindy's. Depuis ma conversation avec Nat, j'ai réécouté en détail les premiers albums de Barbra Streisand. Ses qualités d'émotion sont au même niveau que sa technique, c'est-à-dire très haut. La clarté sublime de son timbre, sa précision me bouleversent. Le soir même de mon arrivée, nous nous rencontrons à Broadway, au Winter Garden Theater où elle triomphe depuis un an et demi dans la comédie musicale *Funny girl*. À tout juste vingt-trois ans, elle n'est pas encore une star mais elle est déjà plus qu'une vedette. Elle m'impressionne par cette étrange combinaison de fraîcheur et d'opiniâtreté. À certains moments, c'est une adolescente vulnérable, comme elle-même surprise par son ascension éclair ; à d'autres, une dame de fer, lucide et déterminée à ne pas capituler. Nous avons pile dix ans d'écart mais, parfois, sa maturité me donne le sentiment qu'elle est l'aînée de notre binôme. Pendant deux semaines, Barbra me transforme en visiteur du soir. À l'issue du spectacle, je la rejoins dans sa loge, autour d'un antique piano droit. De minuit à 3 heures du matin, nous nous apprivoisons, nous passons au crible les chansons possibles, je les lui joue, elle les teste, comme un mannequin qui essaierait des robes de grands couturiers. Nous passons en revue *Les Feuilles mortes*, *Que reste-t-il de nos amours ?*, *Clopin-clopant* ou *Parlez-moi d'amour*, sous l'œil bienveillant de l'Italien Ettore Stratta, responsable des enregistrements en langue étrangère des artistes Columbia. Il est le producteur exécutif de notre projet. C'est un garçon au goût très sûr, également musicologue et chef d'orchestre. Sa femme américaine, Cecile, me donne des cours d'anglais, pour fluidifier mon dialogue avec Barbra. Je leur répète en boucle : « Stratta, j'aime », mais seule Cecile, bilingue, comprend ce calembour d'une esthétique très *Almanach Vermot*. L'autre apport décisif, c'est mon ami parolier Eddy Marnay. L'impliquer dans l'aventure *Je m'appelle Barbra* tombe sous le sens. En 1942, Eddy a fait la campagne d'Italie dans l'armée américaine, son anglais est impeccable. Je lui propose de coacher Barbra, de la familiariser avec notre langue, avec la musique des textes. Comme il existe des entraîneurs sportifs, Eddy sera son entraîneur de mots, il accomplira sa mission avec dévotion, en véritable homme de parole(s).

En quelques semaines, le programme se construit autour d'une poignée de standards, mais aussi de titres nouveaux. Par exemple, un soir, Stratta nous apporte le format piano-voix d'une chanson intitulée *Le Mur* que Barbra adopte aussitôt. Le lendemain, nous apprenons que le compositeur Charles Dumont l'a écrite sur mesure pour Édith Piaf… morte avant d'avoir pu l'enregistrer. De notre côté, Eddy et moi intégrons des adaptations anglaises de nos œuvres. Sous la plume de Norman Gimbel, *Qui es-tu ?* devient *Love and learn*, sous celle d'Hal Shaper, *Les Enfants qui pleurent* se réincarnent en *Martina*. Et puis, un soir, Streisand nous joue une jolie mélodie, un peu naïve, qu'elle a elle-même élaborée. Puisqu'il s'agit d'un baptême de composition, Marnay y associe un texte sur le thème de la première fois en musique : « Avec un doigt sur un piano / Avec ma voix autour de quelques mots / J'ai tant joué avec ton nom / Que j'ai vu naître une chanson. » De façon inattendue, c'est en français que Streisand crée sa première chanson en tant que compositrice-interprète. Et celle-ci s'intitule précisément *Ma première chanson*. Une fois les douze titres arrêtés, retour à Paris afin de les orchestrer. Nous décidons d'enregistrer à Londres, en octobre, mais la séance patauge en raison de la qualité de l'orchestre, constitué de musiciens de douzième catégorie. Barbra n'est pas satisfaite, moi encore moins. Royal, Stratta nous rassure : « Oublions cette session. On jette les bandes, on reprend tout de zéro, cette fois à New York ! » Trois mois plus tard, en janvier 1966, je retrouve « The Church », surnom du studio Columbia sur la Trentième Rue, aménagé dans une église désaffectée. C'est là où j'ai enregistré *Legrand jazz* en 1958. Comme Barbra est toujours accaparée par *Funny girl*, les séances ont lieu après sa représentation, entre minuit et 3 heures du matin. Ce qui ne plombe pas le budget : aux États-Unis, le tarif des musiciens est identique que l'on travaille l'après-midi ou en pleine nuit. *A priori*, on pourrait penser qu'il est suicidaire d'enregistrer une chanteuse qui vient de se produire deux heures et demie sur scène. Dans le cas de Barbra, c'est exactement le contraire : sa voix est aiguisée, d'une beauté et d'une justesse à couper le souffle. Avec un entraînement de haut niveau, les cordes vocales sont des muscles qui résistent à tout. Pour Barbra, jouer *Funny girl* est une sorte d'échauffement, de rodage, avant de nous rejoindre. Je me suis appliqué à échafauder des orchestrations qui font leur intéressante. Barbra jubile en les découvrant, notamment une version chambriste des *Feuilles mortes* avec des pizzicati d'alto qui mettent en relief sa voix en apesanteur. Impossible aussi d'oublier le frisson que je ressens quand elle emporte *La Valse des lilas* vers des sommets encore vierges. New York dort sous la neige mais, quelque part autour de minuit, le timbre de Barbra nous éclaire en trouant la nuit.

Je m'appelle Barbra envahit les bacs des disquaires pour les fêtes de fin d'année 1966, juste au moment où Barbra donne naissance à son fils Jason. Au verso de la pochette, le vénérable Maurice Chevalier se fend d'un petit texte aussi chaleureux qu'admiratif. Chevalier-Streisand : j'y vois une transition symbolique, comme si mon passé tendait la main à mon avenir. L'avenir, en l'occurrence, c'est l'année 1967, celle de mon installation à Los Angeles, où je me lie avec les paroliers Alan et Marilyn Bergman. Comme si des fils nous reliaient les uns aux autres, les Bergman connaissent vaguement Barbra mais n'ont pas encore eu l'occasion de travailler pour elle. Un jour, je joue à Barbra une chanson que nous venons d'écrire, *One day*, au texte poétiquement antimilitariste. Elle fait la moue : « La mélodie est charmante mais les paroles enfoncent des portes ouvertes. » Quelques jours plus tard, elle rencontre les Bergman chez moi, à Oriole Drive, et les prend aussitôt en affection. Barbra accepte d'enregistrer *One day*. Notre trio devient quatuor, soudé par une subtile chimie humaine. En mon for intérieur, je sens que le destin est avec nous. Dès lors, Barbra sera rituellement la première auditrice de nos nouvelles chansons. Nos réunions respectent un protocole précis : dîner entièrement préparé par Marilyn, fin cordon-bleu, puis séance autour du piano, où nous interprétons nos créations devant Barbra. Marguerite Duras disait de la soprano Leontyne Price : « Devant elle, je pense à elle. » C'est la même situation pour les Bergman et moi : devant Streisand, nous pensons à Streisand. Elle est notre centre de gravité, notre moteur, elle privatise notre attention, elle fertilise notre créativité. Parfois son regard s'allume et je comprends aussitôt qu'elle est séduite. Ce sera le cas pour *Ask yourself why*, *Pieces of dreams* ou *The Summer knows*. Barbra tombe aussi amoureuse de la ballade mélancolique *What are you doing the rest of your life?*, écrite pour *The Happy ending* de Richard Brooks. L'idée de la faire chanter par Barbra nous gonfle d'enthousiasme, mais Brooks nous rembarre sans appel : « C'est un contresens ! Streisand est une star qui ne joue pas dans le film. Le spectateur ne va rien comprendre en l'entendant chanter au générique ! » Streisand ne cache pas sa déception mais, persévérante, l'enregistre pour son album *The Way we were*, quatre ans plus tard. Il y a aussi ce jour où je déjeune à Manhattan avec un vieux copain français, Jo Boyer, orchestrateur exilé aux États-Unis. La serveuse du restaurant accourt soudainement à notre table : « Monsieur Legrand, un message urgent. Vous devez sur-le-champ vous rendre au studio Columbia, Barbra Streisand vous y attend. » Je plaque le repas pour filer à l'enregistrement, escorté par Jo. Sur place, c'est Waterloo morne plaine : la séance est arrêtée, les musiciens poireautent, Barbra semble très agacée. « Michel, me dit-elle, dans l'introduction de ton arrangement, il y a des traits que notre pianiste n'arrive pas à jouer comme tu l'as fait chez moi. Peux-tu le remplacer ? » Sa demande m'embarrasse, car le pianiste en question s'appelle Hank Jones et c'est une pointure. Au pied levé, nous reprenons en main la séance en déroute : Hank m'abandonne son clavier, Jo Boyer accepte de diriger l'orchestre. En un quart d'heure, l'affaire est pliée. Barbra est ravie de la prestation de Jo. « Vous m'avez étonnée, lui souffle-t-elle. Vous êtes un vrai déchiffreur et un chef d'une grande finesse ! » L'ancien arrangeur d'André Claveau et Patachou frôle l'évanouissement. Il aura été le *conductor* le plus éphémère de Barbra Streisand mais *conductor* néanmoins : quinze minutes montre en main. Jusqu'à la fin de sa vie, ça restera pour Jo l'un de ses faits d'armes héroïques. Nous sommes retournés à notre restaurant. Entre la commande et l'arrivée du plat, nous avions simplement piloté un sauvetage en haute mer.

Finalement, cette situation extrême est assez révélatrice du caractère de Barbra. Très jeune, elle a grandi avec une seule ambition, devenir la meilleure chanteuse de variété au monde. Et elle y est parvenue, à force d'exigence, je dirais même d'intransigeance avec elle-même. À vingt et un ans, elle enregistrait son premier disque ; à vingt-trois, elle était une vedette planétaire. L'ordinaire insupporte Barbra, qui lui préfère l'exceptionnel. Elle est l'incarnation ultime de l'aphorisme de Zola : « L'artiste n'est rien sans le don, mais le don n'est rien sans le travail. » C'est un être hors du commun avec lequel les relations ne peuvent pas être tièdes ou simplement normales. Si vous travaillez avec elle, être purement professionnel ne suffit pas : il faut lui donner son sang, sa vie. Sinon, elle vous méprise. Ou pire, elle vous massacre. De passage en touriste à l'une de ses séances, je l'ai vue trucider un chef d'orchestre-arrangeur qu'elle estimait ne pas être à la hauteur de la tâche. Ses mots étaient d'une vulgarité que je n'oserais pas coucher sur le papier. Mais dès qu'elle se retrouve en petit comité, entourée de gens qu'elle affectionne, elle a des timidités, des pudeurs de petite fille. Ma chance, c'est de l'avoir connue à ses débuts. Dès l'album *Je m'appelle Barbra*, nous avons établi une relation d'admiration et de franchise mêlées. En studio, je lui tends la main, elle la saisit pour suivre mes indications. Généralement, les responsables de Columbia commencent à trembler, redoutant une éruption du volcan Streisand. À tort, car Barbra est un monstre de perfectionnisme. Si votre demande est précise et motivée, elle jouera le jeu, avec une docilité enfantine. En d'autres circonstances, sa soif de contrôle peut s'avérer débordante. Je me revois déjeuner à la cantine de la Columbia avec le cinéaste William Wyler, qui venait d'entamer le tournage de l'adaptation cinématographique de *Funny girl*. Je lui demande poliment : « Comment ça se passe avec Barbra ? » Il me répond, avec un sourire résigné : « Très bien. C'est le premier film qu'elle met en scène ! » Il ne mentait pas : débutante à l'écran, Barbra suggérait des emplacements de caméra au réalisateur oscarisé de *Ben-Hur* ! Sur *Yentl*, nous aurons des nocturnes, comme on dit pour les grands magasins, des soirées à rallonge, où elle nous kidnappera, les Bergman et moi. À 2 ou 3 heures du matin, nous étions essorés mais elle poursuivait en solitaire sa quête obsessionnelle de l'excellence, reprenant sans fin des points sur lesquels nous nous étions déjà entendus cent fois : « Mais si je faisais plutôt la note finale à l'octave ? Et si on modulait à la reprise ? Et si on améliorait la première rime ? » Cette situation faisait marrer Jacques Demy qui me demandait sur un ton narquois : « Alors, à quelle heure s'est achevée la prise d'otages ? »

Automne 1969. D'un côté, je suis ravi d'avoir une ou deux chansons émiettées sur chaque album de Streisand ; de l'autre, je ressens le besoin de passer à la vitesse supérieure. Construire une histoire pour une voix, avec de la musique et des mots, est stimulant ; devoir respecter un format de trois minutes beaucoup moins. Une idée singulière me vient à l'esprit : changer d'échelle avec un projet « streisandien » plus large, plus global. Assis avec les Bergman dans le salon de leur villa californienne, je leur annonce : « Et si on écrivait pour Barbra un concept-album ? J'aimerais qu'on raconte la vie d'une femme. Chaque chanson correspondrait à un moment défini de son existence : la petite enfance, l'adolescence, le premier amour, le mariage, la maternité, l'âge mûr, etc. Ce serait comme l'équivalent musical d'un roman de Zweig. Qu'en pensez-vous ? » Alan et Marilyn percutent aussi sec : « Michel, ce serait un pari insensé et inédit ! » D'enthousiasme, nous nous lançons dans l'écriture des quinze chansons, avec la bénédiction de notre muse, intriguée par la nature même de l'entreprise. Les Bergman signent un texte vertigineux de poésie, *Between yesterday and tomorrow*, confrontation de tous les contraires : hier et demain, le jour et la nuit, l'entrée et la sortie, le berceau et la tombe. Dans la berceuse *Mother and child*, nous imaginons Barbra dialoguer avec elle-même, à tour de rôle mère et fille, la première rassurant la seconde, en proie aux peurs enfantines. Puis, autour du piano, nous mettons au point l'idée suivante : *Birth*, la chanson de la naissance, s'ouvre sur une note, une syllabe. Deux secondes de silence. Une autre syllabe. Comme un cœur qui commence à battre. Puis trois, quatre, cinq syllabes et, enfin, une phrase. La vie qui prend forme. À l'autre bout du parcours, à la quinzième chanson, *Last breath*, c'est le même procédé mais en sens inverse. Trois syllabes, deux, une... puis rien. La mort. Dans un troublant rapport de symétrie, la première chanson et la dernière se répondent en miroir. Entre ces deux parenthèses, il y a une vie humaine, avec sa part de bonheurs et de larmes.

Cette épopée à la première personne, Streisand la reçoit *a priori* avec émotion et exaltation. À l'automne 1970, de passage en France, Barbra est interviewée avec moi pour la télévision. Elle termine le tournage de *The Owl and the pussycat*. Nous évoquons nos projets, dont *Life cycle of a woman*. Quand sera-t-il enregistré ? J'annonce au printemps 1971 mais Barbra corrige avec le sourire : « Non, je ne le ferai pas avant cinq ans ! » Nous rions de sa blague, complices, mais celle-ci contient un aveu déguisé, voire inconscient. Un versant entier de *Life cycle* effraie Barbra, la bouscule, la rebute. Elle n'enregistrera pas l'album au printemps 1971, elle ne l'enregistrera jamais. Un jour, elle m'appelle pour me dévoiler ses raisons intimes : « J'aime l'idée de *Life cycle*, passionnément. Le problème, ce sont deux chansons qu'il m'est impossible d'interpréter : la naissance et la mort. Ça remue trop de sentiments enfouis en moi, c'est au-delà de mes forces. Quand je les répète, ma voix se coupe. » Je reste silencieux. Barbra enchaîne : « Voilà ma proposition : il suffit de supprimer ces deux titres et j'enregistre le reste. On commence à la petite enfance, on termine sur la vieillesse. » Aussitôt, je monte au filet : « Désolé Barbra mais, en sucrant les deux extrémités, tu ruines l'architecture de l'ensemble, tu détruis le concept. Sans le début et la fin, il n'y a plus de saga ! » Mais Barbra campe sur sa position, moi sur la mienne. Ai-je raison de m'entêter ? Oui, car céder signifierait défigurer cette fresque imaginée comme notre *magnum opus*. Ce jour est à marquer d'une pierre blanche : *Life cycle of a woman* y passe en pertes et profits. Un an plus tard, Barbra nous demande l'autorisation d'en enregistrer trois titres pour son prochain trente-trois tours, comme trois chansons indépendantes, arrachées à leur contexte initial. Ayant fait notre deuil du projet, les Bergman et moi acceptons collégialement. Je dirige la séance en avril 1973 à Los Angeles. L'intensité émotionnelle que Barbra met dans *Between yesterday and tomorrow*, *Can you tell the moment?* et *Mother and child* amplifie nos regrets sur la trajectoire brisée de notre album. D'autant que j'ai orchestré les chansons en cassant volontairement le moule du « son variété ». Derrière le timbre de Barbra, il n'y a ni rythmique pop ni synthétiseurs mais un orchestre classique. Par une étrange malédiction, ces trois chansons ne figurent pas sur l'album prévu et doivent attendre vingt ans pour émerger sur une anthologie de Streisand, *Just for the record*. En 1999, pour son disque *A love like ours*, elle enregistre également la chanson correspondant à la révélation du grand amour, *Wait*. Voilà donc quatre fragments de *Life cycle of a woman* dévoilés de façon hétéroclite, sans laisser entrevoir la pleine dimension du concept-album originel, rêvé avec Alan et Marilyn. Aurons-nous un jour l'occasion d'échafauder pour Streisand un projet d'une ambition comparable ? Pendant longtemps, cette perspective me laissera sceptique. La suite des événements me donnera tort.

Parmi les qualités objectives de Barbra, la ténacité n'est pas la moindre. À la fin des années soixante, elle découvre la nouvelle *Yentl the Yeshiva Boy* d'Isaac Bashevis Singer, prince de la littérature yiddish. C'est l'histoire, au tournant du siècle, d'une jeune Juive polonaise, Yentl, assoiffée de connaissances. Mais son statut de femme lui interdit l'accès à la culture. À la mort de son père, elle se déguise en garçon pour intégrer une yeshiva, un centre d'études de la Torah. Elle y rencontre un apprenti rabbin, Avigdor, auquel elle ne peut avouer son amour, étant officiellement un homme… Les circonstances vont l'obliger à épouser la fiancée d'Avigdor, délaissée par ce dernier. D'emblée, Barbra se passionne pour le sujet, ambitionne d'en faire un grand film musical, dont elle serait à la fois la réalisatrice et l'interprète. Toutefois, les difficultés ne manquent pas. Comment construire un long-métrage de deux heures à partir d'une nouvelle de quarante-cinq pages ? Comment traiter l'ambiguïté de cette double histoire d'amour ? Comment être fidèle à la réalité religieuse sans restreindre le propos du film ? « Voilà des problèmes passionnants à résoudre », dis-je à Barbra, la première fois qu'elle nous évoque *Yentl*, lors d'une soirée chez les Bergman. Au fond de moi-même, j'analyse les raisons qui l'aimantent vers ce sujet. Il y a d'abord l'aspect militant, la trajectoire d'une femme qui prend en main sa propre destinée. Mais il y a aussi la quête du père, ce père protecteur et idéalisé que Barbra n'a pas connu : le sien s'est envolé quand elle avait quelques mois. Mais trouver un financement hollywoodien pour un projet aussi casse-gueule n'est pas aisé, même pour une star de sa dimension. Pendant douze ans, monter *Yentl* sera son idée fixe, le combat de sa vie. De loin en loin, elle nous raconte son parcours en montagnes russes, la défiance des studios, effrayés d'abandonner la caméra d'une production aussi coûteuse à une profane de la mise en scène. Il en faut plus pour désarmer Barbra. Surmontant les moments de découragement, elle garde la conviction intérieure qu'elle tournera un jour ce chimérique *Yentl*. Fin juin 1980, coup de fil de la Cité des anges. J'entends sa voix résonner dans le combiné : « Michel, c'est signé : United Artists finance *Yentl*. J'ai finalisé l'adaptation avec le scénariste Jack Rosenthal, je tourne le film comme réalisatrice et interprète. Nous t'attendons d'urgence à Los Angeles pour l'écriture des chansons ! » Contaminé par l'excitation de Barbra, j'annonce la nouvelle à Christine, ma femme, qui explose sur-le-champ : « Tu ne peux pas partir en Californie cet été ! J'ai loué une maison pendant deux mois, tout est planifié ! » J'essaie de la convaincre, avec diplomatie : « Ma chérie, je suis aussi attaché que toi à nos vacances mais il faut hiérarchiser les choses. Barbra attend de concrétiser ce projet depuis tant d'années… C'est une priorité, un cas de force majeure. » Elle fond en larmes, me traite d'égoïste, rejette mes raisons. Embarrassé, je rappelle Barbra, lui explique le psychodrame conjugal dont elle est la cause involontaire. Elle me répond calmement :

« Passe-moi Christine ! » Et me voilà transformé en témoin silencieux de la conversation entre ces deux femmes. Douce mais déterminée, Streisand met la situation à plat, en enlevant toute passion : « Je te comprends, Christine, mais tu dois nous autoriser à travailler ensemble, à entamer ce qui sera peut-être notre œuvre majeure. Si tu es d'accord, on coupe la poire en deux : Michel vient à Los Angeles, je me déplace en France. » En trois minutes, la main tendue par Barbra, sa sensibilité féminine font fondre les réticences de Christine. Ma participation au projet ne tenait qu'à ce fil. La semaine suivante, je m'envole pour Los Angeles. Pour faire aboutir *Yentl*, Streisand aura dû convaincre à la fois Hollywood et Christine. Le destin du film se sera joué sur douze ans… et trois minutes.

En toute franchise, transposer *Yentl* à l'écran n'a rien d'un pari gagné d'avance. Barbra avance sur le fil du rasoir. Plusieurs aspects me semblent périlleux : la représentation d'une communauté juive traditionaliste, très machiste ; la transformation physique aussi. Agnès Varda me lâche, dubitative : « Ça va être ridicule ! Comment une femme de quarante ans peut-elle incarner une jeune fille de vingt ans qui se fait passer pour un garçon de dix-sept ans ? » Je m'en ouvre à Barbra qui tient à me rassurer : « Dis-toi que ces obstacles sont autant de défis à relever ! » Il n'existe pas de réponse plus « streisandienne ». En clair, un projet sans challenge ne l'intéresse pas. Notre amicale se reforme donc, deux mains pour la musique, quatre pour les paroles, une voix pour les interpréter. En préambule, Barbra nous fait part d'un paramètre crucial du cahier des charges : seul son personnage sera habilité à chanter. « Tout le récit est mené du point de vue de Yentl, nous explique-t-elle. C'est elle qui mène l'action, qui raconte en chanson ses états intérieurs successifs. » Difficile de chercher à argumenter. D'évidence, *Yentl* est un véhicule que Barbra a entièrement pensé et organisé pour elle-même. Elle en est coscénariste, coproductrice, metteur en scène, comédienne, chanteuse. Un cumul des mandats porté à une hauteur inégalée. Dans un premier temps, les Bergman et moi travaillons à partir du scénario, où est inventoriée chaque séquence nécessitant une chanson. La base de mon inspiration, c'est la description du personnage à un moment donné du récit. Par exemple, au début du film, après la mort de son père, Yentl prend le chemin de la yeshiva et dort dans la forêt. Les Bergman m'indiquent : « Il faudrait traduire à la fois la solitude, la peur et le recueillement. » En faisant la synthèse de ces trois sentiments, je laisse mon imagination galoper, j'élabore six ou sept thèmes différents. Puis, avec Alan et Marilyn, nous procédons par élimination, afin de choisir la meilleure proposition, sur laquelle ils construisent le texte *Papa, can you hear me?*, supplique nocturne de Yentl à son père, à travers les étoiles. L'intégralité des chansons va être conçue selon cette méthode, à l'exception de *This is one of those moments*, dont les paroles précèdent la musique. Ma première salve comprend une vingtaine de thèmes, dont sortent spontanément trois chansons. C'est une moisson miraculeuse. En un mois de travail, trente pour cent de la musique du film existe déjà. Barbra est folle de joie et d'optimisme. D'autant que, comme Demy à l'écriture musicale des *Parapluies de Cherbourg*, elle découvre nos chansons en ayant à l'esprit une mise en scène virtuelle. Elle ne réagit pas uniquement en chanteuse mais en cinéaste. Je la vois écouter *The way he makes me feel* en fermant les yeux puis me chuchoter : « Très bien, là, je vais m'allonger sur le lit, regarder la caméra. Laisse-moi quelques mesures de transition pour finir mon travelling… » En plusieurs mois, presque un an et demi, dans un aller-retour transatlantique, nous donnons naissance dans le désordre à onze chansons plus une, *The moon and I* qui reste finalement sur la touche. Plus que jamais, je compose avec la voix de Barbra en tête, en tenant compte de ses possibilités techniques surnaturelles. En assumant aussi le parti pris d'un langage romantique ou postromantique, qui va chercher le lyrisme très loin, très haut. Enfin, *Yentl* est un récit d'apprentissage, ancré dans un contexte très défini, mais que la musique doit emmener vers un territoire plus vaste.

Par là, je veux dire : le folklore ashkénaze est à l'image, très peu dans la partition. Il y a ici ou là un écho de clarinette klezmer, quelques mesures d'introduction au cymbalum mais rien de plus. Ma mission, c'est d'élargir le propos vers une forme d'universalité. Face aux images de Barbra, un spectateur juif, catholique, musulman ou bouddhiste doit être touché de manière identique. La gageure n'est pas mince, mais essentielle.

Avant le premier tour de manivelle, il faut évidemment enregistrer les chansons dont Barbra a besoin sur le plateau. Les extérieurs vont être tournés en Tchécoslovaquie, les intérieurs à Londres. Par facilité, je propose à Streisand d'organiser les séances au studio londonien Olympic, repaire de l'ingénieur du son Keith Grant. Depuis des années, j'adore travailler avec Keith, un bonhomme trapu et simiesque, souvent en short et chemise hawaïenne. Son studio ne paie pas de mine, la décoration se révèle d'un goût discutable mais la qualité de la prise de son y est exceptionnelle, autant pour la voix que pour l'orchestre. Barbra s'étonne qu'on délaisse Abbey Road mais me fait entièrement confiance. Nous investissons donc la tanière de Keith, Barbra, les Bergman et moi. Streisand enregistre simultanément à l'orchestre mais en piste B, dans l'isolement d'une cabine. Ainsi, au tournage, elle pourra chanter en direct sur le play-back. En studio, quand elle ne trouve pas la nuance juste sur un mot ou une phrase, le metteur en scène n'a pas à la reprendre : c'est elle-même. Situation pour moi inédite, c'est la première fois que je vois mon réalisateur chanter le rôle central de la partition. Notre mise en loge à Olympic va durer deux semaines. Pour le grand finale, *A piece of sky*, j'ai élaboré une orchestration en écran large, avec soixante-quinze musiciens et quatre pianos de concert. Dans mon dos, je sens une certaine tension. Barbra vient me voir, un peu chiffonnée : « Michel, c'est magnifique mais, à la réflexion, je voudrais essayer d'interpréter cette chanson un demi-ton plus bas. Peut-on faire recopier le matériel d'orchestre pour demain ? » Je n'ai pas envie de différer l'enregistrement juste pour un demi-ton. En même temps, les musiciens sont payés pour jouer la partition posée devant eux. Une règle tacite leur interdit de transposer à vue dans une autre tonalité. Comment néanmoins arriver à mes fins ? La ruse s'impose. Je les passe au canon à confiture : « *Ladies and gentlemen*, la prise précédente était bouleversante. Par sécurité, on va en faire une supplémentaire. Jouez exactement avec la même émotion. C'est bon, ça tourne ? » Keith confirme dans le micro-cabine. J'ajoute alors, sur un ton détaché : « On y va ? Ah oui, un simple détail : s'il vous plaît, transposez un demi-ton en dessous. Trois, quatre ! » Pris par surprise, ils transposent. Barbra va pouvoir chanter *A piece of sky* en *ré* majeur. Bluffés par l'exploit, les Bergman trouvent une formule inattendue : « Michel, tu aurais dû faire de la politique ! »

Ma mission accomplie, je laisse Barbra vivre avec son équipe l'aventure du tournage. Nous nous retrouvons au printemps 1983, pour la projection du premier montage. Je suis ébloui par la maîtrise technique, la beauté de l'image, du découpage. Consciente de l'enjeu, Barbra a travaillé sa mise en scène dans le détail le plus absolu. *Yentl* est autant un film de cinéaste débutante que de professionnelle aguerrie. Toutes les craintes sur la métamorphose physique de son personnage s'évanouissent. La publicité va d'ailleurs claironner : « C'était impossible. Elle l'a fait. » En juin 1983, nous enregistrons à Londres plusieurs musiques additionnelles, notamment pour la séquence d'ouverture du marché. Barbra effectue un mixage sensible et raffiné : la voix est présente, l'orchestre également. En dehors de Jacques Demy, c'est mon premier grand film musical et sa réussite me transporte. Jacques et Agnès partagent mon avis et, quand Barbra sera à Paris, j'organiserai un dîner afin qu'ils lui disent leur enthousiasme. Aux États-Unis, *Yentl* bénéficie d'une exploitation restreinte fin 1983, afin de pouvoir concourir aux oscars. Puis la sortie mondiale se fait début 1984. Pour la France, je suggère à Streisand de confier les sous-titres des chansons à Eddy Marnay. Fidèle au souvenir de *Je m'appelle Barbra*, elle accepte l'idée, comme une évidence. Ce sera une fracassante sortie de route. Un grand parolier ne maîtrise pas forcément la technique du sous-titrage, l'humilité qu'elle impose. Eddy ne traduit pas les textes des Bergman, il les tord librement en alexandrins de son cru, en larguant les amarres avec la situation à l'image. C'est peut-être beau mais c'est autre chose, magistralement hors sujet. En catastrophe, il faut tout reprendre de zéro avec un autre auteur, pour ne pas compromettre l'arrivée du film en salles. Un incident plus embarrassant va entacher la promotion française. Barbra accepte l'invitation de Michel Drucker dans son émission *Champs-Élysées*, en direct du Pavillon Gabriel. Elle me propose de l'accompagner mais pose à Drucker une condition non négociable : il est hors de question qu'elle interprète la moindre chanson, elle est invitée comme réalisatrice. La reconnaissance de son (jeune) statut de cinéaste lui importe plus que tout. Drucker ne peut qu'accepter. Mais, une fois à l'antenne, soudainement « alzheimerisé », il encourage la salle à applaudir Streisand, pour l'inciter à pousser la voix. Un piano est installé dans un coin du décor, il nous y entraîne. Le piège se referme. Drucker insiste, le public avec lui, Barbra résiste, son visage peine à camoufler sa contrariété. Je m'assois au clavier et, très crispés, nous fredonnons à blanc les premières mesures de *What are you doing the rest of your life?*. L'ovation des spectateurs n'éteint pas la furie qui monte en Barbra. À peine dans les coulisses, c'est le pugilat. Elle hurle au coup monté et s'apprête à stranguler Drucker, qui s'évapore prudemment. À défaut, la foudre s'abat sur moi : « Tu étais de mèche avec lui ! Tu as accepté de te mettre au piano ! » Tel Dreyfus à son procès, je proteste, je clame mon innocence mais rien n'y fait. La tornade Streisand dévaste tout sur son passage. Cet épisode pénible va distendre nos liens pendant plusieurs mois. De mon côté, j'en veux à Drucker de ne pas avoir respecté sa promesse et, surtout, de m'avoir transformé en victime collatérale. Du jour au lendemain, je déserte ses plateaux, nous cessons de nous adresser la parole. C'est Macha Méril qui nous réconcilie début 2014. J'y reviendrai. Avec Michel, nous parvenons presque à plaisanter de « l'affaire Streisand », désormais historique. Je le retrouve non sans émotion : il n'a pas changé, son émission non plus. La fracture de notre relation n'aura pas été anodine, elle aura duré trente ans.

Un autre événement, bien plus positif, va marquer la sortie de *Yentl.* En mars 1984, la bande originale gagne l'oscar dans la catégorie « *Best adaptation score* ». Alan, Marilyn et moi tressaillons de joie quand Neil Diamond ouvre l'enveloppe et annonce : « *And the winners are…* » C'est mon troisième oscar, le second partagé avec les Bergman. Nous serons les seuls à être récompensés pour le film. Malgré deux autres nominations (dont la comédienne Amy Irving), *Yentl* brillait par son absence dans les catégories emblématiques (meilleur film, meilleur metteur en scène, meilleure comédienne). Entre les lignes, cela dit à quel point le microcosme hollywoodien n'a aucune tendresse pour Barbra. Il la juge égocentrée et caractérielle, individualiste et ingérable, déterminée à transformer les choses simples en choses compliquées. N'empêche : ne pas nommer *Yentl*, ni pour la mise en scène ni pour l'interprétation, reste une injustice, voire une aberration. Succédant à un film de télévision sur le Premier ministre israélien Golda Meir, l'oscar de *Yentl* me vaut un moment absurde avec Alvin Bart, mon agent américain pour le cinéma. Juif pratiquant, Alvin me demande, sur un ton préoccupé : « Dès qu'il y a un sujet lié au judaïsme, c'est toi que les cinéastes réclament. Ça ne peut pas être un hasard. Dis-moi la vérité : es-tu juif, oui ou non ? » Je le dévisage : « Alvin, quelle réponse te ferait plaisir ? — Que tu sois juif, bien sûr. Tout deviendrait logique. » Moi, dans un grand sourire : « Sois rassuré : je suis juif. » Alvin rentrera chez lui ravi et soulagé. Il fallait vraiment être goy jusqu'à la moelle pour oser un mensonge pareil.

Quand je réécoute l'album de *Yentl*, je mesure à quel point ce projet a pris dans nos cœurs la place de *Life cycle of a woman*. Comme dans une sorte de transfert. De *Life cycle*, j'ai gardé l'idée d'orchestrations intemporelles, affranchies du formatage de la variété. D'ailleurs, en 1992, mon cher confrère John Williams m'invite à venir créer une suite symphonique pour piano et orchestre de *Yentl*, avec la formation dont il assure la direction, le Boston Pops Orchestra. Ce sera une soirée mémorable, John à la baguette, moi au piano. Huit ans après la sortie du film, la partition de *Yentl* intègre déjà le répertoire de concerts classiques... Néanmoins, le succès du film et de sa musique cache un arrière-goût de mélancolie, celui d'une époque qui achève de se consumer. Pour notre quatuor, *Yentl* symbolise à la fois un aboutissement et une fin de chapitre. Après avoir atteint un tel sommet, est-il seulement possible de se maintenir à la même altitude ? Barbra persévère dans la mise en scène avec deux comédies sentimentales, dont elle ne me confie pas les partitions... Mais en avais-je vraiment envie ? Les années passent. Et voilà que j'enregistre avec Natalie Dessay *Life cycle of a woman* devenu *Between yesterday and tomorrow*, tout en poursuivant un autre rêve, celui de porter *Yentl* sur scène autour d'une nouvelle interprète. Avec Streisand, notre parcours professionnel se conjugue au passé, notre amitié au présent. Elle restera à vie mon interprète américaine majeure, la plus fidèle sur la durée. C'est aussi une femme libre, attachante et complexe, que le vedettariat a coupée de la vie quotidienne. « Pour avoir du talent, il faut prendre le métro », affirmait pourtant Prévert. Avec Barbra, nous n'avons jamais pu déambuler ensemble dans les rues de New York. Lorsque nous avons dîné au restaurant, c'était toujours dans un salon privé, loin des regards. Michael Jackson était soumis au même régime. Cet isolement-là, c'est le prix à payer, celui de la starification. La rançon de la gloire. Et malgré tout, quand je pense à Streisand, l'image qui me vient à l'esprit est d'une autre nature. Nous sommes en studio, à l'orée des années soixante-dix. Elle enregistre l'une de mes chansons.

La première prise est renversante d'émotion. Mais Barbra semble mécontente d'elle-même : « Désolée, Michel, on peut la refaire ? » On remet le couvert une fois, deux fois, trois fois… À la dixième, je la prends à part : « Voyons, Barbra, la première prise est objectivement la meilleure. Pourquoi t'acharnes-tu ? » Elle me regarde dans les yeux : « Juste pour le plaisir. » Sa réponse me bouleverse. Le bonheur qu'elle ressent dans l'exercice de son art l'a forcée à utiliser un subterfuge. Elle était d'emblée parfaite et, en même temps, elle ne voulait pas que ça s'arrête. Si d'aventure Barbra lit ces quelques lignes, je voudrais juste qu'elle sache une chose. Dans mes pensées vagabondes, je revois toujours son regard quand elle m'a murmuré : « Juste pour le plaisir. » C'était celui d'une enfant fragile, simplement éprise de perfection et de beauté.

30

Ni marteau, ni maître

Janvier 2016. Le monde de la musique est en émoi, Pierre Boulez vient de s'éclipser. Au trépas d'un confrère auquel tout l'opposait, Mark Twain avait eu un mot d'une cinglante cruauté : « Je n'ai pas pu assister à son enterrement mais j'ai envoyé une lettre pour dire que j'étais d'accord. » D'évidence, Boulez et moi n'appartenions pas au même territoire de la musique, une stricte ligne de démarcation séparait nos conceptions respectives de l'écriture. Et pourtant, sa mort ne me laisse pas insensible, tant il faisait partie du paysage musical depuis presque soixante-dix ans. Certains aspects de sa personnalité me fascinaient, d'autres m'horripilaient. On peut appeler cela des sentiments mélangés.

New York, juin 1958. Je finalise l'enregistrement de mon premier album de jazz, *Legrand jazz*. La maison de disques Columbia Records m'a délégué un jeune producteur artistique, également saxophoniste et compositeur, proche de Miles Davis. Son nom est Teo Macero. Accro à la musique dodécaphonique, il ne cesse de me rebattre les oreilles avec Pierre Boulez, que je connais uniquement par ses déclarations de guerre, trempées dans l'acide. « Tu n'as jamais entendu *Le Marteau sans maître* ? s'indigne Teo. C'est une œuvre qui renverse la table, qui ouvre de nouvelles perspectives. Viens chez moi, je te la fais écouter ! » Sa proposition pique ma curiosité. Installé dans son salon, je découvre un enregistrement en public. Mon impression immédiate ? C'est plus « marteau » que « maître ». Ça ressemble à un *no man's land*, où ce que j'aime en musique brille par son absence. La démarche est strictement cérébrale, clinique, volontairement purgée du moindre lyrisme. C'est d'abord une recherche sur le rythme, la tonalité est exclue, la mélodie excommuniée. À un moment donné, on entend un spectateur tousser. Je me tourne vers Macero : « Ça fait partie de la composition ? » Il ne rit pas à ma saillie de collégien. Cette découverte du *Marteau sans maître* me procure un soulagement à retardement : si Henri Challan, mon professeur d'harmonie au Conservatoire, m'avait orienté vers la classe d'Olivier Messiaen, aurais-je été embrigadé dans cette voie ? Par chance, il m'a miraculeusement aiguillé vers Nadia Boulanger. Rétrospectivement, que pouvait-il m'arriver de meilleur ?

Émotionnellement parlant, l'écriture « boulezienne » ne me touche pas. Et pourtant, je la respecte. Car Boulez ouvre une brèche, la sienne, proche de l'expérience de laboratoire. Et pourquoi pas ? De la petite fille qui déchiffre la *Lettre à Élise* au compositeur sériel qui dirige *Mémoire d'un trou*, toute tentative liée à la musique mérite la considération. Un jour de printemps, à la terrasse d'un restaurant parisien, un violoniste des rues vient s'installer en face de ma table et se met à jouer vite, mal et surtout atrocement faux. Pour éviter de souffrir davantage, je l'invite à déjeuner. Il n'y avait pas d'autre solution possible. On parle musique, je l'interroge sur son métier, il me raconte en détail son calendrier de la mendicité : « En février, je suis à Venise pour le carnaval, le 14 juillet à Paris, puis je pars faire les cafés de Bayreuth. » Sa vie entière est ainsi organisée en saisons, dont il est à la fois le programmateur et l'interprète. « J'admire votre courage, lui dis-je. Un seul conseil, si vous me l'autorisez : de temps à autre, accordez votre violon ! » Il se noue comme une amitié éphémère, l'espace d'une brève rencontre. Le voile qu'il lève sur son existence me transperce l'âme. Il pratique la musique dans la limite de ses moyens, mais il y croit. Le résultat est discutable mais l'intention bouleversante. Curieusement, entre ce violoniste des rues et Boulez, le fossé est-il si grand ?

En revanche, là où Boulez me hérisse le poil, c'est dans ses anathèmes au vitriol. Comment a-t-il pu condamner sans appel tout compositeur écrivant hors du dogme dodécaphonique ? André Jolivet, Arthur Honegger ou Dmitri Chostakovitch méritaient-ils tant de mépris ? Comment a-t-il osé balayer d'un revers de la main l'apport décisif du jazz, ou plutôt *des* jazz, à la musique du XXe siècle ? Pourquoi s'est-il hasardé à définir l'improvisation comme « de l'onanisme en public » ? A-t-il seulement écouté Bill Evans, John Coltrane ou Keith Jarrett avant de proférer une crétinerie si péremptoire ? En pratiquant la politique de la terre brûlée, Boulez a voulu devenir un chef de file, un gourou, pour mieux asseoir son pouvoir. Malgré la rupture générationnelle, il ne m'est jamais venu à l'idée de dessouder les compositeurs pour l'image m'ayant précédé. Au contraire, j'ai toujours aimé m'abreuver à la source de Paul Misraki, Georges van Parys ou René Cloërec. Et puis, avec l'appui des politiques, dont le couple Pompidou, Boulez est parvenu à imposer son esthétique en canon officiel de la modernité. Le brillant Marius Constant, ancien condisciple du Conservatoire, m'avouait parfois, la mine déconfite : « Tu sais, je vis un drame. Si j'écris sans respecter à tout prix une certaine ligne de radicalité, mes œuvres de concert ne seront pas jouées ! » Cet aveu m'a consterné, tant il révélait une forme de totalitarisme culturel. Depuis, les apôtres intégristes de Boulez n'ont cessé de repousser les limites de l'abstraction. Bien sûr, on a le droit d'expérimenter. Le risque, c'est d'aller trop loin, au point que la musique s'évanouisse. Par là, je veux dire : en cherchant trop, on dépasse le but, on oublie l'objectif initial. Même si l'on prétend construire un prototype de voiture révolutionnaire, il faut néanmoins quatre roues pour la faire rouler. C'est la même chose en création. Jean-Luc Godard a réinventé une syntaxe du cinéma mais sans jamais perdre de vue le spectateur. De la même façon, chez Henri Dutilleux, le souci de modernité cohabite idéalement avec une main tendue vers l'auditeur. Entre ses *Métaboles* et *Le Marteau sans maître*, mon cœur n'hésite pas une fraction de seconde.

Cela posé, un autre visage de Boulez déclenche mon admiration : le chef d'orchestre. Nous sommes en 1993. Je prépare un album de mes chansons avec l'immense soprano américaine Jessye Norman. Elle m'invite au concert qu'elle donne à Pleyel, accompagnée par le London Symphony Orchestra dirigé par Boulez. Au programme, *Erwartung*, opéra en un acte de Schoenberg. Placé dans les premiers rangs, j'observe attentivement la technique de Boulez. C'est impressionnant : il bat la mesure *adagio*, à mains nues, avec la raideur d'un automate qui aurait avalé un métronome, sans jamais se laisser aller à un sentiment, à une émotion. Le contraste est saisissant entre l'intensité de l'orchestre et la froideur mécanique de son chef. Après le spectacle, Jessye nous réunit dans un bistrot voisin. Pour la première fois, nous voilà face à face, Boulez et moi. De l'extérieur, je représente tout ce qu'il exècre : la pensée mélodique, la luxuriance de l'orchestration, l'influence du jazz, un système harmonique qui cherche à chavirer le cœur. La conversation embraye sur notre passion commune pour le London Symphony, l'un des meilleurs orchestres au monde. Peu à peu, le ton se dégèle. Il est passionnant de décrypter un artiste dont la logique est si différente de la sienne. D'emblée, je le félicite de diriger sans partition. La remarque semble faire mouche. Comme Seiji Ozawa, Boulez photographie mentalement chaque page, en amont, afin d'arriver à la répétition les mains vides. Devant l'orchestre, il sait exactement ce que joue chaque pupitre, du contre-chant des cors mesure 48 à l'entrée de la clarinette, au troisième temps de la mesure 94. C'est un exploit proprement surhumain, *a fortiori* sur des ouvrages complexes comme *Le Sacre du printemps* ou *Wozzeck*. « Merci Michel, me répond-il. Le seul problème, c'est que les orchestres français n'ont pas de mémoire. — Que voulez-vous dire ? — Imaginez que vous répétiez à raison de huit heures quotidiennes pendant quatre jours. Si le concert a lieu une semaine plus tard, l'orchestre aura tout perdu. L'acquis des répétitions se sera volatilisé. Voilà pourquoi ma préférence va au London Symphony ou au Cleveland Orchestra. » Je saisis la balle au bond : « Vous savez, en certaines circonstances, moins on répète, plus c'est beau. Face au public, ça peut créer une tension qui pousse les musiciens à sortir d'eux-mêmes. Ça, c'est vraiment un enseignement du jazz... — Vous avez peut-être raison. Mais je ne connais rien au jazz », conclut-il. À l'issue du dîner, nous nous serrons la main, il s'engouffre dans un taxi. Nous n'avons pas fraternisé mais nous nous sommes parlé. C'est déjà beaucoup. *A priori*, j'imaginais un Saint-Just du dodécaphonisme, j'ai rencontré un sexagénaire au regard de cocker, un peu en retrait de lui-même. Triste plus que chaleureux, son sourire semblait camoufler une vie de solitude. Ce soir-là, Boulez m'a presque touché.

Ce que Boulez n'a jamais su, c'est qu'il m'a (involontairement) permis de vivre l'un des moments les plus iconoclastes de mon existence. Nous sommes en 1982. Ambassadrice du lien culturel transatlantique, la mécène américaine Judith Pisar m'appelle un matin, catastrophée : « Michel, il faut que tu me sauves la mise ! Ce soir, John Cage est au Théâtre du Rond-Point. J'y organise le concert officiel de ses soixante-dix ans. Boulez devait y participer mais il vient d'annuler, cloué au lit par une grippe carabinée. Je t'en conjure : pourrais-tu le remplacer ? » Comment refuser une proposition si incongrue : être la doublure d'un soir, mais doublure néanmoins, du grand Boulez ? Dans l'autre sens, l'imaginerait-on un instant diriger à ma place la suite symphonique de *Peau d'Âne* ? ou chanter *Oum le dauphin* ? Telle la cavalerie, j'accours à la rescousse de Judith l'après-midi même, à l'heure de la répétition. J'y rencontre Cage, pape de l'avant-garde américaine, qui me remercie pour mon intervention au pied levé. Il se met à détailler l'œuvre, intitulée *Dance/4 Orchestras* : « C'est un orchestre que j'ai divisé en quatre sous-orchestres, chacun dirigé par son propre chef. Tous les quatre, vous allez jouer les mêmes seize mesures en boucle, au tempo de votre choix. Vous pourrez ralentir, accélérer, faire des points d'orgue. C'est selon votre bon vouloir ! » Instantanément, je comprends qu'il s'agit moins d'un concert que d'un *happening* hirsute. Le vrai chef d'orchestre, c'est l'aléatoire. J'ose demander à Cage : « Cher maître, pour attaquer simultanément, nous allons nous regarder entre nous. Mais comment terminer ensemble puisque nos tempos seront fatalement différents ? » Il a anticipé la question : « Vous aurez chacun un chronomètre. À trente minutes pile, vous vous arrêtez. » Je bondis au filet : « Seize mesures pendant une demi-heure ? Ne pensez-vous pas que vingt minutes seraient plus appropriées ? » Ma blague ne déride pas Cage, pourtant réputé pour son esprit mordant. Le soir même, au bout de cinq minutes, j'ai déjà répété vingt fois les fameuses seize mesures. Pour lutter contre l'ennui, je commence à faire le pitre, à bouger mes oreilles, mes sourcils, à diriger avec la tête, quelques grimaces à l'appui. Certains musiciens se marrent, se déconcentrent, déraillent légèrement. Ce qui paradoxalement enrichit la performance : les pains, les canards, les coups d'archet à côté créent un effet de surprise, injectent un relief inattendu à l'écriture de Cage. Cette soirée, je la vis comme un canular grandeur nature. La salle ne s'y trompe pas : c'est un triomphe. Complètement extatique, Jack Lang, ministre de la Culture, me fait un compliment inopiné : « Bravo, cher Legrand. Vous devez continuer dans cette voie ! » Il a sûrement raison mais il ne précise pas laquelle : celle de la musique moderne ou de l'humour dadaïste ?

Comme pour remercier Cage de ce moment de gloire, j'enregistre douze ans plus tard sa *Bacchanale*, composition de 1938 et acte de naissance du piano préparé. Il s'agit de dénaturer le son du piano traditionnel en posant sur ses cordes des objets hétéroclites. Je m'y risque avec des fourchettes et petites cuillères, des tournevis, les clés du garage. Cela a l'air ardu mais, techniquement, cette *Bacchanale for prepared piano* me demande moins de travail que les *Four piano blues* de Copland ou les *Anniverseries* de Leonard Bernstein, au programme du même disque. Après guerre, Cage avait fréquenté mon ami Maurice Jarre, par l'intermédiaire de l'indispensable Boulez. Vous imaginez le trio : *Lawrence d'Arabie* en sandwich entre le marteau (sans maître) et le piano préparé ! Le point de vue de Maurice sur leur langage rejoint exactement le mien. La véritable *musique contemporaine*, c'est le jazz, la variété, la pop, la composition pour l'image, le ballet, le théâtre. Ce que l'on nomme communément *musique contemporaine* devrait plutôt prendre l'appellation *musique de recherche*. C'est aussi l'analyse que développe avec brio et causticité Benoît Duteurtre dans son essai *Requiem pour une avant-garde*. Les créateurs expérimentateurs n'ont pas le monopole de l'adjectif « contemporain ». En ce sens, je suis autant qu'eux un compositeur d'aujourd'hui. Qui regarde vers le futur, sans oublier la réflexion délicieusement ambiguë du grand Leonard Bernstein : « Pour justement détester la musique moderne, il faut la connaître. Ainsi, on pourra la détester plus intelligemment. Ou bien, sait-on jamais, apprendre à l'aimer. »

31

De Chaplin à Beauvois

Automne 1956. Jacques Canetti produit à l'Alhambra la rentrée du vénérable Maurice Chevalier, que j'accompagne sur scène avec mes orchestrations tonitruantes. Un soir, à l'issue du spectacle, Canetti me demande de le suivre, sans plus d'explications. Il me fait entrer dans la loge de Chevalier. Élégamment vêtu d'un peignoir arborant ses initiales, le créateur de *Ma pomme* y discute avec un petit homme à cheveux blancs. Maurice se tourne vers moi : « Ah, mon cher Michel, laissez-moi vous présenter mon ami Charlie Chaplin ! » Mon admiration est infinie, mais ma timidité et mon anglais approximatif la surpassent. Les mots ne sortent pas de moi, sinon un lapidaire et modeste : « *Nice to meet you!* » Dans les traits épaissis de mon interlocuteur, je reconnais ceux de Charlot, l'éternel vagabond, peut-être le personnage le plus iconique de l'histoire du cinéma. Chaplin, c'est le cinéaste universel par définition, à la fois auteur-acteur-compositeur-producteur de ses films. Dans un récent album Philips, j'ai repris le thème des *Temps modernes*, *Smile*, ballade déchirante des lendemains qui enchantent. Mais je n'ose même pas le lui avouer. La confrontation à un génie, surtout par surprise, a quelque chose de tétanisant. Comme l'ont été, pour moi, les rencontres avec Miles Davis, Stravinski ou Orson Welles. Ce ne sont pas de simples êtres humains mais des dieux descendus de l'Olympe. Ce soir-là, je regarde en silence Chaplin dialoguer avec Chevalier, je me fais spectateur de leurs retrouvailles. Un photographe nous tire le portrait, afin d'immortaliser l'instant. L'entrevue ne dure que cinq minutes mais cinq minutes avec lesquelles je vis des années durant, me demandant parfois : « Aurai-je un jour l'occasion de croiser à nouveau Chaplin et, cette fois, de lui dire à quel point son cinéma me touche au cœur ? » Un jour de Noël, l'annonce de sa mort suspend cet espoir insensé. Ou du moins provisoirement. Car, par des sentiers imprévus, Chaplin va ressurgir dans ma vie. Et me permettre, avec soixante ans de décalage, de lui faire ma déclaration d'humour.

Octobre 2013. Mon portable sonne, numéro non répertorié, voix inconnue : « Allô ? Michel Legrand ? Xavier Beauvois à l'appareil. Je viens de terminer un film. Accepteriez-vous d'en composer la musique ? » Son ton me séduit immédiatement, par sa vivacité mêlée d'enthousiasme. Je lui demande de me parler du sujet. Il marque un temps : « Vous savez, c'est l'histoire des deux SDF qui, en 1978, ont volé le cercueil fraîchement enterré de Chaplin pour rançonner sa famille. Ce fait divers sordide, j'ai voulu le tirer vers la comédie italienne, façon Risi ou Scola, avec de la dérision, une forme d'humanité aussi. L'aventure vous tente ? » Spontanément, je lui réponds : « Pourquoi pas ? Mais je pose une condition impérative : j'exige d'avoir les moyens de mes ambitions, je veux pouvoir écrire symphonique. » À cet instant, j'ignore qu'il a monté plusieurs séquences en utilisant provisoirement mon thème de *The Picasso Summer*, dans sa version grand orchestre. En un mot, sans concertation préalable, nous sommes d'emblée sur la même longueur d'onde. Bien sûr, je suis conscient de la place singulière qu'occupe Beauvois dans le cinéma français, surtout après le succès retentissant de *Des hommes et des dieux*. C'est d'ailleurs, je dois l'avouer, le seul film de lui que j'aie vu. Ce qui ne m'honore pas : Xavier semble connaître mon travail mieux que je ne connais le sien. Cela dit, il existe moins cinéphile que moi : Nino Rota. En 1973, nous partageons le programme du rituel concert londonien Filmharmonic au Royal Albert Hall. Le premier soir des répétitions, les organisateurs nous invitent à dîner, afin que Rota et moi fassions connaissance. Tout de suite, je lui présente mes excuses : « J'aime beaucoup votre écriture, Nino, mais hélas, j'ai seulement vu vos films les plus célèbres, *Le Guépard*, *La dolce vita* et *Le Parrain* ! » Il me répond avec un large sourire : « Ne soyez pas gêné. Vos films me sont totalement inconnus. En dehors des miens, je n'en ai pas vu un seul ! — Pourquoi donc ? — Parce que le cinéma ne m'intéresse pas. Je préfère aller au concert ! » Fellini lui-même déplorait le manque d'intérêt de son compositeur fétiche : « Chaque fois que Nino assiste à une projection de travail, il s'endort ! » Quel paradoxe : ce cinéma, qui ne motivait pas Rota, lui a pourtant permis d'écrire des chefs-d'œuvre. Cependant, quand j'avoue à Xavier Beauvois : « De tous vos films, j'ai uniquement vu *Des hommes et des dieux* », je me sens un peu piteux. Mais il me suffit de penser à Nino et me voilà rassuré. Par rapport à lui, je suis une encyclopédie cinématographique vivante, Scorsese et Tavernier réunis. Comment ne pas aimer les comparaisons, surtout lorsqu'elles jouent en votre faveur ?

Le film de Xavier, intitulé *La Rançon de la gloire*, je le découvre d'abord chez moi sur un DVD de travail. Les deux ravisseurs de cercueil, Benoît Poelvoorde et Roschdy Zem, ne sont pas des crapules mais des désespérés pathétiques et drolatiques, deux charlots modernes, en quelque sorte. Ce rapt macabre sert de rédemption à Poelvoorde. À la fin du film, recueilli dans un cirque, il trouve sa vocation de clown et pénètre dans la lumière. Entre l'émotion et le rire, l'ombre de Chaplin plane sur le récit et s'immisce fugacement sur un écran de télévision dans *Charlot fait une cure*. C'est un grand et noble sujet, une fable sociale, parfois atténuée par quelques longueurs aux étranges langueurs. Mais la matière est là. Et ma mission m'apparaît avec clarté : aider *La Rançon* à trouver sa forme définitive, serrer quelques vis, intensifier par la musique le propos humaniste de Beauvois et la trajectoire de ses personnages. Notre seul ennemi, c'est mon emploi du temps. Nous sommes mi-janvier 2014, une série de concerts m'accapare plusieurs semaines en Amérique du Nord. Or Xavier a besoin de moi en urgence. Pour lui, le compte à rebours a commencé. Finaliser *La Rançon de la gloire* est sa priorité absolue, avec à l'horizon l'échéance du festival de Cannes, où le film va être vendu à l'international. Alors, je joue cartes sur table : « Si vous voulez travailler avec moi, il faut accepter de patienter jusqu'à début mars. » Sa réaction tombe comme un couperet : « Mon film vous attend depuis l'instant où j'ai écrit la première ligne du scénario. Nous ne sommes plus à un mois et demi près. » Nous nous connaissons à peine mais sa réponse est comme une pierre posée aux fondations de notre fraternité.

Mars 2014. Au premier jour de mon retour, il me vient une idée déraisonnable, comme un flash, une vision. Aussitôt, j'appelle Xavier : « Oublions Paris. Venez chez moi, à la campagne. Ça durera deux semaines, trois semaines, peu importe. Nous serons coupés du monde, nous travaillerons plus efficacement. » Cette invitation, c'est la première fois que je la fais à un cinéaste, *a fortiori* que je connais peu. Il y a dans cette initiative une part d'irrationnel, exactement comme sur *L'Affaire Thomas Crown*. Face à Beauvois, c'est le même pressentiment, totalement intuitif. La mise au vert-mise en loge m'apparaît subitement comme l'unique solution possible. Trois jours plus tard, Xavier s'installe dans ma propriété, avec sa femme et monteuse, la charmante Marie-Julie. Elle possède le film et l'intégralité des rushes sur son ordinateur, moi simplement un piano et du papier à musique vierge. Dès leur arrivée, nous arrêtons une méthode : chronologiquement, nous allons dérouler le film, séquence après séquence, déterminer les points d'entrée et de sortie de chaque musique. À la façon d'un jeu, les Beauvois envoient l'image, sur laquelle j'esquisse des thèmes au piano. Ça tient de l'expérience scientifique ; Xavier observe l'effet de la musique sur son film, il en devient le spectateur. Quand il aime, il s'exclame : « C'est exactement cela ! » Quand il n'accroche pas, son rejet passe par un : « Là-dessus, je suis moins sûr… » Et puis, en fonction de mes propositions, Marie-Julie modifie le montage, en élaguant l'inutile. Ses manipulations se font en deux clics, là où, autrefois, corriger un raccord aux ciseaux prenait deux heures. En cours de route, *La Rançon de la gloire* s'allège de quinze minutes, les temps morts qui m'avaient dérangé à la première vision passent à la trappe. Enfin, je retrouve ces moments de grâce totalement offerts à la musique, comme si Xavier les avait tournés juste pour m'en faire cadeau : les repérages de Poelvoorde en vélomoteur, la tendresse de son regard sur la fille de Zem dans un cours de danse classique… Au fil des jours, nous progressons dans le film et, avec les Beauvois, dans notre connaissance mutuelle. Entre deux séances de travail, nous pêchons le gardon, nous pilotons des hélicoptères miniatures, histoire de nous oxygéner les neurones. Ces récréations enfantines, c'est aussi une façon de souder notre amitié naissante. Les week-ends, Macha passe nous rendre visite et évaluer nos progrès. Les dîners sont légers et euphorisants. Je mesure mon bonheur : simultanément, un nouveau grand amour, un nouveau metteur en scène, un nouveau départ. Un avenir neuf à construire, à quatre-vingt-deux ans. Au terme de trois semaines, la musique de *La Rançon de la gloire* est écrite. Il me reste juste à l'orchestrer. Les Beauvois vont regagner leurs pénates. À l'heure des séparations, nous devrions être ravis du travail accompli. Mais c'est presque la mélancolie qui l'emporte : les vacances sont déjà terminées.

Avril 2014. Idéalement, j'aurais adoré enregistrer à Paris ou Londres mais, pour des raisons budgétaires, nous atterrissons à Budapest, où le coût d'une formation symphonique est divisé par cinq. Dans mes bagages, j'emmène Erik Berchot, pianiste classique au phrasé exceptionnel. Pendant trois jours, la partition prend vie sous nos yeux. Elle possède le souffle lyrique qu'attendait Beauvois et intègre trois citations de *Limelight*, comme l'incarnation d'une présence invisible, celle du grand Chaplin. Idée originale, certains morceaux sont pensés pour couvrir le dialogue, comme des vagues de musique. Notamment lors d'une dispute entre les deux compères : un grand crescendo sur la gestuelle de Poelvoorde, qui le ramène au cinéma muet, au cinéma de Chaplin. De mon estrade, j'observe le comportement de Xavier. C'est son premier film avec orchestre et son émerveillement candide fait ma joie. Il serpente au milieu des pupitres, comme dans une ville de musique. Quand il a fait le tour des cuivres, il part se promener dans les bois, avant de se faire renvoyer dans les cordes. Un soir, nous nous retrouvons dans une vieille église hongroise pour mettre en boîte une musique précise : après le réenterrement du cercueil, Xavier a filmé un plan très long, presque deux minutes, des deux complices dans leur camionnette. Ils se lancent des regards mi-émus, mi-embarrassés, comme s'ils prenaient conscience de la gravité de leur acte. Au tournage, Xavier a utilisé la *Cantate pour basse* de Bach, ce qui m'aide à cerner son intention. Je compose donc un largo grave et solennel pour orgue et chœur mixte. Devant les chanteurs, Beauvois montre des signes de fébrilité. Ses qualités habituelles sont celles d'un franc-rieur. Mais là, c'est le franc-buveur qui prend le dessus. Emporté par les vapeurs du Jack Daniel's, il m'apostrophe : « Arrête, Michel, ce n'est pas l'esprit. Je voudrais que ce soit religieux ! — Mais c'est religieux ! — Oui mais je voudrais que ce soit religieux avec du jazz ! — Du jazz religieux ? Mais ça n'existe pas ! — Dans ce cas, tu dois l'inventer ! » Ce soir, Xavier est ailleurs mais, précisément, cet ailleurs va nous guider à la solution juste. Une fois rentré à Paris, je convoque mon quintet de jazz en studio et, par-dessus les chœurs hongrois, saxophone et trompette se lancent dans des chorus à la mitraillette. Au mixage, ça produit un effet baroque, bizarroïde, inouï, un mariage inattendu de profane et de sacré, qui décuple l'intensité des échanges silencieux entre Poelvoorde et Zem. Ma dette à Beauvois est totale. Sa provocation éthylique m'a permis de breveter le jazz religieux.

Les heures exaltantes passées à la confection musicale de *La Rançon de la gloire* sont abîmées par une sortie cataclysmique. Le film débarque dans les salles le 7 janvier 2015, jour des attentats meurtriers de *Charlie Hebdo*. Pour Xavier, ce sont plusieurs années de travail atomisées par l'expression de la barbarie. Le film trouvera son public, j'en suis convaincu, mais à terme, à la télévision et en vidéo. Il faudra quelques semaines à Beauvois, K.-O. debout, pour se remettre au travail, sur l'adaptation du roman *Les Gardiennes*. Il m'invitera à passer sur le tournage, lui remettre la Légion d'honneur, devant son équipe au grand complet. De *La Rançon de la gloire*, il me reste enfin un souvenir ensoleillé, à la Mostra de Venise, ville-musée où je mets les pieds pour la première fois de ma vie. Le film y représente la France. Alors que je le découvre terminé, mixé, finalisé, une image remonte à la surface de ma mémoire. Celle du jeune homme de vingt-quatre ans, terriblement intimidé face au Charlot de son enfance, dans la loge de Maurice Chevalier. Ce que je ne lui ai pas dit avec des mots en 1956, je l'exprime avec des notes en 2014. D'où mon attachement pour cette *Rançon de la gloire*, son double ancrage, dans mon passé et mon futur. Grâce à Chaplin, j'ai rencontré Beauvois. Grâce à Beauvois, j'ai retrouvé Chaplin.

32

Citizen Orson

Janvier 2018. Débarquer à Los Angeles au cœur de l'hiver a toujours quelque chose de réconfortant : c'est comme appuyer sur la touche « avance rapide » de la télécommande pour accéder directement au printemps. En cinquante ans, combien d'allers-retours ai-je effectués entre la France et la Californie ? Les heures de vol additionnées constituent quasiment une vie de ma vie. Cette fois, je dispose d'à peine une journée pour récupérer du décalage horaire. Dès demain, on m'attend pour une projection privée enveloppée de mystère. J'y retrouve les trois instigateurs de cette convocation insolite, frappée d'une clause de confidentialité : Frank Marshall, ponte d'Hollywood, ami et associé de Spielberg, Peter Bogdanovich, grand cinéaste-cinéphile, Filip Jan Rymsza, coproducteur de Marshall. Ils vont me dévoiler le premier montage en continuité d'un film qui tient de la chimère. Il s'intitule *The Other Side of the Wind.* Existe-t-il vraiment ? Une armée de journalistes et d'historiens ont écrit à son sujet mais personne ne l'a jamais vu. L'obscurité se fait, l'écran s'illumine. Dans la salle, la place du metteur en scène reste obstinément vide. Et pour cause : son nom est Orson Welles.

1973. François Reichenbach a commencé à tourner le portrait d'un personnage fantasque et insaisissable, Elmyr de Hory, peintre et jet-setter d'origine hongroise, illusionniste du pinceau. Son génie est d'imiter à la perfection les plus grands maîtres. Ses Picasso ou Dufy ont trompé et ruiné des collectionneurs internationaux. Au départ, François le considérait comme un simple marchand d'art. Je me souviens d'un dîner chez Reichenbach, dans les années soixante. Quand j'arrive, il est au téléphone avec de Hory qui essaie de lui fourguer des Modigliani. François rechigne : « À vrai dire, le seul Modigliani qui m'intéresserait, c'est l'un de ses portraits de Soutine. » De Hory soupire : « Hélas, je n'en ai pas. » À la fin de la soirée, il rappelle François : « Tu ne vas pas me croire : effectivement, j'avais un Soutine par Modigliani, je l'avais complètement oublié, je viens de le retrouver à l'instant, au fond d'un tiroir. Il est à toi ! » Pendant que nous dînions à Paris, il avait torché dans son atelier d'Ibiza la toile de maître que Reichenbach rêvait d'ajouter à sa collection. Tel était de Hory : un virtuose non pas de la création, mais de la contrefaçon. Il n'était pas né pour inventer mais pour falsifier.

Un soir, Reichenbach montre les premières images de son documentaire à son ami Orson Welles, qui lui propose de reprendre le projet, de l'enrichir de séquences additionnelles, de le monter à sa façon, en somme de le « wellesifier ». Flatté, François accepte de s'effacer, d'abandonner son enfant au metteur en scène de *Citizen Kane*. Lequel est passionné par la magie, les tours de passe-passe, l'illusion en général. Apparaître, disparaître, réinventer la réalité, la travestir, la sublimer : telles sont ses passions, totalement raccords avec la problématique amorcée par Reichenbach. En art, où se situe la frontière entre le vrai et le faux ? Existe-t-il un faux plus vrai que le vrai ? La postproduction du film, baptisé *F for Fake* (*Vérités et mensonges*), rivalise vite avec celle d'*Autant en emporte le vent*. « Ma demande est simple, insiste Welles auprès de Reichenbach. J'ai besoin d'une salle de montage pendant trois semaines. » À l'arrivée, ce seront trois salles de montage pendant six mois, laissant François exsangue, presque contraint d'hypothéquer ses faux Modigliani. Pour ma part, je devais mettre en musique un portrait d'Elmyr de Hory, filmé par mon vieux complice de *L'Amérique inso-*

lite. Et me voilà brusquement face au comédien-cinéaste hors dimension de *La Soif du mal*, lancé dans une vraie parabole sur les faux-semblants.

Orson est un monstre sacré, il le sait, il en joue. Depuis *Falstaff*, il n'a plus réalisé de film de fiction pour le cinéma mais sa légende reste intacte. Quand des producteurs s'intéressent à ses projets, il s'arrange pour devenir injoignable, ou abandonner les tournages à mi-parcours. Ce qui conforte sa réputation de cinéaste empêché, voire maudit, réputation qui lui convient à merveille : elle nourrit sa mythologie. Combien de fois me répète-t-il : « Je passe 2 % de mon existence à réaliser, 98 % à chercher du financement » ? Pour assurer son train de vie, il fait l'acteur dans des films d'intérêt très variable, qu'il traverse en touriste, ou prête son image à des publicités. Ce qui me frappe, c'est de constater à quel point Orson est devenu un personnage de Welles. Il est immense, très corpulent et souvent vêtu de noir. Au quotidien, il a la même allure qu'à l'écran, avec sa panoplie de magicien, cape et large chapeau. Un soir, je l'invite à dîner chez moi, villa Molitor. Qui convier d'autre ? Je pense à Chris Marker, qu'il n'a jamais rencontré. À 20 heures précises, Orson et sa compagne, l'élégantissime Oja Kodar, arrivent en tenue de soirée ; puis Chris, habillé d'un vieux chandail troué, d'un pantalon de velours élimé. Ce décalage vestimentaire me fait craindre le pire, à tort : tout de suite, ça accroche. Welles connaît *La Jetée*, Marker connaît son Welles sur le bout des doigts. Et moi, je me tais, je deviens simple spectateur de ce dialogue impromptu entre deux titans de la mise en scène. Dès le lendemain, retour au montage de *Vérités et mensonges*. Au générique, Oja Kodar déambule en combinaison vaporeuse, sur une place espagnole, entre les voitures. Tous les conducteurs masculins s'arrêtent, se retournent sur son passage, foudroyés par cette apparition. Comment appréhender musicalement ce qu'Orson appelle la « *girl-watching sequence* » ? J'ai l'idée d'un rythme mi-valse, mi-bossa nova, avec des mesures composées à 3/4 et 5/4, qui devient le thème principal du film. Je le baptise *Orson's theme*, en hommage. Quel paradoxe : portraitiser musicalement un cinéaste aussi massif par un thème aussi aérien. Et que Bill Evans allégera encore plus, dans une divine reprise en trio. À la sortie de *Vérités et mensonges* en 1974, la critique et le public se réjouissent de voir Welles revenir au cinéma avec un objet curieux, mi-documentaire, mi-fiction. Ce que tout le monde ignore, lui le premier, c'est qu'il s'agit du dernier projet qu'il mènera à bien. Plus aucun nouveau film d'Orson n'atteindra les écrans. De son vivant, du moins. Car Welles s'escamote de notre monde en octobre 1985. Cette fois, hélas, ce n'est plus un mensonge mais une vérité.

Avril 2010. Séjour d'un mois à Los Angeles. Un jeune producteur américain d'origine polonaise, Filip Jan Rymsza, en profite pour organiser un rendez-vous. Il est l'ambassadeur d'une nouvelle stupéfiante. Entre 1970 et 1976, Orson Welles a tourné de manière discontinue un long-métrage intitulé *The Other Side of the Wind*, littéralement *L'Autre Côté du vent*. Coécrit avec Oja Kodar, le scénario raconte comment un vieux lion du cinéma hollywoodien, Jack Hannaford, avatar de Welles, tente un ultime coup d'éclat avec un projet à la Antonioni, intitulé précisément *The Other Side of the Wind*. Dans cette volonté farouche de remettre son titre en jeu, il y a une compétition avouée avec son disciple, Brooks Otterlake, nouveau roi du box-office. Par une mise en abyme, Welles fait jouer à l'écran son propre rôle par John Huston, celui du jeune loup par Peter Bogdanovich, son confident dans la vie. Étrangement, à l'époque de *F for Fake*, Orson avait déjà entamé le tournage de *The Other Side* mais ne m'en avait rien dit. Par suite d'un imbroglio juridique avec l'un des coproducteurs, beau-frère du shah d'Iran, Welles ne montera jamais le matériel mis en boîte, malgré le soutien de la coproductrice française, Dominique Antoine. Mais avait-il réellement envie d'achever ce film ? Une seule séquence sera assemblée et diffusée, lors de la soirée pour son oscar d'honneur en 1975. Filip me la montre sur un écran d'ordinateur, comme pour me prouver l'existence concrète de ce film fantôme. Il s'agit de l'arrivée d'Hannaford-Huston à sa fête d'anniversaire. Dans un agenda, Welles aurait noté : « *Call Legrand for the music.* » Filip marque un temps avant de me poser la question fatidique : « Nous voudrions simplement respecter sa volonté. Accepteriez-vous de travailler une dernière fois pour Orson ? » Comment refuser une proposition si inouïe ? Vingt-cinq ans après la disparition de Welles, son invitation se conjugue au présent. Je l'accepte d'enthousiasme, troublé néanmoins d'inverser le cours du temps.

Décembre 2017. Depuis 2010, le projet *The Other Side* semble s'être envolé avec le vent. Silence radio de la production. Un soir, coup de fil emballé de Jim DiGiovanni, qui tient mon bureau à New York. Il m'apprend que Filip et son partenaire, Jens Koethner Kaul, ont terminé leur parcours du combattant contractuel, qu'ils se sont associés à Netflix et à Frank Marshall, autrefois jeune directeur de production de *The Other Side*. Le matériel image et son a été localisé en France, rapatrié en Californie, monté sous la supervision de Peter Bogdanovich. Un rendez-vous Skype est organisé par Macha : « Michel, nous sommes au bout du chemin, résume Marshall. Orson tenait à votre contribution, il voulait nourrir son film de jazz. Nous n'attendons que vous. Pourriez-vous nous rejoindre à Los Angeles en janvier ? » Un mois plus tard, me voilà auprès d'eux, en salle de projection. Je dois confesser ma fébrilité : à quoi va ressembler ce testament d'un génie du cinéma, testament dont rêvent depuis plusieurs décennies tous les cinéphiles de la planète ? Par un troublant dédoublement, deux Bogdanovich m'encerclent : l'un sur l'écran à trente-deux ans, l'autre à mes côtés à soixante-dix-huit ans. Le film se déroule et, au fil des minutes, fait naître en moi des sentiments contradictoires ; il me passionne et me déroute à la fois. Sur le fond, ses thèmes révèlent les obsessions d'un Welles délaissé par l'*establishment* : le renouvellement de l'inspiration, la transition entre deux mondes, l'angoisse de la dernière ligne droite. La forme, elle, s'avère fiévreuse, presque expérimentale, comme un maillage d'images éclatées, de nature opposée, en couleurs ou noir et blanc, camouflant un film dans le film. Ça s'apparente à un gigantesque collage, au sens volontairement brouillé, aux formats de pellicule différents, du 35 mm au Super 8. En exhumant ces bobines, en les montant, en charpentant le récit en chapitres, mes camarades ont enfanté une fascinante créature. Face à eux, il n'est pas question de laisser filtrer la moindre perplexité. Je leur explique quelle esthétique le film appelle de lui-même, où et pourquoi chaque musique doit démarrer et s'interrompre. Le courant passe, nos échanges sont précis et passionnés, soudés par une émulation collégiale. Et, pourtant, je crois deviner dans leurs regards une impression que je partage en silence : même assemblé, *The Other Side* conserve son mystère, sa part d'énigme. Le film existe, certes, mais il persiste à nous échapper. Le facétieux Orson nous aurait-il légué une ultime illusion ?

Retour en France. Je bloque l'intégralité du mois de février pour m'immerger à deux cents pour cent dans l'écriture. *The Other Side* devient mon idée fixe, la préoccupation exclusive de mon emploi du temps. Tous les matins, réveil à 7 heures. Il fait encore nuit quand je me retrouve en tête à tête avec un fantasme cinématographique qui a dormi plus de quarante ans. Y faire entrer la musique n'est pas une mince affaire. Le dialogue est incessant, un jet continu de paroles, avec une bande-son d'une qualité technique limitée. Tout a été enregistré en son direct et la majorité des comédiens n'est plus disponible aujourd'hui pour se postsynchroniser. Comme souvent, je me laisse porter par le récit, sans trop savoir où je vais, sans analyser ma propre démarche. Entre la musique de source (pour la fête), la musique du film et la musique du film à l'intérieur du film, il sort de moi une partition d'une heure quarante-cinq, vaste comme un continent. C'est un maillon de plus à ces « grands mélanges » que j'affectionne tant, où plusieurs langages se provoquent, s'entrechoquent, se superposent, entre fugue, jazz swing en trio, influence de la

Seconde École de Vienne, plus un thème lyrique, dont je tire un boléro de dix-sept minutes. La séquence érotique du film d'Hannaford-Huston me pose longtemps souci : dans une voiture, sous une tempête tropicale, Oja Kodar chevauche son partenaire, le jeune premier Bob Random. Connaissant la pudeur de Welles, je suis troublé par la façon dont il filme sa compagne faisant l'amour. C'est la première (et dernière) situation explicitement sexuelle jamais filmée par Welles. Comment la traiter ? Faut-il lui coller une sauvagerie, une violence supplémentaire ? Finalement, j'opte pour l'option du lyrisme qui, par contrepoint, l'auréole d'un charme encore plus ambigu. Cette étape précise me fait mesurer mon pouvoir de re-créateur sur *The Other Side*. Car, en soixante ans de cinéma, je n'ai jamais vécu une expérience similaire : composer pour un metteur en scène absent. Ma responsabilité est d'autant plus écrasante. À chaque accord, à chaque modulation, à chaque renversement, je me demande : « Comment aurait réagi Orson, lui qui aimait tant contrôler ses films dans le plus infime détail ? » Certains soirs, dans la solitude de mon marathon d'écriture, ses conseils, son souffle, sa voix au timbre grave et profond me manquent cruellement.

Très vite, l'enregistrement est fixé mi-mars en Belgique pour le versant symphonique, puis en France pour la partie jazz. La fin de la composition me laisse dans un état imprévu : comme un sportif stimulé par son entraînement quotidien, ma tête bouillonne de mélodies, d'enchaînements harmoniques qui me réveillent parfois en pleine nuit. Je me lève pour les noter, alors même que la partition de *The Other Side* est déjà copiée. Il faut alors tenir un engagement qui me réjouit modérément : une tournée de quatre concerts symphoniques en Russie. J'en reviens miné par une fatigue insidieuse. Mon médecin diagnostique une pneumonie, on m'hospitalise, on me colle un traitement de cheval. Me voilà contraint à trois semaines de repos. Que faire ? Il est impossible de décaler les séances du Welles car les Américains attendent impatiemment la musique pour mixer le film. Dans l'urgence, le Belge Jean-Pierre Haeck, créateur de l'Ensemble Orchestral Mosan, accepte de me remplacer à la direction d'orchestre. Il pourra s'appuyer sur mes fidèles batteur et bassiste, François Laizeau et Pierre Boussaguet, sur le pianiste Hervé Sellin, sur mon copiste Claude Romano. Idem pour les séances parisiennes avec big band, trio ou deux pianos, l'un jazz, Sellin, l'autre classique, Erik Berchot. Dans ma chambre d'hôpital, j'écoute et vérifie les différentes prises au casque. Mon impondérable n'a pas empêché la musique d'être enregistrée, et c'est l'essentiel. Deux semaines plus tard, Filip Jan Rymzsa m'informe qu'il aimerait mixer sur deux séquences le thème des *Délinquants*, issu de *L'Amérique insolite* : une longue plainte portée à l'incandescence par la trompette bouchée de Fernand Verstraete. Quel étrange symbole : envelopper les dernières images d'Orson du souvenir de François Reichenbach, sans lequel je n'aurais pas rencontré Welles. À l'heure où j'écris ces lignes, le mixage de *The Other Side* n'est pas encore finalisé. Je brûle d'impatience de découvrir le résultat. Quel qu'il soit, je retire d'avance une certaine fierté, celle d'avoir aidé ce film serpent de mer à trouver une forme, sa forme. En ce sens, c'est autant une œuvre de 1970 que de 2018. Nous avons posé un point final à la saga de *The Other Side of the Wind*. À son sujet, Welles affirmait à Bogdanovich : « L'ennemi de la vie, c'est l'âge adulte. Ce sont les êtres jeunes et âgés qui réussissent les grandes choses. » Je ne pourrai pas contredire Orson : face à son chant du cygne, je me suis comporté comme un homme de quatre-vingt-six ans, avec une âme d'enfant perdu et émerveillé.

33

Macha, acte III

Février 2014. C'est mon premier anniversaire auprès de ma future épouse, Macha Méril. Nous fêtons autant mes quatre-vingt-deux ans que nos deux mois de retrouvailles. « Toutes les passions s'éloignent avec l'âge », affirme Victor Hugo. Pour lui donner raison, je dois inverser sa proposition. Dans notre cas, c'est précisément le contraire. Ce que nous vivons n'aurait pas pu arriver cinquante ans plus tôt. Ni même vingt-cinq. C'est la somme de nos vécus respectifs. Car biologiquement, face à une proposition de renaissance, l'âge, la maturité, la connaissance deviennent des atouts. Les handicaps se transforment en avantages… Et puis, il y a ce projet de mariage, qui s'impose dans l'ordre naturel de notre histoire. Je lui en ai donc parlé dès le quatrième soir : « Cette fois, je t'épouse ! Nous avons attendu un demi-siècle, ne perdons pas une seconde de plus ! » Elle a éclaté de rire, par pudeur, comme pour masquer son émotion, je dirais presque son trac. Très vite, nous fixons la date de l'événement en septembre, au crépuscule de l'été. Mais d'ici là, plusieurs rendez-vous importants figurent à nos calendriers : pour moi, une série de concerts en Amérique du Sud ; pour Macha, la sortie d'un recueil de nouvelles sur la passion, *L'Amour dans tous ses états*. À cette occasion, Michel Drucker lui consacre un spécial *Vivement dimanche* sur France 2. Ce qui lui pose un cas de conscience : doit-elle ou non y évoquer notre union ? Celle-ci relève tellement de l'intime que, par souci de discrétion, seuls quelques proches ont été avertis. À court ou moyen terme, la presse l'apprendra. N'est-il pas préférable de prendre les devants et de l'annoncer nous-mêmes ? Bien sûr, j'informe Macha de mes relations polaires avec Drucker depuis la déflagration Streisand, en 1984. Elle en sourit... À l'issue d'une réunion de préparation, elle prend Drucker à part : « Je dois te faire une confidence : Michel Legrand et moi allons nous marier à l'automne ! » Drucker marque un temps de silence et, sans crier gare, se met à écraser une larme. « Peux-tu me faire une promesse, souffle-t-il à Macha, celle de garder cette information secrète afin de l'officialiser dans l'émission ? — Bien sûr, acquiesce-t-elle. Je peux même proposer à Michel de me rejoindre sur ton canapé. Mais pour cela, il faut que vous acceptiez de vous parler à nouveau... » Elle m'appelle sur mon portable, me passe Drucker, nous échangeons quelques phrases apaisées. Me réconcilier avec lui n'est pas ma motivation première. Ce que je souhaite, c'est prendre part à l'émission de la femme que j'aime. L'enregistrement a lieu le jeudi 6 mars pour une diffusion le dimanche suivant. Macha a l'idée d'interpréter *Falling in love with love*, standard de Richard Rodgers popularisé par Helen Merrill, chanteuse à laquelle elle doit son pseudonyme. Je l'accompagne au piano. Le public semble captif quand nous détaillons les rebondissements de notre saga intime. À l'annonce de nos épousailles, il applaudit chaleureusement. Dès le lendemain, l'information fuite sur Internet. Macha et moi sommes bombardés de messages de félicitations d'amis ou relations qui n'étaient pas au courant. La ferveur populaire qui accueille la nouvelle nous prend de court. Avec le recul, je suis en mesure de mieux l'analyser : beaucoup de gens s'identifient à nous. Surmontant des obstacles échelonnés sur cinq décennies, nous sommes parvenus à nous trouver, à nous retrouver. C'est une leçon d'espoir et de persévérance.

Afin de boucler la boucle, nous décidons très vite d'effectuer un voyage symbolique à Rio de Janeiro. Comme un retour aux racines de notre passion. Par chance, mon agent, Philippe Guiboust, a planifié trois concerts en trio en avril, deux au Brésil, un au Chili. Une coïncidence de plus. Logiquement, Macha s'envole à mes côtés. À cette occasion, elle fait la connaissance de mes musiciens, Pierre Boussaguet et François Laizeau. Le périple commence de manière chaotique à São Paulo. Nous découvrons une mégapole tentaculaire, entièrement de béton et d'acier, et des organisateurs qui n'ont pas loué de piano de concert mais un demi-queue à peine accordé. J'expédie notre prestation sans grande conviction. Puis rendez-vous à Rio au Theatro Municipal, version miniature du palais Garnier. C'est le premier vrai concert que je donne en présence de mon âme sœur. L'accueil y est effervescent. À l'issue du spectacle, je fends la foule pour embrasser Macha : « Si j'ai pu jouer ainsi ce soir, c'est grâce à toi ! » Le lendemain, mon ami Roberto Irineu-Marinho, magnat de la chaîne de télévision Globbo, donne une fête dans sa somptueuse villa avec jardin tropical. Avec le trio, nous nous produisons pendant une heure. En guise de remerciements, Roberto m'offre un séjour au Copacabana Hotel, au retour du Chili. Il faut donc faire un aller-retour à Providencia avant de pouvoir enfin profiter de la baie de Rio, de sa lumière, de ses paysages féeriques entre mer et Pain de Sucre. Macha et moi allons y vivre quatre jours paradisiaques. Pour la première fois, nous dormons à Rio… dans la même chambre. Bien sûr, en cinquante ans, la ville s'est métamorphosée, nous avons du mal à identifier formellement les lieux de notre coup de foudre initial. Le miracle se produit surtout quand nous atteignons Ipanema, où Demy a frôlé la noyade. Nous contemplons la vue, nous marchons sur la plage. Subitement, je ressens un sentiment stupéfiant, celui d'avancer sur mes propres traces. Je mets mes pas d'aujourd'hui dans ceux d'hier, encore frais sur le sable. Les dimensions du temps s'évanouissent. En une fraction de seconde, Macha et moi redevenons ceux que nous étions il y a cinquante ans. Nous ressentons la démesure de cet amour qui nous a foudroyés en 1964. Mais que nous n'avons pas voulu accepter. Si nous y avions cédé, serions-nous ensemble à Rio en 2014 ? C'est avec une pointe de mélancolie que nous quittons le Brésil, pour retrouver Paris sous la pluie. Le mariage se profile dans cinq mois mais notre voyage de noces est déjà consumé.

Pendant plusieurs semaines, nos énergies vont être monopolisées par la préparation des réjouissances, découpées en trois mouvements, comme un concerto : la mairie, l'église et la soirée de fête. Notre philosophie est simple : « Tant qu'à organiser ce mariage, faisons-le en CinemaScope. D'autant que, pour nous deux, ce sera le dernier. L'événement doit être à l'échelle de nos cinquante ans d'attente. » La question religieuse pose néanmoins un problème : Macha est une fidèle de l'Église russe orthodoxe. De mon côté, malgré une éducation catholique traditionnelle, j'ai vécu sans pratiquer, disons en agnostique. Ma crainte majeure demeure musicale : à mon sens, les musiques chrétiennes de mariage sont totalement ronflantes, compassées, pour ne pas dire poussiéreuses. Macha me souffle une solution : « Si on se mariait selon le rite orthodoxe, les musiques liturgiques auraient une autre dimension. Voudrais-tu qu'on essaie la cathédrale russe Saint-Alexandre-Nevsky, rue Daru ? » J'accepte. Macha écrit à l'archevêque Job de Telmessos une belle lettre motivée, en lui révélant notre statut. Car la religion orthodoxe est l'une des rares à accepter de remarier les couples divorcés. L'archevêque reçoit Macha, comprend mes motivations mais ne se prononce pas : « Ça demande réflexion... Il faudrait que je rencontre M. Legrand, que nous puissions dialoguer. Car, dans le fond, accepterait-il de se convertir ? » Une semaine plus tard, Macha m'amène chez Job de Telmessos, me présente à lui et se retire. Je me retrouve seul face à un quadragénaire barbu, au visage ouvert, dont le regard brille d'une singulière bienveillance. Pour nous apprivoiser mutuellement, nous parlons d'abord de sujets divers, sans lien direct avec l'objet de ma visite. Au bout d'une demi-heure, il me demande soudainement : « Croyez-vous en Dieu ? » Ma franchise m'oblige à lui répondre : « Non, monseigneur. Je crois plutôt en une force supérieure qui domine l'humanité. » Il me regarde avec intensité, marque un temps et me rétorque : « Vous avez raison. Car Dieu, c'est vous. Le seigneur est présent en chaque créateur. À travers votre écriture, c'est la présence de Dieu qui s'incarne. » Ce court échange installe une compréhension réciproque. Nous terminons la conversation comme deux membres de la même famille. Il accepte ma conversion, condition indispensable à notre mariage dans sa cathédrale. C'est aussi un retour à la religion de mon grand-père maternel, Sarkis. Au moment de la séparation, il existe un rituel précis, dont Macha a oublié de m'avertir : baiser la bague de l'archevêque. Or je lui demande : « Puis-je vous embrasser la main ? » Une subite intuition me pousse à exécuter un protocole que j'ignore totalement. Devant cet ecclésiastique, je sens d'instinct qu'il y a un geste, un seul, à respecter. Et ce geste, je l'accomplis spontanément. Cette situation réactive en moi une image lointaine, presque effacée. En 1988, le cinéaste Michael Anderson me confie la musique de son film *La Boutique de l'orfèvre*, adapté d'une pièce de théâtre de Karol Wojtyla, *alias* Jean-Paul II. Le Vatican organise une projection pour le pape, en présence de l'équipe. En arrivant à Rome, dans le hall de l'aéroport de Fiumicino, une minuscule femme au visage parcheminé passe fugitivement devant moi. C'est une apparition. Je la reconnais en une fraction de seconde : mère Teresa. Afin d'être à la hauteur de son visage, je m'agenouille subitement devant elle, lui saisis la main droite et l'embrasse. Elle me fixe du regard et glisse silencieusement dans ma paume une poignée de médailles, avant de s'éloigner, comme par magie. Je ne suis pas porté sur le mysticisme, mais, curieusement, à vingt-cinq ans d'intervalle, une sensation similaire m'envahit : une sorte de paix intérieure, en m'inclinant devant un être qui incarne le bien et la sagesse.

Un mois plus tard, Job de Telmessos nous convoque pour ma conversion. C'est un matin, à 9 heures, le jour de la fête de saint Jean Chrysostome, date importante dans le calendrier orthodoxe. Au début de l'office, l'archevêque nous bénit avec des huiles saintes, avant de préciser : « À la fin de la cérémonie, vous viendrez communier ensemble. » Conformément au rite, nous restons debout. Dix, puis vingt, puis trente minutes passent. Au bout d'une heure, nous finissons par nous asseoir, sur l'un des rares bancs enchâssés dans les cloisons en bois. Sage précaution : la messe va durer deux heures ! Contre toute attente, mon impatience naturelle reste parfaitement contenue. À un moment, je me surprends toutefois à vérifier l'heure, avant de chuchoter à Macha : « Pourquoi ai-je besoin de regarder ma montre ? Entre ces murs, le temps n'existe pas ! » Ce qui me frappe, c'est la beauté, le sentiment d'élévation qui se dégage de la chorale d'hommes. Le jour du mariage lui-même, le vendredi 18 septembre, c'est encore plus fort. Mentalement, les partitions de leurs chants sacrés s'impriment en moi, je vois les notes passer sous mes yeux. Là aussi, la cérémonie va s'étaler sur deux heures, selon un rituel très strict, que Macha et moi devons répéter en amont. Nous allons nous y tenir, stoïques, debout, cierge à la main. Mon fils Benjamin, qui doit brandir pendant trente minutes une couronne au-dessus de ma tête, en gardera quelques crampes… Cette messe, c'est comme si Macha et moi jouions une pièce de théâtre, mais une pièce qui nous engage devant Dieu. Contrairement aux mariages catholiques, les invités ne sont pas derrière nous mais autour de nous. Ils nous voient, nous les voyons. Ou plutôt nous discernons une forêt de visages amis. D'autant que le lieu est intime : la cathédrale porte mal son nom, sa taille est celle d'une chapelle. Dans ses jardins, nous partageons une vodka fraternelle, servie dans des verres gravés à nos deux prénoms. Une étape vient d'être franchie. Nous quittons la rue Daru émus d'être passés devant l'iconostase de l'église orthodoxe. Et moi conforté dans ma nouvelle religion, la première que j'aie choisie de moi-même, en mon âme et conscience.

Le lendemain, samedi 19 septembre, est à la fois le troisième acte du mariage et son apothéose. Nous allons basculer d'une chapelle à un site de huit cents hectares, totalement hors proportions. C'est le passage assumé d'un extrême à un autre. Pendant longtemps, la formule même nous cause du souci : spectacle ou dîner ? Nous échafaudons beaucoup d'options, de lieux, de devis, de combinaisons... Rien n'est vraiment satisfaisant. La seule certitude, c'est l'Île-de-France, à l'exclusion de Paris. Car l'artificier français le plus inventif, Jean-Éric Ougier, ami de Macha, nous fait un présent irraisonné : un feu d'artifice original, comme une dédicace à notre union. Or il est interdit aux personnes privées d'organiser un feu d'artifice à Paris *intra-muros*. Ce qui met d'emblée la capitale hors compétition. Nous explorons des tas de possibilités, sans aucun *a priori*. Le coup de foudre se produit un après-midi de mai, en arrivant aux Vaux-de-Cernay, près de Rambouillet, un immense parc en lisière de forêt, avec un hôtel du XIXe, construit sur les ruines d'une abbaye romane. C'est somptueux et hors du temps. Un simple coup d'œil me fait dire à Macha : « Nos amours sont grandioses, il faut les exprimer à travers un endroit qui le soit tout autant. Ne cherchons pas ailleurs ! » Les Vaux-de-Cernay apportent la réponse à la question qui nous obsède. Ce ne sera pas spectacle ou dîner... mais spectacle et dîner. Il faut d'abord effectuer une sélection drastique d'invités. En additionnant nos carnets d'adresses respectifs, Macha et moi parvenons à deux mille personnes. Uniquement six cents pourront être conviées, pardon pour le « uniquement ». Nous faisons installer dans le parc une salle mobile, baptisée Magic Mirrors. Beaucoup de camarades musiciens, comédiens, chanteurs veulent prendre part à cette représentation d'un soir, comme une contribution symbolique aux festivités, comme un geste d'amitié. C'est leur cadeau de noces, tellement plus précieux qu'un service en porcelaine de Limoges. Nous devons nous-mêmes construire le programme, trouver un ordre qui convienne à chacun. Le soir même, à 19 heures, nous ouvrons les hostilités avec mon big band, successivement rejoint par Natalie Dessay, François-René Duchâble, Pierre Richard, Maurane, Erik Berchot, mon fils Benjamin, le groupe vocal Cinq de Cœur, les chanteurs de ma comédie musicale *Dreyfus*. Macha elle-même lit un extrait du *Babar* de Poulenc, accompagnée par le pianiste Jean-Marc Luisada. Surtout, elle pilote l'opération avec douceur et fermeté, obsédée par le timing global de la soirée. Car à 21 heures, une projection en plein air prend le relais, avec des images de Macha dans *Une femme mariée*, de Ray Charles et moi en duo, le tout sur un écran improvisé : le mur ancestral de l'abbaye. C'est alors, dans la pénombre fraîchement tombée, que Jean-Éric se met à enflammer l'immensité des Vaux-de-Cernay. Ses fusées partent vers le ciel étoilé, y explosent de mille couleurs, guidées par Bach, Rachmaninov ou le finale de *L'Oiseau de feu*. Nos invités applaudissent, interdits, éberlués, émus. Le dîner dure ensuite trois heures, sous les voûtes à perte de vue de la salle des Moines. Juste avant le dessert, Natalie Dessay fait la surprise d'interpréter avec élégance et vigueur *La Chanson de Louba*, que j'ai composée pour *La Bûche* de Danièle Thompson. Elle a appris les paroles phonétiquement, en russe, en hommage aux racines familiales de Macha. Vers une heure du matin, retour vers le chapiteau du Magic Mirrors, transformé en boîte de nuit. Mme Legrand et moi ouvrons le bal. Mes enfants écarquillent les yeux, médusés, car ils n'ont jamais vu leur père danser. Et pour cause : c'est sans doute la première fois que je m'aventure sur une piste depuis Rio 1964. Face à nous, Pierre Richard et Agnès Varda se déhanchent côte à côte. Même dans mes rêves les plus fous, je n'aurais jamais osé imaginer cette situation aux confins de *La Quatrième Dimension* : le grand blond et la grand-mère de la nouvelle vague ensemble, soudés par la danse, complices par le rythme. C'est d'ailleurs l'un des effets magiques de cette célébration, qui crée des vis-à-vis hirsutes entre des personnalités de familles différentes. L'espace d'une soirée, les cloisons tombent. Fanny Ardant tend la main à Philippe Bouvard, Sempé à Patrick Devedjian, Stéphane Guillon à Mgr de Telmessos. Xavier Beauvois jette un regard panoramique aux danseurs, avant de conclure, la voix lasse, l'œil torve : « Je vais aller me coucher : il n'y a plus rien à boire. » On lui désigne les flots de champagne millésimé qui ruissellent en cascade dans une pyramide de coupes. Il hausse les épaules : « C'est bien ce que je dis : il n'y a plus rien à boire… » Sa réponse est riche en enseignements : sur l'échelle de Beauvois, le champagne, c'est du lait fraise. Tout sauf un alcool d'homme. Macha et moi quittons la piste vers 2 heures du matin, les plus acharnés à 6 heures, à la naissance du jour… Avec le recul, nous sommes heureux d'avoir rendu nos amis heureux. Notre mariage relevait de la création, comme une œuvre musicale ou littéraire. C'était un opéra d'un soir. Il devait réunir nos disciplines d'élection : de la musique vivante, du jazz, du classique, des extraits de films, des illuminations, de la gastronomie, le tout dans un cadre enchanteur. Cette féerie à grande échelle ressemblait à la vie et au cinéma : un spectacle éphémère et faramineux, inutile et nécessaire. Comme un mirage qui a brillé quelques heures… et dont il ne subsiste qu'un souvenir chez les invités présents ce soir-là. J'en croise régulièrement. Ils continuent à me raconter les Vaux-de-Cernay, les yeux émerveillés, la tête pleine d'étoiles. Avec un seul regret, celui d'en parler désormais à l'imparfait.

Février 2018. Quatre ans se sont écoulés depuis mes retrouvailles avec la femme que j'attendais. 2014 marquait nos noces d'or mais à l'envers : nous ne fêtions pas nos cinquante ans d'union… mais la fin des cinquante ans qui nous avaient séparés. Aujourd'hui, chaque jour nous apprend à mieux nous connaître. Macha et moi, c'est comme une coproduction humaine. Nos qualités sont dissemblables, elles s'équilibrent idéalement. Son esprit de synthèse, sa patience compensent mes bouillonnements, mes accès d'impétuosité. En amour, si l'on doit s'associer à quelqu'un, où est l'intérêt de le faire avec soi-même ? J'aime son aptitude à organiser les choses, à rendre la vie rapide, facile et fluide. À la préparation d'un dîner entre amis, elle met l'énergie et la précision quasi militaire d'un général napoléonien. Mais un général dont le sourire me fait fondre… Nous partageons un maximum de moments mais sans s'étouffer, sans empiéter sur la liberté créatrice de l'autre. Quand Macha a besoin d'écrire, elle s'isole dans sa ferme du Gers. Ainsi est né, en trois semaines, son dernier roman, *Arithmétique de la chair*. Il ne fallait pas que je sois présent, c'était une affaire qu'elle devait traiter entre elle et elle-même. Pour ma part, je peux le confesser, nos sentiments ont des conséquences sur mon écriture. Ils ont influencé la profondeur de champ, la gravité radicale de mon concerto pour piano, de *Between yesterday and tomorrow*, autre aboutissement à retardement. À quatre-vingt-cinq ans, c'est un virage essentiel vers la musique symphonique d'aujourd'hui. Pour la première fois de mon existence, j'ai conscience qu'il s'agit d'un amour indéfectible. L'impasse de 1964 le rend encore plus intense en 2018. D'autant que nous sommes délestés des objectifs habituels des jeunes couples : la construction d'une famille, la réussite sociale, la carrière. Pour nous deux, tout cela est déjà accompli, dans une vie d'avant notre vie. Quand nous sortons ensemble, dans la rue, dans les restaurants, des inconnus viennent spontanément nous saluer, nous féliciter. Un jour, tel un personnage de Maupassant, une septuagénaire nous a avoué avoir traversé une existence de regrets et de larmes. Elle n'avait jamais revu son amour de jeunesse, désapprouvé par ses parents. Macha lui a souri : « Essayez de le retrouver, de lui parler. Il n'est jamais trop tard. Regardez-nous ! » L'espoir qui a surgi sur le visage de notre interlocutrice a illuminé notre journée.

34

En attendant demain…

17 septembre 2017. Macha et moi rentrons d'un déjeuner aux Vaux-de-Cernay. Nous avons voulu y retourner symboliquement, pour la première fois, afin de fêter en tête à tête nos trois ans de mariage. La rentrée s'annonce chargée, avec un voyage en Arménie, deux concerts au Grand Rex pour célébrer le demi-siècle des *Demoiselles de Rochefort*. En novembre, Sony sort *Between yesterday and tomorrow*, en préambule à sa création sur scène au Théâtre des Champs-Élysées. Je réécoute le mixage de l'album, aboutissement de quarante-cinq années d'obstination. La beauté et la puissance vocales de Natalie Dessay me happent et m'amènent à un constat également valable pour Miles Davis, Nougaro, Barbra Streisand ou Toots Thielemans : il existe une confrérie de musiciens qui font décoller ce que vous avez pensé à l'écriture. La profonde « slavitude » d'Ivry Gitlis, par exemple, le pousse à toujours jouer légèrement au-dessus de la note, ce qui lui injecte une tension. C'est cela l'éclairage d'un soliste de haut vol : il vous apporte un plus, il enrichit votre musique d'une dimension supplémentaire qui ne figure pas sur le papier.

Je profite de belles journées d'automne pour parcourir le présent manuscrit dans sa continuité, pour la première fois. Cette étape me réjouit et m'effraie à la fois. Jusqu'alors, je me suis toujours refusé à me raconter. Peur de figer les choses, d'arrêter le compteur, d'apposer un point final au dernier mot de la dernière phrase du dernier chapitre. Au fil de ces pages, j'ai essayé de traduire ce qui fait le sel même de l'existence, un amalgame de gravité et de dérisoire, de grandes joies et de petits chagrins. Et pourtant, en mon for intérieur, la part de soleil l'emporte sur celle des larmes. Et puis, cette lecture me donne le sentiment que ma vie est déjà un livre en soi. Avec un découpage net en chapitres distincts : Nadia Boulanger, les années Philips, la nouvelle vague, Hollywood, Barbra, *Le Passe-muraille*, Macha. Ma crainte permanente, c'est d'apparaître comme quelqu'un de péremptoire, un donneur de leçons, analysant instantanément les choses de la vie, parfois même les anticipant. Si c'est le cas, cette image est à l'opposé de l'être humain que je suis vraiment. Le plus souvent, j'ai foncé dans le tas sans réfléchir, j'ai pris des risques, en me trompant à l'occasion, j'ai provoqué certains événements, en ai subi d'autres. Une existence se trame ainsi, selon une subtile combinaison entre l'autodétermination et le hasard, les rencontres, les circonstances. Il est arrivé que l'on me dise : « Quelle aubaine pour un compositeur d'être né en 1932 ! Vous avez correspondu pile à la révolution du bebop, de la stéréo, au passage au trente-trois tours, à la nouvelle vague. » Certes, je mesure cette chance. Mais si j'étais né vingt ans plus tôt, j'en aurais saisi d'autres, fatalement. À quoi aurait ressemblé ma vie si j'avais pu rencontrer Maurice Ravel, écrire des chansons pour Judy Garland, être joué par Charlie Parker ?

S'il y a en revanche un aspect que je revendique, c'est le côté définitif de mes décisions. Lorsque je me lasse d'une situation ou d'une personne, c'est sans appel. Après avoir pris conscience du risque de m'engourdir sous le soleil californien ou de devenir distributeur automatique d'arrangements pour Philips, j'ai préféré casser le fil. Comme un pari avec moi-même. Non seulement je veux me débarrasser d'hier, mais je suis impatient de toucher demain. J'ai toujours fonctionné ainsi. Pour moi, quand une musique est enregistrée et mixée, elle relève du posthume. Je ne chercherai jamais à la réécouter, voire à la recycler ultérieurement. Je fuis, je cours en avant, comme si ma vie en dépendait. Est-ce un hasard si l'on n'a pas d'œil dans le dos ?

Enfin, en vagabondant entre ces chapitres, qui sont autant de moments volés, je m'aperçois à quel point il est difficile de faire une vie. De la remplir d'un bout à l'autre, de se renouveler, d'évoluer, d'approfondir ses connaissances, de continuer à défricher des contrées vierges. Même si ce livre-promenade touche à sa fin, cette fin n'est qu'un commencement. C'est exactement mon sentiment aujourd'hui, à ce jour, à cette heure. Ce commencement, ou plutôt ce recommencement, c'est celui d'une vie régénérée de perspectives fraîches. D'amis du nouveau monde, aussi : le violoncelliste Henri Demarquette, à qui j'ai destiné un concerto, le chanteur Thomas Dutronc, le cinéaste Xavier Beauvois, les metteurs en scène de théâtre Christophe Lidon et Ladislas Chollat, auxquels me lient deux spectacles déjà sur orbite, Jean-Luc Choplin, qui vient de m'impliquer dans l'adaptation scénique de *Peau d'Âne*, pour la réouverture du théâtre Marigny... Récemment, un jeune cinéaste américain de passage à Paris a souhaité me rencontrer. J'avais adoré son deuxième long-métrage, *Whiplash*, tant le sujet que la virtuosité de la mise en scène. Il m'a montré son nouvel opus, *La La Land*, hommage et déclaration d'amour aux *Parapluies de Cherbourg* et aux *Demoiselles de Rochefort*. Il s'appelle Damien Chazelle, il a trente ans. Cela m'a bouleversé de découvrir à quel point mes partitions pour Jacques Demy ont façonné sa vocation. « Vos films avec Demy étaient une réponse très française aux comédies musicales hollywoodiennes, m'a-t-il déclaré. Mon film *La La Land* est une réponse américaine à votre propre réponse. » Spontanément, Damien m'a fait cadeau de la préface du présent ouvrage. En retour, je lui offre la postface. De manière qu'il ouvre et referme ces pages, symétriquement. Son âge me rappelle le mien face à Maurice Chevalier ou Marcel Carné. Aujourd'hui, le rapport de génération s'est inversé mais, curieusement, je ne le ressens pas. Ces amitiés récentes et fécondes préfigurent des projets que j'évoquerai dans un prochain volume. Une fois encore, garder des cartouches, c'est une manière consciente de ne pas liquider les histoires de ma vie d'une seule traite, en bloc. Je reste un homme en mouvement, obsédé par l'idée d'élargir le champ de ses possibles. Avec, à ses côtés, une femme qu'il aime. Sa curiosité me stimule. Je la regarde parler, j'écoute ses silences. Ensemble, nous scrutons l'avenir, nous rêvons en avant. Nos prochains souvenirs, nous les fabriquons à deux.

Remerciements

Macha Méril, Damien Chazelle, Didier van Cauwelaert, Natalie Dessay, Cécile Chéraqui, Alan et Marilyn Bergman, Rosalie et Agnès Varda, Patrick Wachsberger, Patricia Losey, Jim DiGiovanni, Catherine Thibault, Bertrand Tavernier, Gérard Meys, Bertrand et Grégoire Liechti, Claude Romano, Philippe Guiboust et Hervé Genriès, Stéphane Letellier, Christophe Duthuron, Patrice Peyrieras, Pierre Boussaguet, Jean-Claude Calon, Armen Djerrahian, Isabelle Rondon, Eugénie Legrand-Angot, Benjamin et Hervé Legrand, Dominique Rageys, Judith Pisar, Xavier Beauvois et Marie-Julie Maille, Jean-Jacques Sempé, Martine Gossieaux, Alejandra Norambuena-Skira, Takayuki Hamada, Pat Nannarello, Éric Assous, Agnès Goldman, Jean-Éric Ougier, Pierre Rissient (†), Bertrand Burgalat, Jean-Michel Sicot, Philippe Lebruman, Emmanuel Cirodde, Cécilia Rose, Daniel Richard, Jean-Pierre Bourtayre, Serge Elhaïk, Nathalie Morris, Claire Smith, avec une pensée affectueuse pour Christiane Legrand

Coordination éditoriale : Thomas Vonderscher

Le titre *J'ai le regret de vous dire oui* est également une chanson enregistrée par Isabelle Aubret (paroles et musique de Michel Legrand), éditée par Productions Alleluia-Gérard Meys.

Table des matières

Composition et mise en pages
Nord Compo à Villeneuve-d'Ascq

Impression réalisée par
CPI BRODARD ET TAUPIN
La Flèche

pour le compte des Éditions Fayard
en août 2018

PAPIER À BASE DE FIBRES CERTIFIÉES

Fayard s'engage pour l'environnement en réduisant l'empreinte carbone de ses livres. Celle de cet exemplaire est de :
1,400 kg éq. CO_2
Rendez-vous sur www.fayard-durable.fr

Imprimé en France
N° d'impression : 3028696
20-2742-2/01